"OECD 교육 2030" & "2022 개정 교육과정"

미래 교육 나침반

"3년 같은 1년, 학생의 성장으로 증명한다."

〈구글 공인 혁신가〉의 미래 교육 실천기

- "데이터 수집 및 피드백"을 위한 에듀테크 활용법
- 교사와 학생의 행위주체성과 변혁적 역량으로 구현된 '웰빙'

"OECD 교육 2030" & "2022 개정 교육과정"

미래 교육 나침반

"3년 같은 1년, 학생의 성장으로 증명한다."

초판 1쇄 인쇄 | 2023년 8월 30일
초판 1쇄 발행 | 2023년 9월 15일
초판 2쇄 발행 | 2023년 12월 30일

지 은 이 | 지미정
발 행 인 | 김병성
발 행 처 | 앤써북
편 집 진 행 | 조주연
주   소 | 경기도 파주시 탄현면 방촌로 548번지
전   화 | (070)8877-4177
팩   스 | (031)942-9852
등   록 | 제382-2012-0007호
도 서 문 의 | answerbook.co.kr

I S B N | 979-11-93059-08-1 13000

[공지사항]

이 책에 나오는 에듀테크 도구를 활용하여 진행했던 수업에 대한 도구 활용법 및 유의점, 활용 Tip 등을 담은 영상은 출판 후, 순차적으로 영상으로 제작하여 유튜브 〈공개수업〉 채널[1]에 공유합니다. 그리고 이메일(for2102@jimj.kr)로 문의해 주시는, 영상을 먼저 제작하고자 합니다. 아울러 〈공개수업〉 채널에서 기제작된 영상을 보실 수도 있습니다.

따라서 이 책을 읽으면서, 에듀테크 도구의 '기능'에 대한 '지식'적인 두려움과 궁금증은 내려놓고, 미래 교육으로의 '관점' 변화를 위해 '가치'나 '태도'에 더 집중해서, '나 다운 미래 교육'은 무엇일지 '성찰'하며 보시길 부탁드립니다.

이 책은 '나 다운 미래 교육'의 길을 찾아 떠난 여행에서 제가 피워낸 한 송이 '미래 교육'에 대한 이야기입니다. 선생님들이 저마다 피워올릴 '미래 교육의 꽃'이 함께 만발하길 기원해 봅니다.

이 글의 중간에도 나오겠지만, 2년 전에 만났던 학생에게 저 또한 '선생님도 프레젠테이션에 대해 잘 알지 못하고~'라는 말을 들었답니다. 하고자 한다면, 반드시 할 수 있습니다. 진짜 높은 벽은 에듀테크 도구의 진입장벽일까요? 아니면 내 마음의 벽일까요?

〈 '도전하는 지쌤'과 함께 도전해 보시죠! 〉

▲ 〈공개수업〉 채널

---

❶ 유튜브 〈공개수업〉 채널, www.youtube.com/channel/UCDa1zpffPbGGYk56x0ny–cQ

들어가는 글

"선생님 완전 소름이에요!
제가 어디에서 미래 교사에 대한 글[2]을 읽었는데요.
완전 선생님이라서 소름 돋았어요. 여기 닭살 보이죠?"

수업을 디자인하면서 "이게 맞는 방향일까?"라는 고민을 하곤 합니다. 하지만 고민 끝에 디자인한 수업을 실제로 진행하는 중에도 미래 교육으로 나아가는 길이 맞는지에 대한 의문이 매 순간 찾아옵니다.

하지만 그 누구도 그게 미래 교육의 방향이 맞는지, 그리고 어떻게 수업해야 하는지 알려주지 않습니다. 그런데 그 닭살 돋았다는 학생의 말에 맘이 울렁이더군요. '이 방향이 맞긴 하는구나'라는 생각과 함께 그 학생의 말이 "미래 교육까지 몇 km 남았습니다."라는 말로 들렸습니다.

그리고 일 년이 끝나갈 무렵 '아이들에게 문제를 제시하고 스스로 해결하도록 하는 수업 방식이 너무 좋았습니다. 개인의 역량을 충분히 끌어낼 수 있도록 지도해 주시는 선생님의 수업을 널리 알리면 좋겠다.'는 학부모의 메시지를 보면서, '내가 미래 교육의 방향으로 잘 가고 있구나.'라는 생각에 마음이 벅차오름을 느꼈습니다.

그런데 그 미래 교육의 실체가 무엇일까요? 제가 처음 이 미래 교육에 대해 생각하며 든 생각은 1분 뒤에 할 교육도 미래 교육인 건가? 그런 말장난 같은 생각이 먼저였습니다. '미래'라는 말은 '앞으로 올 때'라는 의미를 가질 뿐, 어떤 가치를 내포하고 있진 않기 때문입니다.

[2] 인간은 앞으로 무엇을 해야하는가? 미래 교육과 SXSWEDU. fromA, 2018.03.19., froma.co/acticles/397?fbclid=IwAR0_QlrVRUvkIL1PZD3FNJGsUs9WQp02ohkHhaUPR-mAoQN6svS2UWJgNXs(접속일자:2023.05.19.)

그렇다면 우리가 추구해야 하는 것은 실체도 없는 '미래 교육'이 아니라 가치를 담고 있는 실체가 있는 그 무엇인가가 되어야 할 것입니다.

미래 교육의 실체를 찾아 나섰던 그 과정을 되돌아보며 지난 시간을 돌이켜보니 모리스 마테를링크의 '파랑새' 이야기가 떠올랐습니다.

"미래 교육은 과연 어디에 있는 걸까요?"

저와 함께 미래 교육이라는

파랑새를 찾아 떠나보시죠.

Contents
목차

Contents
목차

Ⅲ
교사의 상상력이
교육을 바꾼다

Contents
목차

Contents

Ⅵ
학생 성장
보고서

나 다운
교육의 길

-작은 도전이 모이면 교육이 바뀝니다-

I
미래 교육, 관점 바꾸기

교사의 핵심 가치 재정립을 통한 '관점'의 변화 속에서 미래 교육은 시작되고, 교사 행위의 주체성을 통해 '나다운' 미래 교육은 완성됩니다.

스스로 내딛기 전까지는 나다운 미래 교육의 길은 생기지 않습니다. 나다운 미래 교육의 길을 만들어 가는 매 순간 불확실함이라는 손님이 찾아와 '성찰'의 기회를 줄 것이며, 이를 통해 '새로운 나'를 만나게 될 것입니다. 그리고 우리에게 '교육에서 너 자신이 가장 소중하게 생각하는 것이 무엇이냐?'는 물음을 매번 던지며, 그 '가치'를 기준으로 선택할 '기회'를 끊임없이 내어줄 것입니다.

그 끝에 미래 교육의 파랑새가 있을 것입니다.

모리스 마테를링크의 '파랑새' 이야기는 "행복은 가까이에 있어."가 아니라, '행복을 찾아 떠났기에 진정 자신이 행복한 곳이 어디인지 깨닫게 되었다.'가 아닐까요?

선생님들이 미래에도 행복할 수 있는 나다운 미래 교육의 길을 찾아가는 여정에 함께 하고자 합니다.

I-(1)
미래 교육의 실체를 찾아서

선생님들은 미래 교육의 실체를 떠올릴 수 있으신가요? 저도 처음엔 미래 교육에 대해 '지식 중심이 아니라 역량을 함양하는 교육이고, 에듀테크나 디지털 도구를 조금 더 활용하면 되는 그런 거 아닌가?' 하는 생각을 했습니다. 그런데 그 역량이란 정확히 무엇이고, 어떻게 함양할 수 있는 건지 명확하게 설명할 수는 없었습니다.

그리고 다양한 에듀테크를 활용하며 역량을 함양시키기 위해서 노력하는 그 과정에서도 뭔가 핵심에 도달하지 못하고 있다는 생각을 지울 수가 없었습니다.

그러던 중, '미래 교육'에 대해 검색해 보는데, 눈에 띄는 것이 있었습니다. 바로 2030년까지의 교육 개혁을 위한 목표와 방향을 제시하고 있는 **"OECD Future of Education and Skills 2030"** 이었습니다. 우리나라에서는 이를 간단하게 줄여서 'OECD 교육 2030❸ 프로젝트'라고 합니다.

---

❸ 〈OECD Future of Education and Skills 2030〉, www.oecd.org/education/2030-project/

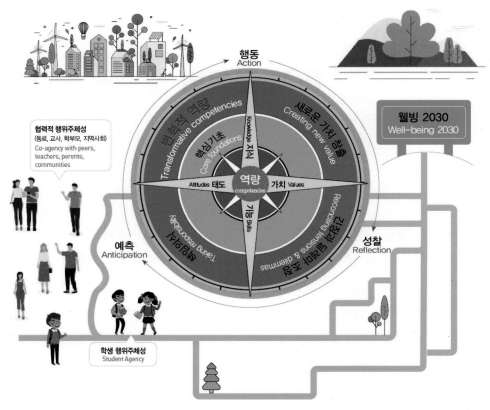

▲ OECD 교육 2030 학습 나침반

세계 여러 분야의 전문가들은 2030년의 미래를 살아갈 학생들을 위한 교육의 방향을 이렇게 제시하고 있습니다.

한 학생이 '학생 행위주체성'을 지니고 길을 나섭니다. 자신이 지닌 지식, 기능, 가치, 태도의 역량을 기반으로 '예측'하고, '행동'하며, '성찰'하는 과정을 계속 반복합니다. 이 과정에서 '학생 행위주체성'을 바탕으로 책임감을 느끼고, 새로운 가치를 창출하며, 긴장과 딜레마를 조정하기도 해야 하는 '변혁적 역량'을 발휘합니다. 그리고 주체적으로 동료, 교사, 학부모, 지역사회와 도움을 주고받으며 나아갑니다.

그런 반복되는 과정에서 학생은 '학생 행위주체성'과 '변혁적 역량'을 강화할 수 있을 것이며, 그 결과 역량이 잘 성장하여 2030년 미래의 '웰빙'에 도달하게 될 것입니다.

'OECD 교육 2030 프로젝트'의 '학습 나침반'의 의미에 대한 탐구는 지금도 현재진행형입니다. 그리고 여전히 해마다 만나는 학생들에 맞춰서 교실에서 그 의미를 구현하기 위해 다양한 도전과 시행착오를 겪는 중이기도 합니다.

그렇게 'OECD 교육 2030 프로젝트'를 교실에서 구현하고자 도전을 이어가던 중, 2021년 4월 '2022 개정 교육과정 계획안'에 이어, 11월에 '2022 개정 교육과정 총론 주요사항(시안)'이 나왔고, 익숙한 내용을 그 안에서 발견하게 됩니다.

2022 개정 교육과정 총론 주요사항(시안)[4]

Ⅰ. 추진 배경
□ 예측할 수 없는 변화에 대응할 수 있는 교육 혁신 필요
□ 학령인구 감소 및 학습자 성향 변화에 따른 맞춤형 교육 기반 필요
□ **새로운 교육환경 변화에 적합한 역량 함양 교육 필요**
□ 현장 수용성 높은 교육과정에 대한 요구 증대

이 중,
□ **새로운 교육환경 변화에 적합한 역량 함양 교육 필요**
○ 지식 · 정보의 폭발적 증가에 따라 단편적 지식의 습득보다 학습한 내용을 삶의 맥락에서 적용하고 복잡한 문제를 해결하는 역량 중요
○ 당면한 사회적 변화에 능동적으로 대응할 수 있도록 모든 학생의 소질과 적성을 바탕으로 미래 핵심역량을 키우는 교육 혁신 필요

※ OECD Education 2030
– **학생 행위주체성(student agency) 및 변혁적 역량(transformative competencies) 강조**
① 성장마인드, 정체성, 목적의식, 자기주도성, 책임감 등
② 목표를 정하고 성찰하고 책임감 있는 행동으로 변화를 만드는 능력
☞ 학생들은 자신과 타인 및 지구촌 구성원 전체의 웰빙을 향해 나아가는 법을 배울 필요가 있음

○ 빠르게 변화하는 디지털 전환에 대응할 수 있도록 교육과정 혁신, 온 오프라인 연계 등 새로운 교수 학습의 확산 기반 마련 필요

▲ 2022 개정 교육과정 총론 주요사항(시안) 추진 배경 발췌

---

[4] 〈2022 개정 교육과정 총론 주요사항(시안)〉(교육부, 2021), 2쪽

'2022 개정 교육과정 총론 주요사항(시안)'에서는 **새로운 교육환경 변화에 적합한 역량 함양 교육이 필요**하다 하면서, 〈학생 행위주체성〉 및 〈변혁적 역량〉을 강조하고 있는 'OECD Education 2030'을 제시하고 있습니다.

솔직히 〈학생 행위주체성〉이나 〈변혁적 역량〉이라는 말 또한 추상적인 느낌이 강합니다. 그래서 무엇을 어떻게 수업에 반영할지 알기 어렵습니다. 그래서 세부 항목으로 제시하고 있는 낱말에 집중해서 구체적으로 살펴봐야 합니다.

〈학생 행위주체성〉을 위해서는 성장마인드, 정체성, 목적의식, 자기주도성, 책임감 등이 있어야 한다고 제시하고 있고, 이와 아울러 목표를 정하고 성찰하고 책임감 있는 행동으로 변화를 만드는 〈변혁적 역량〉을 갖춰야 한다고 말하고 있습니다.

도착지는 미래 교육[5], 미래 교육을 구현하기 위해서는 학생들이 직접 목표를 정하고 성찰하고 책임감 있는 행동으로 변화를 만드는 기회를 주고, 성장마인드, 정체성, 목적의식, 자기주도성, 책임감을 지닌 인재가 되어, 현재와 미래에 사회의 구성원으로서 '웰빙'할 수 있도록 도와줘야 한다고 합니다.

"그런데 무엇부터 해야 할까요?"

---

[5] 앞으로 책에서 언급하는 미래 교육은 〈OECD 교육 2030〉을 의미합니다.

I -(2)
미래 교육으로 가는 첫 단추

저는 교사가 한 교실의 최고경영자(CEO)라고 생각하며, 교사가 미래에 대한 어떤 비전과 목표 의식을 가졌는지에 따라 학급의 미래가 결정된다고 생각합니다. 그만큼 리더가 가지고 있는 비전과 목표 의식은 매우 중요하며, 이것이 미래지향적인가는 분명 매우 중요한 요소입니다. 미래 교육으로의 대전환을 위해서는 학급 운영 목표를 미래에 대한 비전과 목표 의식을 바탕으로 설정했는지 생각해 봐야 합니다.

'선생님들의 비전과 목표는 미래를 향해있나요?'

학급 특색에 일반적으로 많이 쓰였던 '타인을 배려하고 존중하는 행복한 우리 반'라는 문구를 생각해 보겠습니다. 이 학급 특색은 분명 배려와 존중, 행복이라는 가치가 담겨있는 좋은 비전입니다. 하지만 도착지가 새로운 교육환경 변화에 적합한 역량 함양 교육을 위해, 〈학생 행위주체성〉 및 〈변혁적 역량〉에 목적을 둔 미래 교육이라면, 이 학급 특색은 어쩌면 미래 교육에 도달하는 데 별 도움이 되지 않을 수도 있습니다.

'선생님들은 미래에 대한 어떤 비전과 목표를 가지고 학급을 운영하시나요?'

저 또한 처음엔 이 질문에 명확히 답할 수가 없었습니다. 한 기업의 CEO라고 생각하면 이 기업은 대박 나긴 어려워 보입니다. 그래서 우선 'OECD 교육 2030 프로젝트'의 방향을 고려하여, 저만의 '미래 교육에 대한 비전과 목표'를 명확히 설정하려 노력하였습니다.

"학생 행위주체성 및 변혁적 역량을

함양할 수 있는 교육을 구현하고,

학생 개개인과 학급 전체의 웰빙을 목표로 나아가자."

저는 욕심을 부려 포괄적인 모든 것을 아우르는 비전과 목표를 설정했지만, 처음 미래 교육에 도전하는 선생님들은 책임감, 성장마인드, 자기주도성, 목적의식 등 세부 요소에 집중하여 비전과 목표를 세워보시길 추천합니다.

이제야 학급의 CEO로서 미래 교육에 대한 비전과 목표를 설정했습니다. 그런데 갈 방향을 정했다고 바로 그 방향으로 출발할 수 있나요? 이젠 그 목적에 맞는 방법을 선택해야 합니다.

이해하기 쉽게 예를 들어 설명하겠습니다.

서울에서 부산으로 떠나보겠습니다. 자동차, 기차, 자전거, 도보 중 어떤 방법을 선택하시겠습니까? 어떤 방법을 선택해도 부산에 도착할 수 있기에 틀린 건 아닙니다. 하지만 내 목적에 맞지 않는 방법은 분명 존재합니다. 만약에 1박 2일 부산 출장이 목적이라면 도보(방법)를 선택하면 안 되는 것처럼 말입니다. 교육도 마찬가지입니다. 교육 방법에 오답은 없습니다. 다만 그 방법이 목적에 적합한 방법이냐 아니냐가 중요합니다.

하지만 '서울에서 부산으로 가는 목적이 뭔데?'라는 질문을 떠올리지 않고 단순히 이동수단만 선택하셨다면, 선생님들이 막연히 생각하던 그 목표에 명확히 도달하기는 어렵습니다. 그리고 도착하였다 하더라도 내가 왜 부산에 왔는지, 그 의미를 제대로 부여하지 못할 가능성이 높습니다.

제가 'Ⅰ-(1) 미래 교육의 실체를 찾아서'에서 '저도 처음엔 미래 교육에 대해 지식 중심이 아니라 역량을 함양하는 교육이고, 에듀테크나 디지털 도구를 조금 더 활용하면 되는 그런 거 아닌가? 하는 생각을 했습니다.'라는 문장에 대해 다시 생각해 보게 됩니다. '이런 생각으로 교육을 했었기에 그땐 학생들이 부산이란 목적지가 아닌, 경상도 어디쯤 내려준 듯한 느낌이 들었구나.'라는 생각이 들더군요. 그렇게 결과는 그 비전과 목표가 얼마나 명확한지에 따라 영향을 받습니다.

이렇듯 교사는 자신이 추구하는 미래 교육의 비전과 목표에 대해 먼저 생각하고, 그 목적을 **명확히** 한 후, 그에 적합한 방법을 선택해야 합니다.

〈미래 교육에 대한 비전과 목표 재정립〉

- 'OECD 교육 2030 프로젝트', 학생 행위주체성과 변혁적 역량을 강화하는 미래 교육
- 학생들이 직접 **목표**를 정하고 성찰하고 **책임감** 있는 행동으로 변화를 만드는 기회를 주고, 성장마인드, 정체성, 목적의식, 자기주도성, 책임감을 지닌 인재가 되어, 현재와 미래에 사회의 구성원으로서 '웰빙'할 수 있도록 지원하기

▲ 미래 교육에 대한 비전과 목표 재정립

Ⅰ-(3)
내 가치에 미래 가치 더하기

우리가 같은 미래 교육이라는 목적지(목표)에 같은 목적으로 동일한 방법을 선택하여 간다고 해도 그 과정이 같을 수는 없습니다.

예를 들면, 부산까지 2박 3일 출장에 자동차를 선택하여 가기로 한, 두 사람이 있습니다. A에게는 자동차를 이용하여 가는 것이 가장 편리한 방법이기 때문에 자동차를 선택하였고, B는 비행기를 타고 가는 것이 오히려 효율적이지만, 플라잉 쉐임(flying Shame)**⑥** 의식이 강하기에 다소 불편하더라도 자동차를 타고 가기로 선택하였습니다.

위 두 사람은 목표(부산), 목적(출장), 방법(자동차)이 모두 동일합니다. 하지만 이 두 사람은 그 길에 서로 다른 선택을 하며 서로 다른 2박 3일의 출장 모습을 만들어 갈 것입니다.

'편리함'의 가치를 우선하는 A라는 사람은 휴게소에서 1회용품에 담긴 간식을 사 먹고, 커피 한 잔을 테이크아웃하여 마시며, 상대적으로 연료 충전 시간이 짧은 가솔린 자동차를 운전할 가능성이 높습니다. 하지만 플라잉 쉐임 의식이 강했던 B는 '환경'이란 가치를 우선하여 되도록 1회용품을 발생하지 않는 음식을 먹고, 텀블러에 커피 한 잔을 테이크아웃하여 마시며, 상대적으로 환경오염을 덜 시키는 친환경 자동차를 이용할 가능성이 높습니다.

분명 같은 목표, 목적, 방법이어도 이렇게 그 과정이 판이합니다. 그 이유는 바로 그 사람이 중요하게 생각하는 '가치'가 서로 다르기 때문입니다.

---

⑥ 이 용어는 환경 보호 및 지속 가능성에 대한 인식이 높아지면서 비행을 탈 때 느끼는 자각적인 부끄러움이라는 의미를 담고 있습니다. 비행은 대기 중 이산화탄소 배출량이 많고, 기후 변화에 영향을 미치기 때문에 일부 사람들은 자주 비행을 하는 것에 대해 죄책감이나 부끄러움을 느끼게 됩니다. 이를 표현하기 위해 "플라잉 쉐임"이라는 용어가 사용되곤 합니다.

물론 이 '가치'는 방법을 선택할 때도 영향을 미칩니다. 플라잉 쉐임 의식이 강했던 B가 더 효율적이었던 비행기 대신 친환경 자동차를 선택한 것처럼 말입니다.

이렇게 '가치'는 같은 목표를 향해 간다고 하더라도, 방법과 그 과정에서 무수히 일어나는 일에 대한 선택에 영향을 미쳐 서로 다른 과정과 결과를 보여줍니다.

교육도 마찬가지입니다. 교사는 하루에도 많은 업무를 추진하고, 발생하는 사건을 해결해야 하며, 수업을 준비하고 평가하는 과정에서 수없이 많은 '선택'을 합니다. 그 선택에 교사가 중요하게 생각하는 '가치'가 영향을 미치며 학급 운영의 모습도 그에 따라 달라집니다. 이렇듯 교육에 많은 영향을 미치는 '가치'에 대해 교사는 자신이 어떤 '가치'를 중요시하고 있는지에 대한 성찰이 필요하며, 다른 어떤 가치보다 우선시하는 '핵심 가치'가 무엇인지 정리해 볼 필요가 있습니다.

미래 사회가 요구하는 핵심 가치는 분명 과거에 요구된 핵심 가치와 차이가 있으며, 우리는 그 미래 사회가 더 필요로 하는 핵심 가치가 무엇인지 함께 생각해 보아야 합니다.

> 효율성, 정확성, 협력, 창의성, 책임, 경제성, 공정성, 다양성, 존중, 자기계발, 관계, 안정성, 편리성, 규칙 준수, 지속가능성, 주체성, 자유, 사회 공헌, 배려, 용기, 헌신, 도전, 성장, 혁신, 배려, 노력, 신뢰, 자율성, 건강, 존엄성, 자부심, 개방성 등

▲ 선택의 기준이 되는 가치 예시

앞에서 언급했던, '타인을 배려하고 존중하는 행복한 우리 반'이라는 학급 특색(목표와 목적)이 틀린 것은 아니지만, 미래 교육의 이정표가 되는 제1의 핵심 가치로 적절하지 않을 수도 있습니다.

그러므로 우리가 미래 교육으로 전환을 목표로 나아가기 위해서는 자신이 중요하게 여기는 가치의 리모델링이 필요합니다. 자신이 중요하게 생각하는 가치 중에 미래 교육에 부합하는 가치를 핵심 가치로 정하고, 이를 반영한 교육적 철학 정립이 필요합니다.

미래 교육에 부합하는 교육적 철학은 미래 교육으로 가는 이정표와 같은 역할을 합니다. 우리가 목표와 목적을 항상 떠올리지 않더라도, 미래 교육의 방향에 좀 더 부합하는 교육적 철학을 정립해 놓으면, 우리의 선택이 모여 미래 교육으로 나아가는 길이 될 가능성이 커집니다.

이런 과정을 통해 정립한 저의 교육 철학을 안내합니다.

주체성, 자유, 책임, 도전, 성장

- 기회는 스스로 만드는 것 _ 토머스 에디슨
- 교실에서 가장 큰 스승은 스스로 끊임없이 생각하고 도전하는 자신이다.
- 다음으로 큰 스승은 내 생각을 확장해 주고, 갈등 속에서 서로의 모난 곳을 다듬어 줄 학급의 소중한 친구들이다.
- 마지막 스승은 스스로 생각하지 않고 도전하지 않는 자와 다른 친구들의 생각을 존중하지 않고 갈등 속에서 남 탓만 하는 자를 꾸짖어 줄 선생님이다.
- 하고자 하는 자는 방법을 찾고 하기 싫은 자는 핑계를 찾는다. _ 인도 속담
- 나 하나쯤이야. 그래 너 하나쯤이야.
- 백 개를 배워도 한 개를 실천하지 못하는 사람보다 하나를 배워도 그것을 실천하는 사람이 더 낫다. 그러니 백 개를 안다고 잘난 척하지 말아라.
- 실패하지 않았다는 게 성공을 의미하지 않는다. 어쩌면 대부분 도전하지 않았다는 뜻일 것이다.
- 실수는 누구나 할 수 있다. 하지만 그 뒤에 하는 행동은 저마다 다르다. 그게 그 사람을 정의한다.
- 세 사람이 함께 가면 그중에 반드시 내 스승이 있다. 그중에 현명한 사람을 보고 본받고 현명하지 못한 사람을 보면 자신을 돌아보고 나쁜 것은 살펴 고쳐야 한다. _ 공자
- 갈등은 성장의 기회, 과제는 도전의 기회
- 자유에는 책임이 따른다. 책임지지 못할 거면, 자유를 외치지 마라. 그건 무책임한 짓이다.
- 무슨 일을 할 수 있든, 어떤 꿈을 꾸든 일단 시작해 보라. 과감성에는 천재성과 역량과 불가사의한 힘이 내재해 있다. _ 괴테

▲ 미래 시대의 가치를 바탕으로 재정립한 교육 철학

MEMO

〈자신의 교육 철학 적어보기〉

6학년이 되어 선생님을 만나고 아주 많은 변화가 생겼습니다. 원래는 선생님께서 무슨 말씀을 하시는지 하나도 모르겠고, 왜 그런 소리를 하는지도 몰랐는데, 지금은 조금은 알 것 같습니다. 처음에는 선생님이 왜 저런 말을 하는지 도저히 이해가 가지 않았습니다. 하지만 점점 가면 갈수록 스며든다고 할 정도로 선생님의 생각이 이해가기 시작했습니다.

선생님이 하는 말, 특히 '기회는 스스로 만드는 것'이라는 말은 선생님에게 있어서 가장 중요한 말입니다. 선생님은 점차 저의 생각을 바꿔주셨고, 그 누구도 이해가 가지 않을 것 같던 우리 선생님은 우리를 이해시켰습니다.

또 선생님은 많은 프로젝트를 통해서 다양한 경험과 즐거움, 역량을 성장시키기까지 하는 아주 좋은 선생님이셨습니다. 처음에 프로젝트란 너무나도 힘든 것이었습니다. 물론 지금도 힘든 프로젝트지만, 이 프로젝트는 이 반의 고유의 특징 중 하나입니다. 이 프로젝트는 우리 반에 없어서는 안 되는 것이 되었습니다. 심지어 이 프로젝트를 통해서 많은 것을 배우고 느끼고 성장하는 기회가 되었습니다.

저의 변화는 아주 많았습니다. 하지만 우리 반은, 지금의 저는, 선생님의 '생각'이 없었다면 만들어지지 않았을 테고, '친구'들이 없었다면 만들어지지 않았을 것입니다. 그러므로 우리 뽀친나라, 6학년 1반은 친구들과 나, 선생님에게도 아주 좋은 시간이 되었습니다. 앞으로가 기대될 만큼 좋은 시간이었습니다. 앞으로도 2학기에도 기대가 될 수 있도록 잘 준비해 주시고 무엇보다 즐겁게 만들어주시는 선생님! 감사합니다!★

▲ 한 학기 종료 설문 中. 선생님을 만나고 나의 변화

Ⅰ-(4)
방법은 이미 정해져 있다

지금까지 미래 교육에 대한 목표와 목적을 정했으며, 미래 교육의 방향을 향하는 핵심 가치를 지니고 있는지 '성찰'해 봤습니다. 그리고 목표를 향해 나아가는 길에 좀 더 미래 교육에 접근할 수 있는 선택을 하기 위하여 선생님들의 핵심 가치를 리모델링하여 미래 교육에 부합하는 '교육적 철학'까지 정립해 보았습니다.

미래 교육에 대한 목표와 목적, 그에 부합하는 교육적 철학까지 정립하였으니, 이제는 방법을 정하면 됩니다.

이해하기 쉽게 다시 예를 들어 설명해 보겠습니다.

부산(목표)까지 2박 3일 출장(목적)을 가야 하는 A가 있습니다. 출장을 잘 다녀오기 위해서는 건강(가치) 관리도 잘해야 하고, 책임감(가치)도 있어야 하며, 만나는 사람과의 관계(가치)를 잘 맺어야겠다고 생각합니다. A는 내려가면서 준비해야 할 서류가 있고(가치-책임감), 주말이라 많이 막힐 것이 예상되기에 장시간 운전으로 인해 피로할 것을 고려(가치-건강)하여 기차(방법)를 타기로 선택합니다.

A는 목표와 목적에 따라 자신이 중요하게 생각한 가치까지 고려하여 방법을 잘 선택하였습니다. 아무래도 출장은 대성공일 거 같습니다.

교육도 이와 같습니다. 우리가 선택하는 교육 방법은 목표와 목적, 그에 부합하는 가치까지 고려하여 방법을 선택해야 합니다. 그럼 다시 미래 교육의 방향으로 나아가기 위해 재정립한 미래 교육의 비전과 목표를 보면서 방법을 선택해 보겠습니다.

▲ 미래 교육에 대한 비전과 목표 재정립

미래 교육하면 이미 하나의 공식처럼 생각하는 방법이 있습니다. 바로 '**코칭**'입니다. 위 미래 교육의 목적의 첫 소절 ' 학생들이 직접 목표를 정하고 성찰하고 책임감 있는 행동으로 변화를 만드는~' 이 부분에서 벌써 전통적인 '티칭(가르치기)'의 방법은 이미 부적합 판정을 받은 거나 마찬가지입니다.

이미 많은 연구 논문과 책, 컬럼 등에서 앞으로의 교육 방법은 '코칭'이어야 하며, 전통적인 방식인 '가르치기'에서 벗어나야 한다고 이야기합니다.

'코칭'은 학생이 자신의 잠재력을 최대한 발휘하고 목표를 달성하도록 돕는 과정입니다. 교사는 학생이 자신의 강점과 약점을 이해하고, 목표를 설정하고, 목표를 달성하기 위한 계획을 세우도록 돕습니다. 또한, 교사는 학생이 어려움을 겪을 때 지원과 격려를 해줍니다. 이렇듯 '코칭'은 학생의 잠재력을 최대한 발휘하고 목표를 달성하도록 돕는 효과적인 방법입니다.

하지만 기존에 가르치기 방법으로 학습해 온 교사들이 듣도 보도 못한 '코칭' 방법의 교육을 하루아침에 구현하기는 매우 어려워 보입니다.

	가르치기 방법	코칭 방법
역할	지식과 정보를 전달하고 지시함	지식과 정보를 공유하며, 학습자의 성장을 지원함
학습 방식	단방향적인 지식 전달과 수동적인 학습	상호작용과 학습자의 참여를 강조하는 활동 중심의 학습
학습 목표 설정	교사가 목표를 설정하고 교육 계획을 수립함	교사와 학습자가 협력하여 개인 맞춤형 목표를 설정하고 계획을 수립함
학습자 지원	집단 수업 형태로 일반적인 지도와 피드백 제공	개별 코칭 세션을 통해 개인화된 지도와 피드백을 제공함
문제 해결과 창의성	문제해결에 대한 강조보다는 정답 중심의 학습	학습자의 문제해결과 창의적 사고를 촉진함
주도성	교사가 학습 과정을 주도하고 통제함	학습자가 주도적으로 학습 과정을 관리하고 목표를 이룸
자기 계발과 성장	학습 완료 후에도 지속적인 지도나 지원이 제한적임	지속적인 코칭과 지원을 통해 자기 계발과 성장을 지원함
학습자의 역량 강화	지식 습득과 정보 전달에 초점을 둠	학습자의 역량과 자기 효능감을 강화하는 것에 초점을 둠
적응력과 유연성	고정된 교육 방식과 절차에 의존함	변화에 적응하고 유연하게 대처하는 능력을 강조함

▲ 가르치기와 코칭 방법의 차이[7]

이처럼 두 가지 교육 방법은 역할, 학습 방식, 학습 목표 설정, 학습자 지원, 문제해결과 창의성, 주도성, 자기 계발과 성장, 학습자의 역량 강화, 적응력과 유연성 등에서 많은 차이를 보입니다.

이런 '코칭' 방법을 수업에서는 어떻게 적용할 수 있을까요? 가르치지 않는데, 학생들이 배운다? 과연 이게 가능한 것인가 하는 의문이 들지도 모르겠습니다. 하지만 교사가 오히려 가르치지 않기에 학생들의 배움이 더 활발하게 일어나는 장면을 목격하면서, '가르치기' 방법은 이 시대를 사는 교사들이 정말 경계해야 할 방법이라는 생각이 들었습니다. 그렇게 경계하지 않으면 기존에 본 대로, 하던 대로 우리도 모르게 행동할 가능성이 높기 때문입니다.

---

[7] 챗GPT, "전통적인 가르치기와 현대의 코칭 방법 비교 분석표" 생성 후, 수정

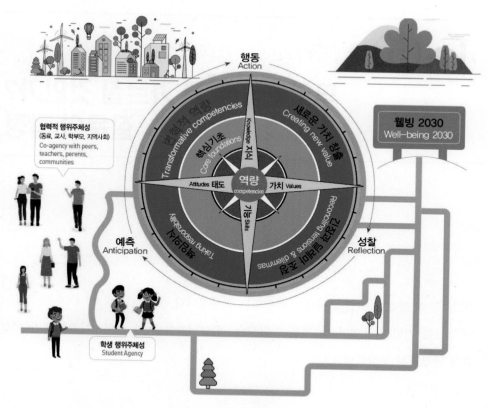

▲ OECD 교육 2030 학습 나침반

물론 가르치기도 교육에서 빼놓을 수 없는 방법이긴 합니다. 하지만 〈OECD 교육 2030 학습 나침반〉에서도 확인할 수 있듯이, 역량의 네 가지 요소 중에서 지식, 기능에 특화된 방법으로 이 방법으로는 가치와 태도를 제대로 함양하기는 어려워 보입니다.

우리가 가르치기에 중점을 둔 방법을 계속 이어나간다면 그만큼 미래 교육까지 도달하는 그 길은 더 힘들고, 멀게만 느껴질 것입니다. 마음은 SRT를 타고 부산으로 가고 싶은데, 현실은 자전거를 타고 가는 것과 같은 선택을 계속한다면, 결국 부산에 도착할 확률은 0에 수렴할 것입니다.

미래 교육으로 가기 위해 '가르치기'의 비중을 줄이고, '코칭'의 방법을 시도해 보려는 그 도전이 바로 미래 교육으로 나아가는 시작이 될 것입니다.

I -(5)

무엇을 어떻게 가르칠 것인가?
질문의 함정

"무엇을 가르칠 것인가?"

"어떻게 가르칠 것인가?"

수업을 준비하면서 매번 교사들이 떠올리는 질문입니다.

위 질문을 가만히 들여다보시기를 바랍니다. 선생님들은 뭐가 보이시나요? 뭔가 이상한 점을 발견하지 못하셨나요?

그럼, 힌트를 드리겠습니다.

'가르치기' VS '코칭'

이제 눈치채셨나요? 위 질문은 모두 '가르치기' 방법에 접근하는 질문입니다. 미래 교육으로 나아가기 위해 '코칭' 방법으로 수업하고자 다양한 방식을 시도해 보는 중에 뭔가 묘하게 엇박자가 나는 기분을 지울 수가 없었습니다. 처음엔 그게 무엇인지 몰랐고, 어느 순간 '무엇을 어떻게 가르칠 것인가?'라는 질문이 가진 함정에 제가 빠진 것을 알게 되었습니다.

하지만 함정에 빠진 것을 인식하고도 그곳에서 헤어나오기가 쉽진 않았습니다. 그 함정에서 빠져나올 대안이 될만한 질문(관점)이 없었기 때문입니다.

교사가 어떤 질문(관점)으로 수업을 설계해야 학생이 주체가 되는 수업을 설계할 수 있을까요? 오랜 시간 고민 끝에 제가 선택한 질문은 바로 이것이었습니다.

〈 학생에게 어떤 기회를 줄 것인가? 〉

이 또한 정답은 아닐 수도 있습니다. 하지만 이전의 질문보다는 학생 중심이 되려는 마음이 느껴집니다. 아니면 이런 질문으로 접근하는 것이 맞을까요?

'무엇을 도와줄 것인가?'

'어떻게 도와줄 것인가?'

하지만 이 질문은 교사가 단순히 도우미 역할에 국한되어 적절치 않아 보입니다.

어쩌면 교사가 자신에게 질문하는 것이 아니라, 학생에게 직접 바로 질문해야 하는지도 모릅니다.

☑ 어떤 목표를 세웠니?

☑ 목표를 달성하기 위해 어떤 계획을 세웠니?

☑ 어려움을 겪고 있는 부분은 무엇이니?

☑ 어떻게 도와줄까?

☑ 어떤 성과를 달성했니?

선생님들은 누구에게 어떤 질문을 던지며,

미래 교육으로 향하는 나만의 길을 만들어 가시겠습니까?

Ⅰ-(6)
에듀테크 없이도 가능한 미래 교육
〈팝스(PAPS), 운동부 프로젝트〉

지금까지 미래 교육으로 나아가기 위해 교사가 정립해야 할 목표, 목적, 가치, 방법, 태도 등에 대해 살펴보았습니다. 하지만 교육 철학 정립만으로는 실천적인 부분을 구체화하여 형상화하기는 어렵습니다. 그리고 생각보다 많은 교사가 미래 교육을 생각하면 떠올리는 '에듀테크'로 인해 도전을 망설입니다. 기술의 발전 속도가 엄청난 지금, 생성형 AI와 메타버스까지 엄두가 나지 않을지도 모릅니다.

하지만 제가 다년간의 도전 속에서 〈OECD 교육 2030〉의 목표인 학생들의 '웰빙'을 경험하고 느낀 것은 에듀테크가 미래 교육의 구현을 도울 수 있는 기술이 분명하지만, 우리가 추구하는 미래 교육의 본질 자체는 아니라는 것입니다. 오히려 에듀테크로 인해 더 본질적인 것을 놓치는 경우도 많기에 이를 경계해야 하기도 했습니다. 에듀테크는 기차를 고속열차로 바꿔줄 수 있는 도구이긴 하지만, 기차 그 자체가 될 수는 없습니다.

우선 자전거(가르치기)에서 기차(코칭)로 갈아타려고 도전해 보는 건 어떨까요? 그러다 보면 자연스레 더 빠른 효과를 낼 수 있는 에듀테크에 관심이 갈 것입니다. 그리고 나다운 교육의 길을 찾기 위해 계속 노력하다 보면, 언젠가는 미래 교육으로 가는 고속열차에 오른 자신을 발견할 것입니다.

미래 교육을 구현하려는 다양한 교육적 시도와 프로젝트 중에서 에듀테크 없이도 학생 행위주체성과 변혁적 역량을 강화할 수 있었던 '학생 건강 체력 평가(PAPS)'의 사례를 들려드리고자 합니다.

이 프로젝트는 '운동부 프로젝트'라는 이름으로 6학년 학생들을 대상으로 진행되었습니다. 코로나19로 학생들의 신체활동 시간이 줄어들어 4~5등급 학생이 코로나 이전에 비해 많이 증가했고, 이런 사실이 제게는 해결해 주고 싶은 큰 문제로 다가왔습니다. 그래서 어떻게 하면 아이들의 체력을 되찾아 줄 수 있을지 고민하였고, 학교 체육 시간만 가지고는 아이들의 체력을 향상하는 것은 거의 불가능하다는 판단을 내렸습니다.

그래서 학기 초 교육과정을 재구성하여 체육 건강 영역의 차시를 주 1회 고정 배치하고, 학생들이 계획을 세워서 팝스 측정을 하는 5월 전까지 꾸준히 운동을 할 수 있도록 계획했습니다.

우선 학생들은 자신의 팝스 목표 등급을 정합니다. 이전 학년의 측정 결과가 있다면, 이를 바탕으로 세워보는 것을 추천합니다. 학생들은 1~3등급 중에서 목표를 선택하고, 이를 달성하기 위한 운동 시간과 방법을 계획합니다. 그리고 날씨로 인해 실천하지 못하는 경우를 대비하여 실외 운동과 실내 운동으로 나누어 계획을 세우도록 합니다.

목표 설정하기				3월 28일	3월 29일	3월 30일	3월 31일	점수 환산표					
번호	5학년 등급	6학년 목표	목표 코스					미션완료	절반 성공	미션 실패	점수 합계	0~5분	5~10분
1	3등급	2등급	45~50분		미션 실패	절반 성공	미션 완료	5	6	3	30	스트레칭	줄넘기
2	3등급	2등급	40~45분	미션 완료	미션 완료	절반 성공	미션 완료	8	3	0	30	스트레칭	악력
3	3등급	2등급	35~40분	절반 성공	미션 완료	절반 성공	미션 완료	7	9	0	39	스트레칭	손 쥐었다 폈다하
4	3등급	2등급	35~40분	미션 실패	미션 실패	절반 성공	절반 성공	0	12	5	29	스트레칭	악력(철봉)
5	3등급	1등급	40~45분	미션 완료	미션 완료	미션 완료	미션 완료	7	3	3	30	팔벌려뛰기,스트레칭	악력
6	3등급	2등급	25~30분					0	0	0	0	스트레칭(준비운동)	악력(물건)
7	2등급	1등급	40~45분	미션 실패	절반 성공	절반 성공	미션 완료	7	5	1	32	스트레칭	스트레칭
8	2등급	1등급	25~30분		미션 완료	미션 완료	미션 완료	9	2	1	32	스트레칭	유연성
9	3등급	2등급	30~35분				절반 성공	0	1	0	2	스트레칭	유연성
10	2등급	1등급	25~30분	절반 성공	미션 실패	미션 완료	미션 완료	5	4	2	25	줄넘기	팔씨름
11	2등급	1등급	30~35분	절반 성공	미션 완료	미션 완료	미션 완료	6	5	1	29	스트레칭	유연성
12	3등급	1등급	35~40분	절반 성공	절반 성공	미션 완료	미션 완료	4	7	2	28	스트레칭	팔굽혀 펴기
13	4등급	3등급	50~55분					1	0	1	4	줄넘기	킥보드
14	3등급	2등급	25~30분	미션 완료	미션 실패			3	1	1	16	준비운동	유연성
15	2등급	1등급	25~30분		미션 완료	미션 완료		6	3	1	25	준비운동	5분스트레칭
16	3등급	2등급	25~30분					4	4	3	23	준비 운동	팔구
17	3등급	2등급	25~30분		절반 성공	절반 성공	절반 성공	4	4	0	20	스트레칭	유연성
18	1등급	1등급	40~45분	미션 완료		미션 완료	미션 완료	7	6	1	34	유연성	줄넘기
19	3등급	3등급	25~30분		미션 완료	절반 성공	미션 완료	3	3	2	17	준비운동	스트레칭
21	3등급	2등급	30~35분	미션 완료	미션 완료	미션 완료	미션 완료	13	3	1	46	간단한 스트레칭	손끝으로 발닿기
20	3등급	2등급	40~45분	미션 완료	미션 완료	미션 완료		8	3	0	33		팔벌려놓이 뛰기
22	3등급	2등급	35~40분		미션 완료	절반 성공	미션 완료	7	5	2	33	스트레칭	멀리뛰기 연습

▲ 구글 시트. 운동부 프로젝트 계획표 예시

그런데 지금 에듀테크 없이도 가능한 미래 교육이라고 하고는 왜 구글 시트 계획표를 제시하는지 의아하시죠? 저는 구글 시트를 활용했지만, 공책에 적어도 되는 활동입니다.

- 팝스 이전 등급
- 올해 목표 등급
- 하루 운동 목표 시간
- 운동 결과 체크리스트(목표 달성, 절반 달성, 목표 실패)
- 실내/실외 운동 계획(5분 단위로 계획 수립)
- 실천 결과에 따른 점수 결과 환산 등

▲ 운동부 프로젝트 계획표 항목

이렇게 각자 계획을 세우는 활동만 했다면 이 운동부 프로젝트는 100% 실패였을 것입니다. 운동을 하다 보면 다른 사람과 함께 해야 한 번이라도 더 나가서 운동하게 된다는 것을 경험으로 알고 계시리라 생각합니다. 그래서 팀을 구성합니다.

목표 등급	팀(인원)	명단
1등급 (13명)	1팀(7명)	
	2팀(6명)	
2등급 (14명)	3팀(8명)	
	4팀(6명)	
3등급 (3명)	5팀(3명)	

▲ 운동부 프로젝트, 팀 구성표

팝스 목표 등급이 같은 학생끼리 한 팀으로 구성하였고, 준비 운동부터 팝스 각 종목 및 정리 운동까지 종목 담당자와 팀별 운동 시간을 35분에 맞춰 계획합니다. 40분 수업 중, 남은 5분은 매우 중요한 시간으로 마지막에 설명하겠습니다.

팀이름/역할담당	준비운동	왕복달리기	제자리 멀리뛰기	유연성	악력	정리운동
1						
2						
3						
4						
5						

▲ 운동부 프로젝트 역할 표 예시

역할 담당자는 각 종목에 맞는 운동 동작을 생각하여, 그 시간의 리더가 되어 훈련을 이 끕니다.

앞의 사진이 저희 반 체육 시간 모습입니다. 제자리 멀리 뛰기 연습하는 팀, 왕복달리기 연습하는 팀, 유연성 연습하는 팀 등 모두 다르지만, 40분의 수업 시간이 아이들에 의해 팀별로 개별 맞춤 프로그램으로 시작되고 마무리되는 마법을 보실 수 있습니다. 교사의 역할은 관찰과 코칭입니다.

교사는 팀별 준비 운동 과정부터 정리 운동 과정까지의 전 과정을 관찰합니다. 그리고 팀별로 동선이 겹쳐서 사고가 발생하지 않을지 점검하고, 즉각적 피드백이 필요한 상황에서는 바로 안내합니다. 그리고 전체 피드백이 필요한 경우에는 중간에 잠시 훈련을 멈추고 안내하거나, 수업이 끝나기 전에 정리해 두었다가 안내해 줍니다. 그리고 중간중간 다니면서 진행 상황을 점검하고, 필요한 도움이 있는지를 확인합니다.

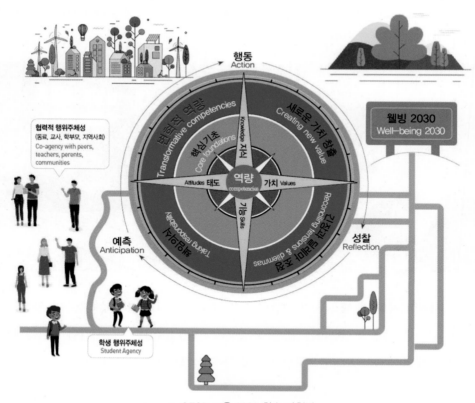

▲ OECD 교육 2030 학습 나침반

이 'OECD 교육 2030 학습 나침반'을 '운동부 프로젝트'에 적용하여 설명해 보겠습니다.

학생은 학생 행위의 주체성을 가지고 예측하고 행동하며 성찰하는 과정을 반복합니다.

과정	내용
예측	• 올해 목표 등급, 하루 운동 목표 시간, 실내/실외 운동 계획 수립 및 수정 • 팀별 종목별 운동 시간, 운동별 담당자 선정 • 자신이 맡은 종목 운동프로그램 계획 및 수정
행동	• 개별 운동 계획 실천 및 체크리스트 작성 • 팀별 시간 배분에 따른 계획 실천 • 자신이 맡은 종목 운동프로그램 훈련 이끌기
성찰	• 실천 결과에 따른 점수 점검 및 반성 • 팀별 운동 코스 및 태도에 대한 비판적 성찰 • 담당 종목 프로그램 효과 및 만족도 점검

▲ 운동부 프로젝트의 예측, 행동, 성찰 내용 정리표

이 과정에서 학생들은 계획과 역할에 대한 책임감을 갖고, 자신이 맡은 종목 운동 시간에 대해 같은 팀원들과 지난주의 성찰을 바탕으로 새로운 방식을 생각(창출)해야 하며, 같은 팀원들과 생기는 긴장과 딜레마를 조정하는 등 프로젝트 진행 중에 발생하는 문제나 사건에 대해 주체적으로 선택하고 이에 행동하며 이에 대한 성찰을 반복하며 변혁적 역량을 함양하게 됩니다.

학생들은 자신이 맡은 종목의 운동에 대한 지식을 얻기 위해 자료를 찾아보기도 하며, 훈련을 통해 기능을 익히고, 공동체가 함께 운동을 통해 건강, 배려, 소통, 존중, 책임, 신뢰, 실천 등의 가치에 대해 실패와 성공의 경험을 통해 조금 더 성숙한 태도를 지니게 되는 등, 학생 행위주체성에 기반하여 역량을 함양합니다.

그럼 40분 수업 중, 매우 중요하다고 했던 남은 5분은 무엇일지 예측하셨나요? 이 시간은 바로 '성찰'과 '예측'을 위한 회의 시간입니다. 학생들은 코스별 담당자의 태도 및 운동 프로그램에 대한 상호 피드백(칭찬, 제안)을 주고받으며, 다음 주 시간에 대한 시간 조정 및 운동프로그램에 대한 협의 및 역할에 대해 논의합니다. 이 과정을 통해 학생들은 개인과 팀의 성장을 점검하면서 지속하여 프로젝트를 진행할 수 있게 하는 성장마인드와 책임감, 목적의식 등을 다잡게 됩니다.

이렇게 〈OECD 교육 2030〉을 운동부 프로젝트에 접목하여 추진해 본 그 결과는 매우 놀라웠습니다. 3월~5월까지, 약 3달 정도 진행된 프로젝트를 통해 나날이 성장하는 모습과 자발적으로 아침 일찍 나와서 즐겁게 운동하는 모습을 볼 수 있었습니다. 이때를 되돌아보니 학생들이 작은 '웰빙'을 맛본 첫 순간이었으며, 계속되는 운동으로 몸은 힘들었어도 눈동자가 참으로 반짝였던 시기였습니다.

▲ 왕복달리기 100회 이상(2명→10명) 달성, 축하 기념사진

▲ 팀별 서로 다른 방식으로 유연성 훈련하는 모습

▲팀별 서로 다른 방식으로 악력 훈련하는 모습

▲ 제자리 멀리 뛰기 훈련 모습   ▲ 함께 준비하고 정리하는 모습

이렇듯 코칭 방법은 기존 교사의 주도하에 학생 전체를 끌고 가야 하는 가르치기의 방법과는 전혀 다른 방식으로 전개됩니다.

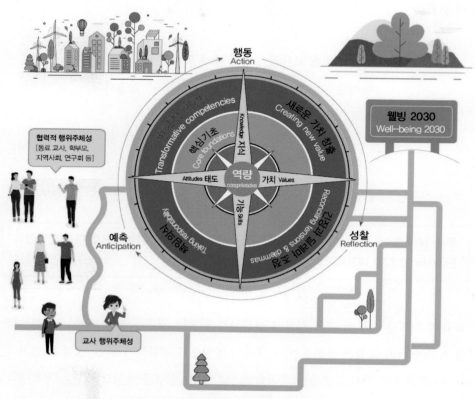

▲ OECD 교육 2030 학습 나침반을 변경한 〈교사 나침반〉

교사는 '교사 행위주체성'을 지니고 운동부 프로젝트를 〈OECD 교육 2030〉의 목적에 부합하도록 계획(예측)을 세우고, 이를 실제(행동)로 추진합니다. 그리고 그 과정에 대한 반성(성찰)을 통해 다시 예측, 행동, 성찰의 과정을 반복하며, 프로젝트를 이끌어 나갑니다. 이과정에서 학생, 학부모와의 협력적 관계를 구축하고 '학생들의 체력을 되찾아주기'란 목표를 달성하기 위해 노력합니다. 교사는 책임감을 갖고 문제 상황을 해결하며, 이전에 경험하지 못했던 방식으로 접근하는 등 변혁적 역량을 발휘합니다. 이 과정을 통해 교사는 교육에 대한 새로운 경험과 통찰을 갖게 되며, 지식, 기능, 가치, 태도의 역량이 성장합니다.

이런 교사 행위주체성에 기반한 변혁적 역량을 발휘한 경험은 교사 개개인의 '미래 교육 역량'이 되며, 이런 '미래 교육 역량'에 기반한 교육과정 재구성이 바로 '교사 교육과정'이 됩니다.

여전히 미래 교육의 방향에 대해 확신이 없으신가요?

하지만 그렇게 고민만 해서는 답이 나오지 않습니다.

"그냥 어디로든 내디뎌 보시죠."

그 한 걸음이 미래 교육의 시작이 될 것입니다.

> 무슨 일을 할 수 있든, 어떤 꿈을 꾸든 일단 시작해 보라. 과감성에는 천재성과 역량과 불가사의한 힘이 내재해 있다. _괴테

▲ 미래 시대의 가치를 바탕으로 재정립한 교육 철학 중

교육의 변화를 시도해 보고 싶으신 선생님들께 저는 새로운 것을 배우는 도전 이전에 우선 자신이 가지고 있는 관점을 미래 교육의 방향으로 전환하기 위한 '성찰'을 먼저 권합니다. 미래 교육의 핵심을 꿰뚫는 통찰력이 생긴다면, 방향만 틀어도 내딛는 걸음마다 미래 교육의 길이 될 것입니다.

에듀테크가 미래 교육의 핵심이라 오해할 수 있지만, 미래 교육의 핵심은 에듀테크가 아니라 학생 행위주체성에 기반한 변혁적 역량의 함양이며, 이는 에듀테크를 의미하진 않습니다.

미래 교육은 에듀테크가 아닌 새로운 관점을 지닌 교사로부터 시작됩니다.

"때때로 관점을 바꾸는 것이
똑똑한 것보다 더 강력합니다."

– Astro Teller (X) –

제가 학생들에게 자주 하는 말이 있습니다. 이 말을 선생님들께도 '철학적 잔소리' 코너로 살짝 전해봅니다.

네가 서울로 가야 할지 부산으로 가야 할지 모르겠다면, 그 자리에서 움직이지 말고 가만히 서서 생각해라. 어느 방향인지 생각 없이 출발한다면 가는 데 힘쓰고, 돌아오기까지 더 힘들 수도, 돌아올 힘이 없을 수도 있다.

하지만 서울 쪽인지, 부산 쪽인지 방향이 정해졌다면, 그땐 과감하게 첫발을 떼어라. 그렇게 가다 보면 그 길이 네 길이 될 것이다.

선생님들이 생각하는 미래 교육은 서울 쪽인가요? 부산 쪽인가요? 그 방향이 정해졌다면, 지금 바로 그 첫발을 내디뎌 보시죠.

I -(7)

에듀테크의 날개를 단, 미래 교육

2022년도에 코로나19로 인해 무엇하나 제대로 배우지 못했던 학생들을 만나며 잃어버린 2년을 되찾아주고 싶은 마음에 '3년 같은 1년'을 만들어주겠다고 선언하며 새 학기를 시작했습니다. 그리곤 1년 정도 연구했던 구글 워크스페이스(Google Workspace) 기반의 에듀테크를 본격적으로 수업과 평가에 적용하고자 다양한 도전을 이어갔습니다. 그리고 한 학기를 마무리하는 설문에서 학생들은 '〈3년 같은 1년〉이 될 거 같다는 생각이 드나요? 그 이유는 뭘까요?'라는 질문에 아래와 같이 응답합니다.

> ▶ 우리가 보낸 시간이 아직 6개월도 되지 않는데, 3년처럼 느껴진다. 그 이유는 모든 활동과 수업에 모두가 적극적으로 참여해 시간 가는 줄 몰라서 그런 것 아닐까? 모두가 기쁜 마음으로, 존중하며 배려했기에 짧은 시간이 더욱더 길게 느껴졌을 것이다. 시간은 참 빠르다. 앞으로 남은 2학기는 5년처럼 느껴지지 않을까?
>
> ▶ 이게 무슨 소린가! 3년 같은 1년이라니! 시간은 방학 3일 전을 달리고 있지만 나는 이때까지 4개월이라는 시간이 2년이 흐른 것 같았다. 진짜 너무 많은 프로젝트를 하면서 나는 2년 동안 성장할 역량이 지금 자란 것 같은 기분이다. 이 역량을 끌어올리도록 도와줬던 선생님이 고맙고, '기회를 스스로 잡은 나'한테도 고맙다.
>
> ▶ 3년 같은 1년은 되지 않을 것 같다. 왜냐하면 이미 1학기가 3년 같았기 때문이다. 5달 정도 되는 1학기 동안 위에 적힌 것은 물론 시험도 보았고, 짧게 했지만 절대 중요하지 않다고 할 수 없는 활동도 많이 하였다. 5달 동안 이렇게 많은 활동을 하니, 시간을 완전 꽉꽉 채워 사용하게 되었고, 그만큼 기억에 남는 시간이 많아지니 5달이 3년처럼 느껴지는 마법이 일어났다. 그러므로 우리의 1년은 3년이 아닌, 한 6년처럼 느껴질 것 같다.

▲ 한 학기를 보내며, 학생 설문 응답 내용 中

에듀테크가 어렵게만 느껴지는 선생님들께 희망을 드리고자 에듀테크는 없어도 된다고 말씀드릴 수는 없습니다. 분명 에듀테크를 활용하지 않아도 미래 교육의 방향으로 나아갈 수 있는 것은 맞지만, 에듀테크를 목적에 맞게 잘 활용한다면 교육적 효과는 정말 놀라울 정도로 증대됩니다. 그만큼 에듀테크는 한정된 시간과 장소에서 교육적 효과를 증대시킬 수 있는 매우 강력한 도구입니다.

에듀테크는 학습자들이 주체적으로 학습하고 지식을 습득하는 데 도움을 줍니다. 에듀테크에는 온라인 강의, 상호작용적인 학습 앱,[8] 가상현실과 증강현실을 활용한 시뮬레이션 등 다양한 형태가 있으며, 최근에는 챗GPT(chatGPT)와 같은 생성형 인공지능[9]의 교육적 활용에 대한 연구도 활발하게 진행되고 있습니다.

그럼 이런 에듀테크를 활용한 방법의 장단점에 대해 살펴보고, 에듀테크를 활용하는데 고려할 점을 정리해보겠습니다.

에듀테크의 장점

❶ 학습자 맞춤형 학습 경험을 제공할 수 있습니다. 학습자들은 자신의 수준과 학습 스타일에 맞는 콘텐츠를 선택하고 학습의 속도와 방식을 조절할 수 있습니다. 또한 에듀테크는 학습자들에게 실시간으로 피드백을 제공하고, 개인의 강점과 약점을 파악할 기회를 제공합니다. 이를 통해 학습자들은 더욱 효과적으로 학습할 수 있고, 자신에게 맞는 학습 방법을 찾아 나갈 수 있습니다.

❷ 교사들에게도 큰 도움이 됩니다. 교사들은 학생들의 학습 상황과 진도를 실시간으로 모니터링하고 개별적인 지도를 제공할 수 있습니다. 또한 에듀테크는 교육자료의 확장성과 접근성을 높여주어 교사들이 다양한 교육자료를 활용하고 창의적인 수업을 구성할 수 있는 환경을 제공합니다.

---

❽ **상호작용적인 학습 앱(interactive learning app):** 학습자들에게 상호작용적인 학습 경험을 제공하는 디지털 애플리케이션입니다. 이 앱은 학습자들이 자기 주도적으로 학습을 진행하고 문제를 해결하며, 학습 과정에서 적극적으로 참여할 수 있도록 돕습니다. 학생들이 직접 학습 활동에 참여하고 결과에 대한 실시간 피드백을 받을 수 있습니다.
❾ **생성형 인공지능(Generative AI):** 인공신경망을 이용하여 새로운 데이터를 생성해내는 기술로 명령어를 통해 사용자의 의도를 스스로 이해하고 주어진 데이터로 학습, 활용하여 텍스트, 이미지, 오디오, 비디오 등 새로운 콘텐츠를 생성해내는 인공지능이다.

❸ 학습의 범위와 다양성을 확장해 줍니다. 온라인 경험을 통해 학생들은 각양각색의 정보를 습득할 수 있으며, 다양한 전문가들을 접할 수 있는 환경을 마련해줍니다.

❹ 학습자들이 적극적으로 참여하고 상호 작용할 수 있는 학습 경험을 제공합니다. 상호 작용이 가능한 환경과 게임 요소를 활용하여 학생들의 흥미와 참여도를 높이며, 문제 해결, 협력, 창의적 사고 등의 능력을 발전시킬 수 있습니다.

❺ 학습자들은 시간과 장소에 구애받지 않고 학습할 수 있습니다. 온라인 플랫폼을 통해 언제든지 학습 자료에 접근하고 학습을 진행할 수 있으며, 이는 학습자들에게 유연성과 편의성을 제공합니다.

❻ 피드백 및 평가 개선에 도움이 됩니다. 에듀테크는 실시간 피드백을 제공하고, 성과를 세밀하게 추적하여 학습 경험을 개선하고 교육 효과를 높입니다.

❼ 데이터 기반 통찰 및 분석 자료를 제공합니다. 에듀테크는 데이터를 수집 및 분석하여 교육자가 학생의 진행 상황을 추적하고 목표에 맞는 개입을 제공할 수 있도록 합니다.

이러한 측면에서 보면, 에듀테크는 교육의 혁신과 발전을 위한 중요한 도구로 작용할 수 있습니다. 미래 교육의 목적을 달성하기 위한 도구로 활용된 에듀테크는 학습자들의 참여와 흥미를 끌어올리고, 효과적인 학습 경험을 제공함으로써 교육의 질을 향상할 수 있습니다. 따라서 우리는 에듀테크의 가능성을 탐구하고, 그것을 교육의 발전을 위한 도구로써 적극적으로 활용해 나가야 할 것입니다. 하지만 에듀테크의 도입은 결코 '마법의 해답'은 아닙니다.

에듀테크의 단점

❶ 기술적 문제를 발생할 가능성이 있습니다. 따라서 기술적인 문제, 인터넷 연결의 불안정성 등으로 인해 학습 과정에 문제가 발생할 수 있습니다. 이에 따라 교육자와 학습자 모두 기술적인 문제에 대처할 수 있는 기술적 능력을 갖추어야 합니다.

❷ 일부 에듀테크 환경은 학습자들 사이의 실시간 상호작용과 사회적 경험을 제한할 수 있습니다. 이로 인해 학습자들이 직접적인 대화와 협업을 경험하는 기회가 제한될 수 있으므로, 교육자들은 이를 보완하기 위해 다양한 협업 기회를 제공해야 합니다.

❸ 주의 산만 및 오용 가능성이 있습니다. 에듀테크 도구는 책임감 있게 적절한 지침과 함께 사용하지 않으면, 주의 산만의 원인이 되거나 오용으로 이어질 수 있습니다. 이에 따라 체계적인 수업 계획에 의해 관리하고 활용해야 합니다.

❹ 개인 정보 보안 문제가 발생할 수 있습니다. 에듀테크 환경에서는 데이터 침해와 개인 정보 누출 위험이 항상 존재합니다. 따라서 개인 정보의 중요성을 이해하고, 관련 법과 기술적 조치 등의 교육이 필요합니다.

❺ 디지털 격차가 확대될 수 있습니다. 에듀테크에 접근할 수 없는 학습자들과 교육자들은 기술적 자원이 덜 발달한 지역에서 교육 및 경쟁력 차이를 겪을 수 있습니다. 이에 따라 교육자는 적절한 기술적 자원을 확보한 환경이 구축될 수 있도록 관심을 두고 노력해야 합니다.

❻ 과도한 정보가 오히려 학습의 방해 요소가 될 수 있습니다. 방대한 양의 디지털 자료로 인해 학습자가 선택에 어려움을 느낄 수 있으므로, 정보를 탐색하고 비판적으로 선택하기 위한 범위 설정 및 지침이 필요합니다.

이렇듯 에듀테크의 도입과 활용이 절대적인 해결책이 되지는 않기에 에듀테크를 성공적으로 도입하기 위해서는 교사의 역할이 중요합니다. 교사는 학생들이 에듀테크를 적절히 활용할 수 있도록 도와주며, 효율적으로 시너지를 끌어내는 방법을 찾아야 합니다.

에듀테크 활용에서 고려할 사항

❶ 교육의 본질에 집중한 도구적 활용의 관점에서 접근해야 합니다. 에듀테크 도구는 교육의 보조도구일 뿐, 중요한 것은 교육자와 학습자 간의 상호작용, 그리고 학습 내용의 가치입니다.

❷ 문제를 극복하기 위한 기술적 능력 함양이 필요합니다. 학습자와 교육자는 에듀테크 관련 문제를 탐색하고 해결하는 데 필요한 기술적 능력을 갖추어야 합니다.

❸ 에듀테크 도구에 대한 분석 및 평가를 바탕으로 신중하게 도입해야 합니다. 에듀테크 도구와 기술을 도입하기 전에 학습자, 교육자, 교육 기관 측면에서 효과와 필요성을 신중하게 검토해야 합니다.

❹ 교실에서 온라인과 오프라인 상호 작용의 균형을 모색해야 합니다. 수업 설계 시, 온라인과 오프라인 방식의 블렌디드 방식의 최적화된 활용 방법을 고려해야 합니다.

❺ 협업과 상호작용 기회를 제공하기 위해 노력해야 합니다. 교육자는 학습자들의 사회적 기술을 개발하기 위해 대면 상호 작용과 온라인 상호작용의 기회를 균형 있게 제공해야 합니다.

❻ 디지털 시민성 교육에 중점을 둬야 합니다. 디지털 환경에서 안전하고 윤리적으로 행동하는 능력을 개발하고, 디지털 시민으로서 책임과 역할에 대한 이해를 바탕으로 활용할 수 있도록 지도해야 합니다.

❼ 디지털 격차를 줄이기 위한 방법을 모색해야 합니다. 다양한 학습자의 요구를 고려하고 디지털 격차를 줄이는 기술 및 자원에 대한 공평한 접근을 보장하여야 합니다.

결국 에듀테크가 교육의 본질인 사람의 성장에 목적을 두고 학습자의 성장을 돕는 도구로 활용할 때, 교육의 미래를 더 밝게 만드는 한 축이 될 것입니다. 그리고 에듀테크는 교사와 학생, 모두가 더 나은 교육환경에서 학습하고 성장하도록 기회를 제공해 줄 것입니다.

제가 다른 선생님들께 '에듀테크를 한 번도 안 써본 교사는 있어도, 한 번만 써본 교사는 없다.'라고 웃으며 얘기하곤 합니다. 단 한 번이라도 에듀테크 도구를 활용한 교육적 효과를 느끼게 되신다면, 왜 '한 번만 써본 교사는 없다'라고 했는지 저절로 아시게 될 것입니다.

I -(8)

교수평'기'-'기록'이 교육의 본질적인 활동인가?

학기가 다 끝난 후, 한 장의 통지표를 통해 주어지는 평가 결과는 어떤 의미를 갖는 걸까요? 프로젝트가 끝난 후, 학생들이 받게 되는 평가 결과는 학생들의 '성장'에 유의미하게 연결되고 있는 걸까요?

'교육과정-수업-평가 일체화'란 말은 교사라면 익숙한 용어일 것입니다. '수업'에만 초점이 맞춰져 있던 교육의 관점을 넓혀 '교육과정'과 '평가'까지 확산해서 고려하도록 제시한 개념입니다.

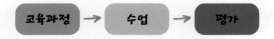

〈교육과정-수업-평가의 일체화〉

▶ 교육과정-수업-평가의 일체화란 교육과정, 수업, 평가를 하나의 연속된 교육 활동으로 바라보고, 이를 유기적이고 통합적으로 운영하여 세 요소의 불일치 요소를 최소화하고 학생을 교육과정, 수업, 평가의 중심에 두어 삶의 주체로 성장시키는 교육활동이다.(경기도교육연구원, 2015)

▶ 또한 교사가 재구성한 교육과정을 기반으로 배움중심의 철학과 가치를 반영한 학생 중심의 수업과 과정중심의 평가를 통해 학생의 전인적 성장을 돕는 일련의 과정이다.(경기도교육청, 2016)

▶ 국가수준의 교육과정(성취기준)을 재구성하여 수업에 적용하고 이에 근거한 평가를 실시하는 것이다.(경기도교육청, 2016)

▶ 교사가 교육에 대한 진지한 성찰과 사유에 입각하여 교육과정에 대한 이해를 구체화하는 수업을 설계하며, 학생들이 배운 내용을 가장 적절하게 평가할 수 있는 방안을 구안하는 것이다.(경기도교육청, 2016)

▲ 교육과정-수업-평가 일체화에 대한 내용

그리고 몇 년 전부터는 '기록'이 추가되어 '교육과정', '수업', '평가', '기록'을 하나의 연속된 교육 활동으로 보고, 학생과 학급의 특성을 고려해 교육과정을 재구성하고 여기에 맞춰 수업을 진행한 뒤, 평가와 기록까지 포함한 일련의 과정을 제시하고 있습니다.

그런데 '교육과정-수업-평가-기록' 일체화에 대해 자료를 살펴보다 보니, 그 과정을 두 가지 관점으로 보는 것을 발견하게 됩니다. 일반적으로 '교육과정-수업-평가(기록)'으로 표기되는 것을 각각 해석한 결과란 생각이 듭니다.

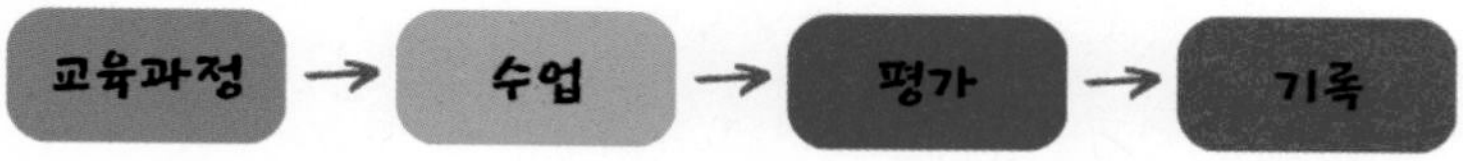

교육과정 → 수업 → 평가 → 기록

앞의 단계는 교육과정을 재구성하여 수업하고, 이를 평가한 다음에 기록하는 일련의 과정을 말합니다. 아래의 단계는 교육과정을 재구성하여 수업하고, 그 과정을 기록한 다음에 평가에 반영하는 과정을 말합니다.

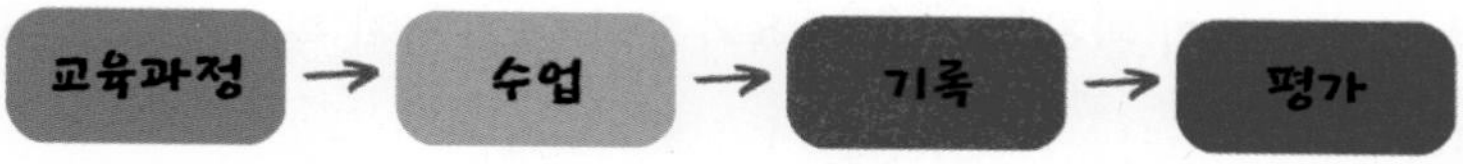

교육과정 → 수업 → 기록 → 평가

그런데 위의 그림처럼 '교육과정-수업-평가-기록'의 과정을 단방향으로 해석하여 평가와 기록으로 끝이 나는 과정으로 표현하는 것은 유기적이고 통합적으로 운영되는 교육을 표현하는데 부적합합니다. 다음의 그림처럼 교육은 교육과정-수업-평가(기록)의 과정에서 교육과정 평가 및 피드백을 주고받으며, 보다 유기적이고 통합적으로 상호작용합니다.

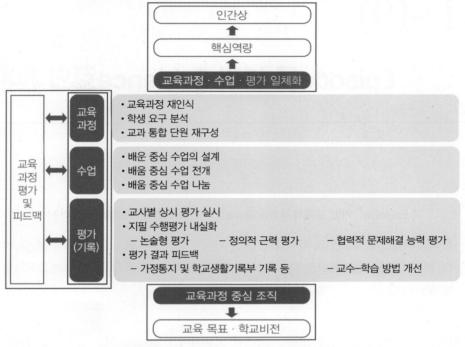

교육과정-수업-평가(기록) 일체화 모형(예시-구조도)/경기도교육청

인간상

핵심역량

교육과정 · 수업 · 평가 일체화

교육과정
- 교육과정 재인식
- 학생 요구 분석
- 교과 통합 단원 재구성

수업
- 배운 중심 수업의 설계
- 배움 중심 수업 전개
- 배움 중심 수업 나눔

평가(기록)
- 교사별 상시 평가 실시
- 지필 수행평가 내실화
  - 논술형 평가   - 정의적 근력 평가   - 협력적 문제해결 능력 평가
- 평가 결과 피드백
  - 가정통지 및 학교생활기록부 기록 등   - 교수-학습 방법 개선

교육과정 평가 및 피드백

교육과정 중심 조직

교육 목표 · 학교비전

▲ 좀 더 유기적이고 통합적으로 제시한 교수평가 일체화 모형

이런 교수평가 일체화 모형을 들여다볼수록 새롭게 들어온 '기록'에 눈길이 갑니다. 그런데 '기록'이 교육에서 그렇게 중요한 본질적인 행위였나 하는 의문이 듭니다. 생활기록부에 문제가 덜 발생하도록 누가기록을 입력하라는 행정적 지침이 은연중에 파고든 걸지도 모르겠습니다. 아울러 이 평가와 기록의 과정이 학생의 '성장'과 어떤 연관이 있는지 그 관점을 명확히 제시해 주지 못한다는 생각이 듭니다. 평가(기록)가 피드백을 위한 'data'의 관점보다는 관찰 내용이나 평가 결과에 대한 'write'의 의미가 더 강하기 때문입니다.

Ⅰ-(9)

Episode를 넘어 Evidence로의 전환

> 〈 Episode[10] 기반 교육에서 Evidence[11] 기반 교육으로 전환해야 한다. 〉
>
> · 하나의 사례는 특정 개인의 사례일 뿐. 해당 사례가 모든 경우에 일반화되기는 불가능하다. 해당 사례에 대한 효과성 및 효율성 등을 검증할 수 있는 증거제시를 통해 **교육내용과 방법이 일반화**될 수 있도록 해야 한다.[12]

최근 한 달 동안 두 번이나 〈Episode 기반 교육에서 Evidence 기반 교육으로 전환〉에 대한 이야기를 서로 다른 대상과 경로를 통해 듣게 되었고, 이 말의 맥락과 의미가 무엇일지 생각이 머뭅니다. 비슷한 내용을 서로 다른 대상과 경로를 통해 듣게 되니, 교육에 대한 성찰이 수렴되는 하나의 방향일 수도 있겠다는 생각이 듭니다.

Episode, 즉 어떤 수업이나 평가에 대한 특정 사례는 일부 환경과 일부 대상, 일부 수업에 국한되어 그 효과를 나타낼 수 있기에 그 영향력이 제한적임을 굳이 깊이 생각하지 않아도 알 수 있는 부분입니다. 그런데 교육적으로 다소 낯선 Evidence라는 건 과연 무엇일까요? Evidence가 무엇이기에, Episode 기반 교육에서 Evidence 기반 교육으로 전환해야 한다는 걸까요?

---

[10] 사건
[11] 증거, 흔적
[12] 출처- 페이스북, 김황(전직 교사, 천재교육 티*파 부문장)

Evidence는 주장, 가설 또는 주장을 지원하거나 입증하는 데 사용되는 정보나 데이터를 말합니다. 주장이나 주장의 진실성 또는 타당성을 확립하는 데 사용되는 사실적인 근거입니다. 과학, 법, 역사 및 연구 등 다양한 분야에서, 증거는 결론을 도출하고 정보에 근거한 결정을 내리는 데 중요한 역할을 하며, 다양한 종류의 증거가 존재합니다.

▶ **경험적 증거:** 이 유형의 증거는 직접적인 관찰이나 경험에 기반한 것으로, 체계적인 관찰, 측정 또는 실험을 통해 얻어집니다.
▶ **문서적 증거:** 문서, 텍스트, 기록 또는 기타 문서 형태의 기록된 증거입니다.
▶ **증언적 증거:** 증언은 목격자나 해당 주제에 대한 지식이나 전문성을 가진 개인들에 의해 제시되는 진술이나 설명입니다.
▶ **환경적 증거:** 이 유형의 증거는 추론에 의존하며, 사건을 둘러싼 간접적인 사실이나 상황을 바탕으로 특정 결론을 제시합니다.
▶ **통계적 증거:** 통계적 증거는 수치 데이터와 통계적 분석을 사용하여 주장을 지원하거나 반박하는 것을 의미합니다.
▶ **물리적 증거:** 물리적 증거는 특정 조사나 주장과 관련된 유형적인 물체나 재료로 구성됩니다.

▲ 챗GPT 'Evidence의 의미'에 대한 응답, 수정 및 정리

'내 교육의 Evidence가 무엇일까?'라는 생각을 하는 중에 문득 전담 교사로 저희 반에 들어오면서 변화하는 학생들을 보시곤, 변화하고 성장한 이 아이들이 바로 저의 스펙(증거)이라고 하시던 그분의 말씀이 갑자기 떠올랐습니다. 그리고 이렇게 글로 정리하는 행위가 학생들과 경험했던 '웰빙'의 Episode(사례)와 Evidence(증거)를 통해, '웰빙'의 경험을 선생님들께도 생생하게 공유하여, 미래 교육으로 함께 도전해 나아가자는 설득에 그 목적이 있음을 깨닫게 됩니다.

다른 교사가 했던 프로젝트나 수업의 Episode를 그대로 따라 하는 것은 효과가 제한적일 수밖에 없습니다. 그렇기에 산출물, 후기, 데이터 등의 Evidence를 통해 스스로 그 효과성 및 효율성을 판단해보시고, 교사 개개인의 역량을 맞춰서 새로운 Episode를 창조하

는 과정이 필요합니다. 이렇게 교사의 교육적 철학과 現 교육과정, 現 학생에 맞춰 재창조 되어야만, 학생과 교사의 '주체적인 성장'으로 이어질 것입니다.

그럼 한 단계 더 나아가 보도록 하겠습니다. Episode와 Evidence 기반의 교육을 넘어, OECD 교육 2030 프로젝트를 바탕으로 한, 제 교육 방식을 〈미래 교육 모형〉으로 일반화하여 이해를 돕고자 합니다.

▲ '웰빙'을 구현했던 교육 방식을 표현한 〈미래 교육 모형〉

교육 현장에서 조연일 수 없는 두 주체, 바로 학생과 교사는 배움과 성장의 길을 함께 합니다. 교사와 학생의 역할은 다르지만, 그 길이 다르지 않습니다. 교사는 現 학생들과 現 교육과정에 가장 적합한 방식을 '성찰'-'예측'-'행동'의 과정을 통해 선택하여 실행합니다. 그리고 학생 또한 수업에서 발견한 문제를 '성찰'-'예측'-'행동'하는 과정을 통해 해결해 나갑니다. 교사와 학생은 그들이 지닌 지식, 기능, 가치, 태도의 역량을 바탕으로 발견한 문제를 행위주체성을 기반으로 변혁적 역량을 발휘하며 함께 해결해 나갑니다. 교육과정을 수립하고, 수업하고 평가하는 전 과정은 교육과정-수업-평가의 전 과정에서 수집된 데이터에 따라 역동적으로 변합니다. 교사와 학생은 피드백을 주고받으며 함께 역량이 성장하게 되고, '웰빙'을 경험하게 됩니다.

〈미래 교육 모형〉의 기본 특성은 다음과 같습니다.

- '교육과정', '수업', '평가'는 교사와 학생 모두의 '행위주체성'과 '변혁적 역량'을 기반으로 한다.
- '교육과정', '수업', '평가'는 교육의 본질적인 활동으로 유기적으로 연결되어 있으나, 순서가 정해진 연속된 과정으로 볼 수 없다. 예를 들어, 교사의 행위주체성으로 학생의 '평가'가 먼저 이뤄지고, 이를 바탕으로 학생에 대한 충분한 데이터 수집을 위한 '수업'을 진행해 본 후, '교육과정'에 '피드백'하여 다음 '수업'으로 연결할 수도 있다. 이는 '평가–수업–교육과정–수업–……'의 과정으로 매번 '교육과정–수업–평가'로 진행되는 교육과정 모형으로는 설명하기 어렵다.
- 기존의 '교육과정–수업–평가(기록)'의 일체화 모형은 교사의 행위에 중점을 두며 교육을 설명하고 있다. 여전히 전통적인 '가르치기' 관점에서 교육을 해석하고 있으며, 학생의 전인적 '성장'을 돕는 일련의 과정이라는 목적이 드러나지 않는다. '교육과정', '수업', '평가'의 세 가지 본질적인 요소로 진행되는 교육은 '교사'와 '학생'의 '행위주체성'과 '변혁적 역량'에 의해 역동적으로 실행하는 과정이다. '교사'와 '학생' 두 주체 모두가 그 과정에 유기적으로 연결되어야 한다.
- 교사는 수업 중, 어떤 '데이터 수집 및 피드백'을 할지에 대한 계획을 수립해야 하며, 이것이 바로 학생 '성장'을 위한 교육의 핵심이다. 학생의 전인적 '성장'을 돕는 일련의 과정이 되기 위해서는 '기록'이 아니라 '데이터 기반의 피드백'이 필요하며, 교육은 이 '데이터' 내용에 따라 교사와 학생 모두의 '행위주체성'과 '변혁적 역량'에 기반하여 역동적으로 변화한다.
- '데이터 수집 및 피드백'은 '교사'와 '학생' 모두를 위한 것이 돼야 한다. '학생'은 자신의 활동에 대한 데이터를 자기 평가나 동료 평가, 교사 평가 등을 통해 수집하며, '교사'는 자신의 수업에 대한 데이터를 자기 평가 및 학생 평가, 동료 평가를 통해 수집한다. 이렇게 수집한 '데이터'는 '성찰'의 과정을 통해 '교사와 학생의 역량 성장'으로 이어진다.
- '기록'의 과정은 자연스레 이어지는 행위로, 교육하는 과정에서 수집된 '데이터'를 바탕으로 '평가'하여 입력하고, 피드백을 통해 변화한 학생의 '성장'을 '기록'한다. 단, '기록'이 교사가 수집한 데이터를 바탕으로 분석 및 평가의 과정을 거쳐서 '기록'되어, 학생 성장을 위한 '피드백' 자료로 활용될 때, 학생 성장을 위한 '데이터'로의 의미를 지닌다.
- '데이터'를 누가 가지고 있느냐가 바로 교육의 주체가 누군지를 의미한다. 교육과정, 수업, 평가 등에 대한 '데이터'를 교사만 가지고 있다면, 학생의 주체적 성장은 불가능하다.
- 학생 또한 '평가'하고 '기록'하는 주체가 되어야 하며, 학생은 자신이 수업 중에 생산한 결과물과 동료와 교사의 피드백 내용을 바탕으로 '성찰'하며, 자신의 '성장'을 '기록'한다. 학생들이 '기록'한 자기 성장 포트폴리오는 학생 스스로 '성찰'을 통해, '예측'하고 '행동'하기 위한 개별 맞춤 '데이터'가 된다.

급변하는 미래 사회에서 '웰빙'하는 학생이 될 수 있도록 하는 것과 더불어 그런 사회에서 '웰빙'하는 교사가 되는 것의 균형은 매우 중요합니다.

교사와 학생들의 행위주체성과 변혁적 역량을 기반으로 도전한 자신의 여러 Episode 위에, 여러 교사의 다양한 Episode를 더하여 자신만의 교육 철학을 담은 교육을 구축해 나간다면, Evidence 기반 교육으로의 전환과 더불어 다양한 교육의 문화를 꽃피우는 교육 르네상스 시대가 올 것이라 믿습니다.

제가 하고자 하는 교육을 이렇게 그림으로 표현해 보니 제 교육 정체성이 훨씬 명확해 집니다. 선생님들도 자신이 추구하는 미래 교육을 모형으로 꼭 완성해 보시기 바랍니다.

[그림그리기] 내가 추구하는 미래 교육 모형

Ⅰ-(10)

동기유발 해야 하나?

최근 수업 장학 지도안을 작성하다가, '동기유발' 단계는, '학생들의 주도적 수업 참여를 높이기 위함일까?', 아니면, '교사가 가르치는 지식의 전달률을 높이기 위함일까?'라는 의문이 들었습니다. 예전에도 '매시간 동기유발을 꼭 해야 하나?'라는 의문이 들긴 했지만, 그때의 의문은 '매시간'이 핵심이었지, '해야 하나?'가 핵심은 아니었습니다. 그런데 정말 동기유발은 필요한 걸까요? 학생은 교사가 매시간 동기가 생기도록 도와줘야 하는 수동적 대상으로 여전히 여기고 있는 건 아닌지, 생각이 이어집니다. 그리고 또 생각해 보니 동기 유발의 주체는 항상 교사였습니다.

동기유발 시간을 학생이 직접 자신의 목표를 세우는 시간으로 바꾼다면 어떨까요? 학생 스스로가 그 시간의 성취기준과 과정, 내용에 대한 정보를 바탕으로 '지식', '기능', '가치', '태도'에 대한 목표를 수립하는 '동기 수립' 시간으로 학생의 주체성을 살리는 방향으로 나아가는 건 어떨지 생각해 봅니다.

'선생님들은 학생 행위주체성을 깨우기 위해 수업의 시작을 어떻게 디자인하시겠습니까?'

I -(11)

교육 활동의 '목적' 되찾기

작년에 다른 학급 보결 수업에 들어갔다가 우연히 그 반의 학급 회의를 보게 됩니다. 기특하게도 담임 교사의 부재에도 회장과 부회장이 아래의 세 가지 핵심 활동을 중심으로 정해진 순서에 따라 회의를 잘 진행합니다.

> ▶ 지난달 실천 계획 반성
> ▶ 이달의 실천 계획 수립
> ▶ 건의 사항

그러던 중에 대단히 의아하게 생각되는 장면을 마주하게 됩니다. 지난달 실천 계획에 대해, 잘 실천한 사람은 손을 들라 해서 인원을 적고, 실천한 사람이 별로 없으니, 이번 달에는 잘 지켜달라고 하며 마무리합니다. 그리곤 다시 이달의 실천 계획을 건의받고 이달의 실천 계획은 이것이니 잘 지켜 달라고 하며 '방법'을 잘 지킨 회의가 끝이 납니다.

물론 저도 예전엔 전통적인 회의 순서를 칠판에 붙여놓고, 그 순서에 따라 민주시민의 회의라는 명목하에 진행했던 적이 있습니다. 그러다 10년쯤 전부터 그 틀을 벗어나기 위해 이런저런 'What(방법)'을 찾아 헤매기도 했습니다. 그런데 역시 'What(방법)'만 찾다 보니 '형식'이 더 나아진 것처럼 보여도, 그 '회의'로 인해 학생들에게 어떤 유의미한 변화를 끌어내는 건 항상 실패입니다.

학급 회의에 대해 '골든 서클'[13]을 떠올리며 '성찰'하는 과정에서 학급 회의 'Why(목적)'에 대해서 깊이 생각해 본 적이 없다는 것을 깨닫게 됩니다. 어떤 'What(방법)'이나 'How(과정)'에 대해서만 고민했지, 학급 회의의 'Why(목적)'에 대해 '성찰'한 적은 없었습니다.

> ▶ 우리는 회의 시간이 되었기에 문제를 찾는가? 문제가 발생했기에 회의를 여는가?
> ▶ 회장과 부회장이 이끄는 회의는 과연 민주적인 회의 구조인가? 굳이 많지도 않은 인원이 회의하는데, 피라미드 구조의 권력 계층을 만들 필요가 있는가?
> ▶ '실천 계획'이라는 것은 갈등을 해결하는 것에 목표를 둔 것이 아니라, 어떤 규칙과 제약을 만들기 위한 행위가 아닌가? 오히려 이렇게 만든 규칙과 제약은 또 다른 갈등을 유발하지 않았던가?
> ▶ '회의'가 정말 민주주의를 대표하는가? '회의'라는 형식을 구현하는 것이 아니라, '대화'와 '소통'을 통해 공동체의 문제를 함께 해결하는 것이, 민주주의의 핵심 정신 아닌가?

**"때때로 관점을 바꾸는 것이
똑똑한 것보다 더 강력합니다."**

– Astro Teller (X) –

이 글을 쓰기 한 달 전쯤 학급 회의에 대한 1차 '성찰'을 통해 '학생들이 함께 모여 학급 내에서 발생하는 다양한 문제를 논의하고 해결하기 위한 목적'에 조금 더 집중해서 구글 문서와 구글 시트를 활용해서 진행해 보는 방법을 생각하여 학급 회의를 진행하고, 그 경험을 공유했습니다.

▲ 〈공개수업〉 채널 – '에듀테크로 변화하는 학급 회의' QR코드[14]

---

[13] 골든 서클에 대해서는 'Ⅳ-(2) 민주시민교육 Why로 시작하세요'에서 자세히 안내합니다.
[14] 유튜브 〈공개수업〉 채널 – 〈미래교육 카운트다운〉 코너 中

선생님들은 학급 회의 왜 하시는지 아시나요? 학급 회의뿐만 아니라 우리가 하는 교육적 행동에 대해 왜 하는지 그 이유를 아시나요? 우리가 하는 행위에 대해 비전과 목표 의식, 바로 'Why(목적)'를 보다 명확히 한 후, 'How(과정)'와 'What(방법)'에 대해 고민해 봐야겠습니다. 이런 교사의 교육적 '성찰'과 '상상력'으로 '새롭게 창출된 가치'가 교육의 르네상스 시대를 열어주길 소망합니다.

▲ 〈공개수업〉 채널 – 'Why로 시작하세요' QR코드[15]

---

[15] 유튜브 〈공개수업〉 채널 – 〈공개수업〉 코너 中

I -(12)

'보편적 기회'의 희소가치

"학생들에게 어떤 기회를 줄 것인가?"

학생들을 위한 다양한 프로젝트를 기획하고 추진하면서, 만나는 긴장과 딜레마 중, 대표적인 것을 꼽는다면 바로 열심히 참여하지 않는 학생과의 갈등입니다. 이 학생들을 어떻게 해야 할까요? 혼내기도 하고 타이르기도 하지만 이 학생들의 가치나 태도는 쉽게 변하지 않습니다. 그리고 이런 학생들로 인하여 공동체는 앞으로 나아가지 못하기도, 교사가 이 공동체 전체를 맘속에서 내려놓는 경우도 발생합니다. 교사도 인간이기에 모두를 끌어가고 포용해주긴 어렵습니다.

학생 행위주체성이 없다면 미래 교육의 나침반은 작동하지 않습니다. 그러므로 교사는 학생들이 능동적으로 '기회'를 잡고 싶어지게 마음을 흔들어야 합니다. 교사와 학생의 심리전! '기회'가 무한하다고 생각하면, 그 누구도 '기회'를 소중하게 여기지 않기에 '기회의 희소가치'를 전략적으로 적용합니다.

- 모든 학생에게 기회는 공평하게 주어져야 하며, 이런 기회를 '보편적 기회'라고 한다.
- '보편적 기회'는 공동체에서 정한 횟수 동안만 보장하며, 이 '기회의 희소가치'를 통해, '기회'의 소중함을 인식할 수 있도록 한다.
- 정해진 횟수의 '보편적 기회'를 잡지 않는 학생에게는 보편적 활동을 대체할 '개인 맞춤 활동'을 제시한다. 예를 들면, 모둠별 영상 제작 프로젝트에서 무임승차를 하거나 활동을 방해하는 경우, 혼자 영상을 제작하게 하거나, 보고서 제출 등으로 방법을 달리한다.
- '보편적 기회'는 공동체가 함께 하는 활동에서 다른 학생의 학습권을 침해할 때, 이를 제한할 수 있다.
- 교사는 공동체 활동을 지속적으로 저해하는 학생을 개별 활동으로 전환해 주며, 이를 통해 학생 간의 갈등을 완화해 준다.
- 개별 활동을 진행하던 학생이 공동체 활동으로 전환하여, '보편적 기회'를 다시 얻고자 하는 경우, 교사는 학생의 태도를 점검하고 '재도전의 기회'를 주며, '재도전의 기회'는 단 한 번뿐임을 공지한다.
- 학생이 '재도전의 기회'를 제대로 잡지 못하고, 기존에 하던 행동을 다시 하는 경우, 교사는 이 학생의 '보편적 기회'를 제한하고, 그 프로젝트가 끝날 때까지 '개인 맞춤 활동'으로 진행한다.
- '보편적 기회'는 학생 개개인의 역량에 따라 교사가 '학생 맞춤 기회'로 전환하기도 해야 한다. 예를 들면, 모둠 프로젝트가 어려운 학생은 '개인 맞춤 활동'을 제시하여 갈등을 줄이고, 학생들 모두 즐겁게 '참여'하며, '성장'할 수 있는 기회를 부여한다.

'보편적 기회'는 한 차시의 수업, 하나의 프로젝트, 일 년의 교육 활동에서 이를 모두 적용할 수 있습니다. 한 차시의 수업이나 프로젝트에서는 유기적으로 연결된 활동에 대해, 이전의 활동을 제대로 해야 다음 활동의 기회가 주어짐을 안내합니다. 일 년 교육 활동에서는 1학기에 개인 역량을 함양할 '보편적 기회'를 줍니다. 교사는 1학기에 개인 역량을 제대로 함양해야만, 2학기의 공동체 프로젝트에 참여할 '기회'가 주어짐을 명확히 공지합니다. 그리고 2학기는 친구와 동반 성장할 수 있는 소중한 '기회'임을 알고, 공동체의 구성원으로서 책임감을 지니고, 행동하여야 함을 안내합니다. 물론 현대 사회의 문제는 복합적이기에 혼자 해결할 수 없고, 다양한 분야의 전문가가 협력적 의사소통 역량과 공동체 역량을 발휘해야 함을 강조하여 목적의식을 강화해 주는 것도 좋지만, 학생들에게 가장 효과적이었던 말은 '혼자 하는 게 재밌겠니?', '친구랑 함께하는 게 재밌겠니?'라는 질문이었습니다.

교실은 무기 없이 싸우는 전쟁터! 교사는 고도의 심리전으로 학생과 교사 간의 고지전에서 승리를 쟁취해야만 공동체가 살아나고, 수업이 즐거워집니다. 그리고 이 심리전은 짧게는 3개월, 길게는 눈이 내리는 겨울까지 지속되기도 합니다.

나 다운
교육의 길

-작은 도전이 모이면 교육이 바뀝니다-

I -(13)

덜 가르치고, 더 배우기의 낯선 즐거움

> ### 낯선 즐거움
>
> 지미정
>
> 교사가 새로운 것을 가까이하면
> 학생들도 새롭다.
> 함께 즐겁다.
>
> 그 즐거움이
> '교육'에 있지 않고
> '배움'에 있음을
> 깨달았을 때
>
> 내가 그동안
> '배움의 즐거움'도 모르고
> 학생들을 가르쳤음을
> 알게 된다.
>
> 너무 오랜 시간
> 이 즐거움을 잊고 살았다.

　어쩌면 이 세상에서 배움의 즐거움을 느끼는 것이 가장 어려운 직업은 '가르치는' 직업일지도 모르겠다는 생각이 듭니다. '가르친다'는 행위에 너무 집중한 나머지 새로운 것에 대한 배움과 성장에 대해서는 무관심했던 지난날을 돌이켜 봅니다.

가르치기를 내려놓으려 노력하고, 학생들이 스스로 할 기회를 만들어주기 위한 도전 중, 학생들이 배움에 몰입하는 순간을 조우하게 됩니다. 처음엔 참으로 어색했던 그 순간이 기억납니다. 모둠활동에서도 모둠끼리 목표를 향해 활발하게 협의하며 배움의 즐거움에 흠뻑 빠져든 아이들을 보면, 교사도 함께 빠지고 싶은 마음이 들지만, 아이들의 몰입을 방해하고 싶진 않습니다.

미래 교육의 길에서 만나게 되는 낯선 깊이! 선생님들도 꼭 만나보시길 기원합니다. 도전하게 되면 자연스레 몰입을 경험하게 됩니다.

낯선 깊이

지미정

덜 가르치려고
애쓰던 어느 날
교실에 찾아온 낯선 정적
낯선 재잘거림

순간 모니터 옆으로
고개를 쓰윽 내밀다 조용히 들이며,
이 어색한 순간의 의미를 되새긴다.

이 낯선 고요함이 반가워
반겨주고 싶지만
입술을 즈려 물고 미소 짓는다.

이 낯선 재잘거림이 기특해
칭찬해주고 싶지만
그저 웃으며 바라본다.

II
교사 행위주체성, 마음 열기

처음엔 학생 행위주체성과 변혁적 역량을 함양하는 교육을 구현하면 교육의 '웰빙'이 구현될 거라 생각을 했습니다. 그런데 그 방법을 찾아 떠난 여행에서 만나게 된 건, 행위주체성과 변혁적 역량을 발휘하며 문제를 해결하고 있는 교사인 저였습니다. 미래 교육으로의 도전이 바로 교사 행위주체성이었고, 교육 현장의 문제를 에듀테크나 코칭 방식으로 해결해 나아가려는 그 노력이 바로 변혁적 역량이었음을 깨닫게 됩니다.

학생들이 용기 내어 한 걸음 내딛는 그 주체성에 기반을 둔 도전이 학생을 성장시켰듯, 교사가 용기 내어 내딛는 그 한걸음에 교사의 성장이 시작됩니다. 그리고 어쩌면 학생들처럼 성장통이 찾아올지도 모릅니다.

두려움은 누구에게나 있습니다. 하지만 '용기' 또한 누구에게나 있음을 우린 알고 있습니다. 20년을 이어온 방식을 바꾸는 것도, 익숙하지 않은 에듀테크를 배우는 것도, 두렵고 힘든 과정이 맞습니다.

하지만 이것을 폭풍 성장기의 '성장통'이라는 관점으로 바꿔서 생각해 보면 어떨까요? 이 '성장통'은 길지 않습니다. 길어야 2~3년이면 끝이 나고, 그 이후엔 어쩌면 '웰빙'을 발견하실지도 모르겠습니다. 그 길에 함께 하고자 합니다.

Ⅱ-(1)
교사 행위주체성과 교사 교육과정

　교실의 최고경영자(CEO)인 교사가 미래에 대한 어떤 비전과 목표 의식을 가지고 있는가도 중요하지만, 그 비전과 목표를 달성하기 위해 얼마나 주체적으로 노력하며 행동하는가 또한 중요합니다.

　처음 국가 교육과정이 나온 이래, 어느 시점부터 지역 및 학교의 복합적인 환경을 고려한 학교 교육과정의 중요성이 강조되었습니다. 그리고 이와 함께 각 학년·학급의 특징 및 구성원의 특성에 맞춘 학년·학급 교육과정의 중요성을 강조했습니다. 그런데 요즘은 '교사 교육과정'이란 용어가 주요하게 등장합니다. 이전의 국가·학교·학년·학급의 조직 단위에서 이젠 학생이나 교사 등 사람에 중점을 둔 교육과정으로, 그 관점이 변화하고 있습니다.

　학생 개별 맞춤 교육과정을 논하듯이 자연스럽게 교사 개별 맞춤 교육과정을 함께 중요시하는 분위기입니다. 어찌 보면 몇 년 단위로 계획하여 실행하는 국가 교육과정이 이 시대의 변화 속도를 따라갈 수 없다고 백기를 든 것도 같습니다.

　이런 시대적인 흐름 속에서 '교사 교육과정'이란 말은 자연스레 '교육의 질은 교사의 질을 넘어설 수 없다'라는 말을 떠올리게 합니다. 예전에 이 말을 처음 접했을 때는 '그렇지, 교사가 그만큼 교실에서 중요한 역할을 하지.'라고 단순하게 생각했었습니다. 하지만 지금 이 말은 그때와 비교하지 못할 정도로 무겁게 다가옵니다.

'교사의 질이 결국 교육을 결정짓는 구나.'

'교사 교육과정'에 담긴 미래 교육의 핵심 가치를 우리는 깊이 들여다봐야 합니다.

"전문성에 입각한 자율과 책임"

이 말을 떠올리고는 판도라의 상자를 연 거 같은 느낌마저 들었습니다. 결국 미래 교육을 책임지고 이끌어 나가야 하는 주체는 바로 '교사'인 '나'입니다.

'행위주체성'과 '변혁적 역량'은 빠르게 변화하는 현대 사회를 살아가는 사람들에게 '웰빙'을 위한 필수 요소가 되었습니다. 이러한 요소들은 학생과 교사의 구분 없이 모든 사람에게 적용됩니다. 학생들은 미래에 '행위주체성'과 '변혁적 역량'을 갖춘 인재로 성장하여 '웰빙'을 실현하기 위해 노력해야 하며, 교사들도 미래 교육을 구현하기 위해 '행위주체성'과 '변혁적 역량'을 발휘해야 합니다.

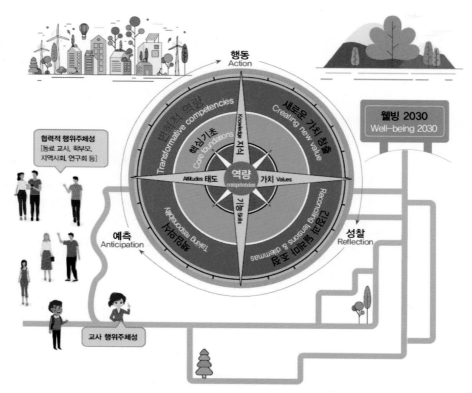

▲ OECD 교육 2030 학습 나침반을 변경한 〈교사 나침반〉

한 교사가 '교사 행위주체성'을 지니고 길을 나섭니다. 미래 교육에 필요한 지식, 기능, 가치, 태도의 '역량'을 함양하기 위해 노력합니다. 교사는 미래 교육으로 나아가는 그 길에 '예측'하고 '행동'하며, '성찰'하는 과정을 계속 반복합니다. 이 과정에서 '교사 행위주체성'을 바탕으로 책임감을 갖고, 긴장과 딜레마를 조정하며, 새로운 가치를 창출하는 '변혁적 역량'을 발휘합니다. 그리고 동료 교사, 학생, 학부모, 지역사회, 연구회와 도움을 주고받으며, '협력적 행위주체성'을 발휘하기도 합니다. 그 과정에서 교사는 미래 교육에 필요한 지식, 기능, 가치, 태도의 '역량'을 함양하며 성장하는 '자신'을 마주하게 되고, '웰빙'의 감정을 느끼게 됩니다.

'교사 교육과정'에 중점을 둔 시대적 변화는 '교사 행위주체성'과 '변혁적 역량'에 초점을 맞추고 있습니다. 이렇게 '교사 교육과정'이란 이름하에 교사에 초점을 맞춘 교육과정이 부각 되는 시대가 본격적으로 시작된다면, 교사 개개인의 '교육 역량'에 초점이 맞춰질 가능성이 높습니다.

외면하고 싶었지만, 외면할 수 없는 시대의 흐름, 관점의 변화, 우리는 이 변화를 대비해야 합니다.

II-(2)
비전과 목표 의식보다 중요한 것

어느 단체나 그 단체의 정체성을 공고히 하기 위해서 비전을 정립하고 이를 공유하는 것이 중요합니다. 학교도 학급도 마찬가지입니다. 그런데 연말이나 학기 초에 학교의 비전과 목표를 세우는 워크숍을 하면 그날뿐, 학교의 조직문화는 비전과 목표를 만드는 데에 더 치중해 있습니다. 그래서인지 학교의 비전과 목표를 명확히 알고 이를 학급 교육과정에 녹여내는 교사는 생각보다 많지 않습니다. 정말 열띤 토의를 하며 만든 비전과 목표일지라도 워크숍이 끝남과 동시에 서서히 잊혀집니다. 항상 그게 궁금했습니다. 왜 학교의 비전과 목표는 학교 전체에 스며들기 어려울까요?

그러다가 '정동일 교수의 Leader's Viewpoint'에서 아래와 같은 문구를 접하게 되면서, 그동안 풀리지 않았던 의문이 해소되는 느낌이 들었습니다.

『여기서 독자들이 반드시 기억해야 할 사실이 있다. 리더로서 비전과 목적의식을 가지고 있는 것과 이를 효과적이고 체계적인 소통을 통해 부하들과 공유하는 것은 별개의 문제라는 점이다. 그리고 리더로서 어떤 비전을 가지고 있는가보다 더 중요한 사실은 이를 조직 구성원들과 어떻게 공유할 것인가 하는 점이다. 비전 그 자체가 아니라 '비전의 공유(shared vision)'가 더 중요하다는 사실을 반드시 기억해야 한다. 왜냐하면 적극적인 소통을 통해 조직 구성원들과 비전을 공유하기 위해 노력하지 않으면 그 비전이 현실에서 이뤄질 가능성은 전혀 없기 때문이다. 공유된 비전이야말로 시대를 대표하는 위대한 기업이 가지고 있는 가장 중요한 특징 중 하나라 할 수 있다.』[16]

[16] 정동일 교수의 Leader's Viewpoint, 직원 40만 명 넘어도 비전 공유할 수 있다.(2012.11.) dbr.donga.com/article/view/1201/article_no/5334

선생님들은 위의 말이 공감되시나요? 저는 이 말을 듣고 학교 조직을 되돌아보니, 그렇게 정해진 학교의 비전과 목표는 이를 공유하기 위한 별 노력이 없었기에 서서히 기억 속에서 잊혀졌던 것이라는 생각이 들었습니다.

그렇다면 각 조직의 리더들이 미래에 대한 비전과 목표 의식을 지니고 있는가보다 훨씬 더 중요한 것이 소통을 통한 비전과 목표 의식의 '공유'라고 한다면, 우리가 해야 할 일은 명확해집니다. 지금까지 미래 교육의 목표, 목적, 가치, 방법 등을 다양하게 고려하면서 선생님들이 세운 나다운 교육의 '비전과 목표'를 공유하려고 노력하면 됩니다.

앞서 'Ⅰ-(3) 내 가치에 미래 가치 더하기'에서 정립한 교육 철학을 학생과 학부모에게 공유하려는 노력은 그래서 중요합니다. 학기 초에 담임 인사 글이나 가정통신문, 학부모 총회 등을 통해 교사의 교육 철학을 명확히 밝히고, 학기 초 적응 활동에서 이를 학생들에게 공유하는 것이 그 시작이 될 것입니다.

▲ 학생, 학부모 대상 교육 철학 공유 자료 예시

그런데 이렇게 학생과 학부모에게 공유하기 위한 노력은 현실 가능성을 높이는 것 이상의 의미를 지닙니다. 기본적으로 공유를 하기 위한 준비 과정에서 숙고하는 과정을 반드시 거치게 되며, 이를 통해 자신의 비전과 목표가 훨씬 정교해지고 명확해지는 것을 경험하게 될 것입니다.

학부모님께

안녕하세요.
 5학년 1반 담임을 맡게 된 교사 지미정입니다. 이렇게 아이들과 함께 소중한 인연으로 만나 뵙게 되어 반갑습니다.
 저는 저의 교육적 핵심 가치를 부모님들께 공유하며 5학년 1반의 문을 열고자 합니다. 제가 하는 교육적 지도 및 수업은 아래의 핵심 가치에 기반을 두고 있으니 그 의미를 생각해 보시며 읽어 보시기 바랍니다.

1. 기회는 스스로 만드는 것
2. 하고자 하는 자는 방법을 찾고 하기 싫은 자는 핑계를 찾는다. -인도속담
3. 갈등은 성장의 기회, 과제는 도전의 기회
4. 세 사람이 함께 가면 그중에 반드시 내 스승이 있다. -공자
5. 세상에 나쁜 아이는 없다. 나쁜 행동이 있을 뿐.
6. 자유에는 책임이 따른다. 책임지지 못할 거면 자유를 외치지 마라.
7. 실수는 누구나 할 수 있다. 하지만 그 뒤에 하는 행동은 저마다 다르다. 그게 그 사람을 정의한다
8. 백 개를 배워도 한 개를 실천하지 못하는 사람보다 하나를 배워도 그것을 실천하는 사람이 더 낫다.
9. 실패하지 않았다는 게 성공을 의미하지 않는다. 어쩌면 대부분 도전하지 않았다는 뜻일 것이다.
10. 교실에서 가장 큰 스승은 스스로 끊임없이 생각하고 도전하는 자신이다.

 아프리카 속담에는 '한 아이를 키우는데 온 마을이 필요하다'는 말이 있습니다. 5학년 1반 마을 공동체가 모두 함께 한 걸음씩 나아갈 수 있도록 힘을 모아 키워가면 좋겠습니다.
 핑계 없는 무덤은 없듯이 핑계를 대고 남 탓을 하며 서로의 단점을 보기 시작하면 그 공동체는 금세 무너집니다. 저는 우리 공동체가 미래를 보며 〈그래서 어떻게 할지〉 방법을 함께 고민하고 기회를 주는 공동체가 되길 소망합니다.
 새 학기 힘차게 시작해 보겠습니다.
 감사합니다.

2023년 3월 2일
5-1 담임 지미정 드림

▲ 학기 초 교사의 교육 철학이 담긴 담임 인사 글

Ⅱ-(3)
OECD 교육 나침반 속 교사의 역량

그런데 이렇게 미래 사회의 가치를 고려하여 교육 철학을 재정립하고, 공유하는 과정에서 교육을 넘어 제 삶 전체에 대한 '정체성'이 훨씬 명확해지는 신기한 경험을 하게 됩니다. 그렇기에 학생들 역시 자신의 '핵심 가치'에 대한 고민을 통해 〈OECD 교육 2030〉에서도 중요시하고 있는 '정체성'을 확립할 수 있을 것이란 확신이 들었습니다.

※ OECD Education 2030

– **학생 행위주체성(student agency) 및 변혁적 역량(transformative competencies) 강조**
❶ 성장마인드, 정체성, 목적의식, 자기주도성, 책임감 등
❷ 목표를 정하고 성찰하고 책임감 있는 행동으로 변화를 만드는 능력
☞ 학생들은 자신과 타인 및 지구촌 구성원 전체의 웰빙을 향해 나아가는 법을 배울 필요가 있음

▲ 2022 개정 교육과정 총론 주요사항(시안) 추진 배경 中

'당신이 가장 중요하게 생각하는 가치가 무엇입니까?'라는 질문에 자신과 자신이 속한 집단을 명확히 이해하여 대답할 수 있는 사람이 얼마나 될까요? 하지만 학생들이 자신이 중요하게 생각하는 가치를 알고, 이를 기준으로 선택하며, 선택의 결과에 대해 책임감 있는 삶의 태도를 지닌다면, 이미 미래 교육의 목적은 달성한 것과 같습니다.

하지만 현실은 어른들도 어려워하는 가치를 학생이 어떻게 정립할 수 있도록 교육 활동으로 재구성해야 할지 그저 막막하기만 했습니다. 딱, '마스크 끼고 고구마 먹은 듯'[7] 한 기분이 드는 나날이었습니다.

---

[7] 21년도에 권O성 학생이 코로나로 인해 답답한 상황을 비유적으로 표현한 문구입니다.

그러다가 방송에서 MZ 세대들의 '세계관'에 대해 나오는 영상을 보면서, 그럼 '우리 반의 세계관을 정립해 보는 건 어떨까?'라는 생각을 하게 되었고, 학급 세계관을 정립하기 위한 과정을 계획하게 됩니다.

그렇게 학생의 핵심 가치 정립을 통한 '정체성' 확립을 위한 방법을 찾으려는 교사의 새로운 여정이 시작됩니다. 그 과정을 'Ⅱ-(1) 교사 행위주체성과 교사 교육과정'에서 설명했던 〈교사 나침반〉을 바탕으로 살펴보겠습니다.

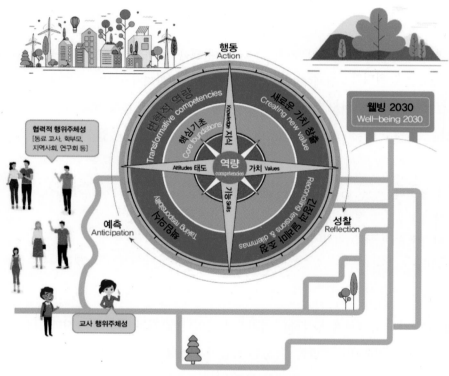

▲ OECD 교육 2030 학습 나침반을 변경한 〈교사 나침반〉

교사 행위주체성은 학생 행위주체성과 마찬가지로 성장마인드, 정체성, 목적의식, 자기주도성, 책임감 등에서 출발합니다. 여기에서는 학생의 핵심 가치 정립을 통한 정체성 확립을 위한 방법을 찾으려는 목적의식과 자기주도성에서 이 여행이 시작됩니다.

이 과정에서 교사는 자신이 가지고 있는 지식, 기능, 가치, 태도의 역량에 기반하여 문제를 해결해 나가게 됩니다. 물론 교사는 예측, 행동, 성찰의 과정을 여러 번 반복하게 될 것이며, 그 과정에서 변혁적 역량을 함양하게 됩니다.

학급 세계관이라는 새로운 가치를 창출하여 방법을 계획하는 과정에서 '학기 초 학급 규칙 세우기와 학급 세계관을 연결하여 실시하면 어떨까?'라는 **예측**을 하게 되고, 이를 **성찰** 과정을 통해 돌아봅니다.

"학기 초에 정하는 학급 규칙, 그런데 규칙을 몰라서 안 지키는 학생이 있었던가? 결국은 학급 규칙이란 명분으로 교사들이 학생들을 가둬두기 위한 울타리용은 아니었나? 그리고 어차피 규칙은 다 지켜야 하는 것들인데, 이것 중에 우선시 되는 규칙을 학급마다 정하는 것이 무슨 의미가 있지? 그럼, 학급에서 정한 우선순위 규칙에 들어가지 않은 규칙은 잘 지키지 않아도 된다는 것인가?"라고 생각하게 됩니다. 그 결과 '학기 초 규칙 세우기가 결국 교사가 학생들에게 규칙을 지키게 하기 위한 하나의 관행적 방식이었고, 규칙의 우선순위를 정하는 행동이 어처구니없는 활동이었음'을 깨닫습니다.

이런 **성찰**을 통해 자신의 긴장과 딜레마를 조정하며 교사는 생각하게 됩니다. '그렇다면 규칙이 아닌 공동체의 핵심 가치를 정하는 것은 좀 더 의미가 있지 않을까?'라는 **예측**을 통해 가치에 우선을 둔 학급 세계관 공모전을 계획합니다. (책임감을 갖고, 새로운 가치 창출하기)

하지만 학년 수준에 맞는 학급 세계관 공모전을 계획하는 것은 생각보다 쉽지 않습니다. '학생들이 어떻게 하면 어려운 '가치'의 개념에 쉽게 접근하여 이를 공유할 수 있을까?'라는 문제가 발생합니다. 이때 교사는 다시 발생한 이 긴장과 딜레마를 해결하기 위해 자신이 가지고 있는 지식, 기능, 가치, 태도의 역량에 기반하여 이 문제에 접근합니다.

1. 추상적인 개념을 떠올리기 어려워하는 학생을 위해 구체적으로 떠올릴 수 있는 것에서부터 접근하는 것이 좋을 것 같아. 그러면 학생이 평소 좋아하던 책, 영화, 노래, 명언 등을 먼저 생각하고, 그 안에 담겨있는 가치를 찾아보게 하면 어떨까? (지식)
2. 구글 프레젠테이션에서 제작하는 방법을 활용하여 제작 및 발표를 진행해야겠어. 학생들이 학기 초라 잘 제작하지 못할 수 있지만, 이는 설명할 때, 녹화하여 이를 공유해 주자. (기능)
3. 학생들이 자신이 중요하게 생각하는 핵심 가치가 무엇인지 생각해 볼 수 있는 기회가 되면 좋겠어. 이를 통해 학생들이 성찰을 통해 조금 더 성장하길 바라. (가치)
4. 하던 대로 하지 않기! 내가 하던 그것들을 의심해 보고 새롭게 바꿔 나가자. (태도)

▲ 지식, 기능, 가치, 태도의 역량에 기반하여 문제에 접근하는 예시

물론 이 과정에서 교사는 문제를 해결하기 위해 자료를 찾으며 새로운 '지식'을 알게 되기도 하고, 어떤 '기능'을 새롭게 익히거나, 숙련되는 경험을 하기도 합니다. 이렇게 교사 행위주체성을 바탕으로 수업을 계획하는 과정은 교사가 지닌 역량을 발휘하는 '도전'의 과정이기도 하지만, 교사의 역량을 성장시키는 '기회'의 과정이기도 합니다.

이렇게 교사는 성장마인드, 정체성, 목적의식, 자기주도성, 책임감 등의 '교사 행위주체성'을 바탕으로 지식, 기능, 가치, 태도의 역량을 발휘하여 문제에 접근합니다. 그리고 교사 스스로 목표를 정하고 성찰하고 책임감 있는 행동으로 변화를 만드는 능력인 '변혁적 역량'을 발휘하여, 자신만의 방식으로 문제를 해결해 나갑니다. 그 과정에서 교사의 역량도 성장하며, 교사는 성취감 및 효능감 등 긍정적인 감정을 느끼게 되고, '웰빙'의 감정을 경험하게 됩니다.

II-(4)
가치를 공유하는 세계관 공모전

그렇게 교사 행위주체성과 변혁적 역량을 통해, 학기 초 학급 규칙 세우기를 대신해서 규칙이 아닌 '가치'를 공유하는 '학급 세계관 공모전'이 탄생합니다. 하지만 '새로운 가치 창출'의 기쁨도 잠시, 계획을 행동으로 옮기는 과정에서 또다시 수많은 '긴장과 딜레마를 조정'해야 하는 상황을 마주하게 됩니다. 그리고 수업 중, 학생들과 상호작용하는 과정에서 나침반은 더욱 활발하게 움직입니다.

앞에서 각 조직의 리더들이 미래에 대한 비전과 목표 의식을 지니고 있는가보다 훨씬 더 중요한 것이 소통을 통한 비전과 목표 의식의 **'공유'**임을 확인했습니다. 어떤 수업이나 프로젝트를 시작할 때도 이 '비전과 목표 의식의 공유'는 매우 중요하며, 이는 학생이 활동에 대한 성장마인드, 정체성, 목적의식, 자기주도성, 책임감 등의 행위주체성을 지니는 그 출발점이 됩니다.

수업 시, 학습 목표나 학습 순서를 제시하는 것과 비슷하지만, 이 수업을 통해 배우게 되는 내용이나 과정뿐만 아니라, 목적(Why)에 대한 정보(data)를 제공해야 합니다. 이는 단순히 지식적인 성취 목표를 이야기하는 것이 아니라, 지식, 기능, 가치, 태도의 모든 역량에 대한 종합적인 정보이며, 그 방향성을 의미합니다.

- '데이터'를 누가 가지고 있느냐가 바로 교육의 주체가 누군지를 의미한다. 교육과정, 수업, 평가 등에 대한 '데이터'를 교사만 가지고 있다면, 학생의 주체적 성장은 불가능하다.

'Ⅰ-(9) Episode를 넘어 Evidence로의 전환'에서 제시한 〈미래 교육 모형〉의 특성에서도 언급했듯이, 교사만 교육과정, 수업, 평가에 대한 '데이터'를 가지고 있다면, 학생의 주체성을 강화하기는 어렵습니다. 이에 교사는 자신이 계획한 수업의 목적, 과정, 방법 등에 대한 '데이터'를 학생들에게 공유해야 합니다.

학급 세계관 공모전은 여러분들이 정말 중요하게 생각하는 가치가 무엇인지를 생각하고, 정리 및 공유의 경험을 통해 '나 전문가'가 되는 그 첫 활동으로 기획된 프로젝트입니다. 함께 한 반으로 만난 우리는 서로 중요하게 생각하는 것이 다르기에 상대방이 중요하게 생각하는 것을 바탕으로 지켜주려고 할 때, 우리 반이 훨씬 더 건강한 공동체가 될 수 있으리라 생각합니다.

하지만 선생님도 자신이 중요하게 여기는 것(가치)에 대해 스스로 깊이 들여도 보기 전에는 그것을 명확하게 말하기 어려웠습니다. 선생님은 여러분이 자기 자신이 어떤 것을 중요하게 생각하는지를 생각하여, 자신이 소중하게 생각하는 가치를 꼭 발견하길 기원합니다. 그리고 매 순간 선택하며 사는 우리가 선택의 순간에 가장 나다운 선택을 하고, 그 선택에 책임을 지는 민주 시민이 되길 바랍니다.

스스로 주체적으로 생각하여 선택하지 못하고, 자기 행동에 대해 "쟤가 먼저 했어요."라고 이야기하는 그런 남 탓하며 사는 부끄럽고, 무책임한 사람이 되지 않도록 합시다. 아울러 자신이 불편한 감정을 느끼는 상황에 부닥쳤을 때, "나는 OO을 소중하게 생각해. 그래서 네가 이렇게 행동하는 게 불편해. 그래서 네가 ~해주면 좋겠어."라고 자신이 생각을 명확하게 표현할 수 있는 '나 전문가'가 되길 소망합니다.

선생님은 '토끼와 거북이의 경주' 이야기에서 느리지만 그런데도 포기하지 않았던 거북이보다는 재빠르고 능력 있는 토끼에 더 마음이 갔습니다. 실수만 안 한다면 토끼가 거북이에게 질 리는 없으니까요. 이렇듯 사람마다 마음이 가고, 관심이 생기는 부분은 서로 다릅니다. 거북이의 끈기와 성실함을 더 중요하게 생각하며 사는 사람도 있지만, 실력이나 능력과 같은 것을 더 중요하게 생각하며 사는 사람도 있으니까요. 여기에서 토끼와 거북이가 지닌 가치는 모두 다 그 자체로 중요한 가치이며, 보편적 가치의 경중을 논하기에 앞서, 내가 어떤 것을 더 중요하게 여기며 살고 있는가를 아는 것이 더 중요합니다. 여러분은 토끼와 거북이가 중요하게 생각하는 가치 중에 어떤 것에 더 마음이 가나요?

여러분들이 좋아하고 한 번 더 눈길이 갔던 이야기 속 등장인물, 영화, 인물, 노래 가사, 명언 속에는 여러분이 소중하게 생각하는 가치가 숨겨져 있을 가능성이 높습니다. 이번 학급 세계관 공모전을 통해 여러분들이 소중하게 생각하고 있던 가치를 찾아내는 의미 있는 기회가 되길 바랍니다. 아울러 친구들의 투표를 통해 우리 반 핵심 가치로 선정되는 영광에 도전해 보시기 바랍니다.

▲ 프로젝트의 비전과 목표를 공유하며 소통하기

그런데 기존의 수업에서 간단하게 학습 목표만 안내하던 시간이 이렇게 장황할 필요가 있는지 의문을 제기하실지도 모르겠습니다. 하지만 목적의식 및 자기주도성, 책임감 등 학생 행위주체성을 지니기 위해 충분히 가져야 하는 비전과 목표를 공유하는 소통의 시간이며, 이에 프로젝트의 성패가 결정될 정도로 매우 중요합니다.

교사는 학생들이 자신이 소중하게 생각하는 가치를 발견할 수 있도록 질문으로 길을 열어줍니다.

☑ 자신이 좋아하는 이야기 속 등장인물, 영화, 인물, 노래 가사, 명언에 대해 정리해 보세요.
☑ 위에서 적은 내용을 바탕으로 자신이 어떤 것(가치)을 중요하게 생각하는지 정리해 보세요.
☑ 우리 반이 어떤 가치를 소중하게 생각하는 반이 되면 좋겠는지 적어보세요.
☑ 우리 반을 위해 어떤 노력을 하고 싶은지 적어보세요.

▲ 자신이 소중하게 생각하는 가치를 찾기 위한 질문 예시

학생들은 저마다 자신이 좋아했던 것에 깃들어 있던 가치에 대해 고민하기 시작합니다. 그리고 자신이 중요하게 생각하면서 학급의 핵심 가치가 되었으면 하는 자신의 가치를 선택하여 1~2분 정도 발표할 내용으로 정리합니다. 교사는 구글 프레젠테이션에서 각각의 슬라이드에서 작업하는 학생들의 활동을 한눈에 파악하며, '데이터 수집 및 피드백'의 과정을 통해 학생의 '성장'을 돕습니다.

〈공지사항〉

이 책에 나오는 에듀테크 도구를 활용하여 진행했던 수업에 대한 도구 활용법 및 유의점, 활용 Tip 등을 담은 영상은 출판 후, 순차적으로 제작하여 유튜브 〈공개수업〉 채널[⑬]에 공유합니다.

따라서 이 책을 읽으시면서 에듀테크 도구의 '기능'에 대한 '지식'적인 두려움과 궁금증은 내려놓으시고, 미래 교육으로의 '관점' 변화를 위해 '가치'나 '태도'에 더 집중해서, '나 다운 미래 교육'은 무엇일지 '성찰'하며 보시길 부탁드립니다.

---

⑬ 유튜브 〈공개수업〉 채널, www.youtube.com/channel/UCDa1zpffPbGGYk56x0ny-cQ

▲ 구글 프레젠테이션, 학급 세계관 공모전 자료 제작 예시

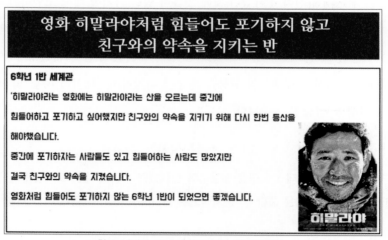

▲ 학급 세계관 공모전 학생 발표 자료 예시 1

책 〈아몬드〉처럼 도움이 필요한 친구를 도와주고, 노래 〈starlight〉처럼 서로 배려하고 칭찬해 주는 반

내가 생각한 세계관: 책 '아몬드'

아몬드에 나오는 주인공은 감정과 아픔을 느끼지 못하지만 위기에 처한 친구를 구하기 위해 자신의 생명을 바쳤다. 이처럼 우리 반도 학교에서 위기를 처한 친구가 있다면 그 친구를 도와주는 반이 되었으면 좋겠다.

내가 생각한 세계관: 노래 'starlight'

노래 'starlight'은 '별빛'이라는 뜻이다. 가사 중에도 sunshine.starlight 등으로 친구를 표현하는 내용이 나온다. 이처럼 우리 반도 친구를 좋아해주고, 별빛으로 표현할만큼 서로 서로 배려해주고 칭찬해주는 6-1반이 되었으면 좋겠다.

▲ 학급 세계관 공모전 학생 발표 자료 예시 2

만화 〈뽀로로와 친구들〉처럼 친구들과 사이좋게 지내고, 힘을 합쳐 문제를 해결하고 서로 도와주는 반

〈가치관〉

제가 고른 세계관은 **뽀로로와 친구들** 입니다. 유치하다는 생각이 들 수 있지만 어떻게 보면 동심의 세계라고도 생각 할 수 있습니다. 저희가 어릴 적에 본 아니면 1번 쯤 들어본 뽀로트= 아이들의 친구 같은 존재 입니다.

뽀로로는 아이들에게 꿈과 희망을 선물 합니다. 그뿐만이 아니라 예를 들어 크롱과 싸웠을 때 화해하는 것과 같이 친구들과 사이좋게 지내는 모습을 보여주고 있습니다.

그래서 저는 나 자신이 뽀로로가 되고 나의 반 친구들이 루피,포비,크롱과 같은 친구가 되어 **친구들과 싸워도 화해하여 사이좋게 지내고 어려운 일이 있으면 힘을 합쳐 이겨내고 힘들어하는 사람을 보면 도와주는** 그런 반이 되면 좋겠습니다.

▲ 학급 세계관 공모전 학생 발표 자료 예시 3

영화 〈주토피아〉처럼 실패하더라도 포기하지 않고 의지를 다시 세우고 열심히 하는 반

제가 생각한 세계관은 영화 〈주토피아〉의 ost인 〈Try everything〉입니다. 이 노래를 선택한이유는 이 노래가사가 해석해보면 실패하더라도 포기하지말자는 의미가 담겨있기때문입니다. 특히 '새들은 날기만 하는 게 아니라 넘어지고 일어나' 라는 부분과 '실패할 수도 있어. 하지만 나는 포기하지 않을거야'라는 부분이 우리가 해야하거나 하고 싶은 일이 잘 풀리지 않을 때 의지를 다시 세우고 열심히 노력하는데 도움이 될 것 같다고 생각했습니다.

▲ 학급 세계관 공모전 학생 발표 자료 예시 4

이처럼 학생들은 자신이 평소 좋아하던 것들을 떠올리고 그 안에서 자신이 소중하게 생각하는 가치를 저마다 발견하여 공유하였습니다. 물론 '가치'의 개념이 추상적이기에 이를 잘 이해하지 못하여, '수영장이 좋다'와 같이 말하는 학생도 있습니다. 그런 경우에는 '왜 좋아하는데?'라는 질문으로 시작하여 학생의 핵심 가치를 발견해 주시면 됩니다.

그렇게 학생들의 발표가 끝나면, '우리 반 핵심 가치 선정 투표'를 온라인 설문으로 바로 실시하여 그 결과를 발표하고 활동을 마무리합니다. 3분도 안 되는 시간에 투표와 결과 집계까지 끝나니, 이 에듀테크 도구를 안 쓸 이유가 없어 보입니다.

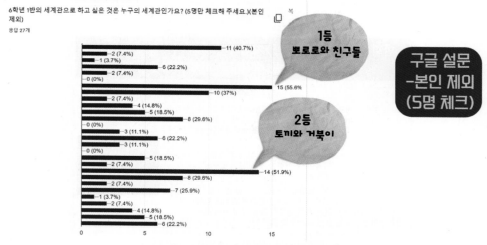

▲ 구글 설문. 학급 세계관 공모전 투표 결과 그래프

그런데 투표 결과를 보면 역시 익숙한 스토리가 최고인 거 같습니다. 모두 '6학년이 뽀로로?' 하면서 웃었지만 한 해 동안 〈뽀로로와 친구들 나라〉에 동화되어 잘 살았답니다.

만화 〈뽀로로와 친구들〉처럼 친구들과 사이좋게 지내고,
힘을 합쳐 문제를 해결하고 서로 도와주는 반

그런데 그렇게 '학급 세계관'이 선정된 기쁨도 잠시, 선정되지 않은 학생들의 가치들이 떠오르면서 그 순간 나침반이 다시 **성찰**로 방향을 틉니다.

'뭐지? 나머지 학생들의 가치관은 중요하지 않다는 건가?'

선정되지 않은 학생들의 소중한 가치들이 부정당한 거 같은 느낌마저 듭니다.**(성찰)**

이렇게 끝내면 학생들이 힘들게 고민하여 발견한 가치를 가꾸어 나갈 기회가 사라질 거라는, **'예측'**을 한 교사는 이어지는 **'행동'**을 계획합니다. 교사의 변혁적 역량을 발휘해야 하는 문제 해결의 순간이 다시 찾아왔습니다.

2~3개의 세계관을 선택해서 이것을 융합하는 것이 더 좋을까? 아니 그러면 오히려 집중하기 어려울 거 같은데. 선택과 집중이 필요할 거 같아. 그럼 한 개의 세계관에 집중하고, 다른 학생의 세계관이 함께 공유될 수 있는 그런 방법은 없을까? 개개인이 그 가치를 담아볼 수 있는 활동이 뭐가 있을까?

그래. 캐릭터 만들기를 해보자. 학생들이 학급의 〈뽀로로와 친구들〉 세계관에 자신이 중요하게 여기는 세계관을 융합하여 캐릭터를 만들어 보는 활동을 해보는 거야.

▲ 문제 해결을 위해 변혁적 역량을 발휘하는 장면

교사는 자신의 역량을 총동원하여 다시 발생한 긴장과 딜레마를 조정하여 새로운 가치를 창출하는 변혁적 역량을 발휘하게 됩니다. 이렇게 교사의 '성찰'과 '예측'의 과정을 통해 발휘된 변혁적 역량은 학생이 중요하게 생각했던 가치를 학급 세계관으로 결정된 뽀로로 세계관과 융합하여 나만의 캐릭터를 만들어 보는 수업(행동)으로 이어집니다. 하나의 중심된 세계관에 나의 세계관이 함께 공존하고 존중받는 그런 문화가 시작된 순간이기도 합니다.

▲ 세계관을 융합하여 캐릭터로 창조한 학생작품 예시

이듬해 다시 실시한 학급 세계관 공모전에서는 성격을 분석하고, 자신이 중점적으로 닮고 싶은 성격을 표시하여 캐릭터를 좀 더 계획적으로 만들 수 있도록 보완합니다. 그리고 학급 간판과 마크 만들기도 추진합니다.

( )번 이름 OOO (안녕자두야)

"안녕자두야"에서 "이상한 여자애"라는 제목의 회차가 있는데 거기에서 아무도 그 여자애와 친하게 지내고 싶어하지 않지만, 자두가 그 친구에게 친구가 되어 줍니다
자두는 이것 말고도 전학온 친구나 어울리지 못하는 친구를 도와줍니다
우리 5-1반도 자두처럼 다 같이 행복하게 지내는 5-1반이 됐으면 좋겠습니다.
〈활동적인, 적극적인, 사교적인, 예의바른, 용기있는, 용감한, 솔직한, 지혜로운, 사교적인, 사려깊은, 배려심있는, 다정한, 마음이 따뜻한〉
→나는 자두처럼 적극적이고 사려깊은 사람이 되고, 뽀로로처럼 유쾌하고 건강한 사람이 되려고 노력하겠다. 그래서 이 둘을 합쳐서 OOO이라는 이름의 캐릭터를 만들어 보겠다

▲ 성격 분석 및 캐릭터 계획서를 추가한 양식

▲ 학급 간판 팀 공모전 당선작

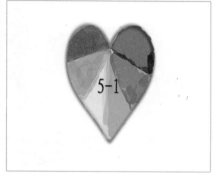

▲ 학급 마크 팀 공모전 당선작

이렇게 이전의 경험으로 역량이 성장한 교사는 또 다른 변혁적 역량을 발휘하게 됩니다. 그로 인해 새로운 경험을 하게 되고, 역량이 더 성장합니다. 그리고 그 과정은 '행위주체성'이 있는 한 지속됩니다.

'학급 세계관 공모전'은 학생 행위주체성 중, '정체성' 강화에 목적을 두고, 학급과 학생의 비전과 목표를 세우고 공유하기 위한 프로젝트였습니다.

> 만화 〈뽀로로와 친구들〉처럼 친구들과 사이좋게 지내고,
> 힘을 합쳐 문제를 해결하고 서로 도와주는 반

학생들은 〈친구들과 사이좋게 지내고 힘을 합쳐 문제를 해결하고 서로 도와주는 반〉이 되기 위한 목적을 공유하며 성찰하고 책임감 있는 행동으로 그런 반이 될 수 있도록 1년 동안 함께 노력했습니다. 이것이 바로 '목표를 정하고 성찰하고 책임감 있는 행동으로 변화를 만드는 능력', 바로 '변혁적 역량'입니다.

이렇게 규칙이 아닌 가치(목표)를 공유하고 함께 노력하는 그 과정의 효과는 생각보다 실로 대단했습니다. 하반기로 갈수록, 졸업이 다가올수록 흐트러지기 쉬운 분위기는 오히려 더욱 단단해지고 안정된 모습을 보이는 것을 보면서 규칙이 아닌 문화(가치)를 공유하는 것의 그 깊이를 배울 수 있었습니다.

우리에게 규칙은 어떤 의미일까요? 문화를 공유한다는 것, 서로가 중요하게 생각하는 가치를 나누고, 생각을 나누는 공유의 의미에 대해 다시 생각해 보게 됩니다.

처음엔 'OECD 교육 2030 학습 나침반'이 유토피아와 같은 꿈처럼 느껴졌습니다. 하지만 이젠 압니다. 우리 교실에도 저 '웰빙'이 깃들 수 있음을……

학생 행위주체성을 최대한 강화하여 변혁적 역량을 발휘할 기회를 주고, 교사와 학생의 행위주체성과 변혁적 역량에 기반하여 사제 동행한 끝에 만나게 된 '웰빙'의 경험은 환희에 가까운 감정으로 다가옵니다. 많은 선생님께서 이 느낌을 함께 경험할 수 있길 기원해 봅니다.

Ⅱ-(5)
학생 행위주체성의 마중물

    학생들의 주체성을 끌어내는 것은 생각보다 어려운 일입니다. 기존의 가르치는 방식으로 인해 수동적 학습에 익숙한 학생들에게서 능동적인 학습을 유도하는 것이 가능한지, 저도 처음에는 확신이 없었습니다. 결과는 누구도 예측할 수 없습니다. 다만 이에 대해 목표가 정해졌기에 교사는 '교사 행위주체성'을 가지고 나아갑니다. 그 끝이 실패일지 성공일지는 아무도 모릅니다. 다만 발생하는 긴장과 딜레마를 변혁적 역량을 발휘하여 해결하면서 한 걸음씩 나아가 보는 겁니다.

    2021년도를 함께 했던 한 학생의 글을 통해 그 시간으로 여행을 다녀온 후, 이야기를 이어 나가고자 합니다.

    나의 지금까지의 6학년 생활은 정말 도전의 연속이었다. 나는 새로운 걸 도전하지 않고 안정적인 것을 추구하는데 선생님은 그러지 않으신 것 같다. 선생님도 프레젠테이션에 대해 잘 알지 못하고, 나라면 그냥 구식으로 하나하나 종이로 만들고 할 텐데 디지털 리터러시를 가르치려고 노력하는 선생님 모습이 신기하고 존경스럽기도 했다.

    -중략-

    내 기억의 남는 활동들은 도전의 연속이었다. 말했듯이 난 도전을 좋아하지 않는다. 그래서인지 이 활동들이 더욱 의미 깊고 나를 성장시켜 준 것 같다.

    -중략-

    하지만 앞에 말했던 6학년 생활과는 다르게 5학년 때의 나는 정말 별로였다. 수업도 제대로 듣지 않고 성장한 게 없었다. 그렇지만 6학년이 되면서 5학년 생활이 너무 후회됐다. 5학년 때 이만큼만 열심히 했었으면 정말 좋았을 텐데.

> 6학년 생활은 정말 빨리 지나갔다. 5학년 생활은 허투루 보내느라 빨리 지났다 하면 6학년 생활은 즐기느라 너무 빨리 지나간 것 같다. 이제 한 달 뒤면 중학생인데 나는 이 6학년에게 너무 미련이 남는다. 더 많은 활동에 도전해 볼걸. 더 많은 친구를 사귀어 볼걸. 그걸 지금 깨달은 게 너무 아쉽다.
>
> 학기 초엔 그냥 선생님 말씀 들으면서 과제하고 수업 듣고의 반복이었다. 하지만 2학기가 되면서 내 역량을 뽐내고 알 수 있는 시간이라 너무 좋았다. 도전은 무섭고 두려운 것이었다. 하지만 2학기가 되며 선생님의 모습을 봤을 때는 도전은 정말 재밌고 대단한 것이었다. 중학교 생활도 이처럼 좋은 선생님과 좋은 친구들을 만나 나의 역량과 도전정신을 가지고 도전해 보고 싶다.
>
> 마지막으로 나의 2년을 함께한 마스크와 망할 코로나. 학교를 나오게 할 수 있게 만들어주는 가림판. 나의 1년을 의미 있게 만들어주고 정말 존경스러우신 선생님. 내 1년을 즐겁게 만들어 준 친구들에게 정말 고맙고, 어떤 반에 가도 대체 못 할 걸 얻은 것 같다. 졸업하고 성인이 되어도 이 6학년 생활은 잊지 않을 좋은 추억이 될 것 같다.
>
> 2021.12월 6-1 이○○

▲ 2021년도 1년을 보내고 한 학생이 쓴 글

2년이 지난 지금도 이 학생의 글이 문득 떠오르곤 합니다. 21년도는 제가 본격적으로 가르치기를 내려놓고, 함께 배우며 성장하기 위한 '성장통'을 겪는 시기이기도 했습니다. 학생들에게 모르는 것은 모른다고 인정했고, 그리고 함께 배워 나가자고 말하며, 배운 것을 수업에 적용하며 '실패'를 외치기도, 함께 '성공'을 외치기도 했던 시기입니다.

학생들은 교사에게 '지식'만을 배우지 않습니다. 교사가 지닌 모든 역량을 그대로 흡수합니다. 우리가 지닌 '지식', '기능', '가치', '태도'를 모두 되돌아볼 때입니다. 교사를 닮아 가는 학생들, 아이들은 어른의 그림자를 보고 따라 한다고 했던가요? 학생 행위주체성을 끌어내는 데 필요한 마중물은 바로 '교사 자체'가 아닌가 생각해 봅니다.

Ⅱ-(6)
어떤 기회를 줄 것인가?

　'Ⅰ-(5) 무엇을 어떻게 가르칠 것인가? 질문의 함정'에서 '가르치기'와 '코칭' 방식에 대해 언급하면서 '무엇을 어떻게 가르칠 것인가?'라는 질문이 '가르치기'에 치우친 질문이 아닌지 '성찰'을 통해 생각해 봤습니다. 그래서 '학생에게 어떤 기회를 줄 것인가?'로 관점을 변경하고, 학생 행위주체성을 살릴 수 있는 교육과정을 구현하고자 노력하고 있습니다. 그런데 이렇게 관점을 바꾼 질문으로 시작한 변화는 미래 교육에 대한 '비전과 목표 의식'과 맞물려 놀라운 변화를 일으킵니다.

▲ 미래 교육에 대한 목표와 목적

이번에는 〈모둠장〉을 '학생 행위주체성'의 '기회'의 '관점'으로 바라보고 추진했던 활동을 예로 들어 설명해 보겠습니다.

2021년도에 만난 6학년 학생들은 리더십이 매우 부족했고, 교사는 이 문제를 해결하기 위해서 '변혁적 역량'을 발휘하게 됩니다. '학생 행위주체성'에 기인한 '리더십 향상 방안'을 '학생들에게 어떤 기회를 줄 것인가?'라는 관점에서 질문을 되새기며 생각(성찰)을 이어갑니다. 그러다가 '학생이 직접 리더를 신청하는 것은 어떨까?'라는 생각(예측)을 떠올리고는 이를 실행(행동)합니다.

물론 그 시작은 '학생 행위의 주체성'을 일깨우기 위해, 이 활동에 담긴 교사의 '비전과 목표 의식' 공유가 우선입니다. 교사는 모둠장을 신청하여 모둠을 이끄는 경험이 왜 중요하고, 이것이 성장의 기회가 될 수 있으며, 그런 성장의 기회는 스스로 만드는 것이고, 실패를 통해 성장할 수 있으니 실패를 두려워하지 말라는 등 주체성 강화에 목적을 둔 교사가 지닌 '비전과 목표 의식 공유'에 총력을 다합니다.

내가 가장 기억에 남는 활동을 꼽으라고 한다면, 나는 당연히 내가 모둠장이 되어 한 일들을 말할 것이다. 아까 말했다시피 5학년 때 나는 성실하지 않았고, 시키는 것마저도? 안 했던 친구였다. 하지만, 내가 6학년이 되어서 가장 용기를 내었던 일은 바로 모둠장을 '직접' 신청했던 일이었다. 5, 6학년 통틀어서 거의 첫 번째로 내가 용기를 냈고, 난 그걸 자랑스럽게 생각했다.

▲ 주체성에 기인해 모둠장을 신청한 학생 후기

이 학생은 1년을 보내고 가장 기억에 남는 활동으로 용기 내어 모둠장을 직접 신청했던 일을 이야기합니다. 어찌 보면 '모둠장'이란 소재는 정말 학교 현장에서 강가에 널린 돌처럼 일상에서 마주하게 되는 흔한 소재입니다. 하지만 이것에 '주체성'이라는 생명력을 부여하니 학생들의 삶을 변화시킬 중요한 소재가 됩니다.

그러면 왜 이 학생들은 모둠장이라는 다소 귀찮은 역할에 과감히 뛰어든 걸까요?

> **"모둠장을 신청한 이유가 무엇인가요?"**
> **"당신에게 모둠장은 어떤 의미였나요?"**
>
> 지금과는 다른 모습을 만들어 보기 위해서 지원했었던 것 같고 내가 나에게 도전해 보았던 것 같다. (2회)[19]
>
> 나는 내가 친구들을 도와주며 부족한 부분이나 잘한 부분을 말해주고 친구들을 도와주는 것이 좋아서 모둠장을 신청했다. (1회)
>
> 5학년 때 내가 모둠장을 했었나? 기억도 잘 나지는 않지만, 5학년 때 내가 너무 소극적이고, 활동적이지 못 했던 것에 대해 후회를 많이 했었다. 그래서인지는 몰라도, 2번째 모둠장 신청을 받자마자 신청했었다. 나에게 모둠장이란, 나의 첫걸음이었던 것 같다. (1회)
>
> 옛날에 엔트리를 했을 때 디코 합작방을 파서 다른 사람들이랑 대규모 작을 만든 적이 있었다. 실제로 인기 작품에 올랐던 작품도 있었다. 하지만 내가 만든 많은 합작방들이 망했다. 그래서 모둠장을 해서 그런 역량을 키우고 싶었다. (1회)
>
> 모둠장을 함으로써 친구들끼리 의견 충돌이 일어났을 때 서로의 의견을 존중하면서 타협점을 찾아가도록 노력하고 뭔가 팀을 이끌어서 더 좋은 과정으로 더 나은 결과를 만들고 싶었다. 나에게 모둠장은 모둠장이기 때문에 자기 마음대로 팀을 이끌어가는 것이 아닌 팀원들의 의견을 모두 조율해 완벽한 방안을 찾아가는 역할을 하는 사람이라고 생각한다. (3회)

[19] 괄호 안의 수는 실제로 모둠장을 한 횟수입니다. (1년 총 4회 중)

그냥 팀을 이끌 수 있어서 인것 같다. (1회)

신청한 이유는 생기부에 조금이라도 적히고 싶어서였지만(하하하하하..) 모둠장이 생각보다 많은 리더십을 요구한다는 것을 느끼게 되었다. (1회)

모둠장이라는 게 그냥 팀을 이끌어 가는 거 그게 아니라 조원들의 의견을 들어주는 게 모둠장인 것 같다고 생각했어요. 나와 다른 사람들의 다른 의견을 듣고 수용하고 그런 게 모둠장이라고 생각했고 그런 일이라면 할 만하다고 생각해서 지원한 거예요. (2회)

모둠장을 하면 마음이 뿌듯하고 항상 발표하거나, 보고해야 하고 항상 이끌어 나가며 관리해야 하는데 그게 좋기 때문이다. 모둠장은 마치 가슴속에 작은 대통령 같은 의미였다. (2회)

친구들이 뽑아줘서 하게 되었다. 모둠장을 책임감 때문에 부담스러워하고 꺼려했는데 나에겐 되게 중요하고 소중한 '기회'였던 것 같다. (1회)

모둠장을 신청한 이유는 조금 모둠장을 해야 분위기? 를 이끌 수 있을 것 같았고, 그냥 한번 해보는 것도 나쁘지 않을 것 같았기 때문이다. (1회)

나는 모둠장이 아니어도 왠지 모르게 내가 의견을 정리하려는 그런 성격이어서 모둠장을 신청했다. 나에게 모둠장은 늘 나를 더 반성하게 하고, 책임감 느끼게 하는 것이다. (3회)

내가 너무 콧대가 높아져서 자만감으로..? (1회)

6학년 초반에 모둠장을 했는데, 그때는 친구들을 내가 이끌어 가고 싶었다. 모둠장을 하면서 다른 친구들에게 알려줘야 하는 것도 있어서 나도 성장한 것 같다. 나에게 모둠장은 고마운 존재였다. (1회)

내가 이 한 팀을 이끌고 내 의견을 가장 적극적으로 낼 수 있는 모둠장이 되고 싶었다. 나에게 모둠장은 한 팀의 기둥이다. 무작정 힘든 일을 도맡아 하는 게 모둠장이 아니라 모둠원들이 만족하게 모둠을 이끌어가는 사람이라 생각한다. (3회)

'모둠장'이란 학교 현장의 흔한 소재는 '교사 행위의 주체성'과 교육을 '기회'의 '관점'으로 보는 교사에 의해 '학생 행위주체성'이란 꽃으로 활짝 피어납니다. 이렇듯 학교에서 교사가 하는 모든 교육 활동은 학생들의 생각과 역량이 자라는 '기회'가 됩니다.

'기회는 스스로 만드는 것'

이렇게 교실의 일상적인 소재에서 시작하는 교육의 변화는 에듀테크가 아닌 새로운 관점을 지닌 우리로부터 시작됩니다.

> **"때때로 관점을 바꾸는 것이**
> **똑똑한 것보다 더 강력합니다."**
>
> — Astro Teller (X) —

그런데 선생님들은 학생들의 모둠장 지원 동기와 모둠장의 의미에 관한 생각을 읽으며, 어떤 생각을 하셨나요? 저는 2년 전에 보이지 않던 것이 선명하게 보여서 오히려 당황했습니다. 모두 주체성에 기인하긴 했지만, 성장마인드, 정체성, 목적의식, 자기주도성, 책임감 등 저마다 모둠장을 지원한 동기는 제각각이었다는 것을 이제야 깨닫습니다.

그때도 이렇게 모둠장을 지원해서 능동적으로 참여하는 학생들이 참 기특했지만, 인제야 알알이 보이는 학생들의 책임감이, 성장마인드가, 정체성이, 목적의식이, 자기주도성의 그 소중한 주체성이 하나하나 맘에 들어옵니다. 시간을 돌릴 수 있다면 저마다 자신만의 의미를 부여하여 도전한 이 아이들 한 명 한 명에게 깊은 감동과 격려를 전하고 싶습니다. 이 학생들은 이미 스스로 '기회'를 잡으며, 나다운 삶의 길을 만들어 가고 있었습니다.

Ⅱ-(7)
변화가 필요한 이유

누가 모르나

지미정

변화가 필요한 이유
구구절절 설명해도 들어오지 않아.

『누가 모르나.』

　새로운 것들이 쏟아지는 시기가 있고, 그 시기가 휩쓸고 지나는 자리에 남는 피곤함이 있습니다. 그리고 힘내기 어려운 교육 여건과 분위기 속에서 '힘내라는 말'은 어울리지 않습니다. 그리고 '변화해야 해.'라는 말도 적합하지 않습니다.

그저 변화하니 좋았습니다.

그래서 선생님들도 그저 좋았으면 좋겠습니다.

Ⅱ-(8)
선택은 누구나 할 수 있다

〈챗GPT와 수다부〉라는 교내 교사 동아리를 조직하여 재능기부 차원에서 운영하고 있습니다. 그러던 어느 날 모임에 오시지 않는 선생님께서 오늘은 과제 검사할 것이 많아서 참여하기 어렵겠다고 하셨습니다. 예전 같으면 '알겠습니다.'라고 하고 마무리할 일을 '학생들 숙제 검사하는 거 보다, 새로운 것을 배우는 것이 더 중요한 거 같습니다. 오늘은 챗봇을 만들어 볼 거니 연수에 들어오시는 게 어떨까요?'라고 말하며 설득하고 있었습니다.

그날 교사 동아리 활동이 끝난 후, 이 생각이 계속 머리에 맴돌았고, 제 생각에 변화가 있음을 깨닫게 됩니다.

예전에 수익이나 일기장 걷어서 검사해 주느라 퇴근 시간 이후에 늦게 가기도 하고, 연수에 불참했었던 기억이 떠오릅니다. 그리곤 교사들이 수많은 시간을 쏟아붓고 있는 검사 시간에 대한 '성찰'이 이어집니다. 열심히 검사했던 과거의 시간이 나를 성장시킨 시간이 아니라, 나 자체를 소비한 시간에 가깝지 않나 하는 의문이 떠올랐습니다.

학생들의 과제 검사는 필요하지만, 큰 비중을 차지하는 건 위험합니다. 그렇게 반복적으로 소비된 시간의 미래를 생각해 봤을 때, 이것이 '학생의 성장'을 위해 약간의 도움이 될지언정, '교사의 성장'으로 연결되기는 어렵기 때문입니다.

지식의 소비자에서 생산자로 관점이 변해가듯이, 교사의 하루도 소비적인 일보다 생산적인 일로의 변화가 필요해 보입니다. 우리가 습관적으로 하던 행동을 의심해 보고, 미래까지 연결하여, 자신의 일과를 리모델링해 보는 건 어떨까요?

소비 (업무, 잡무, 검사)	VS	생산 (수업, 도전, 배움)

그렇다면 아까 그 선생님은 어떤 선택을 하셨을까요? 그리고 선생님은 어떤 선택을 하시겠습니까?

나 다운
교육의 길

-작은 도전이 모이면 교육이 바뀝니다-

Ⅱ-(9)
잘 모르는 걸 가르칠 수 있을까?

　'가르치기'의 관점에서 본다면, 당연히 교사가 잘 모르는 것을 학생에게 가르칠 수 없습니다. 하지만 '코칭'의 교육 관점에서는 교사가 잘 모르는 것도 교육이 가능합니다. 예컨대 100m 달리기 선수를 지도하는 코치가 선수보다 잘 하지 않아도 지도가 가능한 것과 같은 이치입니다. 그러면 교육에서도 가능한지 제가 도전했던 〈엔트리 코딩 프로젝트〉의 사례를 들으며 생각해 보시기 바랍니다.

　제가 미래 교육에서 피하고 싶지만, 피할 수 없는 교육으로 생각한 것이 바로 코딩이었습니다. 그런데 문제는 저도 잘 모른다는 것이었고, 교사에게 주어지는 선택지는 다음과 같았습니다.

> 1. 외부 강사 섭외하여 코딩 교육하기
> 2. 코딩 교육하지 않기
> 3. 교사가 직접 배워서 가르치기

　그런데 일반적인 앞의 선택지 중에 선택하고 싶은 게 하나도 없었습니다. 외부 강사를 섭외해서 예산을 활용하여 지도하는 것은 결국 지속 가능한 방법은 아니었고, 코딩 교육을 아예 하지 않자니 괜히 학생들에게 미안한 마음이 들었으며, 제가 직접 배워서 하자니 이 코딩이란 게 만만치 않은 영역이라 오히려 2번 코딩 교육하지 않기가 더 매력적인 답인 상황이었습니다. 코딩 교육을 할까 말까 고민하면서 우선은 자료도 찾아보고 간단한 코딩을 따라 해보면서 연습했던 코딩 목록을 정리하고 있을 때, 불현듯 '학생들이 스스로 보고 공부할 수 있도록 목차와 도움 자료를 함께 제공해 주면 어떨까?'라는 생각이 들었습니다.

또 한 번 교사 행위주체성에 의해 변혁적 역량이 발휘되는 순간이었습니다. 한정된 수업 시간, 하지만 목표는 한두 차시 따라 하고 끝나는 것이 아니라, '배운 것을 바탕으로 자신이 원하는 작품 제작할 수 있는 능력 함양하기', 이를 위해 학생들이 이를 '학습할 수 있는 시간' 확보라는 문제를 해결해야 합니다. 이때 떠오른 방법이 바로 거꾸로 학습(Flipped Learning)이었습니다.

그렇게 〈엔트리 코딩 연습하기〉 거꾸로 학습 프로젝트가 시작됩니다. 그리고 모든 프로젝트의 시작이 무엇인지 이젠 선생님들도 아시겠죠? 바로 학생들을 설득하는 과정, 교사의 비전과 목표 의식을 공유하는 것입니다. 이를 통해 학생 스스로 성장마인드, 정체성, 목적의식, 자기주도성, 책임감 등의 '학생 행위주체성'을 기반으로 나아갈 수 있도록 동기를 부여하는 시간입니다.

선생님이 미래 교육을 떠올리며, 솔직히 해야 한다고 느끼지만 선뜻하기 어렵게 느껴지는 분야가 있습니다. 여러분들도 그런 게 있죠? 선생님도 마찬가지입니다. 그 분야가 바로 코딩이고, 이것을 해야 할지 하지 말지 고민을 참 많이 했습니다. 그런데 가장 쉬운 선택지인 코딩 교육을 하지 않는다는 선택지를 버리고, 여러분들을 위해서 제대로 된 〈엔트리 코딩 프로젝트〉를 추진하기로 결심했고, 선생님도 공부해 가면서 함께 하려고 합니다. 이에 여러분들도 자신의 성장을 위해 적극적으로 참여해 주기 바랍니다.

이 프로젝트는 3주간의 거꾸로 학습 형태로 진행됩니다. 엔트리에 있는 학습하기 미션을 연습해서 실력을 함양하는 것이 목적이며, 개별 학습 과정을 위해 여러분이 스스로 학습할 수 있도록 학습 목록과 관련 도움 영상을 구글 시트에 정리해 놓았습니다. 선생님 또한 이것을 연습하고 있는데, 막히는 경우가 생기면 포기하고 싶더군요. 그래서 여러분이 잘 안 될 때, 도움을 받을 수 있는 영상도 함께 첨부해 놨으니, 이를 참고하여 미션을 완료해 보기 바랍니다.

이 3주간의 거꾸로 학습 형태의 개별 학습 과정이 끝나면 모둠 프로젝트가 시작됩니다. 각자 익힌 코딩을 활용하여 모둠별로 작품을 만들어 공유하는 활동을 이어서 진행하고자 합니다.

여러분들이 3주간의 개별 학습 과정에 성실하게 참여하지 않으면, 모둠활동에는 참여하기 어렵습니다. 따라서 책임감을 느끼고 자신이 속할 모둠에서 역량을 발휘할 수 있도록 준비해 주시기를 바랍니다.

여러분이 3주간의 개별 학습 기간과 모둠 프로젝트에 적극적으로 참여한다면 여러분들은 엔트리 코딩 전문가가 되어있을 리라 생각합니다.

혹시 이 프로젝트와 관련하여 궁금한 것이나, 제안하고 싶은 것이 있나요?

정말 매번 프로젝트의 비전과 목표 의식을 공유할 때, 에너지의 200%는 쏟아붓는다는 느낌으로 학생들을 마주합니다. 그만큼 학생들의 주체성을 끌어내는 것은 어렵기 때문입니다. 물론 이렇게 힘들게 끌어낸 주체성도 시간이 흐르면 흐릿해지고, 그럴 때마다 다시 주체성을 일깨워 주는 일장 연설을 해야 하는 건 당연합니다. 학생들이 이 프로젝트를 마무리하기까지 그 주체성의 불씨를 관리하는 게 교사의 정말 큰 역할이고, 이에 프로젝트의 성패가 달려있습니다.

거꾸로 학습으로 진행되는 과정은 학생들의 진행 상황에 대한 데이터를 수집하고 피드백하는 과정이 매우 중요합니다.

▲ 구글 시트, 학습 완료를 표시하는 기록표

▲ 구글 시트, 영상 링크를 넣어 만든 거꾸로 코딩 학습 자료

앞의 기록표는 학생들이 영상의 도움을 받아 스스로 배워 나가며 기록할 수 있도록 구성하였습니다. 이는 학생들이 과제 완료를 드롭다운 형태로 선택할 수 있게 만든 것이며, 이런 형태로 시트를 제작하면 고정 텍스트의 개수를 수량화하여, 간단하게 교사와 학생에게 진행 상황에 대한 데이터를 제공해 줄 수 있습니다. 아래의 표와 같이 과제 완료 시, 3점, 5점, 10점으로 난이도에 따라 점수를 차등하여 자동 계산되도록 하면 더욱 좋습니다.

P	Q
점수환산표	
3점씩	
미션완료	점수
7	21
13	39
11	33
13	39
9	27
4	12

초등 3~4학년 과정

P	Q
점수환산표	
5점씩	
미션완료	점수
10	50
13	65
12	60
13	65
9	45
6	30
10	50

초등 5~6학년 과정

P	Q
점수환산표	
10점씩	
미션완료	점수
13	130
13	130
10	100
13	130
12	120
11	110
13	130
13	130

중등 이상 과정

에듀테크를 활용한다는 것은 교사가 쉽고 간편하게 학생 데이터를 효율적으로 파악할 수 있고, 즉각적인 개별 피드백이 가능해짐을 의미합니다. 아래처럼 '초등 3~4학년'시트, '초등 5~6학년' 시트, '중등 이상' 시트의 개별적 자료를 맨 앞에 표지 시트를 제작하여 활용하면 학생들의 누계 점수 변화를 시시각각 파악할 수 있으며, 목표 달성 인원, 달성률 등을 통해 학생들의 진행 상황을 쉽게 파악하여 정교하고 즉각적인 피드백이 가능합니다.

	A	◀▶	C	D	E	F	G
1	우리반 점수 합계		5320	목표 달성들(%)	106.4	80%이상 달성 인원	24명
2			초등 3,4학년	초등 5,6학년	중등 이상	총 합계 (234점)	80% 이상 달성
3			3점씩	5점씩	10점씩		
4		번호	점수(39점)	점수(65점)	점수(130점)		
5		1	21	50	130	201	85.9
6		2	39	65	130	234	100.0
7		3	33	60	100	193	82.5
8		4	39	65	130	234	100.0
9		5	27	45	120	192	82.1
10		6	12	30	110	152	65.0
11		7	9	50	130	189	80.8
12		8	15	45	130	190	81.2
13		9	21	40	130	191	81.6
14		10	18	35	40	93	39.7
15		11	27	50	130	207	88.5
16		12	39	40	110	189	80.8
17		13	0	0	0	15	6.4

+	≡	5000점 달성 미션 ▾	초등 3-4학년 ▾	초등 5-6학년 ▾	중등 이상 ▾

▲ 구글 시트, 여러 시트의 점수를 한 눈에 파악할 수 있는 표지 시트

제가 에듀테크를 활용하는 것이 교사에게 편하고 좋다고 하는 부분도 바로 이런 지점에서 그 효율성과 편리함을 느끼기 때문입니다.

3주간의 〈엔트리 코딩 연습하기〉 거꾸로 학습 프로젝트를 구글 시트의 여러 기능을 활용하여 도움을 받으며 어렵지 않게 성공적으로 마무리했습니다. 물론 이 시트에 학생이 간혹 거짓으로 체크하는 경우가 생기기도 합니다. 하지만 이어지는 모둠 프로젝트에서는 그 실력이 모두 드러나기에 그런 얕은 거짓말을 하는 학생들은 금방 들통나고, 이를 계기로 자신이 지닌 '가치', '태도'에 대해 성찰하는 기회가 되기도 합니다.

이렇게 개별 연습이 끝나갈 즘에 학부모 공개수업이 2주 뒤에 예정되어 있었고, 어떤 주제로 공개수업을 할지 투표한 결과 놀랍게도 〈부모님을 위한 엔트리〉가 공개수업의 주제로 결정되었습니다.

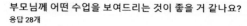
부모님께 어떤 수업을 보여드리는 것이 좋을 거 같나요?
응답 28개

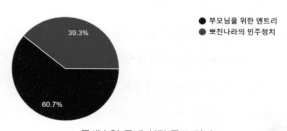
- 부모님을 위한 엔트리
- 뽀친나라의 민주정치

39.3%

60.7%

▲ 공개수업 주제 선정 투표 결과

전 솔직히 많이 놀랐습니다. 성공적인 '거꾸로 학습'이었다는 그 의미를 넘어, 학생들이 주체적으로 학습한 것에 대해 더 적극성을 지니고, 목적의식을 불태우는 것을 보면서, 하나의 주체성에 기인한 활동은 또 다른 주체성의 씨앗이 된다는 것을 느끼게 해주었습니다. 그래서 이어지는 모둠 프로젝트는 굳이 교사가 주체성을 강화하기 위해 에너지를 쏟을 필요가 없었고, 학생들은 스스로 활활 불타올랐습니다.

▲ 모둠별로 만든 엔트리 작품

물론 모둠 프로젝트를 진행하면서 학생들은 이전과는 다르게 문제가 생기면 교사를 찾아와서 질문을 하기도 합니다. 그러면 제가 해결하기 어려운 것은 검색을 통해 관련 자료를 공유하거나, 조금 더 능숙한 친구의 도움을 받는 등 학생과 교사가 함께 문제를 해결해 나갑니다.

▲ 학생들이 제작한 모둠별 홍보 포스터

학생들은 부모님을 대상으로 한 작품을 기획·제작·홍보까지 전 과정을 개인과 공동체 역량에 기반하여, 변혁적 역량을 발휘하며 해결해 나갑니다.

여기서 '코칭'하는 교사는 수업에 '서비스업 진로 체험'이라는 의미를 하나 더 부여합니다. 이는 엔트리 작품을 제작하는 개발자의 역할이 이미 끝났기에 새로운 목적의식을 일깨워 줄 필요가 있다는 **'성찰'**과 40분 동안 내내 서서 4분씩 7번을 반복하며 설명해야 하는 시간이 학생들에게 힘든 시간일 거라는 **'예측'**에 기인한 '새로운 가치 창출하기'의 '행동'이라고 할 수 있습니다.

그렇게 교사의 변혁적 역량에 기반한 '코칭'에 의해 공개수업은 '서비스업 진로 체험'의 목적이 생깁니다. 이에 학생들은 사람을 상대하는 서비스업 종사자로 부모님 만족도를 어떻게 하면 높일 수 있을지 '예측'–'행동'–'성찰'의 과정을 거치며 경험과 생각을 확장합니다.

> "나는 분명 이런 것쯤은 잘 할 수 있다고 생각했는데 실제로 부모님들을 대접해드리고 설명과 리액션을 해드리는 것은 어려웠다. 그래도 나는 최선을 다해 화장품 가게 알바하듯이 부모님들을 고객님으로 생각하고 하나하나 부모님들께서 하시는 행동마다 리액션을 해드렸다."
>
> "부모님들이 재미있게 즐겨주셔서 재미있었다. 비록 발표하는데 문제점들이 있었지만, 열심히 노력하고 해결하는 재미도 있었다. 부모님께 친절하고 재미있게 설명하고 칭찬해드리면서 서비스업이 얼마나 힘든지 알게 되었지만 그만큼 서비스업이 뿌듯하고 재미있다는 것도 느끼게 되었다."
>
> "서비스 산업 시작!!! 처음에는 되게 어색해서 진짜 딱 할 말만 하고 끝났는데, 시간이 흐를수록 자연스럽게 설명해드리고 옆에서 비행기 노래도 불러드리고, 최고 6모둠 강조하고……"

▲ '서비스업 진로 체험' 목적에 대한 학생들의 소감

공개수업 당일, 학부모들은 각 모둠에서 준비한 엔트리 작품을 4분씩 돌아가며 7모둠 작품을 모두 체험하였습니다. 그런 후, 구글 설문 QR코드를 통해 투표에 참여하였고, 바로 1~3위 모둠 발표와 함께 선정 소감을 들어보는 것으로 마무리하였습니다. 그런데 그렇게 꽉 찬 수업이 40분에서 1분이 남는 것을 보고 저 또한 놀랐던 시간이었습니다. 이 시간에 교사가 하는 것은 '가르치기'가 아닌, 그 수업의 비전과 목표를 공유하고, 4분마다 자리를 정해진 순서대로 이동하라는 '코칭'이 전부였습니다.

▲ 학부모 공개수업 당일 교실 사진

〈엔트리 코딩 연습하기〉 거꾸로 학습 프로젝트가 5주간 진행되었기에 설명이 길었습니다. 어쨌든 교사가 잘 모르는 코딩이었지만, 아이들은 코딩 전문가가 되었고, 교사는 여전히 코딩이 어렵습니다.

학교에서 1달 전에 엔트리 프로젝트를 시작했다. 처음에는 3, 4학년이 하는 아주 쉬운 엔트리도 어려워하며, 엔트리를 할 때 괴음을 지르며 했다. 하지만 주말마다 1시간씩 연습하다 보니 엔트리 실력이 빠르게 성장한 것 같다. 그리고 얼마 뒤, 엔트리 게임 프로젝트가 학부모 공개수업 주제로 선정되었다.

나는 그동안 연습한 실력으로 모둠원들과 만들지는 않았고 실력이 부족한 우리를 빛나게 만들 게임에 대해 고민하게 되었다. 그래서 우리 모둠은 복붙 전략과 영상 전략을 선택했다. 복붙 전략이란 상대방이 만든 코딩 게임을 보고 코드를 따라 한 뒤에 캐릭터 무기 연발 속도 등을 만들어 저장하는 것이고, 영상 전략은 유튜브를 보고 게임을 만드는 것이다. 상상력이 풍부한 나는 영상을 보며 만들 때 나는 다양한 기능을 추가하고 고쳤다. 그리고 슈퍼마리오 게임은 우리 모둠이 직접 만드는 것에 도전한 유일한 게임이다. 그래서 슈퍼마리오를 만드는 데만 5시간이 걸렸다.

아무튼 결국 공개수업 날이 되었다. 나는 전 공개수업보다 더 떨렸다. 왜냐하면 부모님이 수업하는 것을 그냥 보시는 것이 아니라 부모님들이 직접 주인공들이 되셔서 직접 다이렉트로 체험하는 것이기 때문이다. 처음에는 나는 부모님들이 우리가 만든 게임을 지루해하실 것 같아서 불안해졌다. 하지만 체험 시간이 막상 되자 부모님들은 우리 모둠이 만든 게임을 재미있게 플레이 하셨다. 그래서 떨리던 긴장감들이 풀어졌다.

또한 부모님들이 게임을 하실 때 우리가 게임을 하는 것처럼 진지하게 플레이하는 것 같아서 게임 앞에서는 어떤 세대든지 어린이가 된다는 사실을 깨달았다. 그리고 부모님 엔트리 투표에서 2등을 해서 기분도 좋았다.

벌써부터 2학기 때 공개수업이 어떻게 될지 궁금하다.

2022. 솔빛초 6-1 성00

▲ 엔트리 코딩 프로젝트와 공개수업 후기

Ⅱ-(10)
교과서대로 말고,
교사 맘 가는 대로 수업하기

예전엔 교과서로 가르치지 않으면 일종의 불안감 같은 것이 들기도 했던 적이 있었습니다. 그래서 프로젝트로 재구성해서 끝내고도 교과서를 다시 훑어 주기도 했습니다. 그런데 요즘은 오히려 교과서로 수업하는 것에 대해 일종의 죄책감 같은 것이 들기도 합니다.

"교과서대로 수업하는 순간 현실과 멀어진다."

그 이유는 생각이 달라졌기 때문입니다. 교과서에 나온 지문을 따라 읽고 '문제'를 하나씩 해결하면서 수업을 끝냈을 때, 교사도 학생도 주체성을 상실한 수업이 될 가능성이 높습니다. 이런 생각은 학년이 올라갈수록 교과서로 하는 수업에 급격하게 흥미를 잃는 학생들의 원인을 분석하는 과정에서 깨닫게 됩니다.

사람들은 자신의 삶과 연결된 문제일 때, 주체성이 살아납니다. 하지만 교과서에 나오는 '문제'는 현재 가장 중요하게 해결해야 할 현실의 문제가 아닐뿐더러, 다양한 해결책을 찾아내는 열린 '문제 **해결** 과정'이 아닌, '문제 **풀이** 과정'으로 수렴할 가능성이 높습니다. 그리고 딱히 창의적이고 비판적인 사고를 자극하지 않는 분절적인 과정이기에 학년이 올라갈수록 학생들의 흥미를 끌어내기 어렵습니다.

5학년 국어 〈6. 토의하여 해결해요〉 단원의 '알맞은 주제를 정해 의견 나누기' 차시 수업을 사례로 이야기 나눠보겠습니다. 교사는 이 주제를 보고, 일부러 교과서 내용을 펼쳐보지 않고 성취 목표에만 집중합니다. 교사도 사람인지라 내용을 보게 되면, 그 사례나 형식을 따라가게 되면서 결국 더 중요한 요소를 놓치는 경우가 많기 때문입니다. 그래서 '학생들의 삶과 연결된 알맞은 주제'가 무엇인지에 집중합니다. 의견을 나누는 과정보다 더 중요한 것은 현실 세계의 진짜 문제를 발견하는 데 있습니다. 교과서의 예시보다 학생을 둘러싼 환경에서의 진짜 문제, 주제를 발견하는 것이 가장 중요합니다. 교과서는 절차와 과정적 '지식'에 더 집중하기 때문에, 이를 경계해야 합니다. 학생들 또한 교과서의 예시를 보는 순간 예시의 범주에서 완전히 자유롭긴 어렵습니다.

그럼 제 교실의 現 문제를 이해하기 위해서 상황을 들여다보겠습니다. 지금 저는 코로나 3년의 여파인지 2학년부터 5학년 학력 수준까지 무려 4개 학년에 걸친 학생이 1/4씩 존재하는 느낌이 드는 을지 소재지의 5학년 담임을 맡고 있습니다. 그래서 자연스레 이 학생들을 5학년 학력 수준으로 종업시키기가 올해 최대 목표입니다. 물론 열심히 하는 학생들도 몇 있지만, 과제를 해 오지 않고, 수업 시간에 잘 참여하지 않는 학생들로 인해, '5학년 학력 수준으로 올리는 것이 가능한 건지?, 그냥 행복하게 학교 생활하는 것이 목표가 되어야 하는지?' 등 내적 갈등이 끊임없이 발생하는 상황이었습니다.

수학 단원평가를 3차까지 실시하면서, 시간과 기회를 주고 학교에서 오답 정리 시간까지 확보해서 도와주기까지 하고, 1주일의 시간까지 주고 본 재평가에서 여전히 0~30점에 머무는 학생들에 대한 고민이 깊어지는 상황이었기에, 이에 대한 교사의 고민에 대해 학생들에게 토의를 의뢰합니다.

1. 수학 3차 시험 결과가 안 좋은 학생은 남아서 공부하고 가야 하는가? 남아야 한다면, 어떤 학생이 남아야 하는가? 그 기준은 무엇인가? (절대 기준/상대 기준 고려하기)
2. (집에서 오답 정리 및 공부를 안 해오는 학생들을 위해) 수업 시간에 오답 정리하는 시간을 주어야 하는가?
3. 시험 결과, 수업 시간에 질문의 기회를 계속 주고 있음에도, 질문하지 않고, 아는 척하고 있는 학생이 오늘과 같은 결과가 나오지 않도록 하려면, 앞으로 수업 시간에 무엇을 하게 하면 좋을까?

우선 위 주제에 대해 각자 자신의 의견을 쓰도록 합니다.

처음부터 모둠 토의를 시키게 되면, 목소리 큰 친구의 의견에 휩쓸릴 가능성이 있으므로 자기 생각을 먼저 정리한 후, 토의에 참여하도록 합니다. 모둠활동에서 서로의 생각을 공유하고, 토의를 통해 더 나은 의견을 모색하여 정리합니다.

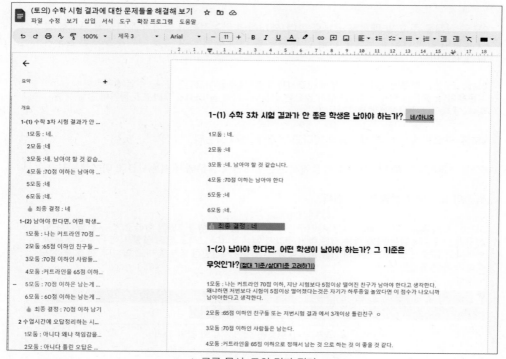

▲ 구글 문서, 토의 결과 정리

모둠에서 협의한 내용을 정리할 때는 문항별로 역할을 나눠서 정리하면 시간을 절약할 수 있으며, 모두가 함께 참여하게 됩니다. 교사는 모둠별 의견을 보면서 회의를 이끌고 최종 결정 사항을 정리합니다.

3. 질문하지 않아서, 아는 척 하고 있는 학생은 앞으로 수업 시간에 무엇을 하게 하면 좋을까?

1모둠 : 아는 척 하고 질문을 안하면 모둠원들이 모르는게 있냐고 물어보고 하루에 자기가 수업시간, 틀린문제에 대한 질문을 5개씩 하고 모둠원이 확인한다. 왜냐하면 그래야 모르는 것을 알게되니까 5개씩 해야 한다고 생각한다.

2모둠 :과제를 주고 알 때까지 공부를 한다. 왜냐하면 아는척하고 넘어가면 나중에 공부를 할 때 도움이 전혀 안되고 모르는 단원 전 단원을 잘 안다고 해도 그 다음 단원을 모르면 쓸모가 없기 때문이다.

3모둠 : 질문은 하루에 최소 1교시부터~6교시까지 질문4개를 하고질문은 꼭! 수업에 관련된 질문을 한다. 질문은 하루에 4개를 하지 않으면 질문이 4개씩 늘어난다. 그리고 모둠원이 답을 해준 후에 공책이나 구글닥스에정리해둔다

4모둠 :모르는게 있는데 질문을 안한다면 신경을 쓰지 않는다.

5모둠 :1교시부터 6교시 사이에 짝꿍에게 질문을 3번씩 질문해서 쉬는시간에 이해했는지 짝꿍이 물어보고 설명하라고 한다.

6모둠 : 모둠원들에게, 그리고 선생님, 친구들에게 질문을 하루에 2~3번씩 하라고 합니다. 왜냐하면 그 친구가 모르는데 아는 척을 하는 것은 아닌 것같기 때문입니다.그리고 답이 틀릴 시에 더욱더 질문이 늘어나고 답을 또 틀리면 남아서 답을 맞출때까지 정해진 시간만큼 공부를 하고 합니다. 한 30분 정도 하다가 가면 좋을것 같다.

👍 최종 결정 : 모둠원이 모르는 친구에게 3개의 질문을 확인한다. 제대로 말할 수 있을 때까지.(하루 3개) 모둠 기록부를 만들어 기록한다.

▲ 구글 문서. 모둠별 의견과 토의 결과 정리

3번 문항에서 대부분의 모둠은 질문해야 한다고 했고, 이에 교사는 '누가 누구에게 질문을 하는 건가?'라는 추가 논의 안건을 제시합니다. 그런데 여기서 모둠 3:3으로 의견이 나뉘고, 두 팀으로 나눠서 주장에 대한 근거 대결이 펼쳐집니다. 학생들이 근거를 잘 작성하지 못한다는 것을 알게 된 교사는 이를 지도하며 판결을 내립니다.

(추가논의) 질문은 누가 누구에게 하는 것인가? 둘 다 인정할 것인가? 아니면 모르는 친구가 한 질문 3개만 인정할 것인가? 모둠에서 그 친구에게 질문하고 그 친구가 대답을 잘한 개수만 인정할 것인가? 이 둘을 모두 합한 개수로 할 것인가?

1모둠 : 모둠원이 질문한다.

2모둠: 모둠원이 질문을 하고 통과한다.

3모둠 : 질문은 모둠원이 해서 답을 맞추면 된다

4모둠 : 질문은 모르는 친구가 모둠원에게 질문을 하는 것 으로 정했습니다.

5모둠 : 모르는 친구가 모둠원에게 질문한다.

6모둠: 모르는 친구가 모둠원에게 질문한다

👍 최종 결정 : 모둠원이 질문한다.

(추가 논의) 질문은 모둠원이 모르는 친구에게 해야 한다.

	찬성 질문은 모둠원이 모르는 친구에게 해야 한다.	반대 질문은 모르는 친구가 모둠원에게 해야 한다.
근거1	모르는 친구는 아는 척하고 질문을 많이 안 할 수도 있습니다.	모르는 사람은 모르니까 답을 못말하기 때문에 모둠원에게 답을 듣고 제대로 공부할 수 있습니다.
근거2	짝꿍이 질문을 하면 짝꿍이랑 짜고 져서 모르는 친구가 아는 질문을 질문할 수도 있습니다.	모르는 친구가 질문을 해서 답을 들으면 모르는 친구가 이해를 할 수 있기 있습니다.
근거3	모르는 친구가 수업내용을 까먹으면 질문을 하지 못하니 모둠원친구가 먼저 질문을 하여 설명을 해야 합니다.	모둠원이 모르는 친구에게 질문을 해봤자 모르는 친구는 그 내용을 모르니까답을 못말하고, 모르는 친구가 모둠원에게 질문을 해야 합니다.
근거4	짝꿍이 질문을 하면 모르는친구랑 친하다고 그 모르는 친구에게 쉬운 문제를 내줄수도 있습니다.	
근거 5	모둠원들이 한명보단 많으니 더욱더 넓게 질문을 많이 받아 지식을 더많이 얻을수 있습니다.	

▲ 구글 문서, 추가 논의 사항 정리

〈토의 결과〉

70점 이하의 친구는 남아서 공부해야 하고, 선생님은 수업 시간에는 따로 오답 정리하는 시간을 주지 않는다.

이번 3차 평가에서 70점 이하인 친구들에게 앞으로 매일 모둠 친구들이 질문해서 제대로 말할 수 있을 때까지(하루 3개) 알게 도와주고, 이를 모둠 기록부를 만들어 기록한다.

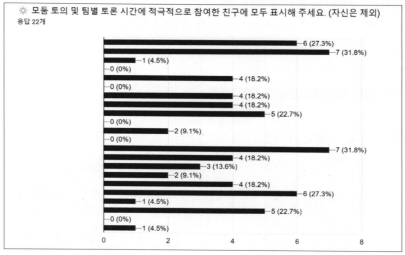

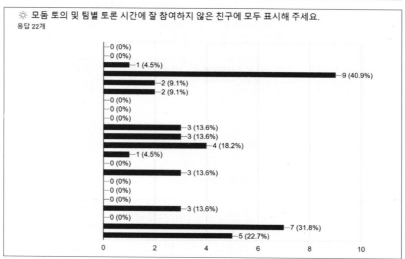

▲ 구글 설문, 토의 참여 태도에 대한 동료 평가 결과

교사는 수업 태도에 대한 자기 평가 및 동료 평가를 하며, 이 활동에 대한 학생의 의견을 바탕으로 '성찰'하고, 다음 수업을 구상합니다.

〈이번 토의를 하면서 생각하거나 느낀 점을 적어봅시다.〉

▶ 오늘 토론을 해보니까 "아, 이게 진짜 토론이구나" 라는걸 알았다! 전에 했던 토론은 잘 진행되지 않아서인지 좀 그랬는데 이번에는 친구들이 잘 참여해 주니 마냥 잘 되었다. 친구들 다 잘했다. 오늘 친구들과 의견이 딱! 딱! 맞아서 기분도 좋았고! 물론 우리 모둠에 잘 참여하지 않았던 친구들도 있었는데 그래도 참여하긴 했다. 우리 모둠 친구들과 같은 의견의 팀들이랑 토의해보니 너무너무 재미있었고 다음에도 이런 시간이 왔으면 좋겠다! 5학년이 되고 이런 경험은 처음이었다~!

▶ 이번 모둠 토의를 하며 느낀 점은 사람들이 많이 모일수록 의견과 생각들이 다양해서 계속해서 더욱 좋은 의견을 찾을 수 있었고 이번 토의 활동은 다른 모둠들과 같이해서 더욱 재미있었다. 그리고 이번에 번에서 어떻게 할지 정할 때 우리 모둠과 내가 들어간 팀의 의견이 뽑힐 때는 정말 심장이 쫄깃했었다. 다음 모둠 토의 활동을 할 때도 다른 모둠들과 같이하면 오늘처럼 재미있을 것 같다.

▶ 이번 토의를 하면서 같이 의견도 나누고 각자의 역할을 맡아서 하니까 재미있었다. 나는 과거에 토의를 너무나 싫어했고 토의를 할 때마다 의견도 안 내고 놀고만 있었다. 하지만 현재의 나는 의견도 잘 내고 회의에 적극적으로 참여하고 놀지 않는 아이인 것 같다. 미래에 나는 더 열심히 의견을 내고 더 적극적으로 회의에 참여하고 더 놀지 않는 아이가 될 것이다. 이번 토의를 하면서 내가 맡은 사회자를 잘한 것 같다. 다음에도 토의하면 좋겠다.

▶ 토의는 끝까지 잘 끝난 것 같다. 토의를 이렇게 오랫동안 해보니까 여러 의견이 나오고 그거에 대한 근거랑 모둠끼리도 누구의 의견이 좋은지도 해보니까 재미있었다.

▶ 이번 토의를 하면서 재밌었다고 느꼈습니다! 하지만 뭔가 부족한 점이 많았다고 느껴졌습니다. 만약에 다음 토의 시간이 다가온다면 토의를 더 열심히 해야겠다고 다짐을 했습니다. 이번 토의를 하면서 쯤 어려웠던 것도 많았지만 잘 해결한 뿌듯함? 그런 게 쯤 느껴집니다! 그래서 다음 토의 시간이 얼른 다가왔으면 좋겠다는 설렘이 생겼어요! 얼른 다음 토의 시간이 다가오면은 좋겠네요~!

▶ 이번에는 팀들의 의견이 반반 나누어지게 되어서 같은 의견의 팀들끼리 하게 되었는데 이 일이 참 인상 깊었던 것 같다. 팀에서는 인원이 3~4명이 한계인데 이번에는 팀들끼리 하니까 더 많은 근거를 들 수 있어 좋았었고, 또 모둠에서는 의견이 갈라질 수 있어서 내 의견에 반대 의견 경우도 생각했어야 했는데 같은 의견 속에서 대화하니까 편했었다. 그렇지만 같은 의견만 있어서 다음에는 다른 의견들끼리 토론해보고 싶은 느낌도 있다.

이렇게 교과서 대로 말고, 교사 맘 가는 대로 수업을 했을 때, '내용'과 '방법'이 아니라, '문제'와 '목적'에 더 집중한 수업이 됩니다. 그리고 그 '문제'와 '목적'은 교사와 학생이 처한 '현실'과 더욱 밀접하게 연결되어 있으며, 이에 교사와 학생을 더욱 몰입시킬 가능성이 높습니다.

그런데 이 활동에서 교사의 '맘'은 어디를 향하고 있던 것이었을까요? 예전 같았으면, 이렇게 숙제를 안 하거나 공부를 하지 않는 학생들에 대해 그 기준과 행동에 대한 결정을 교사가 단독으로 내릴 가능성이 높습니다. 그리고 어떻게 보면 가장 강력한 효과를 발휘하기도 합니다.

하지만 학생들이 민주 시민으로 성장하기 위해서는 자신을 둘러싼 문제를 공동체 구성원과 함께 해결해 보는 경험이 필요하며, 그 경험을 통한 배움에 바로 교사의 '맘'이 향합니다. 결국 '교사 맘 가는 대로 수업하자'에서 가장 중요한 것은 그 '맘'이 어디로 향하는 것이냐가 중요할 것입니다. 그리고 그 '맘'이 학생과 공동체 전체의 '웰빙'을 담아가길 기원해 봅니다.

나 다운
교육의 길

－작은 도전이 모이면 교육이 바뀝니다－

Ⅱ-(11)
따라서 잘하기 vs 알아서 해보기

'가르치기' 방법에 익숙한 교사는 '코칭'의 방법으로 변화를 모색하는 중에도 어느 순간 '가르치기' 방법으로 수업하는 자신을 발견하게 됩니다. 그리고 매번 아이디어가 떠오르는 것은 아니기에, '새로운 가치 창출하기'를 통해 자신만의 수업을 구현하기도 쉽진 않습니다. 교과서로 가르침을 받아왔고, 교과서 내용을 가르치던 교사로서, 교과서 대로 따라서 수업하는 것은 어쩌면 가장 자연스러운 교육 방식일 것이고, 가장 마음 편한 방법일 지도 모릅니다.

이번에는 제가 딱히 단원 재구성 방안이 생각나지 않을 때, 활용하는 방법입니다. 교과서 대로 수업을 진행하고 따라 하게 하는 것에서 벗어나, 학생들이 교과서에서 중요한 내용을 스스로 파악하여 정리하고, 이를 바탕으로 학생들 간의 협력적 피드백을 통해 '알아서 해보는 과정'입니다. 그럼, 5학년 〈7. 기행문을 써요〉 단원을 예로 들어 설명해 보겠습니다.

교사는 학생들에게 기행문의 특성과 기행문을 쓰는 방법에 대한 정보를 교과서에서 찾아 정리하게 합니다. 시간은 10~15분, 이 시간 동안 교과서 내용을 살피고 중요한 내용을 찾아서 각자 요약 정리합니다. 이미 교과서에 요점 정리가 되어있기에 어렵지 않게 정리할 수 있습니다.

<〈기행문의 3요소〉>

- 여정—여행의 과정이나 일정, 주로 시간과 장소를 나타내는 표현이 쓰임.
- 견문—여행하며 보거나 들은 것, 어떤 장소를 방문해 본 것과 들은 것을 나타냄.
- 감상—여행하며 든 생각이나 느낌, 여행하며 든 생각이나 느낌을 표현함.

〈기행문의 짜임〉

- 처음 – 여행의 목적(여행을 떠나기 전의 기대와 설렘, 떠날 때 날씨와 교통편, 도착할 때까지 걸린 시간이나 여행 일정 소개 등)
- 가운데 – 여정, 견문, 감상(여행지에서 다닌 곳, 보고 들은 것, 생각하거나 느낀 것과 같이 여행하면서 있었던 일 쓰기, 인상 깊은 경험이나 이야기, 이동하면서 겪은 일이나 느낌, 새롭게 안 사실, 출발 전에 조사한 여행지 자료도 쓸 수 있음)
- 끝 – 전체 감상과 더 알고 싶은 점(여행의 전체 감상, 여행한 뒤에 한 다짐이나 반성, 여행하며 느낀 만족감, 아쉬운 점, 바라는 점, 앞으로 있을 계획이나 각오, 여행한 뒤에 달라진 생각이나 태도)

▲ 교과서를 보고 정리한 기행문의 특성

교사는 기행문과 관련한 '지식'을 정리한 내용을 바탕으로 간단하게 설명해 줍니다. 그럼 이제 학생들은 이렇게 알게 된 '지식'을 바탕으로 실제 기행문을 쓸 수 있는지 1차 도전을 하게 됩니다.

2022 개정 교육과정에서는 '학생이 무엇을 아는가?'보다는 알고 있는 것을 기초로 '무엇을 실제로 할 수 있는가?'에 초점을 두고 역량을 강조합니다. 기행문에 대한 '정보'를 바탕으로 학생들은 실제 기행문을 쓸 수 있는지 도전합니다. 그렇게 학생이 작성한 1차 원고는 현시점의 학생 역량을 나타냅니다. 이렇게 학생들이 직접 작성한 기행문은 배울 점도 고칠 점도 모두 존재하는 학생들의 눈높이에 딱 맞는 특별한 자료가 됩니다.

교사는 4~5명씩 협력적 피드백 활동을 할 수 있도록 모둠을 지어주고, 학생들은 모둠원들을 공유 기능을 활용하여 '댓글 작성자' 권한으로 초대합니다. 학생들은 돌아가며 친구가 작성한 글이 기행문의 특성에 맞게 잘 작성했는지, 점검하며 댓글을 달아줍니다.

그렇게 협력적 피드백 활동을 통해 학생들은 친구들이 작성한 3~4개의 기행문을 읽어 보고, 비판적으로 점검하며 피드백을 작성하면서 기행문의 특성을 더 명확히 알게 됩니다.

그러면 교사는 이 시간에 무엇을 하면 좋을까요? 물론 미리 이런 활동 과정을 예측하고 학생들의 글을 점검할 수 있는, 체크리스트를 미리 작성했다면 좋겠지만, 대부분 학생의 활동을 점검해 나가며 역동적으로 변화하는 수업에서는 준비되어 있지 않은 경우가 많습니다. 교사는 학생들이 상호 피드백 활동할 때, 이렇게 점검 설문을 만들어서, 상호 피드백이 끝난 글을 자기 평가하며 수정하도록 성취기준에 대한 데이터를 제공해 줍니다. 그렇게 1차 자기 평가 피드백 후, 수정한 원고가 완벽하면 좋겠지만 첫술에 배부를 리는 없습니다.

<처음> 부분을 점검해 보고, 해당하는 내용의 성취도를 표시해 주세요.(1점-부족함, *
5점-잘함)

	1	2	3	4	5
(필수) 여행의 목적이 잘 드러나 있나요?	○	○	○	○	○
(필수) 여행을 떠나기 전의 기대와 설렘이 잘 드러나 있나요?	○	○	○	○	○

▲ 구글 설문. 1차 자기 평가와 2차 동료 평가에 쓰이는 점검 문항 예시

2차 평가 피드백은 앞의 점검 설문을 자기 평가가 아닌 동료 평가로 진행합니다. 학생들은 친구들의 수정된 기행문을 점검 설문으로 평가하고 댓글 피드백 활동을 이어서 진행합니다. 학생들은 이 과정에서 기행문의 특성을 더욱 명확하게 파악하며, 한층 더 성장합니다. 학생들이 평가한 결과와 학생들이 수정한 기행문이 완벽하고 더 이상의 활동이 필요하지 않다고 판단되면 교과서에 나온 '여행 지도 만들기' 같은 활동을 진행해도 좋지만, 요즘 학생들은 상대적으로 글을 쓴 경험이 적기에 이렇게 진행해도 여전히 고칠 부분이 많습니다.

2차 평가 및 피드백까지 마친 상황에서 아직도 부족한 기행문을 수정하기 위해 교사는 학생들에게 개별 맞춤 데이터를 제공해 줍니다. 어떤 데이터를 학생들을 위해 제공해 줄 수 있을까요? 바로 동료 평가 설문을 통해 수집된 데이터가 학생 개별 맞춤 피드백 자료가 됩니다.

(처음) 여행의 목적이 잘 드러나 있나요?	(처음)(필수) 여행을 떠나기 전의 기대와 설렘	(가운데) 여정, 견문, 감상이 잘 드러나 있나요?	(가운데) 여행지에서 다닌 곳, 보고 들은 것, 생각하거나 느낀 것과 같은 여행하면서 있었던 일이 구체적으로 적혀있나요?	(가운데) 인상 깊은 경험이나 이야기를 중심으로 이야기가 전개되고 있나요?	(가운데) 이동하면서 새롭게 접한 일이나 느낌이 기록되어 있나요?	(가운데) 전체 감상이 잘 기록되어 있나요?	(끝) 전체 감상이 잘 드러나 있나요?	(끝) 여행의 전체 감상, 여행한 뒤에 한 다짐이나 반성이 들어있나요?	(끝) 여행하며 느낀 만족감, 아쉬운 점, 바라는 점, 앞으로 있을 계획이나 각오가 포함되어 있나요?	(끝) 여행한 뒤에 달라진 생각이나 태도가 드러나 있나요?	문단 나뉘기를 잘 했나요?	맞춤법 교정을 잘 했나요?	제목이 적절한가요?
65	80	75		85	80	65	75	50	90	50	70	50	85
73	80	60	73	67	80	67	47	60	53	40	60	87	60
80	70	90	85	85	70	60	75	55	70	65	85	70	80
45	40	55	50	40	45	45	40	55	45	35	35	35	40
30	65	70	90	80	80	45	30	50	45	40	50	60	75
70	65	70	90	90	80	80	75	80	90	75	85	90	85
45	65	75	80	80	75	60	35	45	65	45	50	80	75
65	50	75	75	60	70	70	40	35	55	40	65	60	65
60	67	73	80	73	73	60	80	73	93	60	87	87	80
87	40	73	87	47	53	60	67	53	67	73	60	47	47

▲ 동료 평가 결과를 점수로 환산한 결과표

교사는 2차 동료 평가 점검 설문으로 수집한 데이터를 가공하여 학생들에게 개별적으로 보내줍니다. 저는 구글 시트에서 메일머지 부가 기능을 활용하여 다음과 같이 결과를 안내하고 있습니다.

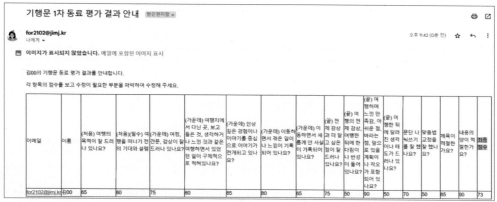

▲ 메일머지를 활용하여 발송한 동료 평가 결과

학생들은 메일로 받은 개별 점수표를 통해 자신이 잘한 부분과 부족한 부분을 점검하고, 이를 바탕으로 기행문을 수정합니다. 그리고 각각의 수정본에 대한 성장 과정의 데이터는 구글 문서의 '버전 기록'으로 남기도록 합니다. 교사는 평가 시, 1차~3차의 글을 각각 확인하여 학생의 발전 과정에 대한 성장의 데이터를 기록해 주는 것이 좋습니다.

학생들은 처음부터 끝까지 서로의 글이 어떻게 변해가는지를 두 눈으로 확인했습니다. 그리고 자신이 한 피드백을 통해 친구가 성장하는 것과 함께, 자신의 글이 친구들의 피드백을 통해 성장해가는 것을 직접 체험합니다.

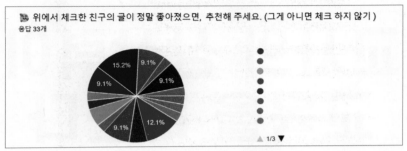

▲ 구글 설문, 향상 정도에 대한 설문 결과 그래프

알고 있는 것을 기초로 '무엇을 실제로 할 수 있는가?'에 초점을 두고 역량을 강조하는 교육은 이렇게 '기행문 쓰기'의 목적에 맞게 기행문을 계속 수정하며 완성해 가는 실제 쓰기 과정으로 구현됩니다. 그 시작은 기행문의 특성을 알아서 정리해보는 것에서 시작하며, 그 과정에 교사를 따라서 잘하는 과정은 없습니다.

'따라서 잘하기' 과정에서는 교사의 '가르치기' 방식으로 수업이 진행되며, 학생들의 행위 주체성을 강화하기 어렵습니다. 이는 우리가 미래 교육으로 나아가는 길에 경계해야 할 방식입니다. 하지만 '알아서 해보기' 방식은 교사의 '코칭'을 바탕으로, 서로 협력적 상호작용을 바탕으로 학생들이 주체적으로 활동하게 되며, 학생 스스로 '성장'할 수 있음을 깨닫게 해주는 방식입니다.

"알아서 해보실 거죠?"

III

교사의 상상력이
교육을 바꾼다

교과서를 펼치고 수업을 생각해 볼 때, 그 과정의 끝이 만족스럽지 않게 느껴질 때가 있습니다. 그럴 때는 교과서를 덮고 목표와 성취기준을 들여다보곤, 나만의 수업을 상상해 봅니다. 교과서를 따라가다 보면, 어느 순간 교사도 학생도 지식의 생산자가 아닌 소비자가 되어버립니다. 교과서를 덮고 상상하기 시작하는 순간, 교사는 지식의 소비자가 아니라 생산자가 됩니다. '성찰'을 통해 '지식의 소비자'임을 깨닫기 시작했을 때, 그 변화는 시작됩니다.

교사들은 저마다 알고 있는 '지식'과 할 수 있는 '기능'이 다르며, 그리고 중요하게 생각하는 '가치'가 다르고, 교육에 대한 '태도' 역시 다릅니다. 그렇기에 우리가 같은 교육과정을 바탕으로 교실에서 교육한다 해도, 그 모습은 정말 다양하게 구현됩니다.

예전에는 '어떤 좋은 자료 없나?'라는 생각으로 '좋은 자료 수집'에 집중했던 적도 있습니다. 그런데 이런 자료들은 아무리 좋은 자료라 할지라도 다른 것들과 연결되어 유의미한 그 무엇인가를 만들어내지 못한다는 것을 깨닫습니다.

어찌 보면 그렇게 교사의 교육적 상상력을 바탕으로 만들어지는 수업이 지금 교육하는 現 학생들을 위해 맞춤 생산된 '학습자 개별 맞춤 교육'의 시작이 아닌가 하는 생각을 해봅니다.

Ⅲ-(1)
최고의 스토리텔러가 돼라

개학 후, 1주일 만에 실시된 〈학급 세계관 공모전〉을 실시하면서, 교사는 학생들이 발표를 참 못한다는 것을 발견하게 됩니다. 그리곤 순간 떠오른 '발표 잘하는 학생 만들기' 목표에 대해, 이를 달성하기 위해서는 한두 달이 아닌 1년이란 시간이 필요할 거란 생각을 하고, 이 목표가 그 정도로 가치 있는 목표인지 '성찰'하게 됩니다. 고민 끝에 목표에만 잘 도달할 수 있다면, 그 이상의 의미가 있을 것이라 '예측'하여, 〈최고의 스토리텔러〉프로젝트를 '행동'하기로 합니다. 그래서 이것을 1년 동안 아이들이 키워야 할 '협력적 의사소통 역량'을 목표로 한 프로젝트로 기획하고, 학생들에게 비전과 목표를 공유합니다.

선생님은 여러분들이 1년 후, 졸업할 때가 되었을 때, 정말 발표를 잘하는 사람이 될 수 있도록 〈최고의 스토리텔러〉가 되기 위한 프로젝트를 계획해 봤습니다. 이 프로젝트를 기획한 이유는 솔직히 지난번 '학급 세계관 공모전'에서 여러분들이 발표를 너무 못했기 때문입니다. 하하하!

선생님은 여러분들이 주제에 대한 정보를 탐색하여, 그 내용을 명확하게 정리 및 재구성해서 자료를 제작하고, 이를 토대로 청자의 입장에서 생각하며 소통하고, 토의하며 경청하고, 그것에 맞게 대화하는 능력과 창의적으로 자료를 구성해서 발표하는 그 일련의 모든 과정을 능숙하게 잘하게 된다면 참 좋겠다는 생각이 들었습니다.

여러분들이 1년 동안 '최고의 스토리텔러가 되겠다.'라는 목적의식과 성장마인드를 가지고, 선생님이 여러분들에게 주려는 바로, 이 기회! 〈최고의 스토리텔러〉프로젝트에 참여한다면 분명 여러분은 그렇게 되어있을 것입니다.

"기회는 스스로 만드는 것!, 제1의 스승은 바로 나!"

이 기회를 잘 잡아 보시기 바랍니다.

〈최고의 스토리텔러〉프로젝트를 1년 과제로 정했으니, 이를 위해 해야 할 것은 바로 교육과정 재구성입니다.

〈사회과 학습 주제〉

+

국어 〈 3. 짜임새 있게 구성해요〉

- 자료를 정리하여 말할 내용을 체계적으로 구성한다.
- 매체 자료를 활용하여 내용을 효과적으로 발표한다.
- 언어는 생각을 표현하며 다른 사람과 관계를 맺는 수단임을 이해하고 국어 생활을 한다.

▲ 1차 발표 교과 재구성

그런데 이런 1년의 긴 목표를 가진 프로젝트의 경우에 주의해야 할 부분이 있습니다. 그건 바로 처음은 '실패'의 경험으로 디자인하는 것이 '성장마인드'의 주체성을 강화하기 좋다는 것입니다. 처음부터 너무 높은 기준을 목표로 정하고, 많은 에너지를 쏟아붓는다면 학생들의 주체성에 의해서가 아니라, 교사의 주체성에 끌려가는 판이 될 가능성이 높습니다.

교사는 대부분 성취 목표에 도달시키기 위한 '성공' 계획에 집중합니다. 그런데 일반적으로 사람들은 '실패'를 통해서도 배운다는 사실에 주목할 필요가 있습니다. 그렇기에 처음엔 일부러 적극적인 개입을 하지 않습니다.

"학생들에게 일련의 구조화된 실패와 성공을 경험할 수 있는 과정을 디자인해라."

6년 전쯤, 처음으로 학생들에게 PPT 자료 만드는 것을 가르치고, 이를 활용하여 사회 발표 PPT를 제작하게 하여, 발표하고 피드백을 주고받으며 진행했던 수업을 떠올려 보면, 차라리 그냥 교사가 이끌어 가는 수업이 백번 더 편한 게 맞습니다. 하지만 6년 전과 지금은 많은 것이 달라졌고, 에듀테크를 적절하게 활용하면, 교사의 적은 노동력으로 더 큰 교육적 효과를 유도할 수 있습니다.

◇ 학습자 중심 교육에서 강조하는 역량은 **학습을 통해** 학습자의 **삶과 통합되어 일어나는 총체적인 변화**로 역량 개념에 대한 재설계 필요

o 역량을 강조하는 교육은 '학생이 무엇을 아는가?'보다는 알고 있는 것을 기초로 '무엇을 실제로 할 수 있는가?'에 초점 ⇨ **학습 경험의 질제고**

▲ 국민과 함께하는 미래형 교육과정 개정 추진 계획(안).15쪽(2021.04.)

'무엇을 아는가?'보다는 알고 있는 것을 기초로 '무엇을 실제로 할 수 있는가?'에 초점을 둔, 역량을 강조하는 교육의 방향성을 생각했을 때, 학생들이 알게 된 '지식'이나 '기능'을 학생 자신과 연결하기 위해서는 이를 실제로 적용해 보면서 자신의 것으로 만들 수 있는 '기회'가 있어야 합니다. 학생들은 내용을 간추려서 정리하는 활동을 지속해왔고, 프레젠테이션 기능 또한 배웠으며, 발표도 많이 해봤습니다. 그렇다면 사회 교과서의 내용을 분석하여 프레젠테이션에 잘 정리해서 발표할 수 있어야 하는 것이 맞습니다. 정말로 그 세 가지를 학생이 실제로 잘 알고 있다면 말입니다.

그래서 학생들에게 너희들이 실제로 '안다고 (생각)하는 것'과 '알고 있는 것'은 엄연히 다르고, 자신이 어떤 쪽에 속하는지를 알려면 그걸 할 수 있는지 '해보면' 안다고 말해줍니다. 그리고 예로, 학생들에게 '6÷3'의 문제를 칠판에 적어줍니다. 물론 대부분 학생은 그 문제를 비웃으며, 2를 외칩니다. 그럼 저는 물어봅니다. '그럼 이걸 그림으로 그려서 설명해줄래? 두 가지 방법으로 표현하면 더 좋아.' 대부분 학생이 그림으로 잘 표현하지 못합니다. 그리곤 실제로 안다는 것의 의미를 그제야 어렴풋이 느낍니다.

그럼, 이 프로젝트에 담긴 비전과 목표 의식에 대해 선생님들께 어느 정도 공유하였다고 생각하고, 그 과정을 살펴보겠습니다.

순	발표1	발표2	발표3	학습주제	학습활동내용	쪽수	핵심성취기준
1	이	신		국민 주권의 의미 알아보기	·헌법에서 국민 주권의 원리 이해하기 ·주권을 지키려는 우리나라 국민의 노력 알아보기	51-53	[6사05-05]민주 정치의 기본 원리(국민 주권, 권력 분립 등)를 이해하고, 그것이 적용된 다양한 사례를 탐구한다. [6사05-06]국회, 정부, 법원의 기능을 이해하고, 그것이 국민 생활에 미치는 영향을 다양한 사례를 통해 탐구한다.
2	박	박	윤	국회에서 하는 일 알아보기	·국회와 국회 의원에 대해 알아보기 ·국회에서 하는 일 알아보기 ·일상생활에서 국회에서 하는 일 알아보기 ·나의 법률 제안서 작성해 보기	54-57	[6사05-05]민주 정치의 기본 원리(국민 주권, 권력 분립 등)를 이해하고, 그것이 적용된 다양한 사례를 탐구한다. [6사05-06]국회, 정부, 법원의 기능을 이해하고, 그것이 국민 생활에 미치는 영향을 다양한 사례를 통해 탐구한다.
3	김	성	김	정부에서 하는 일 알아보기	·대통령과 국무총리, 행정 각 부가 하는 일 알아보기 ·선택 활동 하기 ·정부에서 하는 일 알아보기	58-61	[6사05-05]민주 정치의 기본 원리(국민 주권, 권력 분립 등)를 이해하고, 그것이 적용된 다양한 사례를 탐구한다. [6사05-06]국회, 정부, 법원의 기능을 이해하고, 그것이 국민 생활에 미치는 영향을 다양한 사례를 통해 탐구한다.
4	이	박	정	법원에서 하는 일 알아보기	·법원에서 하는 일 알아보기 ·공정한 재판을 위한 제도 알아보기 ·헌법 재판소에서 하는 일 알아보기	62-64	[6사05-05]민주 정치의 기본 원리(국민 주권, 권력 분립 등)를 이해하고, 그것이 적용된 다양한 사례를 탐구한다. [6사05-06]국회, 정부, 법원의 기능을 이해하고, 그것이 국민 생활에 미치는 영향을 다양한 사례를 통해 탐구한다.
5	민	류		국가의 일을 나누어 맡아야 하는 까닭 알아보기	·권력 분립의 필요성 이해하기 ·신문 기사에서 삼권 분립의 사례 찾기	65-67	[6사05-05]민주 정치의 기본 원리(국민 주권, 권력 분립 등)를 이해하고, 그것이 적용된 다양한 사례를 탐구한다. [6사05-06]국회, 정부, 법원의 기능을 이해하고, 그것이 국민 생활에 미치는 영향을 다양한 사례를 통해 탐구한다.
6	이	권	서	일상생활에서 민주 정치의 원리가 적용된 사례 찾아보기	·일상생활에서 일어나는 갈등 상황 알아보기 ·갈등 해결을 위한 언론과 국가 기관의 역할 이해하기	68-71	[6사05-05]민주 정치의 기본 원리(국민 주권, 권력 분립 등)를 이해하고, 그것이 적용된 다양한 사례를 탐구한다. [6사05-06]국회, 정부, 법원의 기능을 이해하고, 그것이 국민 생활에 미치는 영향을 다양한 사례를 통해 탐구한다.

▲ 구글 시트, 사회 학습주제별 역할 배정표

교사는 학습 결손을 최소화하기 위해, 한 차시의 내용 발표에 2~3명의 인원을 배정하여, 같은 내용을 여러 번 반복해서 들을 수 있도록 합니다. 학생들은 교사가 제공한 사회과 내용에 대한 정보를 살펴보고, 주제를 선택합니다. 당연히 경쟁이 발생하고, 교사는 이를 적절히 조정해 줍니다. 교사는 학생들이 직접 자료를 만드는 과정에서 필요한 정보(데이터)를 최대한 자세히 제공해 주어야 합니다. 학습주제, 학습활동내용, 쪽수, 핵심 성취 기준, 평가 기준과 프레젠테이션 제작 방법 및 발표 잘하는 방법 등에 대한 참고 영상 등 필요한 정보를 제공하여, 학생들이 목표를 향해 나아갈 수 있도록 안내합니다.

<< 평가 기준 안내 >>

👏 자료 준비 👏

- 맨 끝에 있는 사람도 잘 보이게 프레젠테이션을 만들었는가?
- 자료의 문장을 잘 정리하여 간결하게 썼는가? (모르는 의미나 단어가 있으면 안 됨.)
- 표, 사진, 도표, 동영상, 지도, 안내서 등 필요한 자료를 적절히 이용하였는가?
- 중요한 내용이 모두 포함하여 자료를 제작하였는가? (학습 목표와 교과서 내용 꼼꼼히 확인하기)

👏 발표 👏

- 프레젠테이션 자료는 간단히 제작하고, 이와 관련된 설명은 자료를 보지 않고 설명했는가?
- 알맞은 빠르기와 큰 소리로 또박또박 말하였는가?
- 높임말을 쓰며 친구들의 반응을 살펴보면서 발표했는가?
- 정해진 시간(10분)에 맞춰서 발표하였는가?
- 이해하기 쉽게 설명하였는가?

👏 경청 👏

- 내용을 이해하려 노력하고 필요한 내용은 필기 하면서 들었는가?
- 잘 이해가 안 되는 부분을 질문하였는가?
- 관련 내용의 평가를 통과하였는가?
- 잘 모르는 내용에 대해 복습하여 정리하였는가?

▲ 자세히 평가 기준을 안내한 자료

교사는 학생들의 배움과 성장의 과정과 결과를 점검할 수 있는 '데이터 수집 및 피드백'에 대한 계획을 세워야 하며, 되도록 '지식', '기능', '가치', '태도' 등이 모두 드러날 수 있도록 문항을 설계합니다.

3 중 1 섹션

(4.14) 사회 프레젠테이션 발표 설문지

우리의 배움과 나눔, 성장에 대한 이야기

▶ **자기 평가(나의 배움과 성장)**

- 국어〈 3. 짜임새 있게 구성해요〉의 성취 기준에 도달했는지 점검해 봅시다. (객관식 그리드)
- 이번 프레젠테이션 발표를 통해 위의 국어 성취 기준과 관련하여 여러분은 어떤 성장을 했고, 어떤 부분이 부족했는지 분석하여 적어봅시다. (장문형)
- 사회〈 1. 우리나라의 정치 발전〉의 성취 기준에 도달했는지 점검해 봅시다. (객관식 그리드)
- 위의 사회 성취 기준 중에 자신이 미흡한 부분을 생각해 보고 〈보충 학습 계획〉을 세워 봅시다. (장문형)
- 이번 발표 수업을 통하여 발전하고 성장한 역량에 모두 표시해 주세요. (체크박스)
- 이번 사회 발표 프로젝트를 잘 마무리한 〈자신〉에게 하고 싶은 말을 남겨 봅시다. 폭풍 칭찬의 시간! (장문형)
- 이번 사회 발표 프로젝트를 잘 마무리한 〈친구들〉에게 하고 싶은 말을 남겨 봅시다. (장문형)
- 이번 사회 발표 프로젝트를 기획하고 추진한 〈선생님〉께 하고 싶은 말을 남겨 봅시다. (장문형)

▲ 학생의 배움을 점검하기 위한 설문 문항

교사는 설문 결과(데이터)를 학생에게 공유하며, 프로젝트 과정과 결과를 돌아보는 '성찰'의 시간을 갖습니다. 아울러 교사는 데이터를 분석하여 보충 지도 계획을 세우고, 다음 프로젝트 활동의 방향을 설정합니다.

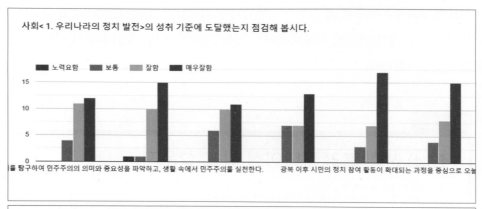

사회< 1. 우리나라의 정치 발전>의 성취 기준에 도달했는지 점검해 봅시다.

■ 노력요함 ■ 보통 ■ 잘함 ■ 매우잘함

...를 탐구하여 민주주의의 의미와 중요성을 파악하고, 생활 속에서 민주주의를 실천한다.   광복 이후 시민의 정치 참여 활동이 확대되는 과정을 중심으로 오늘...

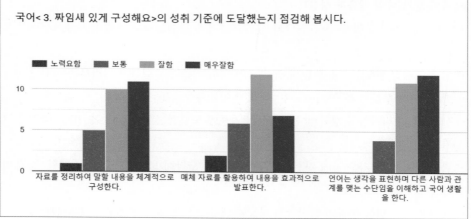

국어< 3. 짜임새 있게 구성해요>의 성취 기준에 도달했는지 점검해 봅시다.

■ 노력요함 ■ 보통 ■ 잘함 ■ 매우잘함

자료를 정리하여 말할 내용을 체계적으로 구성한다.   매체 자료를 활용하여 내용을 효과적으로 발표한다.   언어는 생각을 표현하며 다른 사람과 관계를 맺는 수단임을 이해하고 국어 생활을 한다.

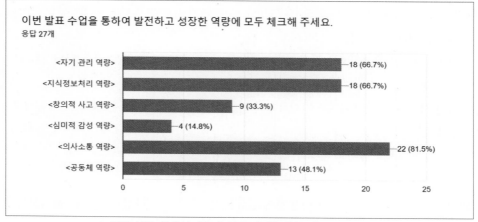

이번 발표 수업을 통하여 발전하고 성장한 역량에 모두 체크해 주세요.
응답 27개

<자기 관리 역량> 18 (66.7%)
<지식정보처리 역량> 18 (66.7%)
<창의적 사고 역량> 9 (33.3%)
<심미적 감성 역량> 4 (14.8%)
<의사소통 역량> 22 (81.5%)
<공동체 역량> 13 (48.1%)

▲ 구글 설문, 학생의 배움과 성장 점검을 위한 설문 결과 그래프

〈이번 프레젠테이션 발표를 통해 위의 국어 성취 기준과 관련하여 여러분은 어떤 성장을 했고, 어떤 부분이 부족했는지 분석하여 적어봅시다.〉

▶ 우선 이번 프레젠테이션 발표를 통해 더욱더 글을 어떻게 써야지, 더 보기 쉽고, 시각이 편할지를 잘 알게 되었고, 마찬가지로 발표할 때도 친구들에게 더 잘 집중 받는 방법을 알게 되었다. 다만 나는 발표를 할 때 친구들의 관심을 잘 끌지 못하고 발표할 때도 줄줄 줄만 말하며 친구들에게 조금 지루한 발표 시간이었지 않나 싶다. 앞으로는 그것을 좀 더 보완하여 친구들에게도 나에게도 의미 있는 발표를 해내야겠다.

▶ 이번 프레젠테이션 발표를 하고 나서 더 공부가 재미있었고 이런 걸 하니 기능을 더 많이 알게 되어서 좋았다. 그리고 발표를 잘 하지 않았는데 이걸 통해 더 발표와 친해진 거 같다.

▶ 사회 프레젠테이션 발표하면서 우리나라의 역사와 우리나라가 어떻게 민주주의 사회가 되었는지, 내 주제였던 6월 민주항쟁 이후 민주화 과정을 알아보는 단원에 대해서는 더욱 자세히 알게 되었다. 그리고 프레젠테이션을 만들 때는 내가 거의 마지막 부분에 발표했기 때문에 다른 사람들의 발표 자료를 보며 더욱 많은 것을 알게 되었고, "아 나는 저렇게 하면 안 되겠구나." 하고 깨달은 시간이 많아서 더욱 내 발표 자료의 안 좋은 점을 보완하며 고치고, 발표 준비도 열심히 해서 굉장히 뿌듯한 시간이었다고 생각한다. 이번 사회 발표를 통해서 많은 것을 느꼈다. 뿌듯함과 성취감, 그리고 자신감도 더불어 생긴 것 같다.

▶ 사회 프로젝트를 통해 친구들과 내가 만든 프로젝트를 보며 사회를 다시 한번 배운 것 같아 좋았고, 위에 있는 것처럼 자료를 잘 정리한 것 같아 뿌듯했다. 프로젝트를 만드는 것은 힘들지만, 다 만들고 나면 정리가 돼 있어서 머리에도 잘 들어오고 읽기도 좋았다. 그리고 매체 자료를 더 넣어서 발표하면 좋을 것 같다는 생각이 들었다.

▶ 이번 프레젠테이션 활동을 하면서 내가 사회 발표 프레젠테이션을 만들었다는 것이 놀라웠다. 난 컴퓨터에 관심도 별로 없었고, 잘하지 못했는데 이 활동을 통해 내가 프레젠테이션을 만들었다는 것이 뿌듯했다. 앞으로 더 열심히 성장하여 프레젠테이션을 열심히 할 것이다.

▶ 매체 자료인 만큼 동영상을 넣었으면 더 좋았을 것 같아 아쉽고 다음엔 동영상을 넣어서 발표하고 싶다. 또, 예전보다는 목소리가 조금은 더 커진 것 같다. 발표할 때 어떻게 해야 말을 잘하는지 알게 되었다. 이번 사회 프레젠테이션 발표를 통해서 자료를 정리하고 그것을 보고 말할 내용을 체계적으로 구성하는 것은 예전보다는 더 좋아진 것 같지만, 이번 프레젠테이션 발표를 통해 프레젠테이션 만드는 것이 능숙해졌고 어떻게 만들어야 할지 알게 되었다. 〈3. 짜임 있게 구성해요.〉단원을 완벽하게 이해한 거 같다. 부족한 점은 중요한 내용을 효과적으로 발표를 해야 했었지만 쓸데없는 설명까지 한 것이 부족한 거 같다.

▶ 시간 안에 자신의 할 일을 할 수 있는 능력을 더 갖추게 되었던 것 같고 발표를 좋아하지는 않아서 목소리도 작고 말도 빠르게 발표했었는데 이번 발표에서는 전날에 30분 정도 부모님 앞에서 발표해보고 피드백을 받고 발표해서 그런지 말도 천천히 한 것 같고 준비를 잘한 것 같아서 뿌듯했다.

▲ 구글 설문. 학생의 배움과 성장 점검을 위한 설문 결과 내용

제 2의 스승(친구의 성장을 도와주자)

사회 발표를 듣고 친구의 성장을 위해 피드백해 주세요.

발표한 친구 이름(피드백 설문 작성할 친구 선택하기) *

선택 ▼

위 친구의 발표에 대한 피드백을 해줍니다. (PMI를 적어주세요.) *

내 답변

친구의 성장을 위해 진심 어린 조언을 해 주는 당신은 진정한 스승입니다.
친구 한 명마다 이 설문을 여러 번 제출하면 됩니다.

▲ 사회 발표 후, 매번 진행하는 동료 평가 설문

학생들은 친구들이 발표하는 것을 보고, PMI 기법[20]에 맞춰 피드백하게 됩니다. 그렇기에 친구의 발표를 주의 깊게 관찰할 수밖에 없으며, 그만큼 수업 분위기는 진지해집니다. 그렇게 제출된 748개의 PMI 피드백 내용은 학생들의 성장에 필요한 데이터가 됩니다. 교사는 설문의 응답 시트의 사본을 생성한 후, 평가자 이름을 뺀 후 이를 공유합니다.

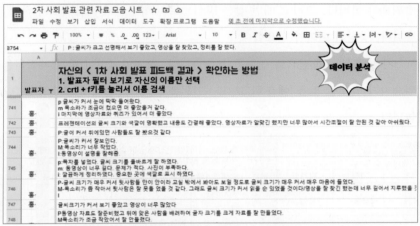

▲ 구글 시트, 동료 평가 설문 결과 공유 및 자료 검색 방법 안내

교사는 학생들이 필터나 검색 기능을 활용하여 자기 피드백 결과를 확인할 수 있도록 안내합니다. 학생들은 이 PMI 피드백 결과를 종합적으로 분석하여 정리하며, 이를 바탕으로 2차 발표의 목표를 세웁니다.

▲ 구글 프레젠테이션, 1차 발표 결과 분석 및 2차 발표 목표 설정하기

[20] PMI 기법 에드워드 드 보노(Edward De Bono)가 처음 소개한 수렴적 사고 기법으로 이미 제시된 아이디어를 평가하는 방법이다. 아이디어의 좋은 점(P), 나쁜 점(M), 흥미로운 점(I)을 살펴본 후, 하나의 아이디어에 대해 집중적으로 생각해 보며 판단한다.

아울러 2차 발표에서는 어떤 스토리텔러가 되려고 노력할 것인지 정하도록 하여, 목적의식을 강화합니다. 1차 발표는 실패의 경험을 디자인한 것이라면, 이 2차 발표는 성공의 경험을 할 수 있도록 촘촘하게 설계한 과정입니다.

교사는 프로젝트를 진행하는 과정에서 '예측', '행동', '성찰'의 과정을 반복하며, 변혁적 역량을 발휘해야 합니다. 그리고 매번 같은 방식으로는 학생들이 새롭게 도전하게 만들기는 어렵습니다. 방식의 변화가 필요합니다.

그래서 3차 발표는 모둠전으로 변화를 모색합니다. 하지만 4명이 함께 제작하는 건 반드시 무임승차가 발생할 것을 '예측'한 교사는 인원을 2명으로 줄여서 모둠별로 1팀과 2팀으로 나눕니다.

순서	모둠별로 2개의 팀으로 나눕니다. 2~3명이 한 팀이 되어 발표 자료를 준비하며, 평가팀이 두 팀 중 승리팀을 선정합니다.			<자료 등록 방법> 선생님 편집자 권한 설정 후 자료 제목 입력 후, 링크 연결하기 <평가단 자료 등록 방법> 선생님 편집자 권한 설정 후, 링크 연결			
	1팀	2팀	평가팀	관련 자료 링크 1팀	관련 자료 링크 2팀	추가 자료 링크	설문지 링크
1	1모둠	2모둠	7모둠	프레젠테이션 퀴즈	프레젠테이션		7모둠 링크
2	3모둠	4모둠	6모둠	프레젠테이션 설문지	발표 프레젠테이션 정리 퀴즈 디지털 영상 지도		6모둠 링크½
3	5모둠	6모둠	1모둠	프레젠테이션	발표 프레젠 터이션		1모둠 링크
4	7모둠	1모둠	2모둠	발표 프레젠테이션	발표 프레젠테이션	7모둠 백지도 표현	
5	2모둠	3모둠	4모둠	발표 프레젠테이션 설문자료	발표 프레젠테이션 퀴즈	3모둠 링크	4모둠 링크
6	4모둠	5모둠	3모둠	발표 프레젠테이션	프레젠테이션 정리 퀴즈		

▲ 구글 시트. 3차 사회 발표 계획 및 발표 자료

교사는 '새로운 가치 창출하기'를 통해 계획한 3차 발표 상황에서 생길 수 있는 문제를 '예측'하고 이를 최대한 보완하기 위해 주의 사항 및 세밀한 평가 계획을 세웁니다.

〈프레젠테이션 제작 시, 주의 사항〉

1. 같은 팀원끼리 발표 시간 동일하게 배분하기(각 5분씩)
2. 프레젠테이션 역할 나누고, 자기가 맡은 부분 각자 제작하기(시트에 제작자 이름 넣기)
3. 발표 시, 친구들이 질문할 경우, 대답은 발표하지 않은 사람이 대답하기(같은 팀원이 준비한 내용도 알아야 함)

〈평가 방법〉 (총 30점)

1. 팀 점수(승 10점/패 5점)
2. 모둠 내 개별 점수(승 10점/패 5점)
3. 설문 퀴즈 평균 점수(10점 만점 환산 점수 반영)

▲ 모둠전 주의 사항 및 평가 방법 안내 자료

이는 2022 개정 교육과정 핵심역량을 종합적으로 강화하기 위한 계획이기도 합니다. 그럼 어떤 '예측', '행동', '성찰'을 통해 주의 사항 및 평가 방법을 정하게 되었는지 살펴보겠습니다.

기본적으로 학생이 프레젠테이션 자료를 직접 제작하여 발표한다는 것은 자기관리 역량 및 심미적 감성 역량, 창의적 사고 역량을 기반으로 합니다. 이번 3차 사회 발표는 팀 전으로 진행하는 활동이기에 협력적 소통역량과 공동체 역량에 교사의 관심이 쏠립니다.

무임승차 상황을 예방하고자, 교사는 각자 할 부분과 또 함께 할 부분에 대해 생각합니다. 하나의 프레젠테이션을 함께 제작하지만, 영역을 구분하여 제작하고 발표를 준비합니다. 물론 같은 팀원이 제작하는 것에 대해 서로 상호 협력적 소통역량을 발휘하면서 진행해야 합니다. 그 이유는 바로 다른 모둠에 경쟁 팀이 존재하기 때문입니다. 그 팀을 이기기 위해서 함께 잘해야 합니다. 하지만 그런데도 무관심한 학생이 발생할 수 있으므로, 교사는 이에 대한 3중 보호 장치를 설계합니다. AB가 한 팀인 경우, A가 발표할 때, 이를 듣던 다른 학생들이 그 내용에 대해 질문할 경우, 그 대답은 B가 대답하도록 규칙을 만듭니다. 이는 내용이 나뉘었다고 해서, 그 부분을 공부하지 않는 것을 방지하기 위한 것이기도 하며, 공동체 역량을 강화하기 위한 것이기도 합니다. 이 방법에는 선의의 경쟁 구도 또한 존재합니다. 함께 준비한 두 명은 발표 자료 및 발표 태도, 질문에 대한 답변 정도에 따라 학급의 전체 친구에 의해 동료 평가가 이뤄지며, 이에 승패가 나뉘고 점수가 달리 부여됩니다.

모둠은 2개의 팀으로 나눠 있습니다. 그리고 그 두 팀은 각각 맡은 부분의 자료를 만드느라 분주합니다. 그런데 이 두 팀은 역시 모둠의 자존심을 건 대결이기도 하기에 서로를 챙기게 됩니다. 서로의 자료를 공유하고 이에 대한 피드백을 댓글로 받으며 효율적으로 소통하고, 서로 발표 연습을 도와줍니다. 이렇게 개인, 팀, 모둠이 촘촘하게 연결되어 서로 협력하며 경쟁하는 구도의 설계는 프로젝트의 성공확률을 높여줍니다.

1학기에 1차와 2차 발표가 끝나고, 2학기에 새롭게 적용한 방식으로 진행한 3차 발표가 끝났습니다. 또 다른 비전과 목표 의식이 필요한 상황에서 발표 역량의 격차를 느낀 교사는 이 문제를 해결하기 위해, 4차 발표에는 멘토와 멘티의 구도를 떠올리게 됩니다. 멘토와 멘티를 한 팀으로 구성하여, 멘토가 멘티를 일대일 피드백으로 성장시켜 발표하는 4차 발표가 그렇게 시작됩니다.

---

4 나를 성장시킨 나의 도전   < 00이 발표왕으로 만들기 >

나는 사회 4차 발표 때 멘토를 맡았고, 내 멘티는 00이였다. 당시 00이는 전학을 와서 우리 반에서는 발표를 조금 밖에 하지 못했었다. 그래서 유독 다른 멘티들보다 다루기(?) 어려울 것이라 생각되었다. 그리고 나는 00이와 이야기를 많이 하지 않아서 어색한 짝이 없었다. 그런데 오히려 그 부분이 00이가 더 경청할 수 있게 만들어준 것 같다. 너무 말이 많았으면 떠드느라 집중을 하지 못했을 거니까. 나는 멘티와 멘토 사이라면 앞으로 함께 대화해야 할 시간이 많을 것 같다고 생각되어서 00이와 이런저런 대화를 많이 하며 친해져 갔다. 그리고 나만의 발표 팁도 00이에게 알려주었다. 나는 00이의 3차 사회발표 자료를 보며 피드백을 해주었고, 00이도 딱히 거절하지 않고 잘 받아들여서 우리 둘의 합이 잘 맞았던 것 같다. 나는 1차부터 3차까지 많은 사회 발표를 하며 얻은 교훈과 피드백이 있는데, 이를 가장 첫 번째로 다른 사람에게 알려줬던 건 00이가 처음이었던 것 같다. 그래서 나는 되도록이면 많이 알려주고 싶었고, 적극적으로 발표 자료 준비를 돕고 수정을 할 때마다 피드백을 해주었다. 00이도 내 피드백을 잘 적용해서 따라와준 덕분에 좋은 자료를 만들 수 있었다. 나의 이번 도전은 00이를 성장시키기도 했지만 나 자신도 성장시키기도 했다. <u>**다른 사람에게 나만의 노하우와 방법을 그 사람이 납득 가능하게 전하는 것**</u>이다. 나는 처음 치고는 00이를 잘 설득시켰고, 앞으로도 누군가에게 나만의 방법을 알려줄 때는 더 잘 할 수 있을 것이라 믿는다.

▲ 4차 사회 발표의 비전과 목표를 달성한 학생 후기 1

---

3 친구들이 나를 성장시킨 부분 <   멘토 멘티스쿨   >

멘토멘티 스쿨을 했던 것도 어저께 같은데 내가 멘토임에도 불구하고 나또한 정말 많이 성장한 것 같다. 정말 다방면에서 성장한 것 같다. 멘토멘티 스쿨을 하기 전에는 내가 정말 이제 발표 고수가 된 것 같았지만 멘토멘티 스쿨을 한 다음에는 가르치는 부분과 직접 발표하는 부분은 다른 분야라는 것을 느꼈던 것 같다. 그 덕분에 가르침을 얻은 것 같다.

<u>멘토멘티 스쿨을 진행하고서 나또한 멘티에게 도움을 받았다.</u> 어쩌면 멘티인 나의 부족한 부분을 멘토와 서로 채워갔었고 멘토에게도 도움을 많이 주었던 것 같다.

멘토멘티 스쿨이 비록 최고의 프로젝트는 아니었지만 친구가 나를 성장시킨 부분이였던 것 같다.

▲ 4차 사회발표의 비전과 목표를 달성한 학생 후기 2

이렇듯, 교사는 끊임없이 '예측', '행동', '성찰'의 과정을 반복하며, 새로운 가치를 창출하는 상상력으로 교사 자신과 학생들에게 매번 새로운 기회를 줍니다.

〈 1 〉차 발표 분석

1차 발표에서는 비교적으로 글씨의 양도 정말 많고, 글씨 크기도 청자들을 생각하지 않고 작게 만들었던 경향이 있던 것 같다.

〈 3 〉차 발표 분석 (달라진 점)

3차 발표에서부터는 발표자 노트에 대해 알게 되기도 하고, 글씨 크기, 양의 중요성을 느껴서 발표자 노트에 자세한 내용들 넣고 글씨를 키우고 양을 줄이고, 디자인적으로 청자들을 생각하며 신경쓴 것 같다.

〈 1차~4차 발표를 되돌아 보고 생각하거나 느낀점 〉

우선 1차부터 4차 발표까지를 마치면서, 제일 기억에 남았던 발표는 2차 발표가 디자인적으로도, 결과적으로도 가장 만족스러운 발표였기에 가장 기억에 남았고, 발표를 하면서 내가 처음에 1차에서도 나름 잘 만들었다고 느꼈는데, 점점 4차까지 프레젠테이션을 만들고, 발표하면서 이렇게 더 성장할 수 있었구나를 느꼈고, 또한 처음엔 만족했던 1차발표도 지금 보니까 많이 부족했구나를 느끼며 신기했다. 이렇게 사회발표를 통해 내가 더 조금씩 성장한 것을 확인해보니 뿌듯하다.

▲ 4차 사회 발표 후, 차수별 비교 분석 정리 자료

학생들은 가장 부족했다고 생각한 발표와 가장 잘했다고 생각한 발표를 선택하여, 비교 분석하여 정리하고, 프로젝트를 돌아보며 자신의 배움과 성장을 정리하며 마무리합니다.

▲ 〈공개수업〉 채널 – 발표와 관련된 학생 재능기부 영상 QR코드

앞의 영상은 'Ⅲ-(8) 유튜버 되어 재능 기부하기(디지털 시민 교육)'에서 한 학생이 1~4차 발표를 통해 알게 된 것을 영상으로 제작한 것입니다. 올해에는 이 영상을 학생들이 보고, 1차 발표를 준비했습니다. 학생이 학생의 눈높이에서 설명해 주는 맞춤 참고 영상, 강력 추천합니다.

㉑ 유튜브 〈공개수업〉 채널 – 〈학생 재능 기부〉 코너 中

이 프로젝트는 정말 나를 여러 방면에서 성장하게 만든 프로젝트이다. 이 프로젝트는 먼저 나의 발표하는 능력에 큰 도움을 주었다. 얼마 전에 문집 정리를 하다가 사회 발표 1차 때의 나의 프레젠테이션을 보게 되었는데, 그때는 정말 만족했던 발표 자료가 너무 심각하다고 느꼈다. 글씨도 작고, 하이라이트도 막 해놓는 등 갑자기 그 발표 자료를 격하게 고쳐주고 싶다는 생각이 들었다. 그런 식으로 심각한 발표 자료를 만들었던 내가, 2차 때는 반 6등을 기록하고, 3차 때는 ○○이와의 갈등이 있기도 했지만, 4차 때는 멘토로서 ○○이의 발표를 도와주고, 졸업 전 마지막 재능기부로 발표의 팁을 설명하고 있다. 이런 나의 발표 역사(?)를 보았을 때, 나는 정말 발표하는 것에 있어 많은 성장을 이루어낸 것 같다.

또, 이 프로젝트는 나에게 공동체 역량의 발전에도 큰 도움을 줬는데, 이것에 가장 관련이 깊은 사회 발표는 ○○이와의 발표, 그러니까 3차 발표이다. 이때 ○○이와 나는 한 팀으로서 발표를 준비했는데, 솔직히 말하면 맨날 싸웠다. 의견 충돌이 그렇게 심할 수가 없었다. 나도 많이 잘못했고, ○○이도 나에게 잘못한 점이 많지만, 이런 경험을 통해 우리는 같이 절대 팀을 하면 안 되겠다고가 아니라, 팀 활동을 할 때의 예의와 자세에 대해 배울 수 있었다. 또한 얼마나 의견 조율과 서로를 존중하는 태도가 팀의 평화에 중요한 지도 한 번 더 느낄 수 있었다. 그리고 ○○이와 이런 갈등이 있었어도 마지막에는 좋게 발표를 끝냈고, 서로에게 악감정 없이 딱 끝낸 것도 정말 다행이라고 생각한다.

그리고 멘토와 멘티 4차 발표를 할 때도, 멘토인 나에게도 성장이 있었다. 처음 멘토와 멘티 활동을 할 때는 멘토가 멘티에게 성장할 기회를 주는 것이고, 멘토는 여기에서는 자신의 성장보다는 멘티의 성장을 위해 4차를 준비한다고 생각했지만, 그게 아니었다. 먼저 내가 모르던 발표 스킬을 ○○이가 알고 있기도 했고, ○○이를 위해 발표에 대한 자료를 정리하다가 나도 깨닫게 되는 것도 많았다. 또한 선생님께 ○○이의 발표에 대한 피드백을 받으면서 나도 더 성장할 수 있었다.

이렇게 1, 2, 3, 4차 모두 나에게 많은 성장을 가져다준 사회 발표는 아마도 이후에 내가 발표를 할 때 큰 도움을 줄 것 같다.

▲ 나를 성장시킨 수업들 1위에 사회 발표를 선택한 학생 후기

이렇게 마무리된 '최고의 스토리텔러가 돼라'는 프로젝트는 마치며, 교사가 꼭 해야 할 일이 있습니다. '새로운 가치를 창출'하여 새롭게 적용해 본 방법이 적절했는지 적절성과 효과성을 검증해야 합니다.

- 데이터 수집 및 피드백'은 '교사'와 '학생' 모두를 위한 것이 돼야 한다. '학생'은 자신의 활동에 대한 데이터를 자기 평가나 동료 평가, 교사 평가 등을 통해 수집하며, '교사'는 자신의 수업에 대한 데이터를 자기 평가 및 학생 평가, 동료 평가를 통해 수집한다. 이렇게 수집한 '데이터'는 '성찰'의 과정을 통해 '교사와 학생의 역량 성장'으로 이어진다.

▲ 〈미래 교육 모형〉의 기본 특성 中

교사는 자신이 '예측'을 통해 선택하여 '행동'한 수업 방식에 대한 평가를 함께 받습니다. 이렇게 수업에 대한 평가는 학생과 교사 모두의 배움과 성장에 대해 '피드백을 위한 데이터 수집'의 관점에서 진행되어야 합니다.

이 프로젝트에서 교사의 '긴장과 딜레마'의 핵심은 '지식' 부분에 대한 학습 결손이었습니다. 학생들이 하는 발표만으로 진행되기에 지식적인 부분에 대한 결손이 '예측'되었으며, 이에 '지식'을 채우려는 방법을 모색합니다. 그리고 문제해결 방법으로 학생들이 자신의 발표 내용에 대한 평가 문항을 직접 '설문지 퀴즈'로 제작하는 것과 지식을 서로 말하여 대결하는 방식의 '스토리텔링 배틀'이라는 '새로운 가치를 창출'하여 적용합니다.

교사는 '새로운 가치를 창출'하여 새롭게 적용해 본 방법이 적절했는지에 학생 평가를 통해 데이터를 분석하여, 피드백 및 다음 계획에 반영합니다.

▶ **학습 방법에 대한 평가(선생님의 배움과 성장)**
- 〈설문지 퀴즈〉를 만들고 문제를 풀어보는 활동에 대해 여러분의 생각을 들려주세요. 종이로 출력된 단원 평가지가 학습에 더 도움이 되나요? 아니면 퀴즈를 만들고 서로 풀어보는 활동이 더 도움이 될까요? (선형 배율)
- 위에서 그렇게 응답한 이유를 적어주세요. (장문형)
- 친구와 〈스토리텔링 배틀〉을 통해 설명하고 듣는 활동에 대해 생각을 들려주세요. 종이로 출력된 단원 평가지가 학습에 더 도움이 되나요? 아니면 친구에게 설명하고 설명을 듣는 활동이 더 도움이 될까요?(선형 배율)
- 위에서 그렇게 응답한 이유를 적어주세요. (장문형)

▲ 교사의 수업 방식에 대한 피드백을 위한 설문 문항

그럼 '설문지 퀴즈' 제작 방식과 '스토리텔링 배틀'의 방식을 각각 살펴보고 학생들의 평가 결과까지 살펴보겠습니다.

(1) 설문지 퀴즈 방식

우선 단원평가 대신, 학생들이 직접 '설문지 퀴즈'를 제작하여, 이를 함께 풀어보는 활동을 점검해 보겠습니다.

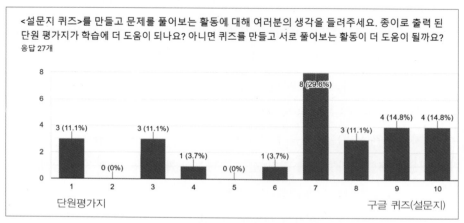

▲ 구글 시트. 설문 퀴즈 점검 피드백 활동

구글 설문이란 에듀테크 도구를 처음 접하게 된 학생들이 잘할 리는 없습니다. 그리고 프로젝트 중간에 도구적 관점으로 투입된 에듀테크 도구의 제작 방법을 익히는데, 많은 시간을 주기도 어렵습니다. 피드백은 학습 활동 중에도 수시로 이뤄져야 하며, 이런 반복되는 피드백을 한 명뿐인 교사가 여러 학생에게 매번 제공해 주는 것은 불가능합니다. 이때, 같은 내용을 배우며 성장하는 '제2의 스승'인 학급 친구들이 개별 맞춤 피드백을 해주는 강력한 자원이 됩니다.

교사는 설명하는 시간을 되도록 짧게 하고, 학생들이 실제로 해보며, 상호 피드백을 통해 점검할 수 있는 시간에 중점을 둡니다. 이 설문 퀴즈는 실제로 자신이 발표한 내용에 대한 동료 평가로 활용할 평가자료이기 때문에, 학생들은 목적의식을 바탕으로 능동적으로 참여합니다. 교사는 문항의 신뢰도를 높이기 위해 문제 은행에서 받은 자료를 공유해 주었고, 학생들은 자신의 주제에 해당하는 문항을 활용하여 제작하거나, 직접 문항을 만들어서 제작하기도 합니다. 구글 설문 역시 '공유'하여 협업이 가능하므로, 같은 주제를 발표한 팀이 함께 하나의 설문 퀴즈를 협동하여 완성합니다.

퀴즈 주제	피드백	설문지 링크
정부, 법원, 국회에서 하는 일(종합),(복사+만들기)	단답형 문제를 선택으로 바꿔주면 좋을 것 같다(민00) 나라살림말고도 살림값이 같은답은 틀렸다고 뜬다 / 한 문제가 2점인 것이 있는데 1점으로 해도 좋을 것 같다.	https://forms.gle/RGRKU
6월민주항쟁이후 국민의 변화 퀴즈	2개의 문제의 답이 장문형이라 맞추기 어려웠다.(김00)	https://forms.gle/jx3MhX
국회, 법원, 정부에서 하는 일 (복사)	정답이... 2개인데 1개만 정답이고, 답이 이상하다.(민00)	https://forms.gle/rYM
6월 민주항쟁 이후 민주화 과정 (복사해서 만들었습니다)	정답중에 6월 민주 항쟁이 6월민주항쟁으로 정답이 등록되어 있었다.(띄어쓰기 문제) 그리고 문제를 무작위로 할 수 있도록 만들었으면 좋겠다. 마지막 문제가 답이 잘못 된 것 같다	https://forms.gle/hS٦
헌법과 국회 대통령에 관한일(만든것도 있음)	답이 헌법 재판소것이 있는데 이건 답이 2개여야 할것 같다. 왜냐하면 헌법재판소와 헌법 재판소 둘다 맞은거이기 때문이다 -박00-	https://forms.gle/KV6Wk
정부와 행정 각 부에 대해 알아보기(3문제 복사, 2문제 만듦)	국민의 손으로 뽑고 중요한 일을 결정한다고 하면 대통령과 국회 의원이 둘 다있어 헷갈렸다.	https://forms.gle/Abyp2
국민 주권의 의미 알아보기	띄어쓰기가 틀리게 되어있다.-성00 / 띄어쓰기한 답도 추가 부탁(표00)	https://forms.gle/N5HyY
5.18 민주화 운동의 과정과 의미 알아보기 (복사 있음)	답을 2개 고르라고 했는데 답을 1개밖에 칠 수 없다. 이것만 고쳐주면 될듯-성00/ 2번에 두개 고르는건데 1개밖에 고르지 못하게 되어있다.(홍00)	https://forms.gle/QFN
국회에서 하는 일 알아보기.(4 문제 복사,1문제 만듦)	잘한 것 같아(표000)답이 주권 말고도 국민주권이 될 수 있게 하면 좋겠어(김00)	https://forms.gle/HtR4xr

▲ 구글 시트, 설문 퀴즈 점검 피드백 활동

퀴즈 설문 제작 방식은 목적과 시간적 여유에 따라 그 방법은 달라집니다. 먼저, 학생들이 직접 문항을 만들어 보는 경험에 목적이 있다면, 문항의 오류를 줄이기 위해 교차 점검 후, 앞의 그림처럼 개별 맞춤 피드백을 받고 이를 바탕으로 수정하는 과정을 거치는 것이 좋습니다. 하지만 평가 자체에 중점을 두었다면, 문제 은행을 통해 제작하여 오류를 줄이고 교사가 점검하는 방법을 추천합니다.

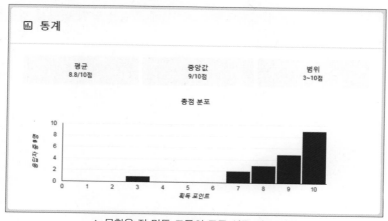

▲ 문항을 잘 만든 모둠의 구글 설문 퀴즈 결과

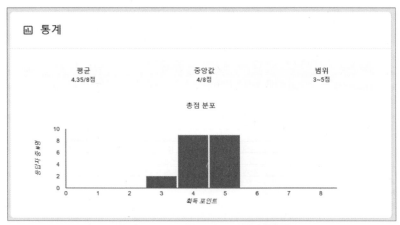
▲ 문항을 잘 만들지 못한 모둠의 구글 설문 퀴즈 결과

　일반적으로 평가가 끝나면, 그 활동이 끝난 것으로 생각합니다. 하지만 진정한 개별 맞춤 학습은 '평가' 이후에 시작됩니다. 학생들은 자신들이 만든 설문 퀴즈 결과(데이터)를 '성찰'하며 분석합니다. 자료 제작부터 발표, 설문 퀴즈의 '교육과정-수업-평가'의 단계를 돌아보고, PMI로 분석하는 활동을 진행하며, 이를 바탕으로 보충 학습 계획을 세워서 실행해 보는 기회를 줍니다.

　이렇게 '무엇을 아는가?'보다는 알고 있는 것을 기초로 '무엇을 실제로 할 수 있는가?'에 초점을 둔, 역량을 강조하는 교육에서는 그동안 교사가 했던 '교육과정-수업-평가' 과정의 주체가 '학생'이 됩니다. 미래 교육에서는 누가 '실제로'하는지가 중요합니다. 수업의 주체가 '학생'으로 바뀌고, '학생이 실제로 해보는가?'에 초점을 맞춰 역량을 강조하는 교육으로 변해가는 것입니다.

▶ 종이로 출력된 단원평가지도 괜찮지만, 자신이 배운 것을 자신이 직접 설문지를 만들고, 친구들이 만든 것을 풀며 사회로 배웠던 걸 떠올리면 좀 더 기억에 남으면서도 친구들과 서로 의욕 넘치게 풀 수 있을 것 같아서 구글 퀴즈가 더 도움이 되는 것 같다.

▶ 설문지로 문제를 만들면 서로 풀어보며 피드백을 할 수 있고, 문제도 자기 스스로가 내는 것이기 때문에 생각을 많이 하고 자신의 실력을 돌아 볼 수 있다. 그래서 구글 퀴즈(설문지)로 문제를 푸는 게 더 도움이 된다고 생각한다.

▶ 단원 평가지보다는 구글 설문지를 이용한 퀴즈를 만들고 서로 풀어보는 게 좋을 것 같다. 이유: 왜냐하면 평가지보다는 우리가 직접 만든 구글 퀴즈를 푸는 것이 더 효과적이라고 생각하기 때문입니다.

▶ 친구들이 그 차시를 하여서 중요하다고 생각되는 내용을 풀어보니 재미도 있고 이해도 잘되는 것 같았다. 그리고 난이도도 많이 어렵지 않아서 좋았다.

▶ 친구들이 만든 구글 퀴즈는 종이 단원 평가지보다 다양한 문제들을 만날 수 있다. 하지만 종이로 출력된 단원 평가지가 더 정확한 문제를 줄 것 같아서 6 정도에 표시했다.

▶ 종이는 너무 많이 해 봤고 구글 설문지는 자신이 문제지를 만들고 수정하면서 문제지를 만드는 것이 재미있기 때문이다. 그리고 구글 설문지는 친구들이 만든 문제를 푸는 게 재미있기 때문이다.

▶ 종이로 출력되었다면 그 글씨도 흐리고 친구들과 서로 말할 수 없는데 구글 퀴즈 설문지는 친구들과 공유하고 한 번에 많은 친구의 주제와 퀴즈를 풀어보며 그 능력을 키울 수 있고, 종이 출력된 단원 평가지는 바로바로 답이 나오지 않아서 불편하다. 근데 구글 설문지는 바로바로 답이 나오고 그에 대해 설명도 해주기에 구글 설문지가 더 유용하다고 생각한다.

▶ 구글 설문지는 애들과 공유하고 자신이 아는 내용을 만드는 게 종이로 출력한 단원 평가지보다 더 내용을 복습하는 데 좋은 것 같다.

▶ 문제를 만드는 것은 어렵지만 서로 만들고 풀어보는 것이 재미있기 때문에 "7"을 골랐다.

▶ 구글 퀴즈로 만들어 푸는 것이 더 재밌고, 점수를 바로 볼 수 있어서 좋지만, 답을 직접 설정해야 해서 오류가 가끔 있는 설문지가 있어서 푸는 것이 살짝 힘든 설문도 있었다.

▶ 구글 퀴즈(설문지)를 만들면서 복습을 할 수 있고, 친구들이 만든 퀴즈(설문지)가 종이로 출력된 단원 평가지보다 더 재미있었다. 하지만, 친구들이 만든 것이 내용이 다르거나 문제의 답이 잘못되어 있는 경우도 있어서 7로 체크했다.

▲ 단원평가지 방식과 설문 퀴즈 방식을 비교한 설문 응답

(2) 스토리텔링 배틀 방식

스토리텔링 배틀은 '지식'적인 부분에 대한 역량을 함양하기 위해 개발한 게이미피케이션(Gamification) 활동입니다. 학생들의 발표 내용을 듣고 평가 문항을 푸는 것만으로는 당연히 '지식' 역량을 제대로 함양하기 어렵습니다. 그래서 이를 보완할 방법으로 학생들이 조금 더 재미있게 참여할 수 있도록 지식 배틀 방식의 평가를 진행합니다. 교사는 새로운 방식의 경쟁적인 요소가 강한 활동의 부작용을 '예측'하고, 이를 반영하여 '비전과 목표의식을 공유'합니다.

여러분들이 발표를 잘해주었고, 설문 퀴즈 제작과 이를 활용한 평가까지 잘해주었습니다. 하지만 그렇게 배운 내용(지식)을 여러분이 설명할 수 없다면, 이 지식이 내 것이라 할 수 없습니다.

그렇기에 여러분들에게 교과서의 지식을 자신의 것으로 만들어 이를 서로 즐겁게 겨뤄 보면서 익힐 수 있는 '스토리텔링 배틀'을 준비해 봤습니다. 이 스토리텔링 배틀을 이렇게 했을 때, 우리 반 공동체가 함께 성장할 것으로 생각합니다.

첫째, 제1의 스승이 스스로 지식을 내 것으로 만들기 위해 공부해야 합니다. 배틀에서 준비되지 않은 친구들이 있다면, 그 상대는 친구를 통해 배우는 것이 없을 것입니다. 또한 스스로 공부하지 않고 배틀에 참여한 친구는 자신이 그 지식을 제대로 알고 있는지 이를 확인할 기회를 상실하게 됩니다.

둘째, 제2의 스승인 친구는 배틀 상대의 성장을 돕기 위한 목적으로 참여해야 합니다. 서로 이기는 것만 생각하여, 자신도 대답 못 할 어렵고 중요하지 않은 내용만 오간다면, 결국 이 배틀을 통해 성장하는 사람은 없고, 서로 갈등만 쌓이게 될 것입니다. 이 배틀은 지식을 겨루는 장이기도 하지만, 내가 안 지식을 통해 친구를 이롭게 하는 도움의 장이기도 합니다.

셋째, 지식을 겨루지만, 그 과정에서 기능, 가치, 태도 모두를 생각해야 합니다. 친구에게 설명하는 기술, 경청의 자세, 상대방에 대한 예의, 존중, 참여하는 태도 등 모든 것이 낱낱이 드러나는 경연의 장이 될 것입니다. 자신이 어떤 마음가짐으로 이 배틀을 준비하고, 어떤 자세로 참여했는지 꼭 점검하기를 바랍니다.

기회는 스스로 만드는 것!

제1의 스승인 내가 지식의 주인이 되는 기회!

제2의 스승인 친구가 서로 도움을 주고받는 기회!

이 스토리텔링 배틀을 통해 친구에게 설명하는 과정에서 자신이 알고 있는 것과 모르는 것을 명확히 알게 되는 기회가 될 것이고, 친구가 설명하는 내용을 듣고 배울 기회의 장이 될 것입니다.

'제1의 스승인 자신'과 '제2의 스승인 친구'가 만나 서로에게 유의미한 지식 대결의 축제가 되길 희망합니다.

스토리텔링 배틀은 現 학생의 역량에 맞춰서 '책을 참고할 수 있는 배틀'과 '책 없이 참여하는 배틀'로 난이도를 조절하여 실시합니다.

〈스토리텔링 배틀의 기본 원칙〉

▶ 1:1 배틀을 원칙으로 하나, 상황에 따라 인원을 조정하여 2:2로 진행합니다.

▶ 배틀 전에 내용을 복습하여 준비할 시간을 5분 이내로 주어 내용의 질을 향상할 기회를 부여합니다.

▶ 배틀 시간은 내용의 양에 따라 5분~7분 정도로 배정하며, 시간이 부족할 경우, 추가 시간을 배정합니다.

▶ 배틀은 가위바위보로 선공과 후공으로 정하여 시작하며, 후공은 선공의 내용 중, 빠진 내용을 중심으로 말하였을 때, 더 높은 점수를 부여합니다.

▶ 배틀 상대는 계속 바꿔주는 것이 좋습니다. 남녀 대결, 번호 대결, 모둠 대결 등 다양하게 변화를 줍니다.

▶ 배틀에 참여하기 어려운 학생이 있는 경우, 배움을 나누는 목적에 맞게 이 학생에게 배울 기회를 부여하며, 배틀 상대는 이 친구를 가르치는 과정을 통해 함께 성장할 수 있도록 합니다.

▶ 배틀의 승부는 서로 합의하여 결정하도록 하며, 서로 합의가 안 되면, 질문이나 가위바위보로 승패를 나눕니다.

▶ 비슷한 실력의 배틀 상태로 짝지을 수 있는 데이터가 있다면, 이를 바탕으로 상대를 지정해 주는 것이 좋습니다.

▶ 배틀 후, 바로 배틀에 대한 평가를 실시하며, 승패 결과만으로 점수를 받지 않도록 평가 항목을 제작합니다.

스토리텔링 배틀(2차) 7월 11일

for2102@jimj.kr 계정 전환 ☁

*표시는 필수 질문임

▶ 스토리텔링 배틀 상대를 표시해 주세요.
▶ 스토리텔링 배틀 승자를 표시해 주세요.

😊 자신의 스토리텔링 점수를 표시해 주세요. *

	1	2	3	4	5	6	7	8	9	10	
대부분의 내용을 잘 말하지 못하고 친구의 내용을 경청하지 않음.	○	○	○	○	○	○	○	○	○	○	대부분의 내용을 잘 말하였으며, 친구의 말을 경청함.

⏰ 우리 팀은 배틀 시간 5분 중 내용에 대해 말한 시간은 얼마나 되나요? (장난하거 *
나, 내용과 관련 없는 내용 얘기한 시간은 제외하기)

	1	2	3	4	5	
1분	○	○	○	○	○	5분

⏰ 책에 있는 내용을 모두 이야기했나요? *

	1	2	3	4	5	6	7	8	9	10	
10%	○	○	○	○	○	○	○	○	○	○	100%

⏰ 친구와의 배틀은 나에게 도움이 되었나요? *

	1	2	3	4	5	6	7	8	9	10	
10%	○	○	○	○	○	○	○	○	○	○	100%

▲ 구글 설문, 스토리텔링 배틀 평가 문항 예시

교사는 앞의 설문을 바탕으로 어떤 것에 초점을 두었느냐에 따라 학생들과 협의하여 배점을 달리하여 평가할 수 있습니다. 예를 들어, 마지막 문항인 '친구와의 배틀은 나에게 도움이 되었나요?' 이 문항 결과를 동료 평가의 가장 큰 기준으로 삼는다면 이를 평가 배점을 높여서 적용하면 됩니다. 아울러 승부에 대해 실력에 의한 승리인지 여부를 명확히 하여 이를 평가에 반영하고자 하는 경우, 설문 문항으로 이를 표시하도록 하거나, 다음과 같이 표를 제작하여 학생들이 입력해도 됩니다.

가위바위보 승	실력 승	남자팀	여자팀	실력 승	가위바위보 승
1 ▼	3 ▼	2	11	▼	▼
1 ▼	3 ▼	3	12	▼	▼
1 ▼	2 ▼	5	13	3 ▼	1 ▼
▼	3 ▼	7	14	2 ▼	▼
2 ▼	▼	8	15	1 ▼	2 ▼
1 ▼	2 ▼	9	16	1 ▼	▼
1 ▼	1 ▼	10	17	1 ▼	2 ▼
▼	▼	22	18	2 ▼	▼
▼	1 ▼	23	19	1 ▼	2 ▼
▼	▼	4, 6	20	1 ▼	▼
7	**15**			**12**	**7**
		22	**19**		

▲ 구글 시트, 배틀 결과를 입력하는 표

이 스토리텔링 방식에 대한 학생들의 평가는 다음과 같습니다.

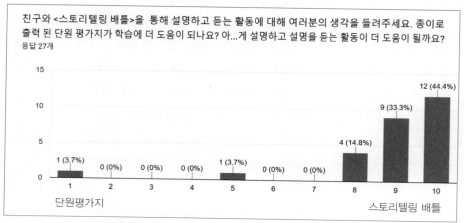

▲ 단원평가지 방식과 스토리텔링 배틀 방식 평가 결과 그래프

▶ 자신이 배웠던 것을 친구들에게 다시 한번 되새기며 알려주게 되면 사회시간에 배웠던 것이 더욱더 확실하게 머릿속에 정리되고 또한 친구들에게 설명하고 설명을 들으며 내가 몰랐던 점이나 부족했던 점을 알 수 있어서 사회시간이 끝나고 완벽하게 알 수 있도록 도움이 된다.

▶ 친구랑 하면 더 편히 이 친구에게 설명해 줄 수 있어서 좋고 아무나 만나니깐 별로 대화하지 못한 친구와도 이야기해 볼 수 있는 기회가 있어서 좋은 거 같다.

▶ 스토리텔링 배틀은 자신이 공부한 것을 발휘할 기회이기 때문에 좋다. 자신이 공부한 부분을 이해했다는 것은 다른 사람에게 개념을 정확히 설명할 수 있다는 것이기 때문에, 이 활동을 통해 종이로 출력된 평가지보다 더 확실한 결과를 확인할 수 있다.

▶ 그 이유는 시험은 그 나오는 문제만 아는데 스토리텔링 배틀은 잘못 알고 있으면 친구가 보충 설명을 해줘서 부족한 점을 재미있게 채울 수 있고 내가 그 차시를 상대방에게 설명하면 뭔가 기분도 좋고 뿌듯하다. 그리고 공부 효과 중에 자신이 설명하는 것이 가장 좋다고 하는데 어쩐지 친구한테 설명해주니깐 더 잘 이해되는 것 같았다.

▶ 스토리텔링 배틀을 하면 내가 준비하면서 많은 정보를 얻게 될 것 같고, 요약하는 능력도 늘 수 있을 것 같다.

▶ 종이로 출력된 단원 평가지는 재미가 없고, 자신의 머릿속에 있는 것만 쓸 수 있는데 스토리텔링 배틀은 상대방이 말할 때 잘 듣고, 모르는 내용이 있다면 내가 말할 때 추가해서 말할 수 있고 재미도 느끼기 때문이다.

▶ 그냥 단순하게 종이로 출력된 단원 평가지는 시험만 보는 단순한 생각밖에 없는데, 내가 잘못하는 사회를 내가 어디까지 알고 있는지, 어디까지 이해했는지 이런 것들을 스토리텔링 배틀을 통해 잘 알 수 있다. 스토리텔링 배틀은 종이로 출력된 단원 평가지보다 훨씬 재미있는 활동이라고 생각하고, 스토리텔링 배틀을 하면서 친구와의 친목도 다질 수 있고, 친구에게 설명한다는 느낌으로 잘 설명하고, 그것을 말하다 보면 외워지는데, 우리나라의 사회를 외울 때의 기분은 굉장히 뿌듯하고, 성취도가 높다.

▶ 종이로 적는 것이 아닌 친구에게 직접 말하고 자료를 보여주니 더 매끄럽고 즉흥적으로 제스쳐도 할 수 있어서 친구들이 더 잘 이해하고 친구에게 설명해주면서 나의 사회 수준도 알게 되었다.

▶ 종이로 출력된 단원 평가지는 한번 하면 기억에 잘 남지 않지만, 스토리텔링 배틀은 아는 내용을 말하는 것이니 더 기억에 잘 남는다.

▶ 종이로 쓰는 것 보다 친구들에게 설명하면 내가 책을 보지 않고 얼마나 알고 있는지 느낄 수 있어서 더욱 좋았다. 그래서 나는 스토리텔링 배틀이 더 좋다.

▶ 위와 비슷하게 종이로 출력된 시험지는 맨날 똑같은 유형이다. 그런데 스토리텔링 배틀은 누가 얼마나 공부를 열심히 했고, 얼마나 알고 있는지가 결과에서 나온다. 그리고 스토리텔링은 같이 하는 활동이어서 더 재미있다.

▶ 위에 있는 설문지는 둘 다 문제를 푸는 것이지만 스토리텔링 배틀은 학생이 자신이 배운 것은 다른 아이들에게 알려줄 기회이므로 나는 스토리텔링 배틀이 좋은 것 같다.

▶ 단원평가를 위해서도 준비는 하지만 오히려 스토리텔링 배틀에서 승리욕이 막 생겨서 공부에는 스토리텔링 배틀이 학습에 제일 도움 잘될 거라 생각했고, 배틀에서 지면 뭔가 속상하기에 다음에는 이겨보자! 이러면서 공부할 것 같다.

▲ 스토리텔링 배틀 방식에 대한 학생들의 생각

이렇게 교사가 '새로운 가치를 창출'하여 새롭게 적용해 본 방법인 '설문지 퀴즈'와 '스토리텔링 배틀'방식은 학생들의 긍정적인 평가를 힘입어, 올해에도 작년의 단점을 보완하여 現 학생에 맞춘 방식으로 활용되고 있습니다. 선생님들도 각 교실의 학생에 맞게 변형하여 활용해 보시기 바랍니다.

Ⅲ-(2)
가족 지키기, 공생 프로젝트

학교에서 학교생활에 대해 교육하기도 어려운데, 가정생활과 관련된 부분까지 지도해야 하는 상황이 발생합니다. 그런데 어떻게 해야, '학습을 통해 학습자의 삶과 통합되어 일어나는 총체적인 변화'를 끌어낼 수 있을까요? 그렇게 '가정생활'과 관련된 단원을 어떻게 접근하면 좋을지 생각하는데, 갑자기 '영화 기생충'이 떠올랐습니다. 그리고 가족 구성원 간의 관계는 기생과 공생 어느 쪽에 더 가까운지에 대한 의문이 들었습니다. 물론 가족을 기생과 공생의 관계로만 규정할 수는 없지만, 공동체 구성원들의 관계를 경험적 근거를 바탕으로 '정의' 내려 보는 것만으로도 의미가 있을 것이란 생각이 듭니다. 그리고 이를 통해 자신의 '정체성'에 대해 '성찰'하는 기회가 될 것이라는 '예측'을 바탕으로 프로젝트를 기획하게 됩니다.

"기생" vs "공생"
"너희는 공생과 기생 중, 어느 쪽에 가까운 거 같니?"

많은 학생이 자신들은 공생 관계라고 이야기합니다. 그렇다면 정말 그런지, 그 관계를 경험적 증거를 바탕으로 판단해보도록 합니다. 학생들은 저마다 자신이 가정에서 하는 행동을 '성찰'해 보고, 분류해서 정리한 후에 최종 판결을 내립니다.

〈기생〉

내가 받는 용돈은 쓰고 싶은 대로 다쓰고나서 다쓰면 엄마에게 용돈을 더 넘어달라고 하고, 하루 종일 밖에나가서 놀고 오고 나서 엄마가 공부하라고 해도 핸드폰을 만지작 만지작 하고 있고, 학원 갔다가 바로 오라고 해도 놀고 들어오고, 용돈을 아껴 쓰라고 했는데 많이 쓰고, 엄마 집에서 산다. 밥먹을 때도 숟가락 젓가락 세팅을 안 한다.

〈공생〉

내가 공생하는 일은 가끔 빨래를 개고, 방청소를 하고, 집청소도 내가 먹다가 흘린 것은 내가 청소기를 돌리면서 우리집 바닥에 떨어져 있는 것도 청소를 하며, 빨래 갠것을 옷장에다 걸고 서랍에다가 넣어논다.

가끔 할머니가 준 용돈은 엄마가 가져간다.

▲ 기생과 공생의 행동을 정리한 프레젠테이션 예시

그런데 90%가 넘는 대부분의 학생은 기생 관계로 추가 기울자, 자신들이 설거지나 가정일을 하려고 해도 부모님이 하지 말라고 하신다고 이야기를 꺼냅니다. 그리고 그럴 시간에 공부나 하라고 하신다고 말입니다.

> "와! 그런데 너희들이 설거지를 엄청나게 잘하는데도,
> 부모님께서 하지 말라고 하신다고?"
>
> '…….'

학생들은 그제야 자신들이 가정일을 제대로 못 해서 하지 말라고 할 수도 있다는 것을 깨닫게 됩니다. 그리고 가정일도 다른 일과 마찬가지로 노력하며, 배워서 해야 하는 것임을 인식하게 됩니다.

그렇게 배우고, 노력하고, 실천하는 〈가족 지키기 프로젝트〉가 시작됩니다. 부제 '공생 프로젝트'입니다. 학생들은 빨래 잘 개는 법, 설거지 잘하는 법, 신발장 정리하는 법 등을 찾아 공부하고, 계획을 세워서 실천하고자 함께 노력합니다. 그리고 가족 공동체와 함께하는 프로젝트인 만큼 부모님의 제보를 통해 학생이 잘 실천하고 있는지 확인하며, 가정과 협력적 관계를 구축합니다.

▶ (3/29) 〈우리 OO이가 달라졌어요〉 제보합니다~ OO이가 주말에 과제를 제대로 확인하지 않고 챙기지 못해 제가 잔소리를 많이 하게 되었습니다. 평소라면 이런저런 핑계를 대며 변명하기 바빴을 텐데, 어제는 앞으로 알림장 체크 잘하고 과제도 스스로 잘 챙기겠다며 이쁜 말을 했습니다. 스스로 잘못을 인정하고 반성하는 모습이 참 기특하고 고마웠습니다. 앞으로도 OO이가 말한 것처럼 꾸준히 지킬 수 있게 노력해주면 좋겠다고 말해주었습니다. 이러한 변화가 오래 지속돼서 좋은 습관으로 자리 잡았으면 좋겠습니다. 멋진 프로젝트 감사합니다^^

▶ (4/3) 〈가족 지키기 프로젝트 1+1〉 OO이가 달라졌어요~ 제보합니다~ 오늘 OO이 혼자서 신발장 정리와 청소를 열심히 했습니다~ 혼자서 한 적이 없어서 우왕좌왕하길래 청소 방법도 알려주고 우선순위도 차근히 알려주었습니다~ 아직 서툴지만 열심히 하는 모습이 참 기특하고 고마웠습니다~ OO이 덕분에 깨끗한 현관을 보면서 기분도 참 좋아졌습니다~ 멋진 프로젝트 파이팅^^

▶ (4/16) 〈가족 지키기 1+1행사〉 환경과 관련된 가족의 미래를 지키는 가정일하기 / OO이는 오늘 가족의 미래를 위해 재활용품 분리수거에 동참하였습니다~^^ 독서&운동부&타자 생활에서 실천하기 프로젝트/ 오늘은 주말을 맞아 여유롭게 독서도 하고 날씨도 너무 좋아 가족과 함께 밖에서 함께 운동도 해보았습니다~ 그리고 집으로 돌아와 타수 올려보겠다며 타자 연습에 열을 올리고 있습니다^^

▶ (4/24) 〈가족 지키기 프로젝트〉 빨래 개기, 운동 실천하기. 가족 지키기 프로젝트로 작은 일이지만 가족에 대한 고마움을 한 번 더 느낄 수 있는 귀한 시간이 조금씩 조금씩 쌓이고 있습니다^^

▶ (5/8) 〈가족 지키기 프로젝트〉 욕실 청소하기 처음이라서 청소 순서와 방법 등을 알려 달라고 하며 꼼꼼히 적어서 청소하는 모습입니다. 감동입니다~ 만족도 별 5개 중 별 6개입니다.

▲ 학급 소통 창구를 통해 학부모에게 받은 제보 문자 中

실천하는 프로젝트는 적어도 2~3달 정도, 한 학기에 걸쳐서 추진하는 것이 좋습니다. 짧은 기간 진행하는 실천 프로젝트의 경우에는 이것이 평가만을 위한 행동이 될 가능성이 높으며, 이것이 학생의 삶을 변화시킬 가능성은 매우 적습니다. 물론 이렇게 오랜 시간 프로젝트를 끌고 가는데 교사의 에너지가 많이 소모되기도 하지만, 에듀테크 도구를 활용하면 보다 효율적이고, 효과적으로 관리할 수 있습니다. 저는 구글 시트를 활용하여 주마다 계획과 실천 여부, 실천 내용 등을 기입할 수 있는 양식을 만들어서 관리하였고, 큰 도움을 받았습니다.

▲ 구글 시트, 실천 계획과 실천 결과 누가 기록표

참고로, 매주 화요일과 목요일을 〈화목'한 날〉로 정하여 계획을 수립하고 실천 결과를 등교 후에 꾸준히 기입하도록 하나의 패턴을 만들어주는 것이 좋습니다. 그리고 이렇게 한 학기 동안 이어지는 프로젝트의 경우에는 교육과정상, 1~2주 단위로 시간을 배분하여 꾸준히 실천 상황을 공유하고, 학생들이 처한 긴장과 딜레마를 해결해 나갈 수 있도록 도와줍니다. 학생들은 자신의 가정에서 발생하는 갈등을 분석하고 이를 바탕으로 계획을 수립합니다. 앞의 구글 시트 기록표에서 '메모' 기능을 활용하여 후기를 작성하면, 학생들의 활동 계획과 실행, 실행 결과까지 한눈에 파악할 수 있습니다.

일반적으로 이런 프로젝트는 가치와 태도에 중점을 두고 계획하기 쉽습니다. 저 또한 그러했으며, 하지만 이번에는 지식, 기능, 가치, 태도 네 영역 모두에 중점을 두고, 학생들의 전인적 발달을 고려하여 추진하였고, 그 효과가 더 강력해 짐을 깨닫게 됩니다.

역량	의미	내용
지식	필요한 지식	– 가정일에 대한 기본 지식 – 올바르게 소통하는 방법에 관한 지식 – 공동체에서 공생 관계에 대한 지식
기능	수행할 실질적인 기능	– 청소, 요리, 세탁 등 가정일 수행 – 부모님 돕기와 관련된 기능 수행
가치	중요시하는 가치	– 가족 구성원들 간의 존중, 배려, 사랑 – 가족의 행복과 공생 구축을 위한 가치 – 가족들이 중요시하는 가치
태도	필요한 태도	– 자발적인 참여와 책임감 – 봉사 정신 – 소통과 협력을 강조하는 태도

▲ 가족 지키기 프로젝트의 역량 분석표

가족 지키기 프로젝트는 학부모의 협력적 행위주체성 위에 진행되었을 때, 더욱 의미 있으며, 학교와 가정의 공생 관계 구축의 의미를 지닙니다. 교사는 학생들이 잘 실천하고 있는지 학부모를 통해 데이터를 수집하고, 이를 바탕으로 학생들에게 피드백을 제공하여, 교육적 효과를 강화합니다.

〈우리 아이가 진짜 달라졌어요〉 학부모 사연 접수

안녕하세요.
끝나지 않을 것 같은 한 학기도 이제 일주일 정도밖에 남지 않았습니다. 마무리하는 과정에서 아이들이 방학 때도 지속적으로 힘을 낼 수 있도록 응원해 주고자 부모님들의 제보를 부탁드려 봅니다.

1. <가족 지키기 프로젝트를 통해 우리 아이가 진짜 달라졌어요.> 사연
2. <분홍 말 프로젝트>를 통해 우리 아이가 진짜 달라졌어요.> 사연
3. <6학년이 되어 우리 아이기 진짜 달라졌어요.> 사연

을 모집합니다.
<접수 기간 : 7월 12일~15일까지>
사연은 익명으로 참여하셔도 되고 아이의 이름으로 00 학부모님으로 참여하셔도 됩니다. 한 학기 열심히 노력하고 성장한 아이들에게 큰 힘이 될 것입니다.
감사합니다. ^O^

▶ 프로젝트를 통해서 가족은 기생 관계가 아닌 공생 관계라는 사실을 수차례 얘기해주며 자발적으로 집안일을 도와주기 시작했는데요, 신발장 정리, 물고기 밥주기, 식사 준비 돕기, 방 정리 등 00이가 갑자기 변한 듯 집에서 많은 일을 도와주었습니다. 지금도 꾸준히 도와주며 틈틈이 어깨도 주물러주는 00이를 칭찬합니다.^^

▶ 평소에 가정에서 해야 할 일에 대해 내 일이 아니라고만 생각하고 크게 관심 없던 00이가 가족 지키기 프로젝트를 통해 서툴지만 재미있게 집안일(현관 청소, 분리수거, 화장실 청소, 빨래개기, 방청소 등)을 해봄으로써 가족 중 누군가의 일이 아닌 구성원으로서 역할에 대해 한 번 더 생각할 수 있었던 좋은 기회였습니다. 프로젝트 이후에도 가족 모두 함께 해야 할 일에 대해 고민해 보고 의논해보면서 가족을 지키기 위해 노력해야겠습니다.

▶ 00이가 가끔 맥락 없이 칭찬할 때 어설픈 모습에 웃음이 나오기도 하고, 저도 모르게 비아냥거려 00이의 마음을 아프게 하기도 했습니다. 지금은 프로젝트를 완수하려고 애쓰는 00이가 우리 집에서 가장 어른스러울 때가 많습니다. 지쳐서 퇴근해 집에서 아이들에게 괜한 화풀이할 때 00이가 엄마 힘들지? 엄마 고마워! 엄마 예뻐~ 라고 말할 때 정말 부끄러워질 때가 많습니다.

▶ 00이의 가장 많이 달라진 점은 동생을 대하는 모습입니다. 원래도 동생을 잘 챙기긴 했지만, 동생의 반응이 재밌어서 혹은 얄미워서 약 올리거나 놀리는 행동을 자주 했었는데

요즘은 동생이 누나 때문에 부글부글하는 모습을 볼 수가 없네요. 저는 OO이가 너무 바빠서 동생 놀릴 시간도 없나보다 생각했는데, 알고 보니 가족 지키기 프로젝트를 하면서 스스로 결심하고 달라진 모습이더라구요. 우리 OO이 너무 기특합니다. 집안일 돕기도 항상 챙겨서 하지는 못해도 예전에 비해 내가 해야 할 일이라는 인식이 확실히 생긴 것 같습니다. 엄마가 OO아 저거 치워야지 하면 아차차 하고 얼른 실행하거든요. 여러모로 달라진 OO이를 많이 칭찬해 주고 싶습니다.

▶ 티 내지 않고 살짝. 가족을 배려하는 OO이를 칭찬합니다. 6학년이 되고 가족 지키기 프로젝트를 통해 신발 정리 식탁 정리 그리고 쉬는 날 레시피를 찾아 베이킹을 하여 가족들의 아침을 준비하는 모습. 이 정도면 성공적인 프로젝트라고 할 수 있지 않나요? ㅎㅎ

▶ 안녕하세요. 우선 우리 아이들의 정서 함양과 가치관 정립을 위한 선생님의 노고에 진심으로 감사드립니다. 3학년 대면 수업 이후 지난 2년간 코로나 바이러스 관계로 집에 있는 시간이 많아서 그런지, 작년까지만 해도 우리 아이가 아직도 아주 어린 아이로만 알고 있었네요. 그러나, 이번 6학년이 되면서 대면 수업이 다시 시작되었고 선생님의 '가족 지키기'라는 놀라운 프로젝트를 시작하시면서 우리 아이가 이제는 마냥 철부지가 아니라는 것을 깨달을 수 있었습니다. 우선, 가족 지키기 프로젝트를 한다고 할 때는 "뭐~ 큰 대단한 것이라도 하겠어?" 이런 생각을 하기도 하였습니다. 하지만 중요한 것은 하고자 하는 의지와 더불어 능동성과 적극성을 키워주는 프로젝트였다고 생각합니다. 즉, 방관자의 자세에서 내가 주인이라는 마음의 변화를 이끌어 주신 것이 제일 큰 성과라 생각합니다. 세세하게 살펴보면 처음에는 ① 신발 정리하기, ② 음식물 쓰레기 버리기, ③ 방 청소하기부터 시작하여 요즈음 결국에는 ① 엄마가 요리하면 어떻게 하면 도와줄 수 있을까? 하며 스스로 찾으려 노력하고 ② 실내화 세탁 정도는 알아서 스스로 하는 경지까지 올라왔네요. −중략−

▲ 〈우리 아이가 달라졌어요〉 학부모 사연 접수 내용 中

학생들의 삶 속의 문제를 수면 위로 끌어 올리는 질문에서 이 프로젝트는 시작됩니다.

"기생" vs "공생"

"너희는 공생과 기생 중, 어느 쪽에 가까운 거 같니?"

문제의식을 바탕으로 이를 해결하기 위해 자신만의 비전과 목적의식을 바탕으로 학생 행위주체성에 기반하여 추진되는 프로젝트는 학생의 삶을 총체적으로 변화시키는 강력한 힘을 지닙니다.

선생님들은 학생들에게 어떤 질문을 던지시겠습니까?

Ⅲ-(3)

분홍말 프로젝트

청소년의 비속어, 줄임말, 신조어, 외래어 등의 언어 사용에 대한 문제는 오래전부터 제기되었던 문제였고, 오늘날까지 해결되지 않고 꾸준히 사회 문제로 제기되고 있습니다. 초등학교 6학년 1학기 국어 교과에는 일상생활에서 우리말을 바르게 사용하는 태도를 기르는 것을 목적으로 하는 단원이 있습니다. 그런데 이 단원을 2년이나 지도했는데, 이 단원의 목적을 달성했다고 느꼈던 적이 한 번도 없었던 단원이기도 합니다. 그래서 단원 재구성을 위해 목적과 목표를 다시 점검해 보았습니다.

이 단원을 자세히 들여다보면, ①우리말 사용 실태 조사를 바탕으로 하여 ②올바른 우리말 사용을 주제로 근거를 들어 글을 쓰고, ③올바른 우리말 사례집을 만들어 일상생활에서 우리말을 바르게 사용하는 태도를 기르는 것이 **목적**이고, **단원 학습 목표**는 '올바른 우리말 사용을 주제로 근거를 들어 글을 쓸 수 있다.'입니다.

올바른 우리말 사용에 대해 근거를 잘 들어 주장하는 글을 쓰면, 일상생활에서 우리말을 바르게 사용하는 태도를 기를 수 있다고 합니다. 순간 제 눈을 의심했습니다. 물론, 이 계획안으로 이 목표와 목적을 달성할 수 있는 선생님들도 있을 것입니다. 하지만 저에겐 맞지 않는 옷이고, 이 계획안대로 하면 또 실패할 것이라는 생각이 들었습니다.

정해진 10차시 안에 우리말 실태 조사도 해야 하고, 이를 근거자료로 하여 주장하는 글을 써야 하며, 올바른 우리말 사례집을 만들어야 합니다. 그리고 이 활동들을 통해 일상생활에서 우리말을 바르게 사용하는 **'태도'**를 중점적으로 길러야 한다고 합니다. 그리고 이 단원의 국어과 교과 역량은 '자기 성찰 · 계발 역량'이라고 하는데, 오히려 떠오르는 낱말은 '조사 · 탐구 · 정리 역량'으로 '기능'에 더 수렴하는 느낌입니다.

그래서 일상생활에서 우리말을 바르게 사용하는 태도를 기르는 **목적**과 '자기 성찰 · 계발 역량'에 중점을 둔 '태도'를 함양하는 것에 집중한 프로젝트를 구상하고자 하는 '목적의식'을 지니고 여행을 떠납니다. 10차시의 여행 계획을 모두 구상하여 출발할 수도 있지만, 너무 구체적인 계획은 오히려 목표에 도달하는 데 방해가 되기도 합니다. 교사가 세운 계획을 실행하는 데 급급한 나머지 現 학생 맞춤 교육과정에서 멀어질 가능성 또한 높아지기 때문입니다.

학생들의 언어 사용 실태를 학급 실태 조사를 통해 파악하고, 설문 결과를 각 학생에게 공유한다. 이를 바탕으로 자신의 언어 사용 실태를 '성찰'을 통해 점검한다. 비슷한 언어 사용 습관을 지진 모둠 구성을 통해 공동체가 함께 '계획(예측)'을 세우고 이를 '실천(행동)'할 수 있는 기회를 준다.

▲ 비전과 목표 의식에 기반한 아이디어 중심의 수업 설계

이렇게 제가 세우는 수업 계획은 기존의 교사가 '가르치기' 방식에서 활용되던 고정된 차시별 계획으로 접근하지 않습니다. 교사는 '목적'과 '학습자', 이 두 가지에 집중하여, 학생들의 활동을 관찰하여 적절한 피드백을 제공해 주는 데 집중합니다. 어차피 교사의 수업(행동)이 계획(예측)과 다르게 흘러갈 경우도 많으며, 이땐 '성찰'을 통해 새로운 방향으로 '코칭'이 필요합니다.

이렇게 학생 행위주체성을 기반한 활동 과정은 그만큼 예측 불가능한 요소가 많으며, 교사는 그 과정에서 생기는 '긴장과 딜레마를 조정'하고, '새로운 가치를 창출'하는 등 자신의 역량을 기반으로 변혁적 역량을 발휘하여야 합니다. 그렇기에 너무 치밀하게 세운 내용 중심의 차시 계획은 오히려 방해 요소로 작용할 가능성이 높습니다.

그럼 어떤 과정으로 〈분홍말 프로젝트〉가 진행되었는지 살펴보겠습니다. 이 설문조사를 할 때만 해도 학생들의 언어 사용 실태 정도가 어느 정도인지 결과가 나오지 않은 상황이었기 때문에 구체적인 프로젝트 방향이 나오지 않았고, 프로젝트 이름도 아직 정해지지

않은 상황이었습니다. 하지만 항상 처음이 무엇인지 아시죠? 이 설문조사의 목적과 이를 시작으로 언어 사용과 관련된 프로젝트에 대한 교사의 비전과 목표 의식을 공유합니다.

> 이번에는 국어 〈7. 우리말을 가꾸어요.〉 단원을 재구성해서 진행하고자 합니다. 우리 반 학생들의 언어 사용 실태를 통해 자신과 우리 반 공동체 전체의 언어 사용 실태의 객관적인 데이터를 수집하고, 이를 분석하여 프로젝트를 추진해 보고자 합니다.
>
> 이번 설문은 자신의 언어 생활을 '성찰'할 수 있는 기회를 주는 것에 목적을 두고 문항을 제작하였습니다. 최대한 솔직하게 응답해 주세요. 이 결과를 바탕으로 여러분을 꾸짖을 생각도 없고, 단지 오늘 설문은 여러분의 과거이자 현재의 언어생활을 의미하지, 그것이 여러분의 미래의 언어생활을 의미하지 않는다고 생각합니다. 설문에 응답하면서 자신의 언어생활을 돌아보는 기회로 삼으세요.
>
> 그런데 이 설문에는 여러분이 자기를 돌아볼 수 있는 자기 평가 문항도 있지만, 그동안 친구들의 언어 사용에 대해 점검할 수 있는 동료 평가 문항도 있어서 거짓으로 응답하는 경우, 어차피 다 들통나니, 자신의 양심이라도 소중히 지켜 내기 바랍니다.
>
> 다시 한번 강조하지만, 이 설문 결과를 바탕으로 여러분을 꾸짖을 생각은 없습니다. 다만 자신의 과거와 현재를 용기 있게 마주하여 앞으로 나아갈 마음의 준비를 해주면 좋겠습니다.
>
> 혹시 이 설문과 관련하여 궁금한 것이나, 제안하고 싶은 것이 있나요?

설문조사는 구글 설문으로 진행되었으며, 아래와 같은 문항으로 제작하여 실시하였습니다.

> ### 〈학급 언어 사용 실태 설문조사 문항〉
>
> **가. 자신의 언어생활 점검하기**
>
> ❶ 친구들과 이야기하다가 말다툼했을 때, 친구가 어떻게 했는지 생각해 보고 해당하는 것에 모두 표시하세요.
>
> ❷ 친구들과 이야기하다가 말다툼했을 때, 내가 어떻게 말했는지 생각해 보고 해당하는 것에 모두 표시하세요.
>
> ❸ 친구와 말다툼한 후에 가장 후회되는 것이 무엇인지 생각해 보고 써보세요.(장문형)

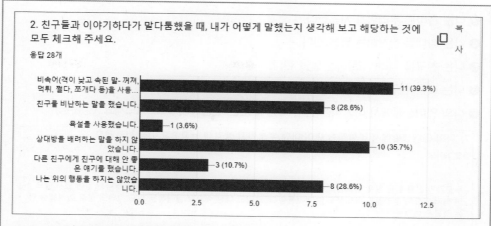

2. 친구들과 이야기하다가 말다툼했을 때, 내가 어떻게 말했는지 생각해 보고 해당하는 것에 모두 체크해 주세요.

복사

응답 28개

- 비속어(격이 낮고 속된 말- 꺼져, 먹튀, 쩔다, 쪼개다 등)를 사용... — 11 (39.3%)
- 친구를 비난하는 말을 했습니다. — 8 (28.6%)
- 욕설을 사용했습니다. — 1 (3.6%)
- 상대방을 배려하는 말을 하지 않았습니다. — 10 (35.7%)
- 다른 친구에게 친구에 대해 안 좋은 얘기를 했습니다. — 3 (10.7%)
- 나는 위의 행동을 하지 않았습니다. — 8 (28.6%)

나. 언어생활 자기 점검표(부정어)(1~10 선형 배율)

❶ 나는 외국어를 사용한다.

❷ 나는 줄임 말을 사용한다.

❸ 나는 욕설이나 비속어를 섞어서 말한다.

❹ 나는 친구를 비난하는 말을 한다.

❺ 나는 친구를 무시하는 말을 한다.

❻ 나는 다른 친구에게 친구에 대한 뒷담화를 한다.

❼ 나의 언어생활에서 고칠 부분은 어떤 부분인지 생각해 보고 써보세요. (장문형)

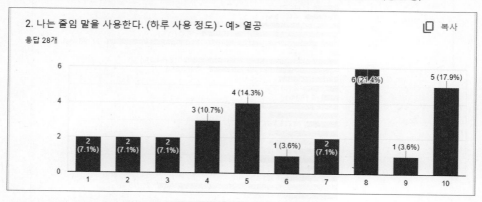

2. 나는 줄임 말을 사용한다. (하루 사용 정도) - 예> 열공

복사

응답 28개

- 1: 2 (7.1%)
- 2: 2 (7.1%)
- 3: 2 (7.1%)
- 4: 3 (10.7%)
- 5: 4 (14.3%)
- 6: 1 (3.6%)
- 7: 2 (7.1%)
- 8: 6 (21.4%)
- 9: 1 (3.6%)
- 10: 5 (17.9%)

다. 언어생활 자기 점검표(긍정어)(1~10 선형 배율)

❶ 나는 다른 사람을 배려하며 말한다.

❷ 나는 긍정하는 말을 사용한다.

❸ 나는 올바른 우리말을 사용한다.

❹ 나는 상대를 칭찬하는 말을 한다.

❺ 나는 친구를 격려(위로)하는 말을 한다.

❻ 나는 다른 친구가 뒷담화하면 하지 말라고 말한다.

❼ 나의 언어생활에서 바람직한 면이 어떤 부분인지 생각해 보고 써보세요. (장문형)

---

7. 나의 언어생활에서 바람직한 면이 어떤 부분인지 생각해 보고 3줄 이상 써보세요.

응답 28개

누군가가 진짜 힘든 일을 겪으면 그걸 진심으로 위로해 줄수있다. 또 뒷담화는 진짜 화가 나는 일이 있지 않으면 하지 않으며 우리말도 어느정도 많이 사용한다. 그리고 나는 속으로 싫어하는 일도 격려의 말로 이겨낼수 있는 것들은 이겨낸다.

나는 가끔 화가나면 좀 그럴 때가 있지만 대부분 친구를 잘 생각하고, 걱정해 주는 면이 있어서
그걸 바람직 하다고 생각한다. 나의 친구들과 사이좋게 지내기 위해서 그 친구가 어떤 일이 있거나
그러면 잘 걱정해 주는 스타일? 인것 같다.(저에 생각 입니당)

나는 사람을 뒷담화를 하는 것을 말중 가장 싫어한다 (왜냐하면 내가 그걸 겪어본 적이 있다.)그리서 뒷담화를 할려고 하면 적극적으로 말린다. 그것 말고도 바른 말을 쓰고 비속어나 욕을 쓰지 않는다. 그리고 긍정적으로 말을 한다.

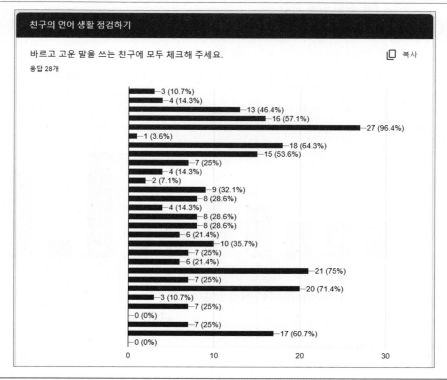

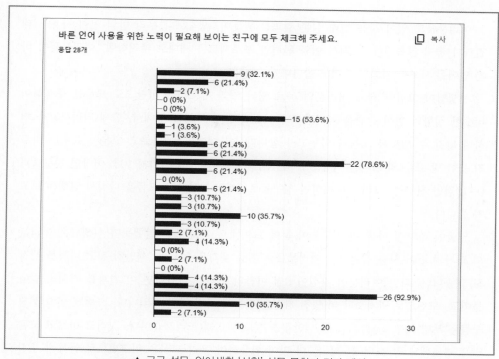

바른 언어 사용을 위한 노력이 필요해 보이는 친구에 모두 체크해 주세요. 　　　　　　　　　　　　🗐 복사

응답 28개

▲ 구글 설문, 언어생활 '성찰' 설문 문항과 결과 예시

　이렇게 자기 성찰 문항과 동료 평가 문항으로 나온 결과를 바탕으로 교사는 다음 활동을 계획해야 합니다. 교사가 예상했던 것보다 언어 사용 실태가 좋지 않았고, 예상하지 못했던 학생들도 눈에 띕니다. 그래서 교사는 이 프로젝트를 제대로 시행하기로 합니다.

　교사는 기존에 알고 있던 '굿네이버스 언어폭력 예방 교육 영상'[22]에 대한 '지식'을 떠올립니다. 그리고 좋지 않은 말을 했을 때 나오는 갈색 침전물과 좋은 말을 했을 때 나오는 분홍 침전물에 대한 내용을 바탕으로 '새로운 가치를 창출'하여 이를 〈분홍말 프로젝트〉라고 명합니다. 그리고 설문 결과를 바탕으로 '분홍팀'과 '갈색팀'으로 팀을 나누는 것에 대해 고민합니다. 이렇게 팀을 나눴을 때, 생길 수 있는 긴장과 딜레마를 '예측'하여 계획을 세웁니다.

---

[22] 굿네이버스 언어폭력 예방 교육영상 youtu.be/OwATVn9CS4M

여러분들도 언어 사용 실태 설문 결과를 봤듯이, 생각보다 우리 반의 언어 사용 실태 결과가 좋지 않습니다. 그래서 이와 관련한 프로젝트를 제대로 추진하여, 여러분들이 바른 언어를 사용할 기회를 주려고 합니다.

선생님이 고민한 끝에 여러분의 동료 평가 결과 데이터를 바탕으로 모둠을 구성하여 비슷한 성향의 언어 습관을 지닌 친구들끼리 공동의 목표를 정해서, 함께 격려하고 노력하며 나갈 수 있도록 모둠을 나누고자 합니다. 이 데이터는 (바르고 고운말 표수)−(바르지 못한 말 표수)의 결과를 바탕으로 팀을 구성했습니다. 그 결과가 10점 이상인 친구들과 0~10점인 친구들, 그리고 0 미만인 친구들로 3개의 그룹으로 모둠을 나눠서 진행해 보고자 합니다.

얼굴이 하얗게 사색 된 친구들이 눈에 보이네요. 이전에도 말했듯이 선생님은 여러분의 과거의 언어 사용 습관으로 여러분을 꾸짖을 생각은 없으며, 색안경 끼고 바라볼 생각도 없습니다. 다만 여러분이 자신이 0점 미만의 결과가 나왔다면 이 결과를 겸허히 받아들이고, 도전으로 과거보다 더 멋진 자신을 만들어 가길 바랄 뿐입니다. 그렇게 변화한 친구들은 분명 눈부실 테니, 그땐 색안경을 끼고 바라봐 드리겠습니다. 그리고 바르고 고운말을 평소에도 잘 쓰던 친구들은 더 많이 활용하여 우리 교실을 핑크빛으로 물들여 주길 기대해 보겠습니다.

혹시 이 프로젝트 진행 방식에 대해 결사반대하는 사람이 있을까요? 그리고 궁금한 것이나, 제안하고 싶은 것이 있으면 말해주세요.

이 프로젝트는 기본적으로 일상생활에서 우리말을 바르게 사용하는 태도를 기르는 **목적**과 '자기 성찰·계발 역량'에 중점을 둔 **'태도'**를 함양하는 것에 집중한 프로젝트로 '성찰'에 비중을 두고 있습니다. 그래서 프로젝트 과정도 '성찰'할 수 있는 활동을 계획하여 반영합니다.

원래 결과가 나온 후보다 결과가 나오기 전이 더 긴장되고, 자신이 했던 말과 행동들이 주마등처럼 지나가지 않나요? 그래서 그룹 발표 전에 자신이 어떤 그룹일 거 같은지, 예측해 보고, 자신이 한 분홍색 언어와 갈색 언어를 정리해보는 활동을 통해 언어생활을 돌이켜 볼 수 있는 시간을 줍니다.

(O)번 이름: OOO 〈 나의 색깔은 갈색일 것 같습니다. 〉

〈 핑크색 언어 〉

- 남에게 좋은 영향을 끼칠 수 있는 말
- 긍정적인 말
- 응원하는 말
- 남을 존중해주는 말

〈 갈색 언어 〉

- 남에게 안좋은 영향을 끼칠 수 있는 말
- 비속어
- 욕설
- 잦은 줄임말

〈 나의 언어생활을 돌이켜 봅시다. 〉

나는 주변 사람들한테 자주 갈색 언어를 사용하는 것 같다. 모든 사람들에게 다 그러는 것은 아니지만 그래도 주변 친구들에겐 갈색 언어를 자주 사용하는 것 같다. 예를 들어 비속어라던지 욕설을 섞은 말들, 줄임말 등을 좀 자주 사용하는 것 같다. 이번 계기에 크게 느낀 것은 '아.. 내가 좋지 않은 언어를 사용하는 것은 알았는데 생각보다 심하고 많이 사용했구나'를 느끼고 크게 반성했다. 또한 내가 사용한 갈색 언어로 상처를 받았거나 안좋은 영향을 받은 친구들에게 미안한 마음도 든다. 바로 갈색 언어를 안할 수는 없겠지만 그래도 심각함을 느낀 이상 이젠 조금씩 조금씩 친구들의 도움을 받고 나 혼자서도 노력하면서 내가 썼던 갈색 언어들을 앞으로 핑크색 언어로 바꾸도록 노력할 것이다. 솔직히 이미 옳지 않은 언어들을 자주 사용해서 그 언어를 나도 모르게 자주 사용하게 되었어서 나도 모르게 튀어나올 까봐 걱정되기도 한다. 하지만 내 미래를 위해서 옳은 길로 가기 위해서 노력할 것이다. 내가 갈색 언어를 혼자서 줄이려고 노력하기 버거우면 친구의 도움도 받아 가면서 줄이도록 할 것이다. 내가 그동안 쓰던 갈색 언어들을 이제 점점 핑크색 언어로 바꿔나갈 것이다. 그동안의 나의 행동에 반성하고 또 반성할 것이다.

(OO)번 이름:OOO 〈 나의 색깔은 갈색과 핑크색의 중간 일 거 같습니다. 〉

〈 핑크색 언어 〉

- 너는 할 수 있어라고 친구를 위로해 주었다.
- 친구나 동생에게 천재라고 하며 의견을 공유했다.
- 행사 아이디어 좋다며 친구나 가족의 의견을 수용하고 인정했다.

〈 갈색 언어 〉

- 아 작작해! 나도 지쳤거든? 등 동생이 뭐 하나 잘못할 때 마다 계속 혼을 냈다.
- 괜히 기분이 나쁠때 혼자 중얼중얼 거린적이 있다.
- 어쩔티비나 저쩔티비를 사용하며 친구가 기분이 나쁠만한 언어를 사용했다.

〈 나의 언어생활을 돌이켜 봅시다. 〉

나는 5학년까지는 욕도 하지 않고 그냥 가벼운 외국어나 줄임말을 사용했다. 이것도 좋은 표현은 아니지만 욕은 하지 않았다. 근데 최근 들어서 공부할 양도 많아지고, 중학교 선행도 어려워서 괜스레 가끔 짜증을 부리거나 욕을 한적이 있다. 그리고 동생이 요즘에 사춘기가 와서 이해해주려다가 보니까 나도 지치고 해서 동생에게 화를 낸적이 몇 번있다. 이렇게 적다보니까 내가 바른 습관을 가지고 있는 어린이가 아니라는 것을 알게 되었다. 6학년이 되니까 밤 늦게 까지 학원을 가는데 학원 버스에 욕을 하는 친구들도 있고 지나가는 중학교 언니오빠들도 욕을 하니 나도 저절로 욕이 나오는 것 같다. 욕을 하면 친구들이 상처를 입을 수도 있다는 것을 알게 되었다. 이제부터는 갈색빛의 언어를 분홍빛의 언어로 바꾸기 위해 노력해야 겠다.

▲ 자신의 언어생활을 돌이켜 보는 성찰 활동 예시

번호	바르고 고운말	바르지 못한 말	결과	랭킹
1	3	9	-6	25
2	4	6	-2	20
3	13	2	11	8
4	16	0	16	5
5	27	0	27	1
6	1	15	-14	26
7	18	1	17	4
8	15	1	14	7
9	7	6	1	18
10	4	6	-2	20

▲ 설문조사 결과 분석 결과 예시

분석 결과를 구글 시트의 부가 기능인 메일머지㉘를 활용하면 평가 결과 및 각종 데이터를 학생 맞춤으로 발송할 수 있습니다.

교사는 학생들이 '성찰'문을 작성하는 동안 데이터분석을 통해 그룹을 나누고, 메일머지를 활용하여 학생들에게 일괄 발송합니다. 당연히 점수에만 신경 쓰지 않도록 주체성을 살릴 수 있는 문구를 함께 적어줍니다.

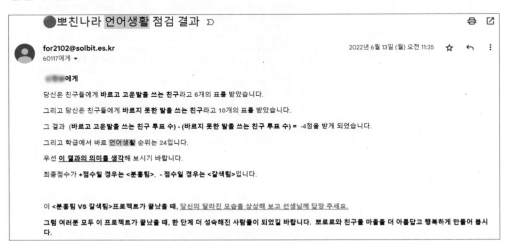

▲ 데이터분석 결과 메일머지 발송 예시

그런데 여기서 교사는 이런 생각을 하게 됩니다. '국어과 활동인데, 주장하는 글을 쓰는 내용이 포함되어 있던 단원인데, 이것을 목적에 맞게 할 수 있는 방법이 없을까?'라는 고민을 합니다. 그리고 '다른 사람을 대상으로 주장하는 글을 쓰는 게 아니라, 본인을 설득하는 주장하는 글을 쓰는 건 어떨까?'라는 생각을 합니다. 이제는 이 과정이 익숙하시죠? 바로 책임감을 갖고 긴장과 딜레마 조정하여 새로운 가치를 창출하는 변혁적 역량을 발휘하는 과정입니다.

학생들은 우리말을 바르게 사용해야 하는 이유에 대해 자신과 우리 반 친구들을 설득할 만한 근거자료 영상이나 보도자료, 표나 그래프 등을 검색하여 정리합니다. 물론 다른 친구들이 찾아서 정리한 내용도 함께 살펴볼 수 있으며, 이를 바탕으로 자신을 설득하는 글을 작성합니다.

㉘ 구글 시트의 부가기능인 메일머지 기능을 활용하면 평가 결과 및 각종 데이터를 학생 맞춤으로 발송할 수 있습니다.

(0)번 이름(000) 제목: 욕을 하면 할수록 지능이 낮아진다.

자료 출처: 유튜브 '이지'

고등학생 29명을 대상으로 또래에게 얼마나 거친언어를 들었는지 조사했고 그 결과 거친언어를 들었을수록 해마 크기가 작았고 뇌회로 발달이 늦어지는데 연관이 있다는 결과가 생김

언어폭력 피해자와 가해자를 대상으로 조사를 해본 결과에서도 언어폭력 피해자는 남들보다 해마의 크기가 작고 뇌회로 발달도 느리다고 나왔고, 가해자도 마찬가지로 해마 크기가 남들보다 작고 뇌 회로 발달도 느리다고 결과가 나옴 가해자의 경우 자신의 감정을 적절하게 언어로 표현하지 못하기 때문에 뇌 발달이 잘 안됨

욕설을 하루에 100회 이상 하는 그룹과 10회 미만 하는 그룹은 어휘력에서도 상당한 차이를 보였음 욕설을 많이 듣고 하게 될 경우 다른 어휘들은 점점 머리 속에서 사라지게 되고 어휘력이 낮아지게 되어서 인지능력까지 낮아지는 그런 효과를 가져옴 뿐만 아니라 무계획 충동성도 욕을 100회 이상 하는 사람들이 더 높다는 결과와 인지 충동성도 마찬가지로 욕을 100회 하는 사람들이 더욱 더 높다는 결과가 나왔다.

▲ 구글 프레젠테이션, 근거자료를 찾아 정리한 자료 예시

(OO)번 이름(OOO) 제목: 욕을 왜 하면 안되는지 알려줄게.

OOO야 욕을 왜 하면 안되는지 알려줄게.

욕을 하면 욕을 듣는 순간 다른 언어보다 4배나 크게 기억에 남고 그럼 나중에 어른이 되서도 기억에 남겠지? 그리고 지능이 낮아져 어휘력등 이 낮아지게 되고 욕을 많이 쓰는 사람들은 거의 무계획적으로, 충동적으로 생활한데 엄청 무섭지 않아?

그리고 또 다른 실험이 있는데 욕을 한 침전물과 좋은 말을 한 침전물을 쥐에게 주었더니 욕을 한 침전물을 준 쥐는 얼마가지 않아 죽었다고해 정말 무서운 이야기와 다름 없는 것 같아. 그리고 욕을 듣는 사람뿐만 아니라 욕을 하는 사람까지 피해를 입어. 그럼 피해는 나에게 오는 것이 겠지? 그럼 너는 지금 부터라도 욕,비속어,줄임말등을 멈춰야하지 않을까...? 욕을 듣는 사람도 겉모습은 멀쩡하지만 속으로는 힘들어 하고 있을 수 도 있다는 생각을 해봐.

큼 이제 고운말을 쓰면 좋은 점도 알려줄게 고운말을 쓰면 서로서로기분이 좋지? 그리고 내 마음을 잘 표현할 수 있어. 예를 들어서 싸움이 났는데 서로서로 고운 말을 쓰면서 싸움을 잘 해결할 수 있겠지?? 그럼 이번 프로젝트를 하면서 너의 모습을 조금 더 생각 해보고 욕 대신 고운 말을 썼으면 좋겠다! 좋은 하루 보내~!

▲ 자신을 설득하는 글쓰기 예시

이제 〈분홍말 프로젝트〉를 본격적으로 시작할 준비가 되었습니다. 설문 데이터분석 결과 이메일을 바탕으로 학생들은 자신이 어떤 그룹인지 확인하여, 같은 그룹끼리 정해진 공간에서 만나 서로 인사를 나눕니다. 모둠 인원이 많으면 무임승차와 갈등이 발생할 가능성이 높으며, 의견을 하나로 모으는 데 시간이 많이 소요되므로 모둠의 인원을 4명이 넘지 않도록 조정합니다.

3개의 그룹이 9개의 모둠으로 편성되었고, 각 모둠은 자신들의 '프로젝트 목표'와 '모둠명'을 정하고, '방법'을 의논합니다. 그럼, 모둠별로 어떤 방법을 계획하여 실행하였는지 살펴보겠습니다.

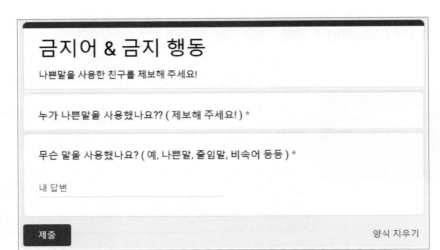

▲ 나쁜 말 제보 설문을 만들어 활용한 모둠

▲ 실천 일기를 잼보드에 작성하여 활용한 모둠

▲ 실천 일기를 프레젠테이션에 작성하여 활용한 모둠

게시판 💬

(6/20~6/26) 1주차 순위 😄	**(6/27~7/3) 2주차 순위 😄**
-마음 동전	-마음 동전
1등 : 홍▦▦ (42개)	1등 : 이▦▦ (66개)
2등 : 김▦▦ (41개)	2등 : 김▦▦ (65개)
3등 : 이▦▦ (36개)	3등 : 홍▦▦ (55개)
-악마 동전	-악마 동전
1등 : 홍▦▦ (47개)	1등 : 홍▦▦ (60개)
2등 : 이▦▦ (38개)	2등 : 김▦▦ (35개)
3등 : 김▦▦ (28개)	3등 : 이▦▦ (30개)

▲ 마음 동전과 악마 동전으로 나눠 누적 관리한 모둠

6월 20일		6월 21일		6월 22일		6월 23일	
분홍말 5번	갈색말 0회	분홍말 3회	갈색말 1회	분홍말 12회	갈색말 0회	분홍말 6회	갈색말 0회
분홍말 4번	갈색말 0회	분홍말 3번	갈색말 0회	분홍말 4회	갈색말 0회	분홍말 7회	갈색말 0회

6월 27일		6월 28일		6월 29일		6월 30일	
분홍말 6회	갈색말 1회	분홍말 3회	갈색말 0회	분홍말3회	갈색말 1회	분홍말 5회	갈색말 2회
분홍말4회	갈색말0회	분홍말 5회	갈색말0회	분홍말6회	갈색말 0회	분홍말 3회	갈색말 0회

▲ 실천 일기를 구글 시트에 작성하여 활용한 모둠

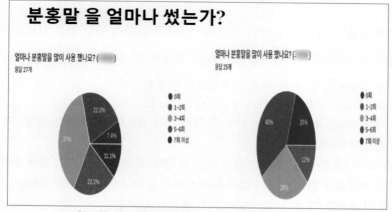

분홍말 을 얼마나 썼는가?

얼마나 분홍말을 많이 사용 했나요? (▦▦▦)
응답 27개

얼마나 분홍말을 많이 사용 했나요? (▦▦▦)
응답 25개

- 0회
- 1-2회
- 3-4회
- 5-6회
- 7회 이상

▲ 위 구글 시트 정리 자료를 그래프로 나타내어 활용한 예시

이 프로젝트는 6월에 시작되었고, 1학기 종료될 때까지 주당 1~2차시로 진행되었습니다. 학생들은 모둠별로 공유하여 함께 기록할 수 있는 구글 프레젠테이션, 구글 시트, 구글 설문, 잼보드 등 회의에서 결정된 도구를 활용하여 계획한 것을 실천하기 위해 노력했습니다.

물론 처음부터 프로젝트가 성공적으로 진행될 리는 없습니다. '학생 행위주체성'을 살려 진행하는 프로젝트라 하더라도 학생들은 과제라는 생각이 들 것이며, 실천은 계획과는 또 다른 어려움을 동반합니다. 드디어 프로젝트의 시작과 함께 갈등도 시작됩니다. 자기 자신과의 갈등, 같은 모둠원과의 갈등, 학급 전체 갈등, 교사와의 갈등은 당연한 일입니다.

"갈등은 성장의 기회"

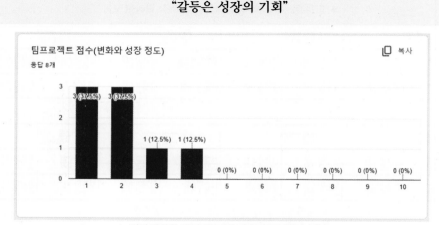

▲ 진갈색팀의 중간 발표에 대한 동료 평가 결과

가장 언어 사용 습관이 안 좋았던 학생들부터 진행 상황에 대한 중간 발표를 하는데, 친구들의 평가는 냉혹합니다. 그리고 학생들은 교사의 말 보다 친구들의 평가와 피드백에 더 민감하게 반응하므로, 이를 더욱 적극적으로 활용합니다.

- 정말 의식하지 않으면서 했다는 것이 다 표시 난다. 평소에 변화된 것도 없는 것 같던데. 느낀 점은 무엇인지 궁금하다.
- 프레젠테이션에 쓴 것을 아직 안 하고 있는 것 같다. 특히 OO이는 아직 갈색 언어를 굉장히 많이 사용하고 있다. 이 친구들이 아직 잘하지 못한 것과 앞으로의 계획을 더 말해주었다면 더 좋았을 것 같다. 그래도 OO이와 OO이는 많이 줄인 것 같다.
- 평소에 이 모둠 친구들이 갈색 언어를 많이 쓰고 다니던데, 변화는 없는 것 같고 모둠의 제도를 지키지 않는 것 같아서 더 센 제도를 많이 만들어야 할 것 같다.

드디어 교사에게 기회가 왔습니다. 주체성, 자유, 책임, 도전, 성장 등 핵심 가치에 기반한 철학적 잔소리를 해도 되는 순간입니다.

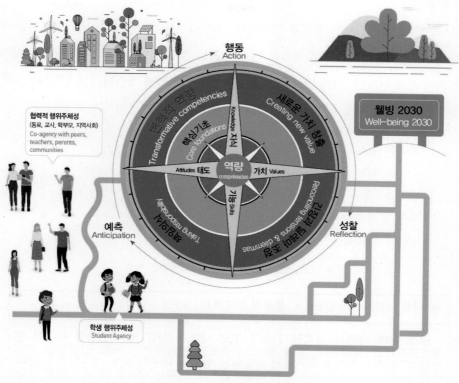

▲ OECD 교육 2030 학습 나침반

이렇게 '학생 행위주체성'을 지니고 학생들이 떠나는 여행은 '예측'–'행동'–'성찰'의 서클을 반복하며, 그 과정에서 긴장과 딜레마 상황을 직면하고 이를 조정해 볼 수 있는 기회를 줄 수 있도록 디자인해야 합니다. 그래야만 학생이 책임감 있는 태도로 긴장과 딜레마를 조정하여 새로운 가치를 창출하는 변혁적 역량을 함양할 수 있습니다.

그 과정에 교사는 '가르치기'의 방식이 아닌 '코칭'의 방식으로 학생과 만나야 하며, 이는 학생들의 주체성을 강화하는 기회가 됩니다. 교사는 프로젝트가 시작되면 갈등이 생기는 순간을 예측하고 발생한 갈등을 주의 깊게 관찰하여, 학생들이 이것을 어떻게 해결해 나가는지, 교사의 '코칭'이 필요한지를 판단해야 합니다. 교사에 의해 쉽게 해결된 갈등은 학생들의 성장으로 이어지기 어려우며, 이런 과정은 학생의 주체성 강화에 오히려 방해 요소가 됩니다.

교사는 학생들이 만나는 긴장과 딜레마에 대해 조언해 줄 수는 있지만, 해결책을 제시해 주지는 않습니다. 그래서 학생들은 저마다 지닌 역량을 바탕으로 각자 방법을 생각해서 이를 추진해 나가며, 이때 발생하는 문제를 친구들과 함께 풀어나가야 합니다. 그런 과정을 거친 학생들은 한층 더 역량이 성장하며, 긍정적 자아 형성에 영향을 줍니다.

박○○의 일기 7월 6일
　나는 오늘 우리반 친구들에게 "꺼져" 대신에 "저리 가"라고 말했어. 그리고 수학 문제집을 푸는데 많이 맞추어서 기분이 좋았어!!

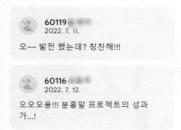

60119●●●
2022. 7. 11.
오~~ 발전 했는데? 칭찬해!!!

60116●●●
2022. 7. 12.
오오오옹!!! 분홍말 프로젝트의 성과가...!

▲ 댓글 기능으로 서로 소통하며 격려하는 모습

1 나를 성장시킨 수업들 < 분홍말 프로젝트 >

원래 욕에 대해서 심각한 인식이 없던 나에게 정말 많은 변화를 이끌어 준 프로젝트라고 생각한다. 분홍 말 프로젝트를 시작하면서 욕의 심각성을 많이 깨닫게 되었다. 그리고 주변에서 생활하는 방법을 바꾸게 되는 계기이기도 했다. 원래 불평이 생기면 욕부터 하기 나름이었는데, 이제는 생각을 해 보고 화를 낸다. 그렇게 음. 좋지는 않지만 예전보다는 바뀌었다는 생각이 든다. 계속해서 성장은 해나가고 있다는 생각이 든다. 어쨌든 내가 자극적인 영상을 너무 많이 봐버린 나머지 정신머리가 없어진 것 같다. 그냥 정신이 나갔었는데, 이 프로젝트를 하고 나서 방금 기침 때문에 현실 감각이 돌아온 것 처럼, 분홍말 프로젝트로 현실적으로 살게 되었다. 원래 이상한 인생을 살았던 와타시가.. 현실감각을 다시 깨우치고 생각하며 사는 어린이가 되었다는 것이 나를 정말 성장시킨 수업이라고 생각한다. 지금 생각이 너무 많다. 그리고 나는 그리고 노래가 신나도 욕은 안 한다. 하 진짜 지금 노래과 너무 신나는데 앞에서 춤을 추지 않는 것은 정말 대단한 것 이다. 이렇게 내가 성장을 했다니 내가 너무 자랑스럽군..요.

▲ 나를 성장시킨 수업에 분홍말 프로젝트를 선택한 학생 후기

분홍말 프로젝트를 하면서 나는 남이 싫어하는 이야기를 하지 않게 되었다. 원래는 남을 무시하거나 그런 행동을 했었는데, 이 프로젝트를 하면서 친구들과 더 많은 이야기를 얘기하게 되었다. 그 결과로 비속어도 많이 안 쓰고 조금이나마 친구들을 이해할 수 있었다. 몇몇 친구들이 하는 행동이 이상하다고 느꼈는데, 이 프로젝트를 통해서 그런 친구들에 대해 생각이 '어.. 쟤네 뭐야?' 에서 '어.. 얘네는 이렇게 노는구나.'라고 생각하게 되었다.

5학년 때까지만 해도 욕은 잘 쓰지 않았다. 근데 6학년이 되면서 학업 스트레스도 많아지고, 사춘기에 걸린 동생과도 너무 자주 싸우게 되면서 갈색 언어들을 사용하기 시작했다. 그래서 이 프로젝트가 이걸 고칠 수 있는 기회라고 생각했다.

그리고 이 프로젝트에서 '고운 일기 쓰기'라는 프로젝트를 기획했는데, 이 프로젝트는 일기를 쓰면 다른 친구들이 댓글로 응원 메시지나, '와, 나도 그랬어!'라며 공감, 칭찬의 문구를 다는 것이었다. 덕분에 모둠 친구들과의 공통점을 찾아보게 되었다.

이 분홍말 프로젝트는 일석삼조의 프로젝트라고 생각한다. 왜냐하면 이 프로젝트를 하면서 갈색말을 줄일 수 있었고, 다른 친구들의 장단점을 찾으며 공감하고 서로 공통점에 대해 자주 이야기하며 더욱 친해졌다. 그리고 가족에게 칭찬의 말을 하며 가족과도 더욱 돈독해졌다.

원래는 '아 꺼져'를 사용했었는데, 이 프로젝트를 하면서 '저리 가 줄래?'라고 하고 있다. 과거를 곱씹어보니 나도 모르게 사용하고 있는 비속어들이 많았다. 그래서 나의 말 때문에 다른 이가 상처받았겠구나, 했다. 다음에도 이런 예쁘고 고운 말을 습관으로 만들어야겠다.

2022 솔빛초 성00

▲ 분홍말 프로젝트를 마치며, 학생 후기

일상생활에서 우리말을 바르게 사용하는 태도를 기르는 **목적**과 '자기 성찰·계발 역량'에 중점을 둔, 10차시 〈분홍말 프로젝트〉는 '성찰'이 담긴 후기를 적어 내려가며 그렇게 마무리되었습니다.

〈분홍말 프로젝트, 우리 아이가 진짜 달라졌어요.〉 사연

▶ 어떤 말을 써야 하는지 친구들 사이에서 나는 어떤 언어를 쓰고 있었는지 스스로 깨달은 시간이었고 가정에서도 동생에게 바른말을 알려주고 스스로 검색도 해보며 바르고 고운 언어에 대해 알게 되었습니다.

▶ 사랑한다는 말을 자주합니다.(통화 끝나면 항상, 등교할 때 등등) 형과 싸우며 하던 거친 말이 많이 줄었습니다.

▶ 사춘기가 시작되는 시기에 밖에서 나쁜 말은 하지 않을까 걱정을 많이 했는데 프로젝트를 통해서 욕이나 은어를 사용하지 않으려고 대화를 할 때, 조심하는 모습에서 안심할 수 있었습니다. 한 번은 본인이 직접 말을 못하니까 아빠 엄마를 통해 문제 내듯이 그 단어를 유추해 내도록 하면서 간접 사용법을 쓰기도 하더라고요^^ 예쁜 말을 쓰려고 노력하는 모습이 너무 예쁘고 가끔씩 아이와 놀이를 하는 것 같아 즐거운 시간이 되기도 했습니다.

▶ 평소에도 고운말 쓰기에 적극적이었지만 분홍말 프로젝트를 통해 욕하지 않기, 고운말 쓰기에 대해 다시 한번 더 책임감을 가지고 의식적으로 노력하는 모습을 보이며 주위에도 고운말 쓰기에 대해 적극적으로 이야기하는 모습이 기특했습니다. 앞으로도 지금처럼 좋은 영향력을 줄 수 있는 학생이 되었으면 좋겠습니다.

▶ 슬슬 친구들과 은어 비속어 사용량이 증가하던 참에 00반에서 시작한 분홍말 프로젝트는 00 스스로가 한번 돌아볼 수 있는 기회가 되었습니다. 자신이 자주 쓰던 단어나 어휘를 점검하고 아직도 고쳐야 할 습관이 남아 있다며 새로운 다짐하는 모습을 보여주기도 합니다. 00 보면서 저도 반성하게 됩니다.

▶ 은어나 줄임말 등을 가끔 쓰지만, 프로젝트를 통해 전반적으로 좋은 말들을 하려고 하는 모습이 보여요. 엄지척!

▶ 00이가 처음 분홍말 프로젝트를 시작하고 받은 순위는 저에게도 충격이었습니다. 제가 아는 00이는 욕설도 하지 않고, 요즘 아이들이 많이 쓰는 ㄱ-, ㅈ- 으로 시작되는 접두어도 쓰지 않는 걸로 알고 있는데 아이들이 00이를 나쁜 말을 많이 쓰는 아이로 뽑았다니요.. ㅠㅠ 00이도 스스로 충격받고 더 말을 조심하고 예쁘게 말하려고 노력하겠다고 했어요. 학교에서는 아마도 큰 목소리와 과장된 행동으로 크게 개선된 모습이 느껴지지 않았을지도 모르겠지만, 집에서는 많이 좋아진 모습이에요. 집에서는 원래 거친말은

쓰지 않았지만, OO이가 재미삼아 즐겨 쓰던 어쩔티비, 킹받네 같은 신조어(?)들도 요즘 거의 들어보지 못했네요. 앞으로도 예쁜 말만 하는 OO이가 되었으면 좋겠습니다.

▶ 외래어를 우리말로 사용하려고 집에서 연습도 하고 OO이와 이야기할 때 사용한 언어를 고쳐 말하며 분홍 말이 될 수 있도록 노력했습니다. 외래어 사용을 줄이려고 우리말로 고쳐보며 열심히 공부한 OO이 … 욕이나 비속어 사용은 원래 사용하지 않았지만, 분홍 말 프로젝트를 하면서 의식적으로 말을 할 때 더 조심히 언어를 선택해서 사용했습니다. 프로젝트가 끝나도 계속 바르고 고운 말 사용 해주세요 ~^^

▲ 학기 말, 우리 아이가 달라졌어요. 학부모 제보 中

Ⅲ-(4)
1학기, 개인역량 Up 프로젝트!(인형극)

한 학기가 끝날 때쯤이면, 학생들의 경험을 되돌아보고, 학생들이 자신의 역량을 최대한 끌어올려서 도전해 볼 수 있는 프로젝트를 기획합니다. 학생들은 정말 무엇을 실제로 할 수 있을까요? 학습한 것이 학생의 삶과 연결되었을까요?

☐ 미래역량 함양 교육과정과 학습

> ◇ 학습자 중심 교육에서 강조하는 역량은 **학습을 통해 학습자의 삶과 통합되어 일어나는 총체적인 변화로 역량 개념에 대한 재설계 필요**
> ○ 역량을 강조하는 교육은 '학생이 무엇을 아는가?'보다는 알고 있는 것을 기초로 '무엇을 실제로 할 수 있는가?'에 초점 ⇨ **학습 경험의 질제고**

○ **(역량 재설계)** 지능정보사회에 유연하게 대응할 수 있도록 **삶과 연계한 미래 역량 중심으로 학교급별·교과별 학습 경험 재구조화**

※ 현행 교육과정의 핵심역량을 지식, 기술, 태도, 가치, 동기 등의 구성요소들이 유기적으로 연결되어 하나의 내적 구조를 이루는 총체적 구조 속에서 접근하여 구조화

해외사례	OECD의 역량 전·후 비교	
기준	**'DeSeCo' 프로젝트**	**OECD 학습 틀 2030**
비전	• 개인의 성공	• 개인과 사회의 '웰빙'(well-being)
역량 개념	• 지식과 기능뿐만 아니라 태도, 감정, 가치, 동기와 같은 요소들을 동원하여 특정 맥락의 복잡한 요구를 성공적으로 충족시킬 수 있는 능력	• 복잡한 요구를 충족시키기 위해 지식, 기능, 태도와 가치를 동원하는 능력으로 지식, 기능, 태도와 가치를 포함하는 총체적 개념
목표	• 성찰	• 학생 행위주체성

▲ 국민과 함께하는 미래형 교육과정 개정 추진 계획(안).15쪽(2021.04.)

2022개정 교육과정에서는 학습자 중심 교육에서 강조하는 역량을 〈학습을 통해 학습자의 삶과 통합되어 일어나는 총체적인 변화〉로 역량의 개념을 정의하고 있습니다. 그리고 '학생이 무엇을 아는가?'보다는 알고 있는 것을 기초로 '무엇을 실제로 할 수 있는가?'에 초점을 두고 역량을 강조합니다. 저는 이 내용을 들여다보면서 이런 생각을 했습니다.

> **"결국**, 교실은 학생들이 자신이 알고 있는 것을 바탕으로 실제로 해볼 수 있는 경험의 장으로 변화되어야 하고, 이것이 학생 삶의 변화까지 끌어내야 하는구나."

수업에 어떤 가치를 더하여 의미를 부여하고, 교실이란 공간을 어떻게 정의하느냐에 따라 교육은 다른 모습과 깊이로 다가옵니다. 교육을 실천하는 교실에 대해 나름 그렇게 정의를 내리고, 이를 구현하려고 노력하다 보니, 교실은 새로운 도전의 장이 되어버렸습니다.

그런데 앞에 나왔던 'Ⅲ-(3) 분홍말 프로젝트'처럼 학생들이 행위주체성을 기반으로 모둠별로 기존에 익혔던 에듀테크 도구들을 선택하여, 서로 연결하여 결과물을 만들어 가는 것을 보면서 정말 학생들의 삶이 변화되고 있음을 느끼게 됩니다. 학생들을 만나서 역량에 중심을 둔, 그리고 에듀테크 도구를 활용하여 교육한 지 3개월이 지난 시점이었습니다.

> **"진짜**, 교실이 학생들이 자신이 알고 있는 것을 바탕으로 실제로 해볼 수 있는 경험의 장으로 변화되면, 학생 삶의 변화까지 끌어낼 수 있는가?"

이 질문에 '그렇다'는 확신을 준 프로젝트가 바로 〈인형극 프로젝트〉입니다. 그럼 이 프로젝트의 시작이었던 교사의 '성찰'부터 이야기를 시작합니다.

첫 시작은 '싫어서'였습니다. 교사가 정한 것을 아이들이 단순히 방법만 따라서 앵무새처럼 따라 하게 되는 것이 싫었습니다. 그러다 다른 그 어떤 것을 찾는 중에 양말 인형 만들기 영상을 보고 직접 만들어 보게 되었습니다. 그런데 그렇게 만든 인형에 애착이 생기더군요. 그리고 그렇게 어렵지 않다고 판단해서 도전~!!을 외쳤습니다.

그렇게 자신이 만들고 싶은 인형을 검색해서 정하고, 변형해 가면서 양말 인형을 만드는 아이들을 보면서 이렇게 열심히 만들고 있는데, 이게 끝이라 하기에는 뭔가 많이 아쉬운 마음이 들었습니다. '그래서 이 인형으로 무엇을 할 수 있을까?'를 생각하게 되었죠. 그러다 문득 '아하~!! 만든 인형이 출연하는 영상을 제작하면 어떨까?'라는 생각을 하게 되었고, 그 계획이 구체화 되면서, 본인이 만든 인형이 주인공, 친구들이 만든 인형은 조연, 내가 직접 쓴 극본으로 만드는 세상에 단 하나뿐인 영화제를 떠올렸습니다.

갑자기 등교 주간이 원격 수업으로 바뀌기도 하면서 마무리까지 쉽진 않았지만, 교사도 학생도 함께 성장할 수 있었던 의미 있는 시간이었습니다.

처음에 싫어서 시작했지만, 그 끝은 너무나도 좋았던 그 프로젝트를 다른 선생님들과도 함께하고 싶습니다.

2021년 7월

처음 2021년도에 등교와 원격 수업을 병행하던 그때, 인형극 프로젝트를 마치고, 이를 공유하면서 적었던 글입니다. 지금 제 글을 분석해 보니, 이 인형극 프로젝트를 시작하게 된 '교사 행위주체성'이 똑같은 걸 생각 없이 따라는 것을 싫어하는 '정체성'에서 기인하고 있네요. 그때는 보이지 않던 것이 이렇게 보이는 것은 아는 것이 늘어서 일지, 아니면 그 시기와 생긴 거리 때문에 좀 더 객관적으로 분석할 수 있게 되는 건지는 모르겠습니다. 어쨌든 이런 교사의 '비판적 성찰'을 바탕으로 프로젝트는 기획되었고, 학생들은 '자신이 알고 있는 것을 바탕으로 실제로 해볼 수 있는 경험의 장'에 서게 됩니다. 바로 '교실'입니다.

윗글에서도 느껴지듯이 21년도에는 처음 시도하는 인형극 프로젝트는 분홍말 프로젝트처럼 '예측'–'행동'–'성찰'의 과정의 무한반복 과정을 통해 만들어진 프로젝트였습니다. 이 책에서는 '성찰'을 통해 보완했던 사항을 중심으로 22년도의 〈인형극 프로젝트〉를 안내하겠습니다.

〈인형극 프로젝트〉 2022년도 계획안

1. **바느질 연습**(영상 보며 개별 연습)– 진도 확인표 준비

2. **양말 인형 구상**(자료검색, 재구성 계획 및 극본, 촬영 계획 간단하게 정리하기)

3. **양말 인형 제작**

4. **극본 제작**(국어과 연극 단원)– 구글 문서 활용

5. **영상 제작**– 캔바 활용

6. **영상 공유** – 유튜브 재생목록

7. **영화제 및 시상식 진행**– 구글 설문 투표

8. **소감 나누기**

코로나19로 좋아진 게 있다면, 교육 영상자료가 많이 제작되었다는 것과 교실에 1인 1디바이스가 보급되었다는 것입니다. 그렇기에 뒤에 있는 학생은 잘 보이지도 않는 화면으로 자료를 보여줄 필요는 없습니다. 1인 1디바이스가 있다는 것은 학생 개별 맞춤 교육 기회의 확장을 의미하며, 학생들은 자신의 진도에 맞춰 영상을 보면서 학습할 수 있습니다. 다만, 교사가 학생들의 학습 상황을 파악하여, 효율적으로 피드백할 수 있는 보조 장치는 필요합니다. 저는 구글 시트의 기능 중, 체크박스를 활용해 보았습니다.

번호	1. 매듭(시작)	2. 매듭(끝)	3. 시침질	4. 홈질	5. 박음질	바느질 종합 세트 작품 제출	6. 양말인형		
							❶ 양말인형 완성	❷ 극본 쓰기	❸ 동영상 완성
1	☑	☑	☑	☑	☑	☐	☐	☐	☑
2	☑	☑	☑	☑	☑	☑	☑	☑	☐
3	☑	☑	☑	☑	☑	☑	☐	☐	☐
4	☑	☑	☑	☑	☑	☑	☑	☑	☐
5	☑	☑	☑	☑	☑	☑	☑	☐	☐
6	☑	☑	☑	☑	☐	☑	☐	☐	☐
7	☑	☑	☑	☑	☑	☑	☐	☐	☐
8	☑	☑	☑	☑	☑	☐	☑	☐	☐
9	☑	☐	☑	☑	☑	☐	☐	☐	☐
10	☑	☑	☑	☑	☑	☑	☐	☐	☐
11	☑	☑	☑	☑	☑	☑	☑	☐	☐

바느질 연습 점검표(눈 감고 바느질 하는 고수가 되는 그날까지~!!)

▲ 구글 시트, 체크박스 기능을 활용하여 학습자 진도 확인

학생들은 바느질 영상을 보면서 따라 하고, 자신의 진행 상황을 체크박스로 기록합니다. 점검표를 활용하면, 교사는 학생들의 진행 상황을 파악해서 이에 맞는 적절한 피드백

을 해줄 수 있으며, 학생은 다른 친구의 진행 상황을 파악하여 자신의 학습 속도를 조정하는데 필요한 정보를 얻을 수 있습니다.

바느질에 대해 기초적인 '지식'과 '기능'을 익혔으니, 이젠 '학생이 무엇을 아는가?'보다는 알고 있는 것을 기초로 '무엇을 실제로 할 수 있는가?'에 초점을 둔 역량을 강조하는 교육이 될 수 있도록 다음 과정을 설계합니다.

양말 인형 만들기에 대해 검색해 보면 생각보다 다양한 영상이 있으며, 학생들은 자신의 바느질 실력, 취향 등을 고려하여 자신이 관심이 가는 만들기 영상을 선택합니다. 물론 이것을 똑같이 따라 하는 것은 목적이 될 수 없으며, 학생이 자신의 개성과 창의성을 발휘할 수 있는 작품을 구상하도록 안내합니다. 학생들은 영상을 보면서 이것을 자신만의 스타일로 어떻게 변형할지를 생각하여, 공유된 프레젠테이션에 계획을 기록합니다.

▲ 구글 프레젠테이션, 인형극 계획 작성하기

이렇게 하나의 구글 프레젠테이션에 학생들이 함께 접속하여 각각의 슬라이드에서 작업하는 방식은 교사가 한 눈에 진행 상황을 파악할 수 있고, 학생들 또한 다른 친구들의 활동을 보며 도움을 주고받을 수 있어 좋습니다. 이 방식은 제가 가장 많이 학생들과 작업하는 방식으로 교사와 학생 모두에게 쉽고 효과적이기에 추천합니다.

아래의 한 학생은 꼬꼬 양말 인형의 색을 바꿔서 '오골계'라는 캐릭터로 재창조하는 계획을 세웠으며, 또 다른 학생은 고양이 양말 인형을 변형해서 여우로 재탄생시킬 계획을 세웠습니다.

(O)번 이름(박OO) 제목 :〈 오골계 표류기 〉 주연: 〈 오골계 〉

<재구성 계획>
양말을 검은색으로 해서 오골계를 만들 것 이다.

〈극본 - 내가 만드는 양말 인형이 출연하는 줄거리를 간단하게 소개〉
- 오골계가 아동학대로 인해 한강에서 자살을 시도 한다. 하지만 오골계는 우연히 어떤 섬으로 떠밀려 가게된다. 그후 오골계의 생존이 펼쳐지는데...

〈동영상 - 영상 제작 방법과 계획(음악, 배경, 소리, 소품 등)〉
- 한강과 섬을 만든다.

(OO)번 이름(김OO) 제목 :〈토끼와 여우의 우정〉 주연: 토끼 납치범, 닭

고양이의 꼬리를 풍성하게 만들고 주둥이도 길게 만들어서 **여우로 재탄생**시킬거다.

*극본 - 옛날 옛적에 친하게 지내던 여우와 토끼가 살던 산에 불이 나면서 토끼와 여우는 이별을 하게 된다. 그들은 만나려고 노력하지만 뜻대로 되지 않았고..결국 산불 5년후, 여우가 닭을 훔치러 남의 집에 들어가는데 그곳에 토끼가 잡혀 있었다. 여우와 토끼는 서로를 알아보고 기뻐하며 다시 만나게 된다. 그리고 그 둘은 원래 살던 산이 복원되기를 기다리며 옆산에서 지내게 된다.

*동영상 - 학교 곳곳 또는 집에서 촬영, 편집은 캡컷으로

▲ 인형 재구성 계획 및 극본과 동영상 계획 정리하기

22년도에는 인형을 제작하기 전에 창의적으로 바꿀 부분을 계획하고, 그 인형 캐릭터가 주인공인 극본을 만들어 보게 하는 등 학생이 조금 더 '목적의식'을 가지고 활동할 수 있도록 변형하였습니다.

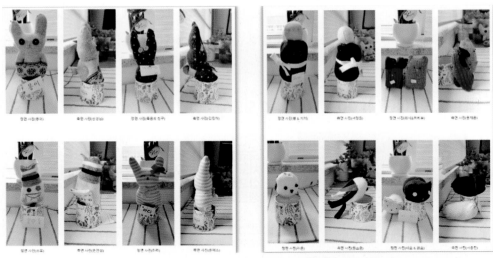
▲ 구글 사이트 도구, 프로필 사진을 공유하여 조연 섭외하기(2021)

21년도에는 교실에서 완성되는 순서대로 포토존에서 정면, 측면 프로필 사진을 찍어서 이를 구글 사이트 도구에 올려서 서로의 인형을 보고 조연 섭외하였고, 인형을 빌려 가서 영상 제작에 활용하였습니다. 그런데 그렇게 활용하다 보니, 조연 인형을 활용해야 하는 경우 일정이 겹치는 경우가 생겼습니다. 그래서 22년도에는 캔바(Canva)에서 다양한 각도에서 찍은 사진을 '배경 제거하기' 기능을 활용하여 올렸고, 자신이 만든 인형의 조연 출연을 희망하는 경우, 이를 반 전체 친구들에게 '공유'하여 서로 활용하였습니다.

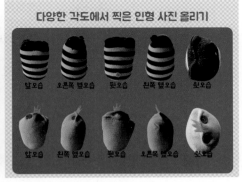
▲ 캔바에서 배경 제거하기 기능을 활용하여 인형 사진을 공유한 예시

21년도가 서로 조연 출연 섭외를 하는 과정에서 서로 소통하는 재미가 있었다면, 22년도는 영상 제작은 매우 효율적이었지만 출연 섭외하는 재미 대신에 영화제 때, 자신의 인형이 다른 영상에 얼마나 쓰였는지 확인해보는 재미가 있었습니다.

다음으로 극본 제작하기는 구글 문서를 활용하여 제작하였습니다. 구글 문서의 '스타일' 기능을 활용하여 그림의 좌측 개요로 각 장을 쉽게 이동할 수 있으며, 전체적인 글의 흐름을 쉽게 파악할 수 있습니다. 저는 공책 정리나 토의 결과를 구글 문서에 기록하게 하기도 하는데, 상하 위계가 있는 글을 '제목 1', '제목 2', '제목 3' 등 스타일을 지정하여 정리하기에 매우 효과적입니다.

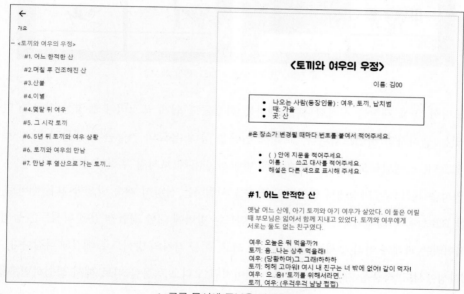

▲ 구글 문서에 극본을 작성한 예시

인형과 극본이 완성되면 캔바(Canva)®를 활용하여 학생들이 인형극 동영상 제작을 본격적으로 시작할 수 있습니다. 21년도에는 스토리보드 작성 없이 바로 영상을 제작했기에 스토리보드를 제작하여 조금 더 체계적으로 만드는 것을 계획합니다. 한 번 경험한 프로젝트는 2회차 프로젝트가 될 때, 새로운 것을 추가하려는 욕심에 오히려 독이 되는 경우가 있었는데, 바로 이 스토리보드 제작이 그런 경우였습니다. 다시 한다면 이 스토리보드는

㉔ www.canva.com

말 그대로 공책에 대충 스케치하는 과정으로 대신할 것 같습니다. 그 이유는 스토리보드 제작에 생각보다 많은 시간이 소요되었고 이로 인해 영상 제작 일정이 미뤄지는 일이 생겼기 때문입니다. 하지만 이 스토리보드 제작으로 인해 영상 연출이 좋아지는 효과가 있기에 간단하게 종이 스케치를 권장합니다.

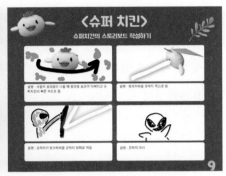

▲ 캔바, 인형극 스토리보드 제작 예시

드디어 영상 제작을 시작합니다. 캔바는 학생들도 쉽게 포스터나 동영상 자료를 만들 수 있는 웹디자인 사이트입니다. 교육자 인증을 통해 유료의 기능을 학생들과 함께 누릴 수 있으니, 선생님들도 꼭 교육자 인증을 받아서 활용해 보시길 추천합니다.

영상을 제작하는 과정에서 학생들의 역량을 시험하는 상황이 계속 발생합니다. 캔바로 단순한 요소들을 편집해서 간단하게 이미지로 만드는 방법에 대한 경험만 있던 학생들은 동영상 제작이라는 과제에 여러 문제 상황에 놓이게 되고, 이를 각자의 방식으로 해결해 나갑니다.

'화성에서도' 작품을 제작한 이 학생은 페이지별 오디오 녹음을 따로 해서 삽입하면, 페이지를 추가하거나 재생 시간을 수정할 때마다 오디오 위치를 매번 조정해야 하는 문제를 겪으며, 다른 방법을 모색합니다. 이 고민을 여러 학생이 질문했지만, 저 또한 그 문제를 해결할 방법을 '코칭'해주지 못하는 상황이었습니다. 그 문제를 이 학생이 해결합니다. 제작한 각 슬라이드를 보면서 캔바의 '직접 녹화하기'기능으로 카메라 렌즈는 천장을 향하게 한 상태에서 오디오에서 탈피하여 동영상을 아예 녹화합니다. 그리고 그렇게 녹화된 동영상을 자신이 제작한 페이지의 이미지 뒤로 레이어 순서를 변경하여 숨겨버립니다. 이 방법으로 캔바의 오디오 개수 제한과 한 동영상의 200개 페이지 개수 제한의 문제를 스스로 해결합니다.

▲ 캔바, 〈업로드 항목〉–〈직접 녹화하기〉 기능

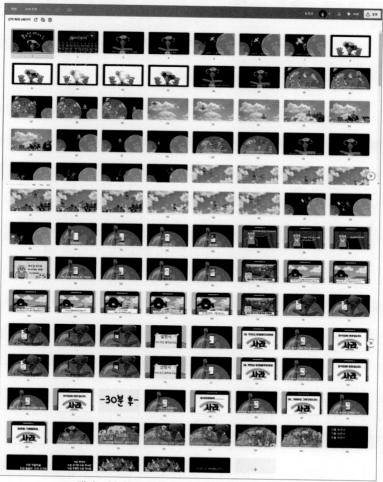

▲ 캔바, 4분 58초 동영상 제작에 활용된 101장의 페이지

▲ 캔바에서 인형극 동영상 타임라인 및 작품 예시

　물론 기존의 불편한 상황에서 새로운 방법을 찾기보다, 불편해도 매번 오디오 위치를 수정하며 작업한 학생들도 있었으며, 자신에게 익숙한 동영상 편집 프로그램을 활용하는 것으로 도구를 변경한 학생도 있었습니다.

　이렇게 알고 있는 것을 기초로 '무엇을 실제로 할 수 있는가?'에 초점을 둔 역량을 강조하는 교육에서 학생들은 실제로 해보면서, 실제 문제에 직면하게 되고, 자신이 지닌 지식, 기능, 가치, 태도 역량을 직시하게 됩니다. 그리고 주체성과 함께 책임감을 지닌 학생들에겐 새로운 가치를 창출해 볼 수 있는 기회가 생깁니다. 이때, 위에서 말했듯이 어떤 학생은 이 긴장과 딜레마를 조정하는 데 성공하기도, 실패하기도 합니다. 하지만 단 하나 분명한 것은 우리는 성공에서도 배우지만, 실패에서도 많은 것을 배운다는 점입니다.

　21년도에는 캔바라는 디자인툴을 이용하여 반 전체가 함께 동영상을 제작하진 않았습니다. 제가 캔바를 잘 몰랐기도 했거니와 교실에 1인 1디바이스가 들어오기 전이었습니다. 그래서 이때는 학생들의 스마트폰이나 태블릿을 활용하였습니다. 동영상 편집 앱을 하나로 통일할까 했으나, 저마다 기존에 쓰던 앱이 있는 학생들은 통일하지 말자는 의견을 주었습니다. 그래서 학생들에게 동영상 편집 앱을 선택하게 하였고, 그렇게 4~5가지 앱을 선택하였습니다.

　그런데 어떻게 이렇게 다양한 편집 앱을 교사가 가르칠 수 있을까요? 교사도 활용해 보지 않은 앱의 활용 방법을 '가르치기'의 방법으로는 한정된 시간에 익힐 수 있도록 도와주는 것은 현실적으로 불가능합니다. 교사의 변혁적 역량이 필요한 상황입니다. 아울러 관점의 전환이 필요한 순간이기도 합니다.

교사는 교실에 가장 풍부한 자원인 인적 자원으로 눈을 돌립니다. 이 교실에는 정말 많은 학생이 있습니다. 교사만 전문적 학습 공동체 연수가 있을 이유가 있나요? 학생들에게도 이와 같은 기회를 주기로 합니다. 교사는 앱의 종류에 따라 모둠을 나눠서 앱을 함께 연구할 수 있는 시간을 줍니다. 그렇게 '전문적 학습 공동체'를 조직하여, 같은 동영상 편집 앱을 활용하여 제작 방법이나 발생하는 문제를 함께 해결해 보는 기회를 줍니다.

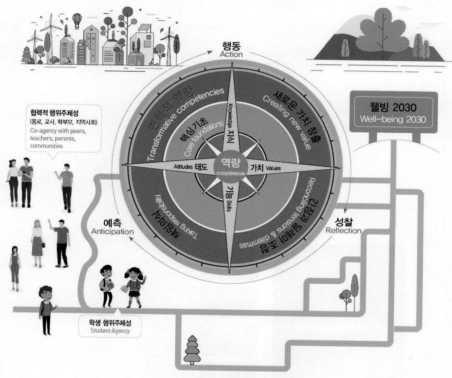

▲ OECD 교육 2030 학습 나침반

제가 미래 교육의 목표로 삼고 있는 'OECD 교육 2030'의 구현을 위해, 가끔 고민이 생길 때는 이 나침반을 들여다보곤 합니다. 그런데 신기하게도 정말 뭔가 새로운 것이 보입니다. 그동안은 나침반 내적인 것에 집중해서 그 의미를 생각했습니다. 그런데 이날은 'OECD 교육 2030 학습 나침반'에서도 외부 요소인 '협력적 행위주체성', 그 중 '동료'라는 단어가 눈에 들어옵니다. 제2의 스승인 친구들이 출동할 때입니다. 그렇게 21년도에는 교사는 동영상 편집 앱을 모르지만, 학생들은 스스로 찾아 배우고, 친구들과 함께 도움을 주고받으며 영상을 완성하도록 '코칭'합니다. '엔트리 코딩 연습하기' 거꾸로 학습 프로젝트처럼 교사가 잘 모르는 동영상 편집 앱이었지만, 아이들은 동영상 편집 전문가가 되었고, 교사는 여전히 동영상 앱을 활용한 편집은 익숙하지 않습니다.

그렇게 완성된 영상은 유튜브 재생목록을 만들어서 공유합니다. 그렇게 영화제의 막이 올랐습니다. 여기에서도 교사는 '협력적 행위주체성'에 대해 생각합니다. 동료, 교사, 학부모, 지역사회 등 조금 더 확장할 방법을 말입니다. 이번에는 학부모까지 확대해서 영상을 함께 감상하고, 투표 결과 반영 및 응원 메시지를 받았습니다. 소극적 확장이지만 그 방향으로 한 걸음 내딛습니다.

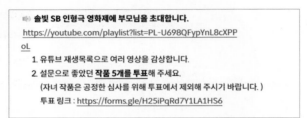

▲ 인형극 영화제 초대 문구

▲ 유튜브. 인형극 영상 재생목록

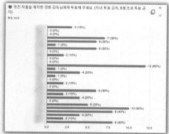

▲ 구글 설문, 학생 · 학부모 투표 결과

- 6학년 1반 친구들 작품 모두 너무 재미있고 멋집니다~^^
- 우리 아이들 고생 많았고 너무 기특하네요 ^^ 늘 좋은 경험의 시작이 돼주셔서 감사드려요 ~
- 너무너무 잘 만들었고, 재미있네요~^^
- 아이디어 뱅크 화이팅
- 이렇게 영상을 만들 수 있다니 아이를 과소평가한 것 같아 미안하네요. 지도하시느라 고생하셨습니다
- 아이들의 정성이 느껴지네요. 다들 멋집니다!!!
- 재미가 있고 메시지가 있습니다
- 아이들의 창의력과 편집실력에 모두 박수를 보냅니다
- 6학년 1반 감독님들~! 모두 모두 잘 만들었네요. 훌륭해요~ 짝짝짝!!!

  여기 멋진 작품 5개의 선정 기준은...
1. 주제의 참신성 (특히, 제목부터~)
2. 제작의 노력도
3. 연령에 대한 적합도
4. 신기술의 접목 여부
5. 친구들 또는 학교, 사회의 발전을 위한 기여도
정도로 요약되네요.

  어느 한 작품 빠질 것 없이 모두 훌륭한 작품이라 생각합니다. 총감독님이신 지미정 선생님. 고생 많으셨어요... 감사합니다! 멋진 영상 잘 봤어요^^ 1반 화이팅!

▲ 학부모 응원 메시지 예시

그리고 학생 투표와 더불어 학부모 설문까지 진행했고, 이 두 표를 합하여 수상자를 뽑았습니다. 물론 수상자에게 주는 선물도 학생들에게 물어봐서 선정했습니다. 학생들은 자신들이 열심히 노력했기 때문에 트로피 정도는 받아줘야 한다고 해서 그만큼 정성을 담아 준비해 봅니다. 더 많은 학생에게 주고 싶었으나, 많이 주면 그 가치가 떨어진다며 3명으로 정해서 '대상' 2명과 가장 많은 영상에 조연으로 출연한 인형에게 '인형 주연상'을 수상하며 마무리했습니다. 그런데 나중에는 3명만 주고 나니 아쉬움이 가득한 표정으로 저를 보는 학생들의 눈빛을 보며, 또다시 '성찰'이 찾아옵니다. 눈치 없는 교사였구나. 특별상으로 몇 개 더 준비할 걸 하는 후회가 그제야 듭니다.

▲ 영화제 수상 트로피

언제나 마무리는 중요합니다. 특히 이런 기능적인 프로젝트의 경우에는 수행 과정 중에 알게 된, 노하우(기술 정보)를 수합하고 공유하는 기회를 놓치면 안 됩니다. 서로 비슷한 경험을 하고 고민했기에 그만큼 서로 알게 된 지식과 기능은 거의 스펀지에 물을 흡수하듯 엄청난 효과를 보입니다.

교사 또한 자신이 몰랐던 부분에 대한 지식을 확장할 수 있으며, 학생들이 어떤 지점에서 어떤 문제를 발견하고, 이를 각자 어떻게 해결했는지 문제 해결 역량을 한눈에 파악할 수 있습니다.

〈학생 설문 문항〉

· 영상 제작을 하면서 알게 된 사실이나 자신만의 노하우(기술 정보)를 적어봅시다.

▶ 캔바에서 음성 녹음이 20개밖에 안 들어가서 처음에는 놀랐지만 그럴 땐 비디오 직접 녹화하기로 목소리까지 녹화하고 그 영상을 뒤로 보내기 한다면 더 많이 사용가능하다.

▶ 내가 편하게 하기 위해 영상을 세로로 넣었는데, 세로로 넣어서 편집하면 화질도 안 좋아지고 보는 사람도 불편했다. 그리고 캔바는 음성 녹음을 할 때 너무 많은 잡음이 들어가면 소리가 이상하게 난다.

▶ 음성 녹음 할 때, 영상 틀어놓고, 보카루로 한 번에 녹음하면 편해요!

▶ 블로 유료 모드에서 음원 & 리무브가 있어서 어떤 현장에서 말을 하지 않아도 강당이나 식당에서 말하는 것처럼 적용할 수 있는 게 있었고, 목소리 변조하는 기능도 있어서 내가 다 녹음을 해도 다른 사람이 말하는 것처럼 할 수 있었다.

▶ 오디오 파일에서 여태까지 영어만 될 줄 알고 영어로 검색했는데 한국어로 검색해도 된다는 사실을 알았습니다.

▶ 캔바에 앤딩크리딧 애니메이션이 있다. 그리고 음성 녹음을 할 때는 핸드폰으로 해서 옮기는 것이 훨씬 잔소리가 잡히지 않는다.

▶ 음성 녹음할 때는 MP3 파일이랑 W어쩌구 파일이 있는데 W어쩌구 파일이 더 음질이 좋다.

▶ 캔바에 장면 전환 효과 중에 "일치 및 이동"이라는 효과를 사용하면 화면의 물체가 같으면 이동이 더 자연스럽게 되고 아니면, 그냥 "디졸브"와 똑같이 됨.

▶ 긴 음악을 내용에 맞춰났는데 중간에 어떤 장면을 넣었을 때면 그 음악에 앞을 잡고 컷에 맞춰 오른쪽으로 밀면 음악과 내용을 맞춰 놨던 게 그대로더라.

▶ 캔바에서 200장이 넘어가면 더 넣을 수가 없어서 2개로 만들어 두 개를 이어 붙일 때 동영상을 다운로드한 뒤 앞에다가 넣으면 오디오들이 밀린다. 200장이 넘어갈 때는 여러 영상을 만든 것들을 다 다운로드하고 컴퓨터 자체에 있는 편집 프로그램 "사진"에 가서 영상들을 이어 붙이면 된다.

▲ 영상 제작 기술 정보에 대한 학생 설문 결과 中

이런 설문을 통해 학생들이 프로젝트 과정에서 발생한 문제를 어떻게 해결했는지를 파악할 수 있으며, 학생이 알게 된 지식, 기능 등 분석이 가능합니다. 아울러 아래의 후기를 통해 학생이 지닌 가치와 태도를 함께 파악할 수 있습니다.

〈학생 설문 문항〉

- **당신은 창작의 고통과 창작의 즐거움, 두 마리 토끼를 모두 잡았나요? 자신의 인형극 제작 후기를 적으며 위의 질문에 대해 생각을 정리해서 적어주세요.**

▶ 인형극을 제작하면서 어떻게 해야지 친구들이 더 많이 웃고 좋아할 수 있을지도 곰곰이 생각해 보고, 깊이 고민하고 열심히 만들면서 처음에 만들 때 내용을 만들고 찍을수록 점점 더 내용이 먼 산으로 가는 것 같아서, 다시 내용을 바꿔보고 또 바꿔보는 것을 반복했다. 그렇게 바꾸고 고생하고, 또 고민하면서 정말 많이 힘들었지만, 또 녹음하고, 하나하나 편집하는 과정이 마냥 힘들기만 한 것이 아니라 아이들이 보고 즐거워할 것 같은 생각에 기대가 되고, 또 내가 이렇게 멋진 작품을 완성해 나간다는 것이 정말 뿌듯했다. 그 중에서도 목소리를 녹음할 때 내 영상 속 등장인물 하나하나 다 직접 하면서 인형마다 잘 어울릴 법한 목소리와 역할을 주며 녹음하니 훨씬 즐겁고 의미 있었다. 그렇게 정말 열심히 힘듦과 재미를 함께 느끼며 만든 영상의 결과가 나쁘지 않은 것 같아서 다행이라고 생각했다.

▶ 처음에는 진짜 내가 이걸 음... 정말 할 의지가 거의 없이 대본만 썼는데 계속하다 보니간 내가 더 이 활동에 흥미를 느껴서 더 진지하게 참여하게 되었던 거 같다. 그리고 내가 대본을 다 쓴 다음에 영상을 제작하고 편집까지 다 해야 해서 고민하다가 조금씩 조금씩 영상 제작을 해서 완성을 했고, 대충 편집까지 완성을 해보았다. 그리고 마지막에 남은 녹음이다. 나는 내 목소리가 거기에 들어가는 거를 원하지 않아서 어떤 목소리 앱으로 할까를 정말 많이 고민하고 많이 찾아봤는데 내가 원하는 그런 목소리를 찾기가 어려웠다. 그래서 내가 친구들에게 혹시 이러이러한 앱을 아냐고 물어봤는데 그중 한 친구가 내가 원하던 앱을 소개해 주어서 내가 그 앱으로 다 했는데 그다음은 캔바에 어떻게 넣을지를 고민하다가 방법을 찾아서 잘 완성했다.

▲ 영상 제작 후기에 대한 학생 설문 결과 中

인형극 프로젝트를 마무리하면서 투표와 함께 진행했던 설문 내용은 학생들의 지식, 기능, 가치, 태도, 바로 역량의 성장을 확인해 볼 수 있는 평가 자료가 됩니다.

그리고 학생들이 겪는 정서적인 부분에 대한 긴장과 딜레마에 대한 문제를 교사가 일대일로 들어주고 깊이 공감해 주고 싶지만, 현실적으로는 매우 어렵습니다. 그래서 프로젝트가 마무리될 때마다 학생들이 구구절절한 사연을 적을 수 있도록 하여, '성찰'과 동시에 '해소'하는 기회를 줍니다. 학생들은 이렇게 글로 적는 것만으로도 자신의 맘속에 쌓인 것을 선생님이 다 들어줬다고 생각하며, 교사는 학생들의 후기를 살피고 개별 피드백이 필요한 경우 개별 피드백을 해줍니다. 그리고 전체적인 후기 내용에 대해 전체 피드백과 끝까지 책임감을 지니고 포기하지 않은 학생들에게 격려와 칭찬을 해줍니다.

이렇게 모든 인형극 프로젝트의 활동이 마무리되었습니다. 바느질 방법을 익혀서 양말 인형을 만들고, 이 양말 인형이 주인공인 극본을 작성하여 스토리보드를 만들고, 이를 동영상으로 제작하는 과정까지 혼자 A부터 Z까지 다 하는 프로젝트! '프로젝트 끝판왕'이라는 생각이 드시나요?

어쩌면 과하다는 생각이 드실지도 모릅니다. 저 또한 그런 생각이 들 때도 있습니다. 하지만 그렇게 행한 프로젝트들은 결국 교사와 학생, 두 주체의 '행위주체성'과 '변혁적 역량'의 도착지이며, 두 주체의 역량 성적표와도 같습니다. 교사의 역량과 주체성의 영향도 있지만, 학생의 역량과 주체성 정도에 따라 그 결과가 크게 달라집니다.

이 프로젝트는 1학기를 마무리하는 프로젝트로 개인의 역량을 최대한으로 끌어올려서 2학기 공동체 프로젝트를 위한 역량 다지기의 목적을 지니고 있기도 합니다.

모둠 프로젝트를 하다 보면 반드시 문제가 생깁니다. 그런데 왜 문제가 항상 생기는 건지 의문이 들었습니다. 그 문제 중, 무임승차에 대해 '무임승차는 정말 개인의 문제일까?', 과연 학생이 '안 하는 것일까?', '못하는 것일까?'라는 생각이 이어집니다. 생각해 보면 이둘은 극과 극으로 다른 것인데, 이 둘을 하나로 묶어서 '무임승차'라는 프레임에 넣어버린 건 아닌지, '성찰'이 필요한 부분입니다.

'안 하는 학생'과 '못 하는 학생'의 처방전을 분명 다를 것입니다. 이 프로젝트에서 제가 집중했던 부분은 2학기 공동체 프로젝트를 앞두고, '못 하는 학생'을 최소화하는 것이었고, 그래서 프로젝트가 개별 프로젝트로 전 과정을 각자 할 수 있도록 설계한 것입니다. 그래서 '개인 역량 향상을 위한' 프로젝트 끝판왕이라고 스스로 명해 봅니다.

> **"진짜**, 교실이 학생들이 자신이 알고 있는 것을 바탕으로 실제로 해볼 수 있는 경험의 장으로 변화되면, 학생 삶의 변화까지 끌어낼 수 있는가?"

이 질문에 대한 답이 무엇이라고 얘기할 수는 없습니다. 그렇게 되도록 노력해 나갈 뿐이지, 이 질문에 응답할 수 있는 주체는 교사가 아닌 '학생'이란 생각을 해봅니다. 그래서 저는 항상 학생들의 후기를 소중히 들여다보며 다음 프로젝트를 설계합니다.

처음에는 어떻게 만들면 좋을까를 한 수만 번 고민한 것 같다. 수만 번 고민해서 딱 나오게 된 것이 〈화성에서도〉였다.

이 영화??를 만들면서 진짜 창작의 고통????을 많이 느낀 것 같다. 이렇게 하면 재미있을까?라는 생각을 정말 많이 한 것 같다. 진짜다. 이 과정을 통해서 영상 내용이 몇 번이나 바뀌게 된 것 같다.

이제는 편집의 고통!!이 있었다. 편집의 고통은 진짜 너무 힘들었다. 1장 1장 일일이 만드는 것이 너무 힘들었다. 그래도 마지막에 완성된 것을 보니까 마음이 편안해졌다. 편집할 때 안 해보던 기술?까지 해보니까 신기했다.

그리고 대망의 영상 관람 날!!

내 영상을 보니까 친구들이 많이 웃지는 않은 것 같아서 조금 속상했다. 그래도 웃어준 친구들이 있어서 기분이 좋았다. 나는 이 시간을 통해 친구들의 웃음 포인트를 잘 알게 되었다. 그래서 너무 좋은 시간인 것 같다. 다음에 기회가 된다면 또 이런 활동을 해보고 싶다.

선생님 안녕하세요. 박00입니다.

일단 제가 5학년 때까지만 해도 소심하고 저의 재능을 잘 몰랐고 자기관리 역량이 굉장히 부족했었습니다. 하기 싫은 것은 될 때까지 미루고, 발표도 잘하지 못했습니다. 5학년 때는 숙제를 안 가져와서 칠판에 이름 적히는 일도 종종 있었고, 5학년 때는 공부도 잘 안하고 수학 실력도 바닥이었습니다.

그런데 이제 6학년이 되고 선생님을 만난 날!! 처음에는 솔직히 무서웠습니다. 하지만 저희에게 좋은 말씀을 많이 해주셔서 좋은 선생님이라는 것을 알았습니다. 그리고 수업이 끝나고, 저도 이제 기회를 제가 만들어야겠다고 생각했습니다. 그렇게 좋은 6학년 생활을 보내던 중, 왜인지는 모르겠지만 여러 가지 활동을 하게 되었는데요.

여러 가지 활동을 하다 보니까 할 수 있는 것은 다 해보기로 했습니다. 발표, 회장 등 여러 가지를 도전했습니다. 그리고 활동을 하다 보니까, 칭찬받는 과제 같은 것이 생겼습니다. 캔바나 북크리에이터 창작이지요. 그래서 저는 창작에 관심이 생겼습니다. 네 그렇구요. 그리고 옛날에는 리더십이 많은 친구들이 역할을 정할 때, 리더십 많은 친구를 선정하는 것이 부러웠는데, 요즘은 제가 친구들에게 추천받고 있습니다!!!!!! 사랑합니다.

정말 많이 실력이 는 것 같아서 너무 좋습니다. 그리고 창작!!! 이렇게 창작활동을 많이 해본 것은 처음이다. 하지만 내가 이 기회를 통해서 창작이 재밌다는 것도 알게 되고 꿈도 많이 바뀌었습니다. 선생님 완전 감사합니다!

▲ 인형극 프로젝트를 통해 성장한 학생의 후기와 편지

Ⅲ-(5)

'나 전문가'가 되기 위한
다섯 가지 질문(진로교육)

진로 교육으로 진로 적성 검사를 하여, 이를 분석해 보고, 자신이 관심 있는 직업을 탐구해서 발표하는 일련의 과정은 일반적으로 행해지는 진로 교육 활동입니다. 그것도 아니면 자신이 알고 있는 지식이나 기능 등을 다른 친구들과 공유하는 형식의 활동으로 진행하기도 합니다. 하지만 이런 방법에 대해 생각해 보면, 이 또한 명확한 'Why(목적)' 없이, 'How(과정)'와 'What(방법)'을 반복하지 않았나 하는 '성찰'이 듭니다.

진로교육의 목적은 개인이 진로에 관한 지식과 이해를 갖도록 돕는 것입니다. 그런데 4차 산업혁명과 함께 미래에는 직업의 50% 이상이 바뀔 것이라는 기사를 접하면서, 직업 탐색 활동에 대해 문제를 느낍니다. 그리고 진로 교육의 본질이 무엇일지에 대해 고민이 이어집니다. 교사의 변혁적 역량이 필요한 상황입니다. 교사는 책임감을 갖고, 이런 긴장과 딜레마를 해결하여 새로운 가치를 창출해야 합니다.

무엇을 해야 할지 잘 모를 때는 학생들과 함께 독서하는 것도 좋은 방법입니다. 그래서 4차 산업혁명이나 진로 교육과 관련된 책을 열 가지 정도 구매해서 모둠별로 책을 선택해서 함께 읽고 내용을 정리해서 공유하는 방식으로 진행하였고, 발표 내용을 듣고 관심이 가는 책을 이어서 읽는 방식으로 진행했습니다. 그런데 미래 사회에 대한 '지식'은 향상되었을지라도, 진로 교육의 주체가 되는 학생의 진로가 실제로 그려지지는 않습니다.

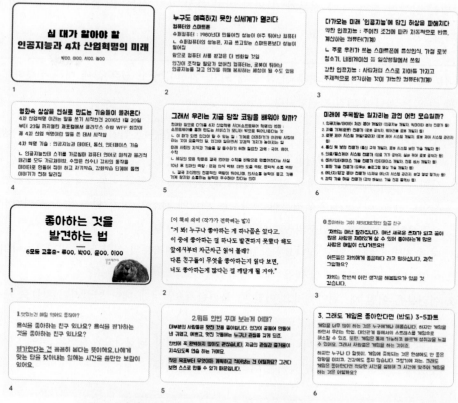

▲ 구글 프레젠테이션, 진로 관련 책을 읽고 정리한 발표 자료

진로 교육에서 가장 중요한 것은 정작 '본인'인데, 항상 왜 그 '자신'을 빼놓고 이야기하는 것처럼 들릴까요? 진로 검사 결과를 가지고 이야기하지만, 정작 검사 결과에 나온 점수나 유형이 주인공이 되고, 그 본인에 대한 깊은 성찰로 이어지진 않습니다. 직업을 탐색하더라도, 학생 '본인'보다 그 직업 자체가 오히려 주인공이 되는 듯한 느낌도 지울 수가 없습니다.

"진로 교육은 나 전문가가 되도록 도와주는 교육이다."

저는 진로 교육을 이렇게 정의 내리고 교육하기로 정했습니다. 그리고 학생 행위주체성의 한 요소인 '정체성'이 진로 교육의 핵심 키워드라고 생각하고, 이를 확립하기 위한 과정과 방법을 상상한 결과, 〈'나 전문가'가 되기 위한 다섯 가지 질문〉을 통한 진로 교육이 시작됩니다.

여러분 모두가 자기 자신에 대해 더 잘 알게 되고, 자신이 살고 싶은 삶에 대해 뚜렷하게 말할 수 있는 사람이 되길 기원합니다.

1. 여러분은 어떤 가치관을 중요하게 생각하나요? 여러분은 본인이 스스로 중요하게 생각하는 가치관을 알고 있나요?

2. 사회가 변화하고 있고, 지금 있는 직업의 50%가 사라진다고 하죠. 그렇다면 생기는 직업도 50% 아닌가요? 여러분이 생각하는 미래에 자신이 하고 싶은 일은 무엇인가요? 사회의 변화와 직업군의 변화에 대해 잘 알고 있나요?

3. 어떤 직업에 대해 알고 싶나요? 그런데 그 직업이 여러분의 성향과 잘 맞나요? 나의 어떤 부분이 그 직업과 잘 맞을 거로 생각했을까요?

4. 여러분은 어떨 때, 편안해지고 어떨 때 불편한가요? 나에 대한 이런저런 것들로~~ 나를 지도로 표현해 보는 것도 재밌겠네요.

5. 꿈꾸는 사람은 반짝거립니다. 당신은 반짝거릴 준비가 되었나요? 자신의 꿈에 대해 멋있게 스토리텔링 하는 반짝이는 여러분을 기대합니다.

나에게 던지는 질문 5가지로 〈내 꿈의 보물 찾기〉 여행을 시작해 보세요.

*꿈이 없어서 고민인가요? 그런데 꼭 어떤 직업에 대한 꿈이 있어야 하나요? 꿈이 없어서 고민이었던 사람은 〈꿈이 꼭 있어야 하나?〉라는 질문으로 그 여행의 문을 열어 보는 건 어떨까요?

여러분 모두가 자기 자신에 대해 더 잘 알게 되고, 자신이 살고 싶은 삶에 대해 뚜렷하게 말할 수 있는 사람이 되길 기원합니다.

▲ 진로 교육의 비전과 목표를 안내하는 글

학생들은 자신에게 질문하는 것을 매우 어려워했습니다. 그리고 자신이 왜 공부하는지 그 이유와 목적을 생각해 본 적도 없습니다. 그래서 우선은 '공부하는 진짜 이유(거짓말 말고)'를 함께 정리하며, 자신에게 집중하여 내 안에서 답을 찾는 과정을 함께 연습합니다.

▶ 친구들보다 낮아지지 않게끔 유지하려고 공부하는 것 같다는 생각이 든다. 하지만 또 다른 면으로 생각해 보면, 내가 공부하는 이유는 다른 사람들이 시켜서가 아니냐는 생각도 든다.

▶ 학생인 우리가 지금 해야 할 일이기 때문이라고 생각한다.

▶ 다른 친구들에게 비교당하기 싫어서이다.

▶ 옛날에는 부모님의 잔소리를 듣기 싫어서 공부라는 것을 했고 좀 더 커서는 남과 비교되는 것이 싫었었다. 하지만 지금은 내가 진짜 공부를 하는 이유를 잘 모르겠다.

▶ 자랑하기 위해서인 것 같다.

▶ 시험 점수가 좋으면 나도 좋고 가족도 기분이 좋아서이다. 그런데 생각해 보면 나는 공부를 많이 하지 않는다. '숙제'이지 공부는 별로 하지 않아서 정확하게 답할 수가 없는 것 같다.

▶ 돈을 많이 벌어서 벤츠를 타고 한강뷰 집에서 살려면 돈을 많이 버는 직업을 가져야겠다고 생각했고 돈을 많이 버는 직업을 가지려면 대기업 같은 곳에 취직해야 하는데 취직하려면은 좋은 대학을 나와야 하고 좋은 대학을 나오려면 수능, 내신을 잘 봐야 하고 수능, 내신 성적을 올리려고 하면 공부를 해야 해서 공부함

▶ 나 혼자만 공부를 안 하면 너무 많이 뒤처질까 봐 무서워서 공부한다.

▶ 관심이 있는 분야는 공부해도 재미가 있다. 하지만 관심이 없는 분야는 대부분 다 OO이를 이기기 위한 이유가 가장 적합한 것 같다.

▶ 남이 나와 다르게 대우받고, 나보다 더 높은 성적을 가지면 승부욕이 생기기 때문이다.

▶ 처음에 선생님이 왜 공부하냐고 물으셨을 때는 미래에 내가 돈을 잘 벌기 위해, 부유한 삶을 살기 위해 공부한다고 말했다. 하지만 잘 생각해 보니 그게 아니었다. 나는 나의 공부를 잘하겠다는 욕심과, 내가 공부해서 점수를 잘 받아야 내가 행복하다고 생각하는 나의 마음가짐 때문에 공부한다고 생각한다. 내가 공부하는 진짜 이유는 내가 행복하기 위해서였다.

▲ '공부하는 진짜 이유'에 대한 학생 응답 예시

학생들은 저마다 자신에게 집중하여 '성찰'을 통해, 그 이유를 발견하기 위해 노력하였고, 자신이 왜 공부하는지 그 이유를 모르겠다는 결론으로, 또는 자신이 그런 이유로 공부하고 있다는 깨달음을 얻기도 합니다.

번호	질문1	질문2	질문3	질문4	질문5
1	현재 내가 원하는 꿈은 무엇일까?	나의 새로운 가치관은 무엇일까?	내가 잘하는 것과 좋아하는 것은 무엇일까?	나는 내 꿈을 위해 무엇을 노력하고 있을까?	미래에 나는 어떤 모습일까?
2	꿈이 없으면 어떤 점이 안좋을까?	안정적인 직업은 어떤 직업일까?	좋은 직업은 어떤 직업일까?	꿈이 무엇인지 물어봤을 때 나는 대답할 수 있을까??	내가 잘하는 것과 내가 좋아하는 것 중에 어느 것을 해야 더 나에게 도움이 될까?
3	나는 왜 꿈이 없을까?	좋은 직업은 어떤 직업일까?	꿈은 내가 원하는 것을 하는게 맞을까?	꿈은 왜 가져야 할까?	부유한 사람들은 모두 행복할까?
4	내가 정말 좋아하는 것을 찾기 위해서는 무엇을 해야할까?	내가 좋아하는 일이 있다면 그 일에 관한 직업을 가지기 위해 무엇을 해야 할까?	내가 꿈꾸는 직업이 정말 내가 원해서일까?	왜 직업이라는 것을 가져야 할까?	돈을 많이 버는 직업과 내가 좋아서 하는 직업중 어느 것을 선택하는 것이 더 나을까?
5	나는 어떤 가치관을 가졌기에 이 직업을 골랐는가?	이 직업이 나와 관련된 것은 무엇인가?	좋은 직업은 어떤 직업일까?	내가 직업을 가지면 어떤 가치관을 가지고 살아갈 것 인가?	내가 이직업을 어떤 순간에도 가지기 위해 노력 할 까?
6	나는 꿈이 있어야 할까?	진로는 나의 인생에 중요할까?	좋은 직업은 어떤 직업일까?	그렇게 중요하다고 생각하는 진로, 나는 왜 생각하지 않나요?	꿈을 이루기 위해서 내가 어떤 노력을 해야될까?
7	가치관을 가지고 있는 것이 과연 인생에 도움이 될까?	좋은 가치관이란 무엇인가?	직업이란 무엇인가?	직업을 고를때는 무엇이 중요한가?	내가 원하는 직업은 무엇일까?

▲ 구글 시트, 나에게 던지는 5가지 질문을 기록한 표

　학생들은 '자신에게 던지는 질문 5가지'를 생각하여 적어 내려갑니다. 구글 시트에 함께 공유하며 작성하며, 다른 친구들이 쓴 질문 중에 맘에 드는 질문이 있으면, 메모를 남기고 활용하도록 합니다. 처음부터 5가지를 다 쓴 학생도, 질문 한 개에서 시작하여 하나씩 더 해가는 학생도, 중간에 결국은 질문을 다 뒤엎고 진짜 나를 하나도 모르겠다며, 포기 선언을 하는 학생까지 각양각색의 모습을 보여줍니다. 그렇게 익숙하지 않은 '질문'과 '성찰'을 통한 진로 교육이 진행됩니다.

　2~3주가 지나고 드디어 발표하는 날, 교사는 학생들이 질문을 통해 발견한 자신이 중요하게 생각하는 것을 발표하는 모습을 보면서, 이 학생들이 자기 인생의 CEO 같다고 생각하게 됩니다. 자신이 생각하는 꿈에 대해, 좋은 직업이란 어떤 것인지 스스로 정의 내리고, 살고 싶은 삶에 대해 진솔하게 이야기하는 학생들을 보면서, 그제야 진로 교육에서 '학생 개개인이 명확히 보이는 신기한 경험'을 하게 됩니다.

　〈내 꿈의 보물찾기〉라는 이름으로 시작한 프로젝트는 정말 보물이 넘쳐납니다. 학생들이 저마다 질문하고 답을 찾아 정리한 내용을 듣고 논의해보는 시간을 통해, 또 다른 '성찰'이 유기적으로 발생하며 성장하는 경험을 하게 됩니다. 이대로 끝낼 수는 없습니

다. 새롭게 깨닫게 된 것과 바뀐 생각을 정리하며, 학생들이 자신의 '정체성'을 다지는 시간을 주어야 합니다.

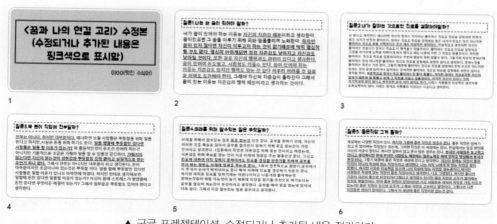

▲ 구글 프레젠테이션. 수정되거나 추가된 내용 정리하기

그렇게 진로 관련 책을 읽고 지식과 생각을 확장하고, 자신의 꿈을 찾아가기 위한 질문을 찾아 그 답을 스스로 정의 내려 보는 프로젝트가 끝나고 학생들은 어떤 생각을 했을까요?

▶ 이번 프로젝트를 통해 평소 진로에 대해 큰 망설임을 갖고 있고, 많이 겁냈던 내가 조금이나마 새로운 마음가짐을 갖고, 더욱더 내 꿈의 길을 펼칠 수 있게 된 것 같아서 정말 의미 있었다. 또한, 다양한 진로 책을 읽어보면서 내가 정말 원하고, 꿈꾸고 싶은 직업은 찾지 못했지만 꿈을 위한 내 가치관이 정말 깊이 와닿았기에 내 미래를 위해 한 걸음 더 다가갈 수 있었던 것 같다. 현재 나의 목표는 1년 이내로 길면 2년 정도 내가 되고 싶은 직업들을 알아보고, 관련 활동들을 시도해 보며 진로를 정하고 그 직업을 목표로 현재보다 더 노력해서 달릴 것이다. 그래서 나는 내 마음가짐을 완전히 바꿔준 이 프로젝트에 감사하다.

▶ 내 꿈의 보물찾기 프로젝트를 하면서 나에게 맞는 꿈을 찾지는 못했다. 하지만 지금은 못 찾았지만, 나중에 찾는다면 그때 어떻게 해야 하는지 더 자세히 알게 되었다 평소에 생각하지 않던 질문들도 생각하게 되었고, 질문에 맞는 답을 써서 더 정리가 된 것 같다. 내가 생각하지 못했던 질문들도 다른 애들이 생각해서 이 프로젝트가 더 의미가 있었던 것 같다.

▶ 이번 내 꿈의 보물찾기 프로젝트를 하면서 내가 많은 책을 읽었는데 그중에서 나랑 잘 맞는 직업, 그 직업의 장단점, 그 직업이 되기 위해서 내가 할 수 있는 일 등을 자세히 알게 된 것 같아서 좋았던 거 같다. 그리고 내가 만약 이 프로젝트를 안 했다면 나는 계속 그냥 내 꿈에 대해서 생각도 안 하고 고민도 안 했을 것이다. 하지만 이번에 이런 프로젝트를 통해서 내가 내 꿈에 대해 더 잘 알아갔던 것 같다. 또 내가 이번 기회에 더 내 꿈에 대해 생각을 해보고 고민을 해보게 되어서 매우 좋은 재미있는 그런 프로젝트였던 것 같다.

▶ 나는 평소에 화가를 꿈꾼 이유가 그냥 예전부터 꿈꿔왔기 때문에 계속 꿈꿔야 한다고 생각해서 지금도 화가를 꿈꾸고 있다. 그런데 생각해 보니 내가 화가를 해야 한다는 것을 나는 너무 당연하게 생각하고 있었던 것 같다. 이런 사실조차 나는 이번 프로젝트를 통해 알게 되었다. 질문 5개를 나에게 던지며 생각해 보는 시간을 가지니 내가 꿈을 어떻게 정해야 하는지 그 과정과 직업에 관해 깊이 생각할 수도 있어서 좋았다. 평소 꿈에 관해 깊이 생각해 보지 않았던 내가 이번 프로젝트를 하며 질문에 대한 답을 써보니 꿈과 직업이 정말 중요하다는 것을 알게 되었고 내 꿈을 확실히 정해야 할 날도 얼마 남지 않았다는 것을 느꼈다. 가끔 나는 직업과 꿈에 대한 질문을 생각해 보고는 했었는데 이번 기회에 그 질문들과 그에 대한 답변을 확실하게 쓸 수 있어서 좋은 경험이 되었다. 이 질문들과 답변은 앞으로 나의 진로를 결정하는데 좋은 경험이 될 것 같고, 이것들을 바탕으로 해서 가끔 스스로 새로운 질문을 만들어서 간단하게 생각해 보아도 좋을 것 같다. 〈내 꿈의 보물찾기〉 프로젝트는 내 꿈과 직업들에 대해 좀 더 깊이 생각해 볼 수 있게 해주어서 좋은 경험이 되었다.

▲ 〈내 꿈의 보물찾기〉 프로젝트를 마치며 학생 소감

인생에 꿈이 없어서 힘들어요. 살려주세요. 이 프로젝트는 내가 정말 생각을 많이 하면서 준비한 프로젝트이다. 나는 처음 이것을 준비할 때까지만 해도 내가 꿈이 없다고 생각했다. 그래서 이 프로젝트를 하기 시작했을 때 정말 막막했고 어떤 질문을 나에게 던져야 할지도 잘 몰랐다. 내가 나에게 질문을 던지는 것은 정말 어려웠던 것 같다. 나는 나를 가장 잘 알겠지만, 그래서 어쩌면 나는 나에게 의미 있는 질문이 무엇인지도 잘 알았을 수도 있었겠지만, 나는 그때 나를 잘 몰랐던 거 같다. 좋은 질문이 쉽사리 떠오르지 않았고 그로 인해 이 프로젝트를 하는 데에 시간이 많이 들게 되었다.

그렇게 해서 내가 끄집어낸 질문 중 가장 마음에 드는 질문은 〈'꿈'이란 무엇일까?〉라는 질문이었다. 이 질문이 가장 마음에 들었던 이유는 내가 생각하는 꿈의 정의를 바꿀 수 있었기 때문이다. 나는 그 질문을 생각해내기 전까지 꿈은 내가 미래에 가지고 싶은 직업을 뜻한다고 생각했다. 그런데 이 질문을 생각해내고 꿈의 정의를 사전에 찾아보고 그에 대한 답을 생각해 보니, 꿈은 직업만을 뜻하지 않으며, 내가 미래에 이루고 싶은 모든 것을 뜻한다는 것을 깨달았다. 이로써 나는 나의 목표와 꿈을 좀 더 명확하게 만들 수 있었다.

그리고 또 알아낸 것은 나는 나에 대한 관찰이 매우 필요하다는 것이었다. 이 프로젝트를 하면서 보니 아까도 썼듯이 나는 정말 나를 모르는 것 같았다. 나에 대한 관찰도 거의 한 적도 없고, 해야겠다고 생각하지도 않아서 그런지 질문을 만들기도, 질문에 대한 답을 하기도 어려웠으며 나의 가치관도 명확하지 않았다. 그래서 그때부터 나에 대한 생각을 전보다 많이 하게 된 것 같다. 내가 좋아하는 건 무엇인지, 나는 어떨 때 행복하다고 느끼는지, 내가 어떤 것을 가장 중요하게 여기는지 그런 것을 알아가려고 하다 보니 뭔가 나에 대한 관심이 많아지고 좀 더 나를 잘 알게 된 것 같다.

이런 식으로 이 프로젝트를 하며 생각하다 보니 이 프로젝트는 나를 역대급으로 많이 생각하게 했고, 그렇게 내 생각의 폭을 넓혀주었다. 이 프로젝트는 지금만이 아닌 중학교, 고등학교에 가서도 나에게 많은 도움이 될 것 같다.

▲ 학기 말. 나를 성장시킨 프로젝트 후기 中

선생님들은 진로 교육을 무엇이라 정의하시겠습니까? 학생들이 저마다 질문하여 정의 내린 답에 자신의 길이 있었듯이, 교사가 저마다 '진로 교육'에 대한 '성찰'을 통해 '정의' 내린 그 답에 진로 교육의 길이 있을 것입니다.

Ⅲ-(6)
학생이 만든 교과서로 수업하기

이 수업은 교육실습생에게 수업 재구성에 대해 지도하며, 교과서를 펼치지 않고 목표에 중심을 둔 수업을 해보도록 지도했던 수업이기도 합니다. 이 내용을 일부 재구성 및 정리하여 안내합니다. 이미 6학년 학생들은 1학기에 관용 표현 중, 속담을 배웠기에 속담은 제외합니다.

단원 : 〈2. 관용 표현을 활용해요〉

▶ **단원 학습 목표**

- 관용 표현을 적절하게 활용해 자신의 생각을 효과적으로 말할 수 있다.

▶ **단원 차시 및 차시 학습 목표**

차시	차시 학습 목표
1	관용 표현을 활용하면 좋은 점을 안다.
2~3	여러 가지 관용 표현의 뜻을 안다.
4~5	이야기를 듣고 말하는 사람의 의도를 파악할 수 있다.
6~7	생각이 효과적으로 드러나는 표현을 활용해 말할 수 있다.
8~9	행복한 우리 반을 위한 약속을 정할 수 있다.

▲ 교과서 관용 표현 단원 및 차시 학습 목표

교과서에 나오는 속담이나 관용구는 한정되어 있고, 교과서를 만든 집필진의 선정 기준에 따라 선정된 '예시들'입니다. 교과서를 하나의 예시일 뿐이라고 생각하는 순간, 교과서를 벗어나 '학생'을 중심에 둔 교육으로 전환은 조금 더 수월해집니다. 교사가 학생들에 맞춰 예시를 줄 수도 있지만, 그것보다 더 좋은 방법은 학생들이 직접 그 예시를 선택하는 것입니다. 교실 현장에서 '선택의 기회'를 주는 것은 '학생 행위 주체성' 강화에 매우 효과적입니다.

그럼 어떻게 학생들에게 선택의 기회를 주고 이를 활용하여 수업을 진행해 나가는지 함께 살펴보겠습니다.

〈1차시〉 학습 목표

익혀두면 유용할 관용 표현을 선택하여, 친구들과 협업하여 학급 관용 표현 사전을 제작한다.

시작은 우리 반만의 관용 표현 사전을 만드는 것에서 시작합니다. 네이버 국어사전에 보면 주제별 보기에 '관용구'가 따로 나옵니다. 이를 학급 인원수에 따라 적절히 나눠서 역할을 부여합니다.

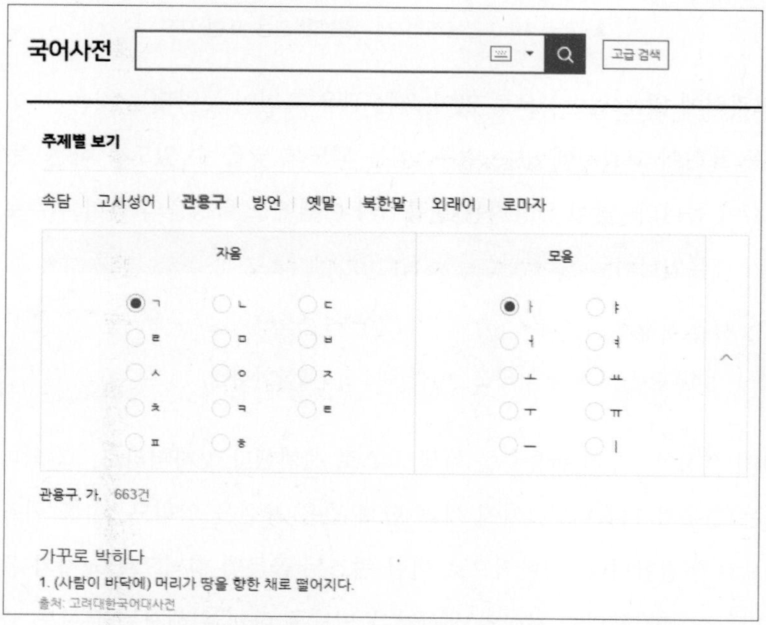

▲ 네이버-국어사전-주제별 보기, 관용구

구글 시트에 초성 자음을 기준으로 역할을 나눴으며, 학생들은 자신이 맡은 부분을 짝과 함께 살펴보고, 친구들이 익히면 유용할 거 같은 관용 표현 5개 선택하여, 뜻과 함께 정리합니다. 그렇게 역할 분담을 통해 70개의 〈우리 반, 관용 표현 사전〉이 완성되었습니다.

	A	B	C	D	E	F
1		ㄱ (류OO, 이OO, 권OO)	ㄴ (이OO, 이OO)	ㄷ (이OO, 이OO)	ㄱ + ㅈ (길OO, 민OO)	ㅁ (표OO, 이OO)
2	관용어	구곡간장을 녹이다	나라밥을 먹다	두고 보다	리듬을 타다	무게(를) 잡다
3	뜻	몹시 놀라거나 실망하게 하거나 애를 태우고 하여 간장이 온통 녹아 없어지는 것처럼 만들다.	국가의 혜택으로 살다	어떤 결과가 될지를 일정 기간 동안 살펴보다.	(대상이나 현상이) 분위기에 맞추다.	점잖은 척하며 분위기를 무겁게 만들다
4	관용어	교단에 서다	나 몰라라 하다	더웠다 식었다 한다.	기둥뿌리(을) 뽑다(들다)	머리 꼭대기에 앉아 있다
5	뜻	선생 생활을 하다.	어떤 일에도 무관심한 태도로 상관하지도 아니하고 간섭하지도 아니하다	일하는 것이나 성미가 한결같지 않고 변화가 심하다.	(어떤 대상이 다른 대상의) 근본을 망하게 하다.	(어떤 사람이 다른 사람의) 생각이나 행동을 꿰뚫어 그를 알잡아 보거나 가볍게 여기다
6	관용어	고개(를) 쳐들다.	나발(을) 불다	다리가 짧다.	거간을들다	떡따는 소리
7	뜻	자신감이나 자만심으로 가득차 당당하게 행동하다.	술이나 음료를 병째로 마시다 어린아이가 시끄럽게 소리내며 울다	(사람이) 흠이 있거나 지체가 낮다.	둘 사이에서 다리의 역할을 하다.	듣기 싫을 정도로 크고 시끄러운 소리
8	관용어	구더기 될 놈	노가리(를) 까다	땅에 떨어지다	거기서거기(이다)	미럽이 트다
9	뜻	매우 둔하고 어리석은 사람을 놀림조로 이르는 말.	오랫동안 수다를 떨다	(사람이) 농사를 지으며 살아가다.	둘 이상의 대상이 서로 엇비슷함을 이르는 말.	경험에 의하여 묘한 이치를 깨닫다
10	관용어	교단을 떠나다	너구리를 잡다	도깨비 같은 소리	고개 하나 까닥하지 않다	모형을 파다
11	뜻	선생 생활을 그만두다.	사람이 불법적으로 차에 태워 주어 이익을 보다. 사람이 닫힌 공간에서 불을 피우거나 담배를 태워 연기를 많이 내다	전혀 이치에 닿지 않는 허황된 소리.	(사람이 무엇에) 마음의 동요를 조금도 보임이 없이 꼼짝도 하지 않다.	스스로 파멸의 길로 나아가다

▲ 구글 시트, 공동작업으로 완성한 관용 표현 사전

다만, 교과서에 있는 일반적으로 많이 쓰는 관용 표현이 누락되는 것을 막기 위해 해당 초성의 관용 표현이 교과서에 있는 경우, 이는 되도록 넣을 수 있도록 하는 것이 좋을 거 같다는 생각이 듭니다. 많이 활용하는 관용어가 아님에도 학생들의 흥미 위주로 선택하는 경우도 있기 때문입니다.

〈2-3차시〉 학습 목표
자신이 선정한 관용 표현을 익히고, 이를 퀴즈로 제작한다.

짝과 함께 선정한 5개의 관용구를 학생 스스로 선택했다고 하더라도, 그 의미를 명확히 알지 못하는 경우가 많습니다. 이에 짝과 함께 관용 표현을 익히고, 이를 퀴즈로 만들어 보는 활동으로 연결합니다. 일반적으로 이런 퀴즈는 골든벨 형식으로 교사가 문항을 만들어 왔습니다. 하지만 학생이 지식의 생산자가 되도록 하기 위해서는 문항도 학생이 직접 만들 수 있도록 합니다.

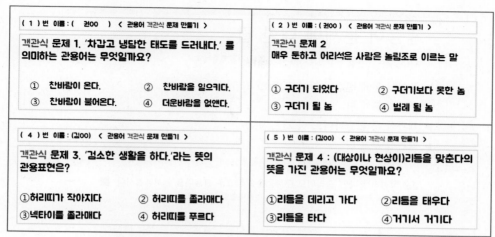

▲ 구글 프레젠테이션, 학생들이 직접 만든 객관식 관용 표현 퀴즈

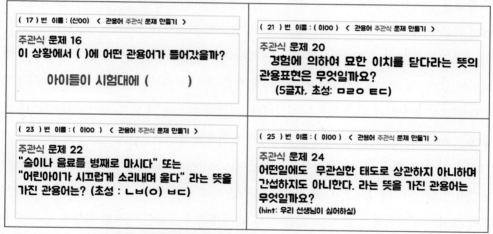

▲ 구글 프레젠테이션, 학생들이 직접 만든 주관식 관용 표현 퀴즈

이렇게 제작한 골든벨 퀴즈는 학생들과 함께 활동으로 진행하며, 이를 평가에 활용할 수도 있습니다. 교사가 학생이 만든 퀴즈의 답지를 직접 작성하려면 불필요한 시간이 소요되므로, 만든 학생이 직접 문항 번호와 함께 답을 작성하여 설문으로 제출하도록 합니다.

관용어 문제에 대한 답

본인이 만든 주관식, 객관식 문제에 대한 답을 기입해주세요.

▶ 주관식 문제 번호(슬라이드 번호)
▶ 주관식 문제 답
▶ 객관식 문제(슬라이드 번호)
▶ 객관식 문제 답

설문 작성이 끝나면, 슬라이드 문제들을 바탕으로 관용어를 공부해봅시다. 📖
관용 표현에 대해 즐겁게 알아볼 수 있던 시간이었길 바랍니다!

▲ 구글 설문, 학생들이 만든 문항의 답을 수집하는 설문 예시

학생들이 제작한 문항은 그 목적에 따라 활동 방법에 따라 '모두 하나의 프레젠테이션에서 공동 제작하는 방법'과 '각자 제작하는 방법'으로 나뉩니다.

우선 모두 하나의 프레젠테이션에 공동 제작하는 방법은 다른 친구가 출제한 문항을 서로 확인할 수 있습니다. 이 방법은 서로의 문항을 확인할 수 있기에, 이 자체가 학생들의 학습 자료로 활용하기 위한 목적을 지닙니다. 정답이 없기에 그 답을 찾기 위해 스스로 답을 찾아봐야 하며, 골든벨 형식으로 활용하기에 적절한 방식입니다.

두 번째로 학생 각각 프레젠테이션을 만든 후, 교사가 하나의 프레젠테이션으로 모으는 방법이 있습니다. 이 방법은 다른 학생의 문제를 서로 확인할 수 없기에 문항의 답 슬라이드를 추가하여 제작하게 할 수도 있습니다. 이 방법은 학생들이 제작한 문항을 평가 도구로 활용하기 위한 목적에 더 치중해 있습니다. 따라서 학생이 제작한 평가 문항을 교사가 점검한 후, 꼭 교정 작업을 거쳐야 합니다.

이렇게 학생이 직접 제작한 문항은 학생이 직접 생산자의 입장이 되어 제작한 산출물이 되고, 좋은 학습 자료가 되기도 하며, 평가 도구가 되기도 합니다.

〈4-5차시〉 학습 목표

생각이 효과적으로 드러나도록 관용 표현을 활용해 말할 수 있다.

자신이 정리한 5개의 관용 표현을 패들렛에 각각 문장으로 표현해 보았습니다. 그리고 관용 표현이 적절한지 〈우리 반, 관용 표현 사전〉을 참고하여 댓글을 주고받으며, 문장을 수정해 나갑니다. 이렇게 교사가 일일이 피드백해주기 어려운 상황에서 '제2의 스승, 친구'들의 역할은 실로 매우 중요하며, 서로를 성장시키는 큰 힘이 됩니다.

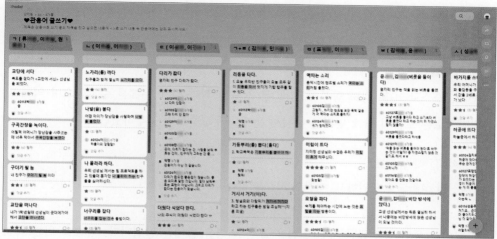

▲ 패들렛에 정리한 관용 표현 문장과 상호 피드백 활동 예시

▲ 패들렛, 구체적인 상호 피드백 활동 예시

다만, 〈우리 반, 관용 표현 사전〉 구글 시트를 오가며 패들렛에서 상호 피드백 활동이 진행되어서, 다소 효율성이 떨어지기에, 패들렛에 작성할 때, 관용 표현과 뜻을 먼저 복사하여 넣고, 그다음에 활용 문장을 적는 것을 추천합니다.

〈6-7차시〉 학습 목표
우리 반이 선정한 관용 표현을 익힌다.

그럼 본격적으로 관용 표현을 익힐 시간이 왔습니다. 활동을 통해 어느 정도 익숙해진 표현을 이제는 외우는 시간입니다. 관용 표현을 기본적으로 외우지 못한다면, 당연히 이를 일상생활에서 활용할 수 없습니다. 따라서 이를 외우고 일상생활에서도 활용할 수 있도록 시간을 줍니다.

먼저, 스스로 10분 정도 공부하고, 10분 정도는 짝과 함께 문제를 주고받으며 익히고, 마지막으로는 모둠이 함께 범위를 나눠서 문제를 주고받으며 공부하였습니다.

〈8-9차시〉 학습 목표
자신의 성취도를 확인하고, 성찰의 시간을 갖는다.

드디어 그동안 공부했던 자신의 관용 표현 실력을 뽐내는 날입니다. 학습을 위한 목적으로 프레젠테이션 작업을 하였든, 평가를 위한 목적으로 프레젠테이션 작업을 하였든, 학생들은 자신이 출제한 문항이 있는 이 활동에 훨씬 적극적으로 참여합니다.

물론 여기에서 성취도를 확인하고, 끝이 날 수도 있지만, 한창 구글 시트를 활용한 평가와 피드백 방안에 대해 관심이 많던 교사는 70개의 관용 표현을 익혀 적어보는 시트를 제작하여 활용합니다. 50개 이상 정답이면 통과, 아니면 재시험이 펼쳐졌고, 아침 시간을 이용해서 진행하였습니다.

미래 교육은 '지식'이 중요하지 않다고 말하는 것은 아닙니다. 과거 '지식'만을 중시했던 것에서, '기능', '가치', '태도'도 모두 중요하다고 말합니다. 그러기에 '지식'도 제대로 익힐 수 있도록 다양한 방법을 모색해야 하며, '지식'에 대한 평가와 피드백에 다양한 에듀테크 활용에 대한 연구가 필요합니다.

번호	초성	뜻	관용어	채점			
1	ㅈ	'죽다'를 완곡하게 이르는 말	저승으로 가다	정답			
2	ㄷ	(사람이) 농사를 지으며 살아가다.		오답		결과	재시험
3	ㅂ	매우 훌륭하고 보람 있는 지위나 자리를 차지하다.	비단 방석에 앉다	정답		정답	46
4	ㅈ	'죽이다'를 완곡하게 이르는 말.	저승으로 보내다	정답		오답	24
5	ㄱ+ㄹ	(대상이나 현상이) 분위기에 맞추다.		오답			
6	ㄱ+ㄹ	(사람이 무엇에) 마음의 동요를 조금도 보임이 없이 꼼짝도 하지 않다.		오답			
7	ㅌ	(사람이 어떤 장소에) 살아갈 자리나 위치를 정하다.	터를 잡다	정답			
8	ㅍ	(사람이) 아주 건강하여 활발하다.	펄펄날다	정답			
9	ㅂ	(사람이) 어떤 것을 하는 것이 버릇이 되도록 하다.		오답			
10	ㅇ	(사람이) 참을 수 없이 몹시 분하거나 지긋지긋 하다	이를떨다	정답			
11	ㄷ	(사람이) 흠이 있거나 지체가 낮다.	다리가 짧다.	정답			
12	ㅇ	(사람이)죽다	요단강을 건너다	정답			
13	ㄱ+ㄹ	(어떤 대상이 다른 대상의) 근본을 망하게 하다.		오답			
14	ㅊ	(어떤 사람이 다른 사람의 잘못을) 지적하여 나무라다.		오답			
15	ㅁ	(어떤 사람이 다른 사람의) 생각이나 행동을 꿰뚫어 그를 알잡아 보거나	가벼이 여기다	오답			
16	ㅈ	(어떤 사람이 다른 사람의) 정신을 빼서 얼떨떨하게 만들다.		오답			
17	ㅌ	[북한어] 의거할 근거나 이유로 삼다. <동의 관용구> '턱(을) 대다	턱을 걸다	정답			
18	ㅎ	검소한 생활을 하다.		오답			
19	ㅅ	경축 하다!	샴페인을 터뜨리다.	정답			
20	ㅁ	경험에 의하여 묘한 이치를 깨닫다		오답			
21	ㅌ	'과장하다'를 속되게 이르는 말.	튀밥을 튀기다	정답			
22	ㄴ	국가의 혜택으로 살다	나라밥을 먹다	정답			
23	ㄲ	권력을 사용하다	칼자루를 휘두르다	정답			
24	ㅎ	깊이 생각하지 아니하고 말을 되는대로 마구 말한다(행동한다.)	혀를 놀리다.	오답			
25	ㄴ	남에게 손쉽게 죽음을 당할 만큼 보잘것없는 목숨	파리목숨	정답			

▲ 구글 시트, 관용 표현 평가 방법

마지막으로 단원을 마무리하며, 학생들의 소감을 들어봅니다. 그리고 수집된 데이터를 바탕으로 이 과정을 분석하고 평가하면서 추가 피드백이 필요한 지점이 있는지 살펴봅니다.

> ▶ 관용어를 써서 그 효과가 정말 긍정적으로 나타나는 경우가 있지만, 잘못 써서 더욱 어색한 경우가 있는 것 같다. 그러나 변형하거나 문장에 맞게 쓰면 더욱 깊이 있게 빠져드는 문장이 될 것 같다!
>
> ▶ 외워야 하고 너무 어렵다. 그래서 뭔가 영어단어를 외우던 거처럼 외우고 사용해야 할 것 같다.
>
> ▶ 그날 말했을 때보다 전하고자 하는 의미가 더 확실히 전해진 것 같다. 평범하게 나타내면 재미도 없고 일상적이었는데 관용 표현을 사용하니 재미도 있고 이해가 잘 되었다.
>
> ▶ 관용어를 알기 전에는 문장에 들어가도 무슨 뜻인지 몰랐는데, 알고 나니, 문장에 MSG 첨가가 돼서, 문장을 읽을 때, 더 공감도 잘 되고, 이해도 빨리 되었다. 이렇게 재미있는 관용어, 앞으로 많이 써요. 우리〉〈

▶ 이 활동이 정말 재미있었다. 그리고 문장에 사용한 관용어를 알면 오히려 집중해서 재미있게 볼 수 있었지만, 모르는 관용어가 있을 때는 찾아보면서 보기도 해서 불편했다. 하지만 (잘 알려진) 관용어를 잘 사용한다면 문장을 쓰고 읽을 때 더 재미있고 집중하기 쉬울 것 같다!

▶ 오늘 관용어를 이용해서 문장을 만들어 보았는데, 관용어 하나로 문장이 더 풍부해지고 재미있어지는 것을 느꼈다. 원래는 관용어라는 것이 무엇인지도 잘 몰랐는데 선생님과 수업하면서 관용어가 무엇인지, 어떻게 사용해야 하는지에 대해서 감이 잡힌 것 같다. 또 이런 관용어를 사용할 때 어떻게 써야 자연스러울지가 조금 어려웠는데 친구들이 써놓은 문장들을 보고 어떤 방법을 써야 할 지에 대해서도 잘 알게 되었다. 재미있는 수업이었다!

▶ 이번에 관용어를 쓰면서 많은 것을 느꼈다.
1. 관용어는 잘 쓰면 좋은 문장을 만들어 낼 수 있다는 것.
2. 관용어를 잘못 쓰면 문장이 오히려 이상해진다는 것.
3. 관용어는 힘. 들. 다!
4. 관용어는 재밌는 것 같다. 친구들한테도 써먹어야지~

▲ 관용어를 배운 후, 학생들의 활동 소감

학생들이 직접 만든 〈관용 표현 사전〉 교재와 〈평가 문항〉을 활용했던 사례를 함께했습니다. 선생님들의 교실에서도 교사와 학생 모두 생산자가 되는 그 경험을 만들어 보시길 기원합니다.

Ⅲ-(7)
2학기, 공동체 역량 Up 프로젝트! (지구촌)

1학기 말은 한 학기 내내 배운 지식과 기능을 총동원하여 개인 역량을 최대한 발휘해야 하는 프로젝트로 마무리한다면, 2학기 말은 개인의 역량을 바탕으로 협업을 통해 공동체 역량을 최대한 발휘해야 하는 프로젝트로 기획합니다.

저는 6학년 2학기에는 지구촌 관련 단원이 있기에 이를 핵심 주제로 정하고, 비정부기구 활동을 중심으로 프로젝트를 진행했습니다. 일반적으로 같은 목표를 공유하는 동아리 형식으로 구성하는 것을 추천합니다.

그럼 어떻게 자발성에 중점을 둔 모둠을 조직할 것인지 고민이 필요합니다. 주제를 먼저 정하고 모둠을 나누는 형태를 벗어나, 학생들의 자발성과 리더십을 발휘할 기회를 부여하는 것이 좋습니다. 자신이 리더가 되어 친구들을 모아서 함께 활동해 보고 싶어 하는 학생들을 주축으로 모둠을 조직합니다. 물론 교사가 학생들의 주체성을 강화하기 위해 설득의 과정은 필요합니다. 약 10명 정도의 학생이 비정부기구 리더로 도전했으며, 이를 바탕으로 3명씩 모둠을 조직하여 공동체 역량에 중점을 둔 프로젝트가 시작되었습니다.

교사는 장기 프로젝트의 경우 모둠별 진행 상황과 자료를 하나로 모아서 관리할 수 있는 문서를 제작하여 활용하는 것이 좋습니다. 모둠별로 진행 상황을 파악할 수 있도록 체크박스를 활용하고, 제작한 자료의 링크를 제목과 함께 삽입하는 방법을 지도하여 학생들이 직접 입력하도록 합니다.

마인드맵											
11/11	1. 지구촌 갈등의 원인과 문제점 정리(114~118)	☑	☑	☑	☑	☑	☑	☑	☐	☑
	1-1. 지구촌 갈등의 사례 찾아 원인과 문제점 정리하기 (몇 개 사례)	1 ▾	1 ▾	3 ▾	1 ▾	3 ▾	3 ▾	▾		2 ▾
	2. 지구촌 다양한 환경 문제 정리(138~140)	☑	☑	☑	☑	☑	☑	☑	☐	☑
	2-1. 지구촌 다양한 환경 문제 조사 정리하기 (몇 개 사례)	2 ▾	5 ▾	2 ▾	4 ▾	1 ▾	4 ▾	▾		1 ▾
	3. 지구촌 갈등 해결을 위한 국제 기구와 국가의 노력 정리하기(123~125)	☑	☑	☑	☑	☑	☑	☑	☐	☑
	3-1. 지구촌 갈등 해결을 위한 국제 기구 추가 조사 정리하기 (몇 개 사례)	4 ▾	3 ▾	1 ▾	3 ▾	6 ▾	3 ▾	2 ▾		1 ▾
	4. 지구촌 갈등 해결을 위한 개인과 비정부 기구의 노력 조사 정리하기(126~128)	☑	☑	☑	☑	☑	☑	☑	☐	☑
	4-1. 지구촌 갈등 해결을 위한 비정부 기구 추가 조사 정리하기 (몇 개 사례)	▾	2 ▾	▾	4 ▾	6 ▾	3 ▾	3 ▾		2 ▾

		팀장									
비정부기구	주제(와이트보드(링킹) 보기 전용 링크)	블루피스	(산호초)코디리	WYEO	세이브 더 프레시스트(STF)	lp	SGW	HMH	멸종 방지 연대	징길지
		미세플라스틱	산호초 보호	세계교육문제	산림지키기	생태계 보호	지구온난화	인권보호	멸종방지 동물	멸종하기 식물
11/15	1. 비정부기구 조직하기(비정부기구 목표, 이름 정하기)	☑	☑	☑	☑	☑	☑	☑		☑
	2. 비정부기구 핵심 활동 3가지 선정하기(활동별 역할 부여)	☑	☑	☑	☑	☑	☐	☑		☑
	3. 비정부기구 세부 활동 계획 수립하기(매우 구체적으로)	☐	☐	☐	☐	☐	☐	☐		☑
	(담당자) 실천 행동 1									
	(담당자) 핵심 활동2									
	(담당자) 핵심 활동3									
11/21	**5학년 발표 자료 링크 넘기** (선생님 편집자 권한, 친구들 뷰어 권한 주기)	5학년 발표자료	5학년 발표자료	5학년 발표 자료	목크리에이터 1 목크리에이터 2	5학년 발표	SGW 프레젠테이션	HMH 프레젠테이션		멸종 방지 연대 프레젠테이션
11/24	**뉴스 제목 & 링크 올리기** (선생님 편집자 권한, 친구들 뷰어 권한 주기)	블루피스 뉴스!	코다리 뉴스	WHEQ뉴스	8시 뉴스(STF)	lp 뉴스	SGW뉴스	인권뉴스	멸종 방지 연대 뉴스	뉴스
	발표자료 1	총 정리	프레젠테이션	프레젠 테이션	프레젠테이션	5학년 광고	프레젠테이션	HMH 프레젠테이션 (5학년)		프레젠테이션
	발표자료 2	마인드맵		5학년 발표	마인드맵			마인드맵	마인드맵	마인드맵
	발표자료 3	5학년 발표		뉴스		화이트 보드		공익광고		
	발표자료 4	논설문		논설문						
	발표자료 5			캠페인 자료						

▲ 구글 시트. 모둠별 프로젝트 자료를 정리한 표

이 지구촌 프로젝트는 '협업의 기회'를 주는 것에 목적이 있기에, 공동작업한 것을 중점적으로 안내합니다. 아울러 모둠 프로젝트라 하더라도, 개별 수행 평가와 모둠 수행 평가가 균형 있게 반영될 수 있도록 구조화하는 방법에 대해 생각하면서 보시기 바랍니다.

(1) '함께' 마인드맵으로 교과서 내용 및 조사 결과 정리하기

학생들이 마인드맵을 통해 주제와 하위 주제, 관련 용어 및 개념들을 시각적으로 구성하여 전반적인 개념과 내용을 파악할 수 있도록 합니다. 혼자 작업할 경우, 많은 시간이 필요하므로 모둠에서 하나의 파일을 '공유' 기능을 활용하여, 공동작업을 진행합니다. 서로 역할을 나눠서 정리하고, 협력적 의사소통 역량을 발휘하며 마인드맵을 완성합니다.

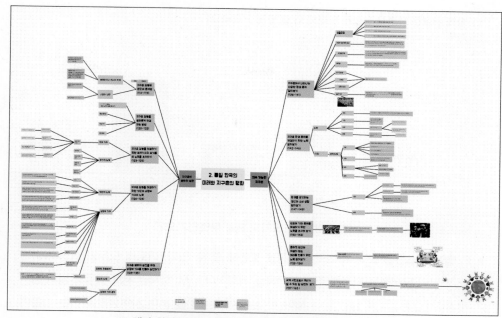

▲ 캔바 화이트보드, 사회 단원 내용을 정리한 마인드맵 예시

이 활동을 평가하고자 할 경우, 모둠에서 공동작업해야 할 부분을 완료한 후, 각각 사본으로 만들어서 개별 활동을 이어나가는 방식으로 진행하면 모둠 평가와 개별 평가 결과를 모두 반영할 수 있습니다.

(2) '함께' 논설문 작성하기

함께 글을 쓰는 작업은 두 가지 방법으로 접근할 수 있습니다. 첫째, 주장에 따른 개요를 함께 작성한 후, 문단을 각각 나눠서 뒷받침 문장을 작성 후, 하나의 글로 모아서 함께 수정하는 방법이 있습니다. 둘째, 하나의 주장을 정하여 각각 글을 쓰고, 서로의 근거와 자료를 선별하여 하나의 글로 합치는 과정으로 진행할 수 있습니다.

글쓰기는 처음부터 하나의 글을 함께 쓰는 경우 무임승차가 발생하므로 주의하도록 합니다. 이 프로젝트에서는 두 번째 글쓰기 방법으로 진행하였으며, 모둠 내 상호 피드백을 통한 글 고쳐쓰기 과정과 다른 모둠과 교차 피드백을 통한 2차 고쳐쓰기 과정을 진행하였습니다.

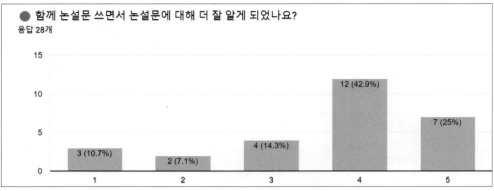

● 함께 논설문 쓰면서 논설문에 대해 더 잘 알게 되었나요?
응답 28개

▲ 함께 논설문 쓰기 설문 결과 그래프

〈함께 논설문 쓰기의 PMI 무엇인가요?〉

▶ P: 함께 논설문을 쓰며 서로의 문제점을 보완해 줄 수 있다. 이로써 모두가 성장하게 된다. 서로의 문제점을 지적해 주며 발전하는 기회이다. / M: 하지만 서로 갈등도 많이 생기게 되고, 감정소비를 정말 많이 해야 한다. 함께 논설문을 쓰며 사회생활을 하는 기분이 든다. 상사에게 혼나는 기분이 정말 진심으로 너무 많이 든다.

▶ p.혼자 쓴 것보다 훨씬 좋은 논설문을 쓸 수 있었다. 그리고 많은 걸 배울 수 있었다. 그리고 같은 주제로 얘들은 어떻게 썼는지도 볼 수 있어서 좋았다. / m. 서로 책임감 있게 열심히 작성하지 않으면 갈등이 생긴다.

▶ P:다양한 친구들의 의견과 주장을 들을 수 있어 논설문의 근거를 더 다양하게 쓸 수 있다. / M: 주제를 제대로 이해하지 못한 친구가 있을 때 같은 주제지만 문제의 장르가 다를 수 있기에 글을 하나로 뭉치기 어렵다. (논설문을 설명문으로 쓴 친구) / I:함께 글쓰기는 너무 어려운 것 같다.

▶ P:혼자 썼을 때는 아주 완벽하다 생각했지만, 친구의 피드백을 받으니, 문제점을 알 수 있어서 좋은 활동이었던 것 같다. 또한 친구들의 생각, 의견, 느낀 점 등을 공유한다는 것이 더욱 의미 있는 활동인 것 같다. / M:논설문을 쓸 때 친구들의 의견을 들을 수 있어서 좋지만, 자신의 의견을 제시할 때 친구들이 반대한다면 사용할 수 없다는 것이 아쉬웠다. 자신은 의견을 많이 펼쳤지만 다른 친구들이 반대하면 허무해진다.

▶ 애들이 자신의 것이 맞는다며 우기고, 뭐가 문제이냐고 따지고 들어서 내가 얻은 것이 팀에서 얻은 것이 아니라 다른 팀에게 얻은 것 같다. 나의 의견은 들으려고 하지도 않고, 자신들만 이야기해서 내가 얻는 것이 없었던 나에게는 무의미한 프로젝트였던 것 같다.

교사는 학생이 1차에 각각 작성한 논설문(개별 평가)과 2차 모둠 논설문(모둠 평가)를 진행할 수 있습니다. 그리고 모둠활동에 잘 참여했는지 '팀 논설문 쓰기(고쳐쓰기) 활동에 적극적으로 참여한 친구', '나에게 도움이 되는 피드백을 해준 친구' 등 설문조사를 통해 과정과 태도를 점검하고 피드백하며, 이를 평가에 반영합니다.

(3) '함께' 영상(뉴스) 제작하기

▲ 〈공개수업〉 채널 – 학생 재능기부 '뉴스 만들기' QR코드[26]

학생들이 뉴스 원고를 작성하고, 역할을 나눠서 촬영하고 편집하는 그 과정을 함께 경험하게 됩니다. 'Ⅲ–(8) 유튜버 되어 재능 기부하기(디지털 시민 교육)' 활동으로 제작된 학생 영상을 보시면 그 과정과 방법을 잘 이해하실 수 있습니다.

물론 함께 제작하는 과정에 대해 어떤 역할을 했고, 서로 담당한 역할의 수행 정도에 대해 상호 평가하는 과정이 있음을 미리 안내하고 이를 시작하는 것이 좋습니다. 활동이 끝난 후, 설문조사를 통해 각각의 역할과 태도를 점검합니다.

(4) '함께' 광고(GIF) 제작하기

캠페인에 활용하기 위해 비정부기구 광고를 애니메이션으로 제작합니다. '창의적 사고 역량'이 그 어떤 것보다 중요한 광고 만들기는 아이디어 전략 협의에 중점을 두어 진행합

---

[26] 유튜브 〈공개수업〉 채널 – 〈학생 재능 기부〉 코너 中

니다. 그 광고를 보는 잠재적 시청자인 교사의 마음이 움직일만한 아이디어가 나올 때까지 학생들은 계속 수정안을 들고 옵니다. 통과하기가 어려운 만큼 학생들도 더 좋은 아이디어를 생각했을 때의 만족감은 더 높아집니다. 학생들이 프로젝트 기간에 걸쳐서 다양한 아이디어를 생각할 수 있도록 기회를 주는 것이 좋으며, 아이디어가 통과한 모둠은 뉴스 제작 편집과 역할을 나눠서 작업합니다.

(5) '함께' 캠페인 활동하기

현실적으로 학생들과 함께 학교 밖으로 나가서 활동하는 것은 많은 어려움을 동반합니다. 그렇기에 학교 안에서 학년을 벗어난 활동을 주로 계획하게 됩니다. 비정부기구의 캠페인 활동은 5학년 대상으로 비정부기구 부스 활동과 점심시간을 활용한 캠페인 활동 두 가지로 계획하여 진행하였습니다.

먼저 5학년 대상 부스 활동으로 각 비정부기구 활동으로 제작한 것을 총동원하여 4분 정도의 내용으로 재구성하여 준비합니다. 논설문의 근거가 되었던 자료를 바탕으로 간단히 프레젠테이션을 제작하고, 제작 뉴스와 광고를 도입이나 정리 자료로 어떻게 활용할 것인지 4분 발표 계획을 세웁니다. 5학년은 4분씩 9개 팀의 발표를 듣고, 6학년은 4분씩 9번 이를 반복해서 발표하게 됩니다. 물론 이에 직접 참여한 5학년이 설문을 통해 평가하고, 6학년은 이 데이터를 분석하여 자체 평가를 진행합니다.

▲ '지구촌 프로젝트' 5학년 대상 부스 활동 모습

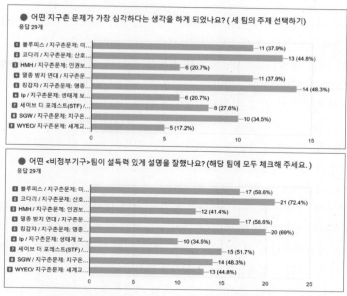

● 어떤 지구촌 문제가 가장 심각하다는 생각을 하게 되었나요? (세 팀의 주제 선택하기)
응답 29개

1 블루피스 / 지구촌문제: 미...	11 (37.9%)
2 코다리 / 지구촌문제: 산호...	13 (44.8%)
3 HMH / 지구촌문제: 인권보...	6 (20.7%)
4 멸종 방지 연대 / 지구촌문...	11 (37.9%)
5 킹감자 / 지구촌문제: 멸종...	14 (48.3%)
6 Ip / 지구촌문제: 생태계 보...	6 (20.7%)
7 세이브 더 포레스트(STF) ...	8 (27.6%)
8 SGW / 지구촌문제: 지구온...	10 (34.5%)
9 WYEO/ 지구촌문제: 세계교...	5 (17.2%)

● 어떤 <비정부기구>팀이 설득력 있게 설명을 잘했나요? (해당 팀에 모두 체크해 주세요.)
응답 29개

1 블루피스 / 지구촌문제: 미...	17 (58.6%)
2 코다리 / 지구촌문제: 산호...	21 (72.4%)
3 HMH / 지구촌문제: 인권보...	12 (41.4%)
4 멸종 방지 연대 / 지구촌문...	17 (58.6%)
5 킹감자 / 지구촌문제: 멸종...	20 (69%)
6 Ip / 지구촌문제: 생태계 보...	10 (34.5%)
7 세이브 더 포레스트(STF) ...	15 (51.7%)
8 SGW / 지구촌문제: 지구온...	14 (48.3%)
9 WYEO/ 지구촌문제: 세계교...	13 (44.8%)

▲ '지구촌 프로젝트' 5학년 대상 부스 활동 설문 결과

〈참여한 후, 든 '생각이나 느낌', '6학년 선배들에게 남기고 싶은 말' 등을 적어주세요.〉

▶ 생각보다 우리가 지켜야할 지구에서 일어나는 다양한 사례들이 있고, 6학년 선배님들께서 모두 친절하고 재미나게 설명해 주셔서 이해가 잘 되었어요. 감사합니다.

▶ 그냥 넘겼던 소소한 일들이 지구의 건강을 망친다는 사실을 알게 되었어요. 앞으로도 5학년뿐만이 아닌 다른 사람들에게도 이런 활동을 많이 해주셨으면 좋겠어요.

▶ 여러 캠페인과 세계의 문제들을 알았고, 그것들을 보호하기 위해 많은 노력하기로 결심했다. 육학년들 짱!

▶ 이 활동에 참여한 후, 지구온난화 때문에 많은 사람, 동물들이 피해를 입다는 사실을 알게 되었다. 또, 우리나라 사교육의 심각한 점을 알게되어 더욱 관심을 갖게 되었다. 그리고, 이러한 동영상과 ppt를 만든 6학년 선배님들이 대단했다.

▶ 우리 지구촌에 이렇게 심하다는 걸 알았다. 오늘 이활동을 해서 많은 걸 알았다. 선배들에게 많은 걸 배우고 가는 것 같다.

▶ 이렇게 활동을 하니까 더 재미있고, 지구촌의 문제를 더 정확하게 파악할 수 있었다. 특히 광고를 다 정말 잘 만든 것 같았다.

▶ 이번의 활동에 참여하고 난 후 우리 지구의 여러 문제에 대해 알게 되었고, 그 문제를 해결하는 것이 시급하다는 것을 알게 되었어요. 이제 앞으로 배운 방법들을 실천하여 우리의 지구를 조금 더 잘 가꾸어야 해야겠다는 생각이 들었어요.

▶ 내가 무심코 하는 행동이 환경을 파괴하는 행동인 줄은 몰랐는데 이번 시간을 통해 확실하고 정확하게 판별할 수 있었던 것 같다!

▶ 후배로서가 아닌 정말 듣는 사람으로서 설명을 들으니 설득이 되어갔고, 열정적으로 말하시는 모습을 보니 얼마나 열심히 하셨을까...라는 생각이 들었다. 또 지구에 대해 다시 한번 더 생각하게 된 좋은 활동이었던것 같다.

▶ 이 활동을 통해 환경과 인권이 중요하다는 것을 알았고 이런 문제를 위해 캠페인이나 예방 방법을 잘 지켜야 해야겠다. 그리고 6학년 형들이 매우 고마웠다.

▶ 모두 다 설득력 있게 설명해 주었고 이해가 잘 되었다. 그래서 6학년 언니 오빠들이 존경스러웠다. 다음에도 또 하면 좋을 것 같다.

▶ 오늘 이 활동에 참여한 후, 내가 몰랐던 많은 문제에 대한 알았고 앞으로 더 그것을 잘 보호하고 지켜야 한다는 것을 알았다. 선배님들처럼 다른 사람 앞에서 부끄럼 없이 잘 발표하고 프레젠테이션을 잘 만들고 싶다. 그리고 잘 발표해 주셔서 감사하다는 말을 전해주고 싶다. 그리고 선배들을 닮고 싶다!! 감사합니다 ~

▶ 1시간 가까이 지구의 대한 문제점을 알아보고 해결점을 알아보았다. 심각한 문제점이 많아서 놀랐지만, 지금부터라도 열심히 노력해서 문제를 해결해야겠다.

▲ '지구촌 프로젝트' 5학년 대상 부스 활동 설문 결과

5학년 대상 부스 활동 과정을 통해 이제는 내용을 보지 않아도 유창하게 말할 수 있는 경지에 오른 학생들은 이젠 자료 없이 캠페인 활동하러 나가게 됩니다. 이 과정에서 재미있었던 부분은 처음에 크롬북을 들고 나갔던 학생들도 무겁고, 상대적으로 야외에서 잘 안 보이는 불편함에 바로 투표할 수 있는 종이와 스티커, 응원 메시지 등을 작성할 수 있는 종이를 활용하는 방향으로 전략을 수정하여 활동을 이어나가는 것에서 학생들의 변혁적 역량이 돋보였던 시간이기도 했습니다.

▲ '지구촌 프로젝트' 야외 캠페인 활동 모습

(6) '함께' 프로젝트 전 과정 정리 및 공유하기

이 프로젝트는 비정부기구를 조직하여 같은 모둠원들과 한 달 동안 진행된 프로젝트였고, 아직 반 친구들과 이 과정을 공유하지는 않았기에 비정부기구의 목적과 활동 과정, 소감 등을 정리하여 공유하며 프로젝트를 마무리합니다.

이 부분은 몇몇 학생들이 영상으로 이를 만들어서 공유하는 것이 좋을 것 같다고 설문에서 응답한 것처럼, 그 방식으로 공유하는 것도 좋을 거 같습니다.

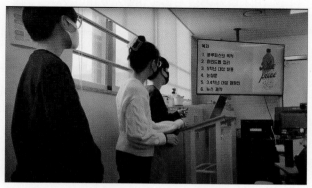

▲ 비정부기구 활동 전 과정을 공유하는 모습

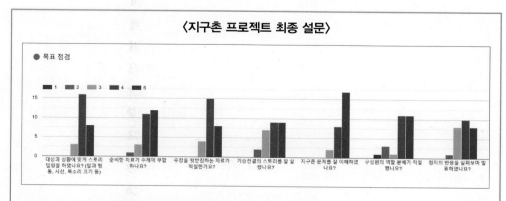

▶ 〈비정부기구〉활동에 적극적으로 참여한 친구(본인 제외)
▶ 〈비정부기구〉활동에 잘 참여하지 않은 친구(본인 포함)
▶ 자신의 〈비정부기구〉의 목적과 핵심 활동을 설명하시오.
▶ 〈비정부기구〉 활동을 통한 성장에 대해 이야기해 봅시다.

- 우선 이번 비정부기구 활동을 하고 나서 환경에 대한 관심이 이전보다 훨씬 증가했다. 또 친구들과 어떤 활동이나 캠페인을 하려 할 때 여러 갈등이 생겼는데, 이를 여러 번 겪고 해결책을 찾으며 공동체 역량과 의사소통 역량이 성장했다.
- 이번 프로젝트는 수행 평가가 무려 8개가 걸린 최대 프로젝트였는데, 말 그대로 많은 역량을 사용하고, 키워야 했다. 나는 이 프로젝트를 통해 리더의 역할과 아이디어를 짜내는 것, 청자의 입장으로 관점 생각하기 등에서 많은 성장을 이루었다.

▶ 프로젝트가 끝난 후, 〈비정부기구〉의 활동을 어떻게 이어나갈지 그 계획을 쓰시오.

- 비정부기구 활동이 끝나도 플라스틱 사용을 멈추고 에코백 사용을 일상화하며 플라스틱 사용을 막는 그린피스에도 후원을 종종 할 것이다.
- 이번 1달 나는 비정부기구 활동을 진행에 왔었는데 어떠한 목표를 달성하기 위해서 시간이 부족했던 것 같았다. 그래서 나는 앞으로 이어질 재능기부 활동에 비정부기구 활동의 주제를 합쳐 같이 내 주장을 사람들에게 알리고 가르치는 활동으로 이어 갈 것이고, 우리가 운영하는 인스타그램 채널을 앞으로 더 홍보하여 많은 사람이 우리의 단체에 대해서 알 수 있도록 홍보에도 집중할 것이다.

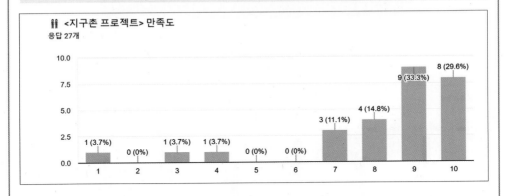

▶ 위에서 그렇게 응답한 이유를 쓰시오.

- 지구촌 프로젝트는 전체적으로 여러 활동으로 나뉘어 다양하게 실천을 할 수 있어서 좋았다. 지구촌 프로젝트라는 큰 주제 아래에 비정부기구, 광고, 뉴스, 마인드맵, 5학년과의 만남, 3, 4학년 캠페인, 최종 발표 등 많은 활동과 수업이 있어서 더욱 다양한 관점에서 프로젝트를 진행할 수 있었다. 그리고 대부분의 활동이 공동체 활동이어서 친구들과 소통하는 역량이 성장해서 도움이 많이 되었다.

- 일단 나는 이 지구촌 프로젝트가 그냥 사회 수업, 국어 수업하는 것보다 좋은 것 같다. 지구촌 프로젝트는 몇 차례에 발표를 거쳐서 하는 프로젝트니까 더 잘할 수밖에 없을 것이다. 수업만 들으면 책에만 있는 것 비슷비슷한 것만 하고 그 이상으로 나아가지 못할 것이다. 나는 그렇게 생각한다. 책 속에 있는 활동보다는 더 앞으로 나아가서 책에 나와 있는 비정부기구들을 보는 것과 비정부기구를 만들어 활동해 보는 것 어느 것이 더 기억에 남고 더 비정부기구에 대해 잘 이해할까? 나는 비정부기구를 만들어 실천하는 것이라고 생각한다. 다른 것도 똑같이 생각한다. 그래서 나는 이 프로젝트에 만족한다.
- 이번에 지구촌 프로젝트를 하면서 많이 생각할 수 있었고 역량도 많이 성장한 것 같다. 또 이번에 지구촌 프로젝트를 하면서 모르던 것도 많이 알 수 있었다. 또 이번에 재미있기도 했다. 하지만 내 팀의 주제만 정확하게 알 수 있었고 친구들의 비정부기구는 잘 알지 못해서 아쉬운 부분이 있었다.
- 우리의 문제가 곧 지구의 문제라는 것이 가슴 깊이 와닿았다. 또한 다른 팀의 의견도 들어보고 같이 토론하고 의견을 나누며 전체적으로 마음에 와닿았던 것 같다.
- 선생님이 프로젝트를 만들어 주셨는데. 이번 지구촌 프로젝트는 정말 구성이 좋았다. 마인드맵부터 비정부기구까지 모두 나에게 도움이 되는 프로젝트였다. 한 번 더 하고 싶을 정도로 괜찮은 프로젝트였다.
- 점수가 높은 편인 이유는 일단 나와 내 팀원들의 성장을 도와주었고, 지구촌 문제에 대해서도 경각심을 주었기 때문이다. 하지만 2점이 깎인 이유는 일단 무임승차가 일어나도 결과물에서는 모두 한 것 같이 무임승차를 한 친구들이 청자의 눈에는 안 보인다는 것이 열심히 한 사람에게는 부당하다고 생각했다.
- 지구촌 문제에 대해서는 조금밖에 몰랐는데 이 프로젝트 덕분에 친구들이 생각한 지구의 문제를 보니까 더 많이 알게 되었다. 그리고, 그 문제에 대해 해결 방법을 찾고 그 방법을 실천하는 과정이 되게 재미있었다. 지금까지 여러 프로젝트를 해왔지만 기억이 남는다는 것은 만족도가 높았다는 것 아닐까?

▶ 위에서 응답한 것을 바탕으로 내가 〈지구촌 프로젝트〉를 만든다면 어떻게 재구성할 것인지 쓰시오.

- 이 지구촌 프로젝트를 우리 생활속의 심각한 문제를 조사해보고 그것을 정리를 해서 나중에는 발표를 하지 않고 단편 영화, 연극, 역할극으로 촬영을 해서 알려줄 수 있게 만들어도 괜찮을 것 같다.

- 일단 현재 우리가 했던 대로 팀별로 비정부기구를 만든다. 하지만 팀원은 1명 더 늘리면 좋겠다. 나머지는 다 같이 하고 또 추가하자면 학교 밖으로 나가서 성인, 어른 분들한테도 하면 좋을 것 같다.
- 원래대로 비정부기구 팀을 정하고 다큐멘터리를 만들면 좋을 것 같다. 왜냐하면 다큐멘터리를 만들면 조금 더 자세히 친구들에게 소개할 수 있을 것 같기 때문이다.
- 비정부기구가 아니라 기존 비정부기구의 입장에서 로고, 의미를 생각해 보고 그에 따라 실천해 보기
- 내가 지구촌 프로젝트를 재구성한다면 마인드맵을 하고 스토리텔링 녹음까지 똑같이 한다. 하지만 나는 스토리텔링 녹음 중심으로 할 거 같다. 왜냐하면 나는 스토리텔링 녹음이 많이 도움이 됐고 녹음을 하면서 교과서를 쉽게 이해되었기 때문에 내가 재구성한다면 녹음을 3일에 한 번씩 하는 걸로 바꿀 것 같다.
- 마지막 끝에 어떤 것을 했는지 프레젠테이션에 정리해서 발표하지 말고, 그동안 실천했던 활동을 영상으로 제작하여 한 번에 보여주면 더욱 인상 깊을 것 같다.
- 6학년 전체에 10개의 비정부기구를 만들 것이다. 즉 한 반에 비정부기구가 하나씩 있고 그 전체가 하나의 비정부기구가 되게 만들겠다는 것이다. 그래서 마지막에는 비정부기구를 3개의 팀으로 나눠서 1반이면 2반의 한팀 이렇게 토론을 시킬 것이다.

▲ 지구촌 프로젝트 만족도 설문 문항과 응답 예시

재미있는 것은 공동체 역량을 중점으로 둔 만큼, 모둠 구성원과의 갈등을 잘 해결하지 못한 학생은 만족도가 극적으로 낮아지며, 그 갈등을 잘 해결한 학생은 만족도가 상대적으로 더 높아진다는 것입니다. 이 프로젝트를 진행하는 중에 계속 저를 찾아와 고민을 이야기했던 학생이 있었습니다. 그 학생의 갈등과 그 갈등을 통해 성장한 이야기로 2학기 공동체 역량을 Up 시키기 위한 '지구촌 프로젝트'의 이야기를 마칩니다.

〈지구촌 프로젝트〉 이 프로젝트는 나에게 가장 많은 성장과 배움을 가져다준 프로젝트이다. 먼저 팀원들과 함께하는 프로젝트라서 공동체 역량을 키울 수 있었던 것은 물론, 논설문 쓰는 방법/캠페인을 할 때 사람들의 관심을 끄는 법 등을 배울 수 있었다. 하지만, 내가 이 프로젝트를 통해 가장 많이 성장하고, 배웠던 것은 팀 활동을 할 때의 자세와 태도이다.

이 프로젝트는 1. 5학년 발표 2. 전 학년 캠페인 3. 최종 발표와 팀별 논설문 쓰기로 이루어져 있었는데, 첫 번째 5학년 발표를 준비하는 과정에서 팀원들의 참여와 기초가 부족했고, 그로 인해 거의 모든 것을 내가 떠맡을 수밖에 없었다. 그렇게 준비한 발표는 역시 리허설 때 성적이 별로 좋게 나오지 않았고, 이로 인해 팀의 분위기가 한 번 크게 다운된 적이 있었다. 이런 1차 발표의 경험으로 인해 나는 팀원들에 대한 신뢰를 많이 잃기도 했다. 하지만 그로 내가 얻을 수 있었던 깨달음은 팀별 활동을 할 때 나의 일을 책임감 있게 잘 완료해야 하고, 팀원들에게 피해 끼치지 않도록 기회가 있을 때 먼저 역량을 많이 키워놓아야 한다는 것이었다.

또한 우리는 팀별 논설문도 썼었는데, 우리 팀원들의 논설문의 상태가 우리의 주장이 뭔지도 파악하지 못했거나 설명문을 써놓는 등 팀별 논설문으로 합치기에는 심각한 상태였다. 그래서 나는 그때부터 그 친구들의 논설문을 교정해 주기 시작했다. 물론 나도 논설문을 잘 쓰는 것은 아니었다. 그래도 그 친구들을 최선으로 도와주기 위해 나부터 논설문을 쓰는 방법을 찾아보고, 국어책을 읽어보면서 친구들의 글을 같이 조금씩 조금씩 고쳐나갔다. 그렇게 해서 결국 팀원들은 논설문다운 논설문을 써내었고, 그때 느낀 뿌듯함은 정말 못 잊을 것 같다. 선생님께서 친구는 제2의 스승이라고 하셨는데, 이렇게 내가 친구를 성장시키니 내가 제2의 스승의 역할을 잘 해내고 있는 거 같다고도 느꼈다.

그리고 최종 발표 날, 우리는 최종 발표를 완료하고 선생님께 우리 팀원들이 많이 좋아졌다는 말씀을 들었다. 또 선생님께서 나로 인해 그 친구들이 성장을 이루어낼 수 있었다고 말씀해 주셨다. 그때는 정말 이 프로젝트를 하면서 느꼈던 힘듦이 다 사라지는 기분이었다. 이런 활동을 하면서 나의 성장은 물론 친구들의 성장까지 끌어냈다는 점에서 뭔가 내가 생각보다 괜찮은 인간일 수도 있겠다는 기분이 들었고, 자신감이 생겼다. 이 프로젝트는 나에게 단순히 지구촌의 문제만이 아닌 많은 것을 알게 해준 프로젝트인 것 같다. 앞으로도 이 프로젝트에게 많이 고마울 것 같다.

▲ 학기 말, 나를 성장시킨 수업 中

Ⅲ-(8)

유튜버 되어 재능 기부하기 (디지털 시민 교육)

유튜브 〈공개수업〉 채널에 보면 〈학생 재능 기부〉 재생목록이 있습니다. '학생 유튜버가 되어 재능 기부하기' 프로젝트를 통해 학생들이 제작한 결과물입니다. 그럼 어떻게 이 프로젝트가 탄생하게 되었는지 그 과정을 살펴보겠습니다.

▲ 〈공개수업〉 채널 – 학생 재능 기부 재생목록 QR코드⑳

학생들이 많은 자료를 만들어 발표하는 수업을 1년 내내 하고 12월이 되니, 음성 추출 기술, 영상 추출 기술, 사진 캡처 기술 등 현란한 기술들을 이용하여 자료를 제작하고 있었습니다. 그런데 그렇게 만든 자료들을 교실 밖으로 공유하면 문제가 생길 수도 있겠다는 생각이 들었습니다.

그래서 학생들이 졸업하기 전에 그동안 익힌 디지털 기술의 올바른 공유 방법을 익혀서, 온라인 환경에서 안전하고 윤리적으로 행동할 수 있도록 지도해야겠다는 생각이 들었습니다. 그리고 12월을 위해 남겨두었던, 도덕 재능기부 단원을 두고, 이를 어떻게 연결할

⑳ 유튜브 〈공개수업〉 채널 – 〈학생 재능 기부〉 코너 中

지 고민하던 중에 10대 청소년들은 매일 유튜브를 평균 1시간 이상 시청하고 있다는 보도 자료를 접하게 되었고, 학생들이 콘텐츠의 단순 소비가가 아니라, 생산자 관점에서도 바라볼 수 있는 교육을 생각하게 됩니다. 그렇게 탄생한 프로젝트가 바로 〈학생 유튜버가 되어 재능 기부하기〉입니다.

☑ 디지털 시민 교육 : 저작권, 초상권, 안전한 콘텐츠 제작
☑ 진로교육 : 2022 초중고 학생 희망 직업 3위(유튜버)
☑ 도덕 : 재능기부

그럼 교사의 비전과 목표 의식을 공유하며 출발합니다.

선생님은 교실 안에서 시작하고 교실 안에서 끝나버리는 재능 기부 활동에 대해 문제가 있다고 생각하며, 더 큰 사회적 실천을 위해 공간을 확장할 필요를 느끼고 있었습니다.

그리고 한 해 동안 다양한 프로젝트와 1인 1 크롬북을 활용하여 다양한 에듀테크 교육을 받은 여러분들이 아직 경험이 적은 다른 학생들에게 나눌 수 있는 것이 존재하고, 어른들이 설명하는 규격적인 영상이 아닌, 학생의 눈높이에서 너희들의 경험과 노하우를 공유하는 것은 분명 차별화된 그 무엇인가가 있을 것이라고 선생님은 생각합니다.

그리고 갈수록 크리에이터에 직업 선호도가 높아지고 있기에 이런 부분에 대한 경험의 기회를 너희들에게 주는 것이 필요하다고 판단되어서 〈유튜버가 되어 재능 기부하기〉 프로젝트를 기획했습니다.

그리고 여러분들은 지금도 그렇지만 앞으로 더욱 디지털 세상에서 보내는 시간이 많아질 것이기 때문에 디지털 세상의 특성과 거기에서 지켜야 할 규칙을 제대로 알고 행동해야만 합니다.

이 프로젝트에 대해 여러분은 어떻게 생각하나요?

▲ 잼보드. '디지털 시민'과 관련된 단어 정리

디지털 세상으로 진입하기 위해서는 디지털 세상의 규칙 또는 법, 특성에 대해 알아볼 필요가 있습니다. 학생들과 함께 디지털 시민과 관련된 단어를 찾아보고, 잼보드에 정리합니다. 이 내용만 가지고도 1년짜리 디지털 시민 교육과정이 나왔을 거 같습니다. 그런데 단어들이 너무 어렵습니다.

그래서 좀 단순하게 접근해 보기 위해 유튜브 영상을 제작하여 올릴 때 가장 주의해야 할 것에 대해, 학생들은 '초상권'과 '저작권'에 대해 가장 많이 언급했고, 그래서 초상권과 저작권에 대한 집중탐구가 시작됩니다. 물론 초상권과 저작권에 대해 학생들이 탐구하며, 교사는 가르쳐주지 않습니다.

초상권에 대해서는 이 질문으로 시작합니다.

〈친구가 넘어지는 장면을 우연히 찍었는데, 그 장면이 너무 웃겨서 이것을 SNS에 올렸다. 과연 문제가 없을까?〉
▶ 그리고 동의 없이 올렸을 경우 무슨 문제가 생길까?
▶ 그러면 그 영상을 올리기 위해서는 어떤 단계를 거쳐야 하지?

이렇게 학생들은 프레젠테이션에 각자 한 장으로 정리합니다.

OO번 OOO 친구가 넘어지는 장면의 영상을 SNS에 올려도 되나?

- 동의 없이 올렸을 경우 무슨 문제가 생길까?

-친구의 초상권을 침해하게 됨

⇒초상권을 침해당한 친구가 민법 제750조 및 751조에 따라 손해배상청구를 할 수 있음.

ㄴ동의 없이 다른 사람의 모습을 촬영하였거나, 배포하면 초상권 침해가 인정. 또한 동의의 범위를 벗어나 이용한 경우에도 초상권 침해를 인정하는 것이 일반적임.

- 초상권 침해의 기준?

(본인)식별 가능성 -> 얼굴을 가린 사진이더라도 본인 식별 가능성이 있다면 초상권 침해에 해당

- 그 영상을 올리기 위해서는 어떤 단계를 거쳐야 하나?

1.당사자에게 동의를 구해야 함

ㄴ당사자에게 동의를 구하지 않고 초상권이 있는 사진을 배포하였을 시에는 손해 배상 청구를 받을 수 있음

2.당사자에게 동의하는 범위를 물어보아야 함

ㄴ당사자가 동의하였더라도 당사자가 동의한 범위를 넘어선 공개 행위를 하였을 때 초상권 침해가 성립

3.동의를 받지 않았을 시에는 사진을 삭제하거나 그 사진이 다른 사람에게 공개되지 않도록 해야 함.

ㄴ다른 사람의 일반적인 사진을 개인 소장만 하는 것은 민사 소송이 어려움. 하지만 당연히 다른 사람에게 그 사진이 배포되었을 시에는 초상권 침해가 성립 됨.

▲ 구글 프레젠테이션, 초상권에 대한 조사한 내용 예시

그리고 슬라이드 하단의 '발표자 노트'에 출처와 관련 자료를 정리하도록 합니다.

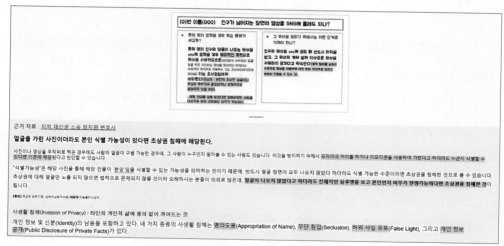

▲ 구글 프레젠테이션, 발표자 노트 활용 예시

학생들은 자료를 검색하면서 알게 된 내용을 자기 슬라이드에 정리합니다. 그리고 서로 알게 된 내용을 공유하기도 하고, 궁금한 것이 생기면 이를 말하기도 합니다. 이때 교사는 학생들이 제작하는 자료를 살펴보기도 하고, 학생들의 대화를 경청하며 방향을 잡아 줍니다.

▶ (학생) 얼굴만 안 나오면 되는 거 아니에요?

▷ (교사) 그래? 진짜? 그럼 찾아봐!

▶ (학생) 모자이크 처리하면 되는 거 아니에요?

▷ (교사) 그래? 진짜? 그럼 찾아봐!

▶ (학생) 비영리적인 목적이면 괜찮은 거 아니에요?

▷ (교사) 그래? 진짜? 그럼 찾아봐!

▲ 초상권과 관련된 학생 질문과 교사의 답변 예시

그리고 학생들의 질문에 한결같은 자세를 유지합니다. 교사는 학생들이 하는 질문에 답을 알려줄 필요는 없으며, 학생들이 찾은 내용에 살피면서, 생각이 확장될 수 있는 질문을 해줍니다. 교사는 질문만 하고 가르쳐주지는 않습니다.

Q. 그런데 뉴스나 보도자료는 다 초상권 허락을 받고 보도하는 건가?

Q. 그러면 공원에서 찍은 셀카도 SNS 올릴 때, 지나가는 사람 찍힌 거 다 모자이크 처리해서 올려야 하는 건가?

이렇게 학생은 지식과 가치를 생산하는 역할을 하고, 교사는 학습을 촉진하고 지원하는 역할을 하게 됩니다.

비슷한 방식으로 저작권도 자료를 찾아 정리합니다. 저작권은 저작권에 대해 자료 조사한 후, 유튜브에 올릴 영상 제작 시, 유의할 점이 무엇인지 정리해 보게 했습니다. 그리고 교사가 궁금한 것을 오히려 학생들에게 질문합니다.

Q. 그런데 출처만 남기면 괜찮은 건가?

Q. 음악은 몇 초까지는 이용해도 괜찮다. 이런 규정이 있나?

이렇게 질문에 대한 자료까지 찾아서 누적 정리하면 자료가 완성됩니다. 물론 슬라이드 한 장이 부족할 수도 있습니다. 그러면 발표자 노트에 기록하도록 합니다.

(OO)번 이름(OOO) 저작권에 대해 알고, 유의할 점 정리하기

- **〈저작권에 대한 자료 조사〉**
- **저작권**: 시, 소설, 음악, 미술, 영화, 연극, 컴퓨터프로그램 등과 같은 '저작물'에 대하여 창작자가 가지는 권리
- 저작권 침해를 하지 않으려면: 저작권자에게 허락을 받아야 함.저작권자 또는 저작물에 따라서 저작권자 뿐만 아니라 저작인접권자에 대한 이용허락을 받아야 함.「저작권법」제46조 및 제88조.
- 저작권 침해 시 처벌: 저작권법에서는 "저작재산권 그 밖에 이 법에 의하여 보호되는 재산권 권리를 복제·공연·방송·전시·전송·배포·2차적저작물 작성의 방법으로 침해한 자는 5년 이하의 징역 또는 5천만 원 이하의 벌금에 처하거나 이를 병과할 수 있다"고 규정하고 있음.
- 저작권 침해 청구 방법:-법정손해배상=> 침해행위가 일어나기 전에 저작물이 등록되어 있어야 함.(「저작권법」 제125조의2제3항). 침해행위가 일어나기 전에 저작물이 등록되지 않은 경우=> 일반 손해배상을 청구해야 함.

- **〈영상 및 자료 제작 시, 유의할 점〉**
- -1. 한 가수가 부른 노래를 내가 직접 연주한 음악 사용도 저작권 침해이다.
- 2. 출처를 분명히 적어도 저작권 침해가 될 수 있으니 꼭 확인하자!
- 3. 아이디어는 저작권법에 보호되지 않는다.
- 4. 다른 사람의 노래를 단 1초만 사용해도 저작권 침해이다.

(OO)번 이름(OOO) 저작권에 대해 알고, 유의할 점 정리하기

- **〈저작권에 대한 자료 조사〉**

-저작권은 '시, 소설, 음악, 미술, 영화, 연극, 컴퓨터프로그램 등과 같은 '저작물'에 대하여 창작자가 가지는 권리' 라고 명시되어 있다.

이 저작권은 누군가가 저작물을 만들었을 때 생기는 것이고 이 저작권을 어길 경우 저작권 침해로 '5년 이하의 징역 또는 5천만 원 이하의 벌금' 에 처할 수 있다.

저작권이 생긴 이유는 '다양한 문학예술작품의 창작을 장려하기 위해서는 어떤 창작의 유인을 제공하여야 하는데 창작활동의 주체인 창작자도 물질적 소비생활을 해야 하는 사람이기 때문에 일정한 경제적 기초를 마련하여 경제적 부담 없이 창작활동에 전념하게 하기 위하여 저작권을 부여하여 보호하는 것' 이기 때문이다.

저작권 출처

저작권이 생긴 이유 출처

- **〈영상 및 자료 제작 시, 유의할 점〉**
- 영상이나 자료를 제작할때 첨부 자료가 저작권이 있으면 저작자가 허락을 하지 않으면 무조건 저작권 침해로 인정된다.

'저작권 없는 작품' 이 있는데 그것들은 대부분 저작권이 만료되었다는 것들이라 사용해도 된다.

저작권 마크가 있으면 기본적으로 사용해도 허락을 해준다는것이고, 없으면 웬만하면 안된다라는것을 의미한다. 근데 없어도 허락해주는 경우는 있다.

무조건 출처만 남기면 저작권 침해가 아니라고 생각하는 사람들이 있는데 아니다. 교육적, 학문적, 예술적저작물에 자료로서 삽입한 특수한 경우 제외

저작자와 얘기 없이 출처만 남겨도 저작권 침해이다.

또한 유튜브나 방송 프로그램에 스포츠 경기영상, TV 프로그램, 음악 방송 영상을 허락없이 올려도 저작권 침해이다.

▲ 학생들이 저마다 다른 방식으로 정리한 저작권 정리 자료

　　이렇게 학생들이 생산한 자료는 내용, 수준, 깊이, 구조, 형식 등 뭐 하나 똑같은 것이 없으며, 이는 학생들의 역량을 종합적으로 알 수 있는 소중한 데이터가 됩니다.

그러면 이제 디지털 세상의 규칙에 대해 살펴봤으니, 영상의 주제를 무엇으로 할지 정해야 합니다. 그리고 우리 공동체가 지닌 '정체성'을 바탕으로 학생만이 갖는 차별성, 우리니까 할 수 있는 것, 자신이 하고 싶은 것을 정리합니다.

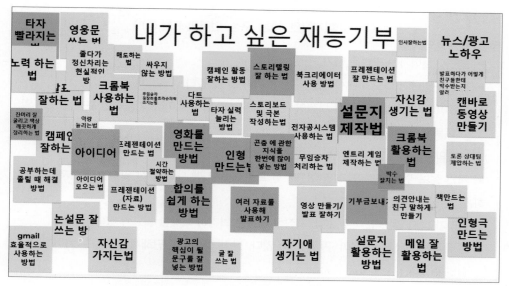

▲ 잼보드, 재능기부 영상 주제를 찾기 위한 주제 탐색 활동

주제를 유목화하고 모둠으로 나눌 필요를 느낀 교사는 나인닷(구글 도구 설명팀), 캔바, 엔트리, 가치·태도, 틴커캐드❷, 기타로 나누고, 학생들은 내용이 겹치지 않도록 계획하며, 상호 피드백 속에서 협력할 수 있도록 팀을 구조화합니다.

분류	제출 드라이브	내용	링크 삽입
나인 닷 ▼	문서	구글 문서 사용법	대본링크
나인 닷 ▼	최종 제출 영상(설문지 퀴즈)	퀴즈 설문지 만드는 법	음... 다시 찍어야 활동
캔바 ▼	뉴스 만들기	뉴스 만드는 방법과 팁	핸드폰 편집이라 드라이브로 (근데 미완성이라 뒷부분이 이상하고
엔트리 ▼	선택 게임 만들기	엔트리로 재미있고 창의력을 보여주는 선택 게임 만드는 방법	이때 시간 새벽 2시여서 했는데 목잠기고, 이상하게 되고 총체적 난
캔바 ▼	캔바로가자 gif편	gif 영상 만들기	내가 해안이네-아님
가치/태도 ▼	친구로 힘들게 살지 않는 법	생각 있게 사는 법	음... 뭔가 이상하다...
나인 닷 ▼	나인닷 google설문지	구글 설문지	소리가 잘 녹음이 안되는

▲ 구글 시트, 모둠별 재능기부 자료 정리표

유튜브에 공개되는 영상이니만큼 저작권, 초상권, 네티켓뿐만 아니라, 내용, 구성, 언어 등을 꼼꼼하게 상호점검합니다.

❷ 3D 디자인 제작 웹사이트

〈1차 점검(저작권, 내용, 구성, 언어적 표현 등)〉

▶ 설문지 들어가는 방법은 빼기, 천천히 말하기

▶ 친구들 얼굴이 나오고 초상권을 더 신경 써야 할 것 같다.

▶ 잡음이 많이 들리고 지루한 느낌이 든다. 너무 ASMR 느낌이다. 기술적인 표현을 쓰지 않고 똑똑똑 이런다.

▶ 내용의 핵심을 잘 잡지 못함.

▶ 개인 정보 주의. 자기도 설명하는데 잘 모름, 설문지에 대해서 잘 알지는 못하지만 열심히 함, 영상이 너무 길다.

▶ 소리가 나지 않는다, 너무 길다. 자잘한 내용은 과감히 삭제할 필요가 있다.

▶ 안 들리는 목소리, 내용이 구체적이지 않다. 장점-설명이 간단해서 이해하는 차원에서는 훨씬 쉬웠다.

▶ 영상에 실명이 나온다. -편집의 힘을 빌려야 함

▶ 발음 고치고 영상 다시 찍어야겠다.

▶ 약간 대본을 조금 더 명확하게 썼으면 좋았을 것 같다.

▶ 너무 길다, 할 때 미리 만든 거 같고 합시당^^

▶ 잠깐 멈춘 부분을 조금 더 길게 하고 가까이서 할 때를 18~30으로 바꾸고 조금 더 짧게 (영상이 길다)

▶ 간지라는 은어를 사용하였다. 대본 쓰고 찍어라.

▶ 목차를 쓰는 방법-직접 보여주기, 내용을 자세하게

▶ 설명만 있고 집중력이 높아질 수 있는 화면과 요약이 없다.

▶ 장난이 많고 내용이 짧다.

▲ 1차 영상에 대한 상호 피드백 내용

캔바 ▼	캔바로가쟈 gif편	통과 ▼	통과 ▼	통과 ▼	통과 ▼	▼	▼	▼	▼
가치/태도 ▼	친구로 힘들게 살지 않는 법	탈락 ▼	탈락 ▼	탈락 ▼	통과 ▼	▼	▼	▼	▼
나인 닷 ▼	나인닷 google설문지	탈락 ▼	탈락 ▼	탈락 ▼	탈락 ▼	▼	▼	▼	▼
캔바 ▼	캔바 프레젠테이션과 화이트보드	탈락 ▼	탈락 ▼	통과 ▼	통과 ▼	▼	▼	▼	▼
기타 ▼	ㅎㄷㄱㅅ₩	▼	▼	▼	▼	탈락 ▼	탈락 ▼	탈락 ▼	탈락 ▼
캔바 ▼	캔바 인형극 1편	▼	▼	▼	▼	탈락 ▼	탈락 ▼	탈락 ▼	탈락 ▼
나인 닷 ▼	최종링크	▼	▼	▼	▼	탈락 ▼	탈락 ▼	탈락 ▼	탈락 ▼
나인 닷 ▼	잼보드	▼	▼	▼	▼	탈락 ▼	탈락 ▼	탈락 ▼	탈락 ▼
기타 ▼	ㅎ	▼	▼	▼	▼	통과 ▼	통과 ▼	통과 ▼	통과 ▼

▲ 구글 시트, 1차 모니터링 동료 평가

유튜브 업로드 상황	분류	드라이브에 썸네일 이미지 파일 제출 여부	업로드 완료 영상 제목 (재생 특록 링크)	영상 설명 넣기 틀 바꿔서 #, # 해시태크 넣기	영상에 대표 썸네일 삽입 유무	팀별 대표 썸네일과 제목 삽입 유무
재능 기부 성공	나인 닷		▣ 학생 재능 기부	구글 워크스페이스	구글 문서 사용법	구글 문서로 배운 내용들을 깔끔하게 정리해보자 #구글 문서 #구글 워크스페이스		
재능 기부 성공	나인 닷		▣ 학생 재능 기부	구글 워크스페이스	구글 설문지 퀴즈 만드는 법 (1부)	구글 설문지를 이용해 퀴즈 설문지로 만드는 방법을 알아보자 #구글 설문 #구글 워크스페이스		
재능 기부 성공	캔바	O	▣ 학생 재능 기부	캔바	캔바로 뉴스 만들기	뉴스의 순서를 알고 캔바로 뉴스를 편집하는 방법을 알아봅시다. #캔바 #Canva #뉴스 #학생공개수업	O	O
재능 기부 성공	엔트리	O	▣ 학생 재능 기부	엔트리	엔트리로 선택 게임 만들기	재밌는 스토리와 정확한 코딩을 요구하는 '선택게임'에 대해서 알아보자! #엔트리 #스토리코딩 #코딩		
재능 기부 성공	캔바	O	▣ 학생 재능 기부	캔바	캔바로 애니메이션 만들기	조동학생을 위한 무료 애니메이션 강의 #특강 #인강 #강의 #디지털 #에듀테크 #조동학생		
재능 기부 성공	가치/태도		▣ 학생 재능 기부	가치태도	친구 때문에 힘들게 살지 않아도 되는 법(2부)	여러가지 친구들의 유형을 살펴가면서 해결방법을 알아보자 #2부 #꿈 #잃승차하는친구 #성격안맞는친구 #워만하면면꾸준대는친구 #화나는친구	O	O
재능 기부 성공	나인 닷		▣ 학생 재능 기부	구글 워크스페이스	구글 설문에서 가장 많이 사용하는 4가지 형식 만드는 법	우리가 가장 많이 사용하는 구글 설문에 4가지 형식을 알려주는 영상) #google설문 #구글워크스페이스	O	O
재능 기부 성공	캔바	O	▣ 학생 재능 기부	캔바	캔바의 프레젠테이션과 화이트보드 사용법	캔바에 있는 프레젠테이션과 화이트보드의 기능을 알 수 있는 영상 #Canva #초등학생 #프레젠테이션 #화이트보드 #캔바_시작 #학생_공개수업 #사용법 #간단_요약	O	O
재능 기부 성공	기타	O	▣ 학생 재능 기부	발표 잘 하는 방법	발표 팁	우리모두 발표전문가가 되어보자발표팁모두모아바로가자 #발표 #팁집 #와	O	O

▲ 구글 시트. 최종 동영상 업로드를 위한 마무리 작업 예시

그런데 평소에 유튜브를 하지 않던 교사와 그에 대한 경험이 없는 학생은 하나씩 자료를 찾아보면서 썸네일도 제작하고, 영상 제목도 정리하고, 설명과 해시태그(#)도 정리합니다. 해시태그를 어떻게 넣는 건지도 잘 알지 못하는 교사와 학생들은 함께 찾아보고, 배워가면서 그렇게 재능기부에 성공합니다.

> 이번에 내가 유튜브에서 보던 무언가를 가르쳐 주는 영상을 만드는 재능기부 프로젝트라는 매우 매우 신기한 프로젝트를 하게 됐다. 나는 유튜브 중에 무언가를 가르쳐 주는 그런 영상, 예를 들어, 재능기부 하듯 찍은 영상을 보며 나도 저것보다 훨씬 더 잘 만들 거라는 생각을 가지고 영상을 보았는데, 이 프로젝트를 시작할 때만 해도 이 정도는 껌이고 금방금방 만들지 라고 생각을 했었다.
>
> 그런데 대본을 쓰는 곳부터 막혀서 힘들었다. 항상 보던 게 유튜브에서 나오는 인사말인데 그걸 막상 내가 적으려고 하다 보니깐 많이 막히는 부분이 있고 대본도 만들기 힘들었다. ─중략─

▲ 유튜버 되어 재능기부하기 프로젝트 후기 中

학생들은 부모님이 너무 가까이 계시기에 그 소중함을 잘 못 느끼듯이, 유튜브 영상을 매일 가까이에서 자주 접하기에 그 영상 하나하나가 고민 끝에 창작된 저작물이라는 생각을 잘하지 못합니다. 하지만 이 프로젝트가 끝난 후, 학생들은 간판부터 광고, 그림, 영상, 노래, 문구 등 주변 모든 것이 저작물로 보인다고 합니다. 미디어 소비자의 관점에서 생산자로의 관점이 생긴 것입니다.

선생님들도 학생들의 삶과 연결된 배움과 성장의 소재를 교실과 연결해 보시기 바랍니다.

IV

'웰빙'은 민주시민교육에서 '꽃' 핀다

민주시민교육은 교육이라 표현하기보다 민주주의 국가에 사는 국민에게는 그냥 '삶'이라고 표현하는 것이 더 적합할지도 모르겠습니다. 그런데 학교 현장에서의 민주시민교육은 과연 그런 '삶'을 담아내고 있는지, 그리고 할 게 넘치는 학교 현장에서 그런 '삶'을 담아낼 수 있는지 의문이 듭니다.

학교 자체가 민주주의의 작은 사회를 옮겨놓은 것처럼 1년을 그렇게 계속 산다면 어쩌면 교사는 '성장통'이 아니라 1년 내내 신경을 써서 '신경통'에 걸릴지도 모릅니다. 그만큼 민주시민 사회는 다양한 문제와 갈등을 내포하고 있고, 이 문제를 민주적으로 해결하는 것은 많은 노력과 시간을 필요로 합니다.

다양한 프로젝트를 통해 학생 역량이 성장하고, 결국 학생의 삶까지도 변화시키는 것을 보았습니다. 그런데 학생들의 생활(삶)을 가장 크게 변화시킬 수 있는 건, 바로 이 민주시민교육이었고, 이 안에서 학생들의 희로애락이 살아 숨 쉬며, 학생들의 삶의 변화로 피어남을 알게 됩니다.

> **"할 수 있다고 생각하면 할 수 있고,**
> **할 수 없다고 생각하면 할 수 없다."**
>
> −헨리 포드−

학생의 삶 자체가 되어야 하기에 어려운 민주시민교육, 아마 우리가 할 수 없다고 생각하면 할 수 없을 것이고, 할 수 있다고 생각하면 언젠가는 교실에서 미래의 민주 시민들을 만나게 될 것입니다.

Ⅳ-(1)

민주시민교육의
목적과 원칙 정립하기

　'민주시민교육'은 전국의 교사들이 고민하는 난제 중, 하나일 것입니다. 어쩌면 교육의 궁극적인 목적이라고도 할 수 있습니다. 그런데 민주시민교육은 어떻게 해야 '효과'를 볼 수 있을까요?

　역량의 네 가지 영역인 지식, 기능, 가치, 태도로 나눠서 그동안 행했던 교육에 대해 '성찰'해 보겠습니다. 민주시민교육에 대한 '지식'적 접근만으로는 100% 실패, 학생들의 마음에 민주 시민 의식이 싹트는 느낌조차 받기 어렵습니다. 그럼 '기능'의 관점에서 생각해 보니, 문제를 해결해 나가는 방식, 바로 회의가 떠오릅니다. 하지만 기존의 회의는 정해진 식순에 따라 해보는 절차의 재현이라는 느낌이 강하게 듭니다. 그렇기에 아무리 회의를 반복해도 학생들의 행동은 잘 변하지 않습니다. 그렇다면 '가치'와 '태도'는 훈화하면 생기는 것일까요? 아니면 그냥 자연스럽게 깨치는 것이었을까요? 그리고 민주시민으로서 이런 가치와 태도를 지니고 살아야 한다는 말은 '가치'와 '태도'에 대한 지식적 강요가 아니었나 하는 생각마저 듭니다. 학생들이 스스로 민주시민에 걸맞은 '가치'와 '태도'를 정립하는 기회는 어떻게 주어질 수 있을지, 고민이 깊어집니다.

　그 어떤 교육적으로 의도된 설계 없이도, 자연스럽게 깨치게 되는 기회가 자연스레 오면 정말 좋겠지만, 우리는 모두 알고 있습니다. 그런 건 정말 매우 어렵다는 것을 말입니다. 외면하고 싶었던 개인과 공동체 모두의 '웰빙'에 대한 난이도 최상의 문제, 바로 민주시민교육입니다.

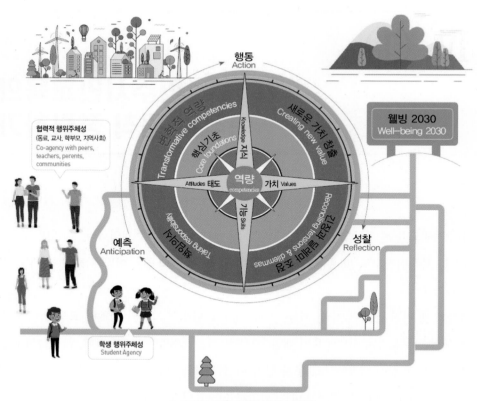

▲ OECD 교육 2030 학습 나침반

솔직히 민주시민교육은 '언젠가는 풀어봐야지.'라고 생각했던 과제 중에 최대한 묵혔다가 꺼내려고 했던 과제 중 하나였습니다. 그만큼 1년 내내 민주 시민으로 살아가는 경험을 디자인한다는 것이 쉽지 않을 것임을 본능적으로 느꼈다는 표현이 가장 적절할 것 같습니다.

그런데 그렇게 조금 더 묵혀두려던 계획의 마중물이 되었던 것은 바로 '학부모 행위주체성'입니다.

"입법 사법 행정부를 그룹으로 나누어서 교실에서 지켜야 할 규칙들을 정교하게 다듬어서 교실법전을 만들고, 행정기관이 잘 이행하는지 확인하고 사법기관에서 판단해보는 수업은 어떨까요? 직접 참여해야 오래도록 남는 것 같아서 조심스레 생각 남겨 봅니다."

▲ 민주정치에 대해 제안하는 학부모 문자 내용

이 문자를 받은 것이 3월 말쯤이었습니다. 진행하고 있던 프로젝트만 해도 '운동부 프로젝트', '가족 지키기 프로젝트', '타자 향상 프로젝트', '스토리텔러 프로젝트' 등 교사 행위주체성이 지나칠 정도로 날뛰고 있어, 벌여놓은 것이 많던 상황에서 고민이 시작됩니다.

하지만 교육의 3주체가 함께 주체성을 발휘하여 나아가야 하는 것이 미래 교육의 방향이라 생각했을 때, 이 학부모님의 제안을 가볍게 넘기기가 어려웠습니다. 그러다 추가 기웁니다. 그리고 민주시민교육에 무엇을 담을지 고민하기 시작하였고, 그렇게 탄생한 것이 바로 〈뽀로로와 친구들 나라의 민주정치〉입니다.

'2022 개정 교육과정'은 민주시민교육을 "학생이 자기 자신과 공동체적 삶의 주인임을 자각하고, 비판적 사고를 통해 자신이 속한 공동체의 문제를 상호 연대하여 해결할 수 있도록 지원하는 교육"이라고 정의하고 있습니다.

주인의식, 비판적 사고, 상호 연대, 공동체 문제 해결

그리고 민주시민교육은 '자신과 타인 및 지구촌 구성원 전체의 웰빙'을 목표로 하고 있는 'OECD 교육 2030'과 그 맥락을 같이 하고 있습니다.

※ OECD Education 2030
– 학생 행위주체성(student agency) 및 변혁적 역량(transformative competencies) 강조
① 성장마인드, 정체성, 목적의식, 자기주도성, 책임감 등
② 목표를 정하고 성찰하고 책임감 있는 행동으로 변화를 만드는 능력
☞ 학생들은 자신과 타인 및 지구촌 구성원 전체의 웰빙을 향해 나아가는 법을 배울 필요가 있음

▲ 2022 개정 교육과정 총론 주요사항(시안) 추진 배경 발췌

교사는 민주시민교육에 어떤 비전과 목표 의식을 가지고 학생들을 이끌어 나갈지 정합니다. 그렇게 '교사의 교육 철학'에 우리나라 '민주시민교육의 핵심 가치'를 더하여, 민주시민교육의 목적과 원칙을 정립합니다.

주인의식, 비판적 사고, 상호 연대, 공동체 문제 해결

〈민주시민교육의 목적과 원칙〉

▶ 민주정치는 누군가 만들어 준 시스템에서 잘 사는 것이 아니라, 공동체 모두가 더 살기 좋은 시스템을 구축하려 노력하는 그 과정에 목적이 있다.

▶ 공동체의 가치를 구현하기 위해 생긴 규칙의 가치에 대해 느낄 수 있도록 하라.

▶ 교사는 국민 한 사람일 뿐, 아이들의 고민에 발맞추어 함께 고민하고 소통하라.

▶ 스스로 선택하게 하라.

▶ 실천하며 실패와 성공을 경험할 기회를 부여하라.

▶ 문제가 생기면 해결책을 함께 찾아라.

▶ 자기 행동에 책임질 기회를 부여하라.

▶ 창의적으로 자신의 업무를 실천하게 독려하라.

▶ 법 없이도 평화롭게 사는 나라가 최고다.[28]

▲ 민주시민교육에 대한 교육 철학

---

[28] 이 원칙은 나중에 변경됩니다.

Ⅳ-(2) 민주시민교육 Why로 시작하세요

이렇게 민주시민교육의 목적과 원칙을 먼저 정한 다음에 어떻게, 무엇을 할지를 정합니다. 그런데 일반적으로 돌이켜보면 교사 대부분이 교육의 목적에 대한 '왜'에 대한 고민보다는 과정과 방법에 대한 '무엇을', '어떻게' 할지에 더 집중합니다. 교육과정을 재구성할 때도, 학교 특색에 맞춰 어떤 주제를 어떻게 연결하여 '무엇을' 할지, 그 무엇을 찾는 데 가장 많이 집중합니다. 돌이켜 보면 이 과정은 그 위치에 적합한 퍼즐만 열심히 찾는 과정처럼 보이기도 합니다.

제가 '교육 목적'에 조금 더 집중하기 시작한 계기는, 바로 골든 서클(Golden Circle)에 대한 '성찰'로 인한 것이었습니다. 골든 서클은 사이먼시넥(Simon Sinek)이 테드(Ted)에서 펼친 리더십 강의에서 설명한 모델입니다. '대부분의 사람들'은 어떠한 문제에 대해 What, How, Why 순으로 접근하는데, '세상을 바꾸는 주인공들'은 Why, How, What 순으로 접근한다고 설명하고 있습니다.

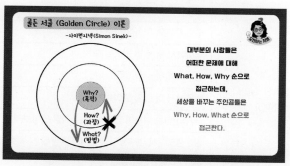

▲ 사이먼시넥의 골든서클, 〈공개수업〉채널 'Why로 시작하세요' 中

이 골든서클을 처음 접했을 때, '나는 어떤 사람이지?'라는 질문이 떠올랐습니다. 답은 바로 나왔습니다. 순간, 수업을 준비할 때, '오늘은 뭐할까? 00스쿨에 뭐 좋은 거 없나?' 하면서 주로 검색하던 제 모습이 떠올랐습니다. '혹시나?'였는데, '역시나' 저는 '대부분의 사람들'이었습니다. 그런데 제가 대부분 사람일 뿐이다라는 생각이 드니, '대부분의 사람들' 범주에서 살짝 벗어나고 싶어졌습니다.

> '내가 세상을 바꿀 수는 없겠지만, Why, How, What 순으로 접근하는 것만으로도 무엇인가를 바꿀 수 있다고 하니, 한 번 그렇게 해볼까?'

나의 수업을 바꾸고, 그로 인해 학생들을 변화시키고, 학교 문화를 바꾸고 교육을 바꾸는 그 주체인 내가 되어 보기로 말입니다. 그래서 수업이나 프로젝트를 설계할 때, 먼저 목적을 구체적으로 떠올리려고 노력하는 것도 그런 이유에서입니다. 그렇기에 민주시민교육의 목적과 원칙을 먼저 정한 다음에 어떻게, 무엇을 할지를 정합니다.

이제 'Why(목적)'이 정해졌으니, 'How(과정)'과 'What(방법)'을 정해보도록 하겠습니다.

교사는 민주시민교육에 어떤 교과와 내용을 담을지 생각하여 교육과정을 재구성합니다. 저는 6학년에 민주시민교육과 관련된 '2. 우리나라의 정치 발전' 단원이 있기에 큰 고민 없이 선택하였고, 그중 관련된 내용을 추출하고 창의적 체험활동에서 시수를 확보하였습니다.

교과	단원(차시)		내용
사회	2. 우리 나라의 정치 발전	2. 일상 생활과 민주주의(7)	생활 속 사례에서 민주주의의 의미와 중요성 알아보기(2)
			생활 속에서 민주주의를 실천하는 태도 갖기
			민주적 의사 결정의 원리 알아보기
			민주적 의사 결정 원리에 따라 문제 해결하기(2)
			국민 주권의 의미 알아보기
		3. 민주 정치의 원리와 국가 기관의 역할(5)	국회에서 하는 일 알아보기
			정부에서 하는 일 알아보기
			법원에서 하는 일 알아보기
			국가의 일을 나누어 맡아야 하는 까닭 알아보기
			일상생활에서 민주정치의 원리가 적용된 사례 찾아보기
창제	자율활동(14)		학급 다모임, 학급 특색 활동

▲ 민주시민교육 교과 내용 재구성표

이렇게 교과 내용을 추출하는 것은 주로 대부분 '지식'적인 부분에 치중되어 있습니다. 결국 교과 내용에 대한 것만을 고민하여 재구성했을 경우, 자연스럽게 '학생이 무엇을 아는가?'에 초점을 맞춰 교육을 진행할 가능성이 높습니다. 그리고 기존에 '지식' 중심의 관점에서 교육받고, 해온 그 경험으로 인해 지식적인 부분은 굳이 의식하지 않아도 이를 중심으로 진행할 가능성이 높습니다. 그렇기에 우리가 미래 교육으로 변화를 모색하며 집중해야 하는 것은 바로 '기술', '가치', '태도'입니다.

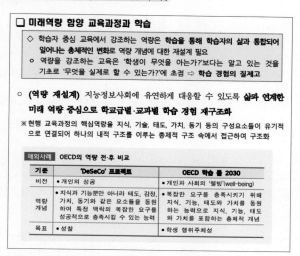

▲ 국민과 함께하는 미래형 교육과정 개정 추진 계획(안),15쪽(2021.04.)

이는 2022 개정 교육과정에서도 '학생이 무엇을 아는가?'(지식)보다는 알고 있는 것(지식)을 기초로 '무엇을 실제로 할 수 있는가?'(기능, 가치, 태도)에 초점을 두어 학습 경험의 질을 높여야 한다고 강조하고 있습니다. 그리고 지능정보사회에 유연하게 대응할 수 있도록 삶과 연계한 미래역량 중심으로 학교급별·교과별 학습 경험을 재구조화하여 역량을 재설계해야 하며, 현행 교육과정의 핵심역량을 지식, 기술, 태도, 가치, 동기 등의 구성 요소들이 유기적으로 연결되어 하나의 내적 구조를 이루는 총체적 구조 속에서 접근하여 구조화하라고 합니다.

솔직히 처음에 이 말을 듣고 '이게 과연 무슨 뜻이지? 이 내용을 얼마나 많은 교사가 이해할 수 있을까?'라는 의문이 들었습니다. 스마트폰을 경험하지 못한 사람에게 스마트폰이 이런 거라고 아무리 설명해줘도 떠올린 것이 스마트폰이 아닌 것처럼 직접 경험하지 않는 이상, 이것의 실체를 알긴 어려울 것입니다. 그러기에 미래 교육이 추구하는 방향이 무엇인지 계속 도전하고, 그러면서 한 문맥, 한 문맥의 이해를 더하면서 나아갈 수밖에 없습니다. 미래 교육은 우리가 하던 대로 해서는 절대 구현할 수 없는 다른 차원의 교육일지도 모르겠습니다.

그럼 '기술', '가치', '태도'에 조금 더 초점을 두려는 노력 속에서 민주시민교육을 어떻게 풀어나갔는지 살펴보겠습니다. 먼저 그 '정의'가 무엇인지 들여다보고 그 의미를 생각해 봐야 합니다.

'Ⅰ-(2) 미래 교육으로 가는 첫 단추'에서 언급했듯이 미래 교육을 '미래 교육에 대해 지식 중심이 아니라 역량을 함양하는 교육이고, 에듀테크나 디지털 도구를 조금 더 활용하면 되는 그런 거 아닌가?'라는 생각으로 교육을 했었기에 부산이란 목적지가 아닌, 경상도 어디쯤 내려준 듯한 느낌이 들었던 그 실수를 반복할 수는 없습니다.

> "학생이 자기 자신과 공동체적 삶의 주인임을 자각하고, 비판적 사고를 통해 자신이 속한 공동체의 문제를 상호 연대하여 해결할 수 있도록 지원하는 교육"

▲ 2022 개정 교육과정에서의 민주시민교육의 정의

그런데 민주시민교육의 정의를 들여다보는데, '학생이 자기 자신과 공동체적 삶의 주인임을 자각하고'의 문구에서 'Ⅱ-(4) 가치를 공유하는 세계관 공모전'이 자연스레 떠오릅니다. 이미 학생들은 자기 자신의 세계관과 공동체의 세계관을 모두 소중하게 여기고, 공동체의 주인의식을 가지는 것을 목표로 하는 활동을 경험하였습니다. 이미 '기능', '가치', '태도'에 보다 중점을 둔 민주시민교육이 시작되어 있었습니다. '학급 세계관 공모전'을 민주시민교육으로 딱히 생각해서 한 것은 아니었지만, 민주시민교육 자체가 학급 공동체의 삶에 대한 교육이라 결국은 'OECD 교육 2030'에서 목표로 하는 '웰빙'과 만나게 됨을 느낍니다.

〈만화 '뽀로로와 친구들'처럼 친구들과 사이좋게 지내고, 힘을 합쳐 문제를 해결하고 서로 도와주는 반〉은 민주정치의 구현을 위해 '반'에서 '나라'로 변모하여 국가로 재탄생하게 됩니다. 그렇게 〈뽀로로 친구들 나라의 민주정치〉가 시작됩니다. 다른 활동은 프로젝트라고 이름 뒤에 붙여도 자연스럽지만, 이건 프로젝트라고 붙이기가 이상하여 생략합니다. 아마 이건 그냥 '문화'이자, '삶'이었기에 그러지 않았나 하는 생각을 해봅니다.

만화 〈뽀로로와 친구들〉처럼 친구들과 사이좋게 지내고, 힘을 합쳐 문제를 해결하고 서로 도와주는 반

<가치관>

제가 고른 세계관은 **뽀로로와 친구들** 입니다. 유치하다는 생각이 들 수 있지만 어떻게 보면 동심의 세계라고도 생각 할 수 있습니다. 저희가 어릴 적에 본 아니면 1번 쯤 들어본 뽀로트= 아이들의 친구 같은 존재 입니다.

뽀로로는 아이들에게 꿈과 희망을 선물 합니다. 그뿐만이 아니라 예를 들어 크롱과 싸웠을 때 화해하는 것과 같이 친구들과 사이좋게 지내는 모습을 보여주고 있습니다.

그래서 저는 나 자신이 뽀로로가 되고 나의 반 친구들이 루피,포비,크롱과 같은 친구가 되어 **친구들과 싸워도 화해하여 사이좋게 지내고 어려운 일이 있으면 힘을 합쳐 이겨내고 힘들어하는 사람을 보면 도와주는 그런 반** 이 되면 좋겠습니다.

▲ 학급 세계관 공모전을 통해 선정된 학급 정체성

올해도 '학급 세계관 공모전'으로 민주시민교육의 첫발을 내디뎠습니다. 올해에는 '안녕 자두야'가 선정되었습니다. 학생들은 '도움이 필요한 친구를 도와주고, 다 같이 행복하게 지내는 5학년 1반'을 만들기 위해 노력하고 있습니다. '자두 출동'이라고 하면 여러 아이가 도움이 필요한 친구를 찾아 도움을 주려 나서며, 이를 중심으로 '공동체의 웰빙'을 향해 나아가고 있습니다.

( )번 이름 ㅇㅇㅇ (안녕자두야)

"안녕자두야" 에서 "이상한 여자애" 라는 제목의 회차가 있는데 거기에서 아무도 그 여자애와 친하게 지내고 싶어하지 않지만, 자두가 그 친구에게 친구가 되어 줍니다 자두는 이것 말고도 전학온 친구나 어울리지 못하는 친구를 도와줍니다 우리 5-1반도 자두처럼 **다 같이 행복하게 지내는 5-1반**이 됐으면 좋겠습니다.

〈활동적인, 적극적인, 사교적인, 예의바른, 용기있는, 용감한, 솔직한 지혜로운, 사교적인, 사려깊은, 배려심있는, 다정한, 마음이 따뜻한

▷나는 자두처럼 적극적이고 사려깊은 사람이 되고, 뽀로로처럼 유쾌하고 건강한 사람이 되려고 노력하겠다. 그래서 이 둘을 합쳐서 ㅇㅇㅇ이라는 이름의 캐릭터를 만들어 보겠다.

▲ 2023년도 학급과 개인의 정체성 세우기 활동

IV-(3)
뽀로로 친구들 나라의 민주 정치

다시 〈뽀로로 친구들 나라〉로 돌아가 보겠습니다. 본격적으로 '나라'를 선포하면서 활동을 시작합니다. 당연히 교사가 생각하고 있는 민주시민교육의 비전과 목표를 공유하는 것으로 시작하며, 학생 행위주체성을 일깨워 줍니다.

이 교실의 주인은 여러분입니다. 그리고 여러분 개개인은 이 공동체에서 정말 중요한 의미를 지닙니다. 어느 '한 명'이 나라 이름을 세계에 알리면서 나라의 위상을 높이기도 하고, 또 어느 '한 명'이 좋지 않은 일로 나라 이름에 먹칠을 하기도 하는 것처럼 말입니다. 이렇게 공동체에서 한 개인은 '한 명'이라는 수량으로 그 존재를 말할 수는 없습니다.

여러분 개개인은 '한 명'일 뿐이지만, 학급 친구들 모두에게 긍정적 영향을 줄 수도 있고, 그 반대일 수도 있습니다. 내가 이 공동체 내에서 하는 말과 행동은 공동체 전체에게 긍정적이든 부정적이든 영향을 미칩니다. 자기를 난 '한 명'일 뿐이라는 생각에 가두지 말기를 바랍니다. '미꾸라지 한 마리가 온 웅덩이를 흐린다.'라는 속담처럼 한 사람이 행한 나쁜 행동은 공동체 전체의 분위기와 문화를 금세 어둡게 물들여 버립니다. 그렇게 개인과 공동체는 밀접하게 연결되어 있습니다.

여러분이 이 공동체의 '대표'라고 생각하셔도 좋습니다. 아니 이 공동체의 '대표'가 맞습니다. 그만큼 여러분들의 말과 행동 하나하나는 여러분들이 속한 공동체의 대표성을 갖습니다. 다른 반 선생님들께서 여러분 중 몇몇이 인사를 잘하면, 1반 학생들은 참 인사를 잘한다고 말씀하시고, 몇몇이 복도에서 뛰어다니면 1반 학생들은 맨날 복도에서 위험하게 뛰어다닌다고 말씀하시는 것도, 여러분 개개인 모두가 우리 반 공동체에 속해있는 '대표'이기 때문에 그런 것입니다.

'나 하나쯤이야.'라는 생각으로 한 말과 행동으로 인해 이전 학년에서 피해를 본 적이 있을 것입니다. 그 이유는 공동체에 속한 사람들은 시간과 공간 등이 서로 연결되기 때문입니다. 그러므로 이왕이면 온 웅덩이를 흐리는 미꾸라지가 아니라, '선한 영향력'을 지닌 1인이 되어 공동체 전체를 아름답게 물들여 주길 소망합니다. 물론 그 선함은 여러분이 소중하게 생각하는 가치에 따라 모두 다를 것이며, 자기만의 선함으로 30 빛깔의 무지개를 아름답게 만들어 가면 좋겠습니다.

▲ 민주시민 교육의 비전을 공유하는 교사의 말 예시

우선, 사회과 내용을 중심으로 재구성 계획을 세웠기에, 교과서에 있는 국가 기관인 '정부', '국회', '법원'의 조직을 구성하는 계획을 세웁니다. 그런데 '이 세 개의 조직을 한꺼번에 세울 필요가 있을까?'라는 '성찰'이 찾아옵니다. 법 없이도 평화롭게 사는 나라가 최고라는 원칙이 있기에, 어차피 사건은 생기겠지만, 우선 법원을 제외하고 생각합니다.

▶ 법 없이도 평화롭게 사는 나라가 최고다.

나라가 세워졌으니 '정부'를 조직하는데 이견은 없습니다. 그런데 국회를 만드는데, 잠시 고민을 하게 됩니다. 국회는 법을 만들고, 정부가 하는 일을 견제하고 감독하는 역할을 합니다. 정부가 틀을 잡고 제대로 활동을 시작하기 전부터, '굳이 형식에 의해 만들 필요가 있을까?'라는 생각이 들었습니다. 그리고 민주시민교육의 목적을 '민주정치는 누군가 만들어 준 시스템에서 잘 사는 것이 아니라.'라고 정한 것처럼, 국회와 법원은 그 필요가 생길 시 세우기로 합니다. 그리고 정부, 국회, 법원에서 하는 일을 모두 체험할 수 있도록 굳이 학생들을 조직별로 나누지 않습니다.

▶ 민주정치는 누군가 만들어 준 시스템에서 잘 사는 것이 아니라, 공동체 모두가 더 살기 좋은 시스템을 구축하려 노력하는 그 과정에 목적이 있다.

정부를 조직하기 위한 활동을 시작합니다. 공동체 모두가 더 살기 좋은 나라를 만들기 위해 각자 어떤 역할을 하면 좋을지, 자신이 어떤 역할을 할 수 있을지를 생각합니다. 학생들은 저마다 자신이 하고 싶은 역할을 생각하여 신청합니다. 하지만 신청한다고 해서 모든 사람에게 역할을 주진 않습니다. 바로 국민이 필요하다고 생각할 경우만 그 역할을 담당하는 부와 청이 생기게 됩니다.

▶ 스스로 선택하게 하라.

5개 부 및 20개의 청 조직(1학기)	
행정안전부	급식청, 뛰기단속청, 시간관리청, 떠듬단속청, 방역청
환경부	청소청, 기상청, 줄맞청, 위생청
행사부	기념일청, 소품청, 행사도움청, 홍보소식청
평화부	폭력예방청, 동료상담청, 갈등해결청, 도움청, 알아도몰라청
학습부	체크청, 타자청

▲ 1학기 정부 조직 편성

국민이 승인했지만, 교사의 눈에는 '알아도몰라청'같은 위태로운 부서가 눈에 들어옵니다. 하지만 교사가 걱정할 필요는 없습니다. 어쩌면 '알아도몰라청'을 담당한 학생이 변혁적 역량을 발휘하여, 새로운 가치를 부여하여 역할을 재창조할 수도 있습니다. 아니면 정말 하는 게 없어서 갈등의 원인이 되어 해결책을 함께 찾아보는 기회가 될지도 모릅니다. 교사는 국민의 한 사람일 뿐, 학생들이 고민하지 않는 것에 대해서는 '예측'만 하고, 이를 주의 깊게 관찰하며, 때를 기다립니다. 교사가 '알아도몰라청'의 임무를 수행해야 하는 순간입니다.

▶ 교사는 국민 한 사람일 뿐, 아이들의 고민에 발맞추어 함께 고민하고 소통하라.

이렇게 정부 5개 부와 20개의 청이 조직되었고, 학생들은 각 청의 목적(목표)를 스스로 세우고, 각 부별로 모여 장관과 차관을 선정합니다. 장관과 차관을 정하는 방법도 부별로 자율적으로 선택하도록 합니다. 그리고 사람이 모이면 '갈등'은 바로 시작됩니다.

▶ 문제가 생기면 해결책을 함께 찾아라.

서로 중요하게 생각하는 '가치'와 삶을 살아가는 '태도'가 서로 다른 학생들이 모이는 순간 '갈등'은 당연히 예정된 순서입니다. 잘 정하는 좋은 방법 같은 건 애초에 없습니다. 그걸 강요해서도 안 됩니다. 학생들은 '소통'을 통해 그들이 속한 공동체의 '욕구'를 파악하여 가장 좋은 '방법'을 찾아냅니다. 하겠다고 나서는 학생이 있고, 그걸 반기는 모둠원이 있는 모둠은 금방 정해집니다. 하지만 둘 이상의 지원자가 생기거나, 지원자가 없을 때는 당연히 시간이 더 필요합니다. 학생들은 가위바위보를 하기도 하고, 투표를 진행하기도 하는 등 구성원의 합의점을 끌어내어 해결합니다. 물론 주어진 시간 안에 그 '방법'을 찾아내지 못한 모둠도 있습니다. 교사는 각자 방법을 더 생각해 보고 다시 이야기 나눠보라는 조언으로 마무리합니다.

▶ 스스로 선택하게 하라.

드디어 각 부와 청 조직이 완성되었습니다. 각 부는 장관과 차관을 중심으로 모여, 역할을 재정비하고 부의 비전과 목표를 정하고, 각 청의 역할에 대해 논의를 하며, 〈뽀로로 친구들 나라〉를 더 살기 좋은 곳으로 만들기 위한 계획을 구체화합니다.

각 부	장/차관	청	목적(목표)	하는 일
환경부	차관	줄맞청	수업시간 전에 책상 바르게 되어있기.	1.책상 줄 맞추기.
학습부	▼	체크청	모든 친구들이 숙제를 열심히 하게 만들기	숙제,프로젝트 했는지 체크하기
행정안전부	▼	뛰기단속청	복도와 교실등.뛰어서 나는 사고 막기	복도/급식실/교실에서 쿵쾅거리며 뛰는 학생에게 뛰지 말라는 경고와 함께 별점 주기
행정안전부	차관	시간관리청	친구들 수업시간 전에 준비되있게하기(언제나!)	수업시간 1분전 친구들한테 앉아라고 말하게해서 준비되게 있게 하기
행사부	▼	소품청	행사에 필요한 소품을 준비하기	행사부에서 하는 행사에서 필요한 소품을 준비하거나 만든다.
평화부	▼	또래상담청	6학년 1반 친구들의 고민이 사라지기.	1.고민이 있으면 사물함 내 사물함 구멍에 이름을 넣으면 상담 시간을 정하고 고민을 들어줌.
환경부	장관	청소청	우리반을 청결하고 깨끗한 반으로 만들기	1.수업 끝날 때 마다 칠판닦기 2.점심시간, 청소 담당 관리 및 청소 검사
행사부	▼	홍보소식청	친구들이 행사에 잘 참여할수 있도록 도와주기	반이나 학교에서 하는 행사를 우리반에 알린다.
평화부	▼	알아도몰라청	6학년 1반 친구들의 비밀을 지키기	비밀를 지켜준다
행사부	▼	행사도움청	행사를 할 때 친구들에게 도움이 될 수 있도록 도와주기	우리 반에서 행사나 이벤트를 진행할 때 도와주는 일을 한다.
행사부	▼	소품청	행사에 필요한 소품을 준비하기	행사 소품 준비 및 제작하기
행정안전부	▼	급식청	급식 1팀부터 4팀 순서대로세우기	급식시간에 1팀부터 4팀 순서대로세우기 늦게가는날과 일찍가는날구분하기
환경부	▼	위생청	위생이 좋아 지도록 도와주기	1.밥먹기 전에 손씻는지 확인하기.
평화부	▼	폭력예방청	우리반 1년동안 학교폭력이 일어나지 않도록 하기	우리반에서 친구들과 잘 소통하기

▲ 구글 시트. 부와 청의 목적(목표), 역할, 하는 일 정리표

1주일만 있어도 바로 '선생님 00이는 안 해요.'라는 말이 나옵니다. 그럼 교사는 어떤 행동을 취해야 할까요? '네, 이놈!' 하며 훈육해야 하는 순간이 온 걸까요? 드디어 기다리던 그때가 왔습니다. 법을 만들고, 정부가 하는 일을 견제하고 감독하는 역할을 하는 국회가 등장해야 하는 순간입니다.

우선은 법으로 규정된 각 부와 청의 역할이 없기에 법으로 만들고 국회에 상정하기로 합니다.

뽀로로와 친구들 나라의 각 부와 그 소속기관 직제
제1장 총칙
제1조(목적) 이 영은 뽀로로와 친구들 나날의 각 부와 그 소속기관의 조직과 직무범위, 그 밖에 필요한 사항을 규정함을 목적으로 한다.
제2조(소속기관)
① 뽀로로와 친구들 나라의 행정과 살림을 지원하기 위하여 소속으로 행정안전부, 환경부, 행사부, 평화부, 학습부을 둔다.
② 각 부의 효율적인 운영을 위하여 부별로 각 처를 둔다.
제6장 학습부
제11조(직무) 학습부는 모든프로젝트 숙제 일정들을 관장한다.
제12조(하부조직)
① 학습부에 차관보 1명을 둔다.
② 학습부에 체크청, 타자청을 둔다.
제12조의 2(청의 역할)
① 체크청은 < 학습 체크 >와 관련된 일을 관장한다.
1. 모든숙제 관리
2. 모든 프로젝트 관리
3.우수학생뽑기
② 타자청은 < 타자 기록 관리 >와 관련된 일을 관장한다.
1. 3주에 한번 타자왕을 뽑아 뒤 게시판에 표시
2. 컴실 갈 때 5분전 가서 문을 열고 타자연습을 시킴.
3. 반 평균 250타 넘는 날 행사를 엶

▲ 구글 시트, 법처럼 각 부와 청의 역할 정리

이제는 각 부와 청이 제대로 역할을 하지 않는 것에 대해 법에 명시된 것을 바탕으로 견제와 감독하는 것이 가능해졌습니다. 그런데 국회를 좀 더 현실적으로 재현할 방법에 대해 고민을 하게 됩니다. 그래서 당을 조직합니다. 저는 앉아있는 자리를 기준으로 줄별로 당을 조직하라고 하고, 당별로 〈뽀로로 친구 나라〉에 필요한 정책이나 법을 토의하여 제안하도록 하였습니다. 물론 좋은 정책을 많이 제안하는 당이 많은 국민의 지지를 받으며, 국회 의석 또한 많이 확보하게 되어, 법안으로 만들고자 하는 것에 더 힘을 실어줄 수 있음을 안내합니다.

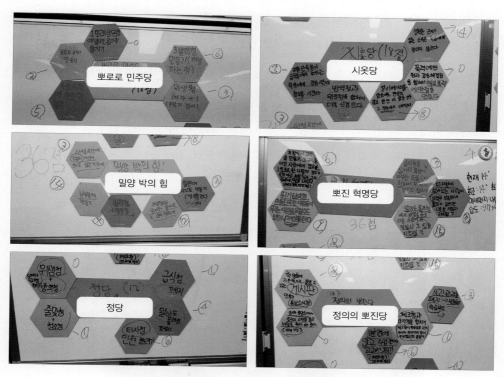

▲ 정당별로 제안한 정책과 지지 투표수

그리고 제안한 정책에 대해 학생들은 맘에 드는 정책에 투표하게 하여 지지를 받은 투표수만큼 국회 의석을 확보하는, 비례대표제를 구현합니다. 사진에 보이는 숫자는 정책별 지지자 수를 나타내며, 당별 전체 점수도 확인할 수 있습니다. 이를 통해 좋은 정책을 제안하여 국민의 지지를 많이 받는 당이 많은 의석을 확보할 수 있음을 알게 합니다. 그리고 당별 정책에 대한 지지 투표수를 다음과 같이 계산하여 의석수로 연결합니다.

(당별 의석수) = (정책 총 지지 투표수) / 10

정당과 국회 비례 대표 의석					
ㅅ 당 (2석)	정의의 뽀친당 (2석)	정당 (1석)	밀양 박의 힘 (3석)	뽀친 혁명당 (3석)	뽀로로 민주당 (2석)

▲ 정당별 비례 대표 의석수

당별 비례 대표 의석은 국회가 열리는 월마다 '당별 정책과 법 제안 대결'을 통해 계속 변하였고, 그렇기에 학생들은 국민의 지지를 더 많이 받을 수 있는 정책과 법을 제안하기 위해 계속 고민합니다. 국민의 지지를 많이 받은 정책과 법은 국회에 상정되고, '과반수의 출석과 출석의원 과반수 찬성으로 의결'하는 실제 법안 통과의 기준으로 법을 제정합니다.

그런데 학생들이 생각보다 자신의 의견이 아닌 것을 견제하는지, 원래 60% 이상의 국민 지지를 받은 것을 국회에 상정하는 것으로 '예측'하여 실행하려 하였으나, 그렇게 되면 학생들이 정당별로 안건에 대해 회의할 기회가 너무 적어서, 이 부분은 학생들과 기준을 협의하여 약간씩 변동하여 진행하였습니다.

앞의 사진처럼 당별 국회의원은 줄별 앞쪽에 자리 잡고, 아닌 당원들과 구분합니다. 물론 비례 대표도 월별로 많은 지지를 받는 좋은 정책을 제안한 학생으로 비례 대표 순번을 정한 후, 당별 확보된 의석수에 따라 선정됩니다. 그리고 많은 국민의 지지로 국회에 올라온 안건은 각 당의 대표들을 중심으로 당별 회의를 통해 이 법안을 찬성할 것인지 반대할 것인지 결정하는 토의과정을 거칩니다. 하지만 토의 내용을 바탕으로 이를 찬성하거나 반대하는 최종 결정은 스스로 판단하여 결정해야 합니다. 그래서 같은 당의 비례 대표일지라도 같은 법안에 대해 서로 표가 갈리는 경우도 생기며, 국회의원으로서 당원의 의견은 참고하되 자유의지에 따라 선택할 수 있으며, 단 자신의 선택에 책임질 마음가짐도 있어야 함을 안내합니다.

그렇다면 정당만 법을 제안할 수 있을까요? 당연히 행정부도 각 부와 청에 관련된 법안을 상정할 수 있습니다. 각 부에서는 부별로 필요하다고 생각하는 법안을 제안합니다. 이와 함께 부별 운영 예산이 필요하다는 제안이 들어옵니다. 역시 업무를 추진하는데, 돈이 필요하다는 걸 자연스레 느끼는 이 상황이 매우 바람직하게 느껴지는 교사입니다. 교사는 1, 2학기 전체 5만 원을 제안하였으나, 너무 적다 하여 8만 원으로 인상하여 줍니다. 그리고 장관을 중심으로 부별 예산이 얼마나 필요한지 협의하여 부별 예산안을 제출합니다. 이 제출안을 전체 회의를 통해 조정하였고, 1학기 예산안이 확정됩니다. 물론, 이 또한 많은 국민의 지지를 받은 경우, 국회에 상정하여 같은 절차를 거칩니다. '행사부 너무 돈을 많이 쓰는 거 아니냐.'는 국민의 말과 '최대한 아껴서 쓰겠다.'는 행사부 장관 의 말이 아직도 생생하게 떠오릅니다.

▶ 민주정치는 누군가 만들어 준 시스템에서 잘 사는 것이 아니라, 공동체 모두가 더 살기 좋은 시스템을 구축하려 노력하는 그 과정에 목적이 있다.

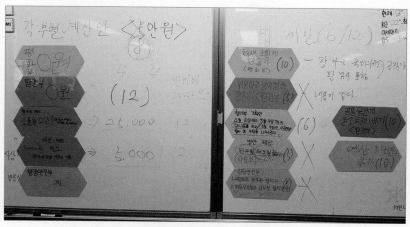

▲ 부별로 제안한 정책과 예산안

Ⅳ-(4)
처벌법과 벌점 기록부

이런 과정을 통해 학생들은 법이 법을 잘 지키지 않는 사람들을 처벌하기 위한 것이라는 기존의 생각에서 벗어나, 법이란 결국 더 좋은 나라를 만들기 위해, 그리고 국민을 지키기 위해 만들어지는 것임을 알게 됩니다.

▶ 법 없이도 평화롭게 사는 나라가 최고다.

이 과정을 통해 교사의 원칙도 수정됩니다.

▶ **법과 함께 평화롭게 사는 나라가 최고다.**

하지만 이 평화는 오래가지 못합니다. 바로 '처벌법'에 대한 건의가 어느 한두 사람으로 인해 빗발치기 시작했기 때문입니다. 처벌법 없는 나라를 구현하고 싶었는데, 역시 그건 불가능한 일인가 봅니다. 하지만 이 또한 '예측'한 일이기에 교사는 생각했던 것을 '행동' 합니다. 처벌법은 행정부를 중심으로 업무와 관련된 방해 요소를 분석하여, 처벌법이 필요한 경우 이를 제안하게 하는 방식으로 진행하였습니다. 민주정치를 본격적으로 시작 한 지, 3주 만의 일이었습니다.

학생들은 처벌법이 공동체에서 정한 법을 잘 지키지 않거나, 다른 사람들에게 피해 되는 행동을 하는 국민으로 인해 생김을 이해하고, 법을 잘 지키는 것이 민주사회에 매우 중요함을 알게 됩니다.

그리고 처벌법 중, 국회에 최종 상정할 법안을 정하고, 국회에서 이를 결정합니다. 처벌법에 대해 벌점을 경중에 따라 부여하자는 의견이 나왔으나 운영 차원에서 모두 1점으로 결정합니다. 그런데 벌점이 부여될 때마다 법원을 열 수는 없기에 기준이 되는 누적 점수를 정합니다. 그리고 사법부의 역할을 판사(3명), 변호사(4명), 검사(4명), 속기사(2명), 배심원(15명)으로 정해서 곧 열릴 거 같은 법원을 대비합니다.

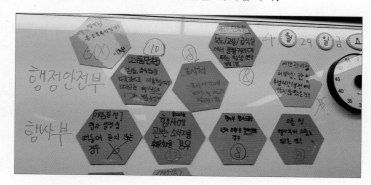

> ▶ 행사부 소식지 훼손 시
> ▶ 행사 진행 방해 시
> ▶ 자기 자리 청소 안 할 시
> ▶ 소품 훼손 시
> ▶ 급식실, 복도, 교실에서 쿵쾅거리며 뛰는 학생
> ▶ 컴퓨터실, 급식실 등 다른 곳으로 이동할 때 떠드는 학생
> ▶ 분실물 보관함에 있는 물건을 훔칠시
> ▶ 신체, 언어, 갈취, 허위 사실 유포, 사이버 폭력 등 폭력

▲ 행정부에서 제안한 처벌법안

그런데 여기서 끝이 아닙니다. 30명이나 되는 학생의 벌점을 관리하는 방법에 대한 문제가 생깁니다. 이때부터 교사의 에듀테크 기능에 대한 도전이 시작되는 지점이기도 합니다. 물론 공책에 누가 정리할 수도 있습니다. 하지만 한눈에 파악하기 어렵기에, 구글 시트를 활용하여 해결하는 방법을 연구하기로 결심합니다. 바로 교사 행위주체성의 '성장마인드'와 '목적의식'입니다. 어찌 보면 이 도전이 지금의 유튜브 '교사 스프레드시트' 코너의 기반이 되었습니다. 벌점을 손쉽게 누가기록 할 수 있는 방법으로 구글 설문을 택하였고, 그렇게 수집한 정보를 구글 시트에서 데이터로 가공하여 정리하였습니다.

벌점 기록부

벌점을 기록해야 하는 경우에 입력해 주세요.

▶ 자신의 부서를 선택해 주세요. ─객관식 문항

▶ 벌점을 부여할 친구를 선택해 주세요. ─객관식 문항

▶ 간단하게 그 이유를 적어주세요. (시간, 장소, 사건을 간략하게 적기) ─단답형 문항

▲ 구글 설문 문항

타임라인	관련청	간단하게 그 이유를 적어주세요. (시간, 장소, 사건을 간략하게 적기)
2022. 6. 29 오	떠듬단속청	급식시간에 친구들과 떠듬.
2022. 6. 30 오	폭력예방청	00이가 00의 몸을 팔꿈치로 때렸다.
2022. 6. 30 오	떠듬단속청	급식시간에 옆 친구와 떠듬
2022. 7. 1 오	뛰기단속청	교실 이동중 복도에서 뛰어서(제보)-6월 30일
2022. 7. 4 오	폭력예방청	00가 00에게 오염물질은 꺼지라고 했다.
2022. 7. 4 오	뛰기단속청	교실 이동 중 복도에서 뛰어서-7월 4일
2022. 7. 4 오	떠듬단속청	급식시간에 친구들과 떠듬

▲ 구글 설문 응답 예시

1년 동안 설문을 통해 764개의 벌점이 기록되었습니다. 이건 행정부원들이 일을 열심히 한 것일까요? 국민이 법을 잘 안 지킨 것일까요? 그건 선생님들의 상상에 맡겨봅니다.

처벌법이 생긴 이후에는 처벌법으로 관심이 쏠리며, 이에 대한 정책 제안이 쏟아집니다. 하지만 이런 현상은 교사가 경계할 필요가 있습니다. 교사는 처벌법도 민주사회를 유지해주는 역할을 하지만, 법을 잘 지키지 않는 사람의 처벌에 집중하기보다, 더 좋은 나라를 만들기 위한 법의 목적을 더 많이 생각해 주길 당부하며, 방향을 잡아 줍니다.

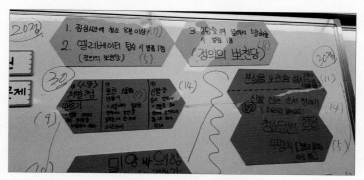

▲ 처벌법을 제안하는 정당별 정책 제안

그런데 문제의 연속입니다. 벌점이 6점 초과일 경우 법원을 열기로 했는데, 동시에 6명이 걸리는 사태가 발생합니다. 교사는 끊임없이 변혁적 역량을 발휘해야 합니다. 기존의 법원은 한 명을 위한 판결 구조이기에 적절하지 않습니다. 그리고 이미 진행하고 있는 정부와 국회에 활용되는 시간도 만만치 않기에, 법원을 체험할 시간적 여유도 없습니다. 그리고 나라를 더 살기 좋은 나라로 만들기 위한 미래를 향해있는 정부와 국회 활동에 조금 더 중점을 두는 방향으로 나아가고자 법원을 부각시키고 싶지 않았습니다.

하지만 역시 학생들은 이 처벌법에 가장 민감하게 반응하고 모든 관심이 '법원'에 쏠립니다. 어떻게 해야 동시에 6명이 규칙의 가치에 대해 좀 더 느끼고 책임을 질 기회를 주도록 설계할 수 있을까요? 어떻게 하면 시간을 많이 쓰지 않고 지속 가능한 시스템을 구축할 수 있을까요? 교사의 고민이 깊어집니다.

> ▶ 공동체의 가치를 구현하기 위해 생긴 규칙의 가치에 대해 느낄 수 있도록 하라.
> ▶ 자기 행동에 책임질 기회를 부여하라.

Ⅳ-(5)
가치와 태도의 평가와 에듀테크

프로젝트 수업은 단편적인 수업으로는 파악하기 어려운, '지식'을 넘어, '기능', '가치', '태도'까지 모든 역량을 담아내기 좋습니다. 그래서 되도록 단편적인 수업에서 '가치'와 '태도'에 대한 평가를 지양하고, 프로젝트를 통해 평가합니다. 그렇기에 프로젝트를 통한 교육과정과 수업, 평가 일체화는 교육 현장에서 더 큰 만족감과 몰입감을 선사합니다.

'뽀로로 나라의 민주정치'는 '가치'와 '태도'를 평가하기에 매우 좋은 프로젝트입니다. 도덕의 '규칙 준수', '배려', '공동체' 등 다양한 가치와 관련된 평가를 처벌법의 '벌점'을 데이터로 가공하여 평가 지표로 반영할 수 있습니다.

하지만 초반부터 성적에 대한 목적의식으로 규칙을 지키는 것은 근본적인 민주시민교육의 목적에는 멀어지는 것이므로, 이 기준은 학기 중후반쯤 정하는 것을 추천합니다. 그리고 '가치'와 '태도'의 평가는 논란이 되기 쉬운 영역이기도 합니다. 그래서 평가 기준을 학생들과 함께 논의하여 점수에 대한 불만이나 갈등이 교사에게 향하지 않도록, 공동체가 함께 정한 '기준'이란 의미를 더해주는 것이 좋습니다. 그러면 교사의 관찰만으로 평가하거나 자기 평가로 평가하는 것에 비해, 이런 '가치'와 '태도'에 대한 데이터 기반의 평가는 평가의 신뢰성과 타당성을 높일 수 있습니다.

학생들은 매우잘함(5개 이하), 잘함(15개 미만), 보통(20개 미만), 노력요함(20개 이상)으로 기준을 정했고, 교사는 이를 구글 스프레드시트의 ifs 함수를 이용하여 쉽게 결과를 산출합니다.

$$=\text{ifs}(F2>=20,\text{"노력요함"},F2>=15,\text{"보통"},F2>5,\text{"잘함"},F2<=5,\text{"매우잘함"})$$

번호	누적 벌점	6월 21일 회복적 법정	7월 2일 확인 판결 결과	최종 벌점	1학기 도덕 < 3. 나를 돌아보는 생활 > 수행평가 결과
1	4			4	매우잘함
2	37	-8	-3	34	노력요함
3	27			27	노력요함
4	15			15	보통
5	46			46	노력요함
6	15			15	잘함
7	12	-7	0	12	잘함
8	43	-9	-2	41	노력요함
9	4			4	매우잘함
10	6			6	잘함
11	53			53	노력요함
12	0			0	매우잘함
13	4			4	매우잘함
14	2			2	매우잘함

▲ 구글 시트, 1학기 벌점 기록표와 평가 결과

2년 전만 해도, 저 또한 함수를 활용하는 것이 너무 어렵게 느껴졌습니다. 하지만 이런 게 있다더라, 가능하다더라 하는 것에 대해 '지식'을 접하게 되고, 이를 교실 현장에서 필요한 순간에 '기능'으로 구현하는 노력을 통해 지금은 제 '지식'과 '기능'이 쌓여, 이젠 어렵지 않게 활용할 수 있습니다. 그리고 학급과 학년 운영, 업무, 수업, 평가 등에서 정말 다양하게 활용하고 있습니다.

제가 처음에 구글 스프레드시트를 활용하기 시작할 때만 해도 교사를 위한 자료가 턱없이 부족했습니다. 어찌나 답답하던지, 그래서 저와 같이 답답함을 느끼실 선생님들을 도와드리기 위해 〈공개수업〉 유튜브 채널 '교사 스프레드시트' 코너에서 출석부, 체크리스트, 학습 준비물 신청 등 다양한 템플릿과 편집 방법 영상을 올리고 있습니다. 작은 호기심이라도 생기시는 선생님들은 꼭 두려워 마시고 도전해 보시기 바랍니다. 에듀테크는 진입장벽만 살짝 뛰어넘으면, 기존에 교사가 지녔던 '역량'에 날개를 달아주며, 훨씬 다양한 방식의 수업과 평가가 가능합니다.

교사의 변화는 학생도 함께 변화시킵니다. 저는 에듀테크 도구를 단순히 정답 맞히는 방식의 퀴즈 유형보다는, 학생들이 직접 생산하고 깊이 있게 탐구 가능한 형식의 도구와 활용 방법을 선호합니다. 그리고 에듀테크 도구들의 활용법에 대한 '지식'과 '기능'의 장벽을 넘으면, 그 후론 자신의 문제를 이를 활용하여 적극적으로 해결하려고 하는가의 '가치'와 '태도' 영역으로 넘어가게 됩니다.

한 학생의 이야기를 들려드리겠습니다. 1학기 때, 체크청의 고민은 벌점 기록표를 어떻게 하면 효율적으로 제작할 수 있을까였습니다. 그리고 1학기 벌점 기록표는 전체 벌점의 총합의 누계라 항목별 벌점을 알 수가 없었습니다. 그래서 제가 체크청 담당자에게 '이걸 청별 벌점을 알 수 있는 양식으로 네가 혹시 만들어 볼 생각이 있느냐.'고 물었습니다. 그 학생은 검색도 하고 영상도 찾아보면서 한번 도전해 보겠다고 했습니다. 그리고 그 학생이 만들어 온 양식을 제가 살짝만 편집해 준 양식이 아래의 양식입니다. 상기된 표정으로 몇 시간 동안 연구했다고 하던 그 학생의 얼굴이 아직도 떠오릅니다.

이렇게 구글 설문으로 수합한 벌점 기록은 구글 시트에 자동으로 정리되도록 할 수 있습니다. 만약 이 기능을 구현하지 못했다면, 아마도 벌점관리는 큰 위기를 맞았을 것이고, 민주사회의 존속마저도 위태로웠을지 모릅니다. 단순해서 귀찮거나, 복잡하여 어려운 일은 에듀테크의 도움으로 쉽게 해결해야 공동체의 '웰빙'이 찾아올 가능성도 높아지는 게 아닌지 생각해 봅니다. 우리 삶 속의 가전제품 같은 거 아닐까요?

번호 (이00은 벌점 기록이 없어서 번호가 없음)	갈등해결경청	기상경청	도움청	미등단속청	또래상담청	뛰기단속청	소풍청	멸야도둘래청	줄맞청	청소청	제크청	다지청	폭력예방청	행사도움경청	홍보소식청	총개	6월21일법정	7월20일법정	10/18최종벌점	청소청	회복개수(떠듬)	회복개수(뛰기)	회복개수(폭력)	최종개수
10				3					1							4			4	1	3	0	0	0
11			17						5			15				37	-8	-3	48		33	10	0	5
12			11	1					5			9				26			26		29	7	2	0
13			9						4			2				15			15		5	5	0	5
14			26	5					9			6				46			46		23	20	0	3
15			13		1				1							15			15		14	0	0	1
16			5	1					5			1				12	-7	0	19	5	10	7	0	0
17			27	3		1			4			8				43	-9	-2	54		23	10	0	21
18			1	1					2							4			4	1	1	1	0	1
19			4						2							6			6	2	2	4	0	0
20			18	1					4	1		29				53			53		45	0	0	8
29			1						1			1				3			3		0	0	2	1
22									1			2				3			3		0	0	8	0
23					1				1							2			2		0	1	0	0

▲ 구글 시트, 체크청과 함께 관리하는 벌점 기록표

이 학생에게 에듀테크는 어떤 의미일까요? 교사에게 에듀테크는 또 어떤 의미일까요? 생각이 많아지는 순간입니다.

오랜 시간 관찰한 것을 바탕으로 평가했을 때, 그 타당성과 신뢰성이 더 높아지는 '가치'와 '태도'의 평가는 이렇게 에듀테크를 활용하여 누적 기록된 데이터를 분석하여 평가해 보시길 추천해 봅니다.

IV-(6)
회복적 법원과 회복적 판정단

우리가 권선징악의 동화책을 너무 많이 읽고 자라서 그런 걸까요? 뭔가 DNA에 그런 요소가 내재되어 있는 듯한 느낌이 들기도 합니다. 학생들이 그 무엇보다 처벌법에 민감하게 반응하고, 관심이 쏠리는 것을 보며 그런 생각이 들었습니다. 하지만 교육적 차원에서 권선징악적 접근은 민주시민교육의 방향에 적합하지 않은 문제 해결 방식입니다.

기존의 교육적 방법에 따라 법을 지키지 않은 사람에게 '벌'을 준다는 관점에서 접근하지 않도록 주의해야 합니다. 그리고 '성찰'을 통해 자신과 '공동체', '자유', '규칙', '책임' 등의 가치 충돌에 대한 '긴장과 딜레마 해결하기'의 기회가 될 수 있도록 교사는 변혁적 역량을 발휘하여 '새로운 가치 창출하기'를 위해 노력합니다. 그리고 이런 생각을 학생들에게 솔직하게 이야기합니다.

이때, 교사는 '성찰'에 의한 '행동'의 결정 사항만 얘기하지 않도록 주의합니다. 이전부터 계속 강조했지만, 이 과정은 소통을 통해 교사의 '비전과 목표의식'을 공유하는 시간이고, 이 소통을 통한 공유를 통해 교사 행위주체성이 학생 행위주체성으로 함께 살아나야 하는 아주 중요한 시간입니다.

솔직히 선생님도 예전에는 잘못을 저질렀으면, 벌을 받아야 한다고 생각했어요. 그런데 그렇게 벌을 준다고 해도 이 학생의 생각이나 태도가 변하지는 않고, 주변의 눈치만 보면서 오히려 남들이 안 보이는 곳에서 그런 행동을 하는 것을 봐왔습니다.

사회에서는 법원이 처벌과 정의구현과 같은 역할을 하지만, 뽀로로 친구들 나라의 '법원'은 '회복'과 '기회'의 법원이 되었으면 하는 바람입니다. 그래서 기존에 계획했던 판사, 변호사, 검사, 판정단, 속기사로 나눴던 그 역할에서 벗어나 우리만의 법원 문화를 만들어 보고자 합니다.

뽀로로 친구들 법원은 '회복적 판정단'이 규칙을 어긴 친구의 이야기도 듣고, 그로 인해 여러분이 느끼는 불편한 감정과 생각을 공유하면서, **서로가 '성찰'할 수 있는 '기회'**가 되길 바랍니다.

하지만 스스로가 공동체 전체가 함께 정한 규칙을 지키지 못한 것에 '책임'져야 할 것입니다. 어떤 책임을 지게 될지에 대해 온전히 여러분들에게 맡길 것이며, 여러분들이 직접 친구들의 이야기를 들어보고 나서, 회복적 벌칙을 제안해 주기 바랍니다. 물론 이 벌칙에 대해 벌칙을 어긴 친구 또한 합의해야 할 것이며, 불합리한 것이 있다면, 서로 소통을 통해 합의점을 찾아내기를 바랍니다. 그리고 회복적 벌칙을 부여받은 학생은 그 벌칙을 수행하면서 자신의 행동을 돌아보고, 조금 더 공동체가 정한 규칙을 소중히 여기는 마음을 갖길 바랍니다.

▲ 회복적 법원의 비전과 목표를 공유하는 교사의 말 예시

이렇게 〈회복적 법원〉이 시작됩니다. 7개의 기준치 이상으로 규칙을 어긴 학생들을 각각 1명씩 중심에 두고, 나머지 학생들을 '회복적 판정단'으로 나눠서 모둠을 편성합니다. 한 모둠당 3~4명의 회복적 판정단이 있으며, 이들은 모두 소통을 통해 갈등을 해결할 기회를 부여받습니다.

1. 자기 발언 시간(1분)
2. 회복적 판정단 생각 나누기(5분)
3. 최종 발언 시간(1분)
4. 회복적 벌칙 협의하기(3분)
5. 판정 내리기(1분)

그럼 자세히 진행 과정을 살펴보겠습니다. 먼저, 자기 발언 시간은 규칙을 어긴 친구의 이야기를 들어보는 시간입니다. 이 학생에게 규칙을 어긴 것에 대해 지금 어떻게 생각하고 있는지 어떤 규칙을 어긴 것인지를 들어보는 시간입니다. 다음으로 회복적 판정단의 생각 나누기 시간입니다. 이 시간에는 규칙을 어긴 학생은 발언권이 없습니다. 다만 판정단의 질문에만 대답할 수 있습니다. 이 시간은 규칙을 어긴 학생이 다른 친구들이 자신의 이런 행동에 대해 어떤 불편한 감정을 느끼고 있는지, 그리고 이 행동에 대해 어떻게 생각하는지를 들으면서 '성찰'하는 시간입니다. 다음 최종 발언 시간은 친구들의 생각을 듣고 '성찰'을 통해 생각한 것을 전하거나, 스스로 생각한 벌칙을 제안할 수도 있는 시간입니다. 그리고 회복적 벌칙 협의하기 시간에는 규칙을 어긴 학생은 그 자리에서 벗어나 있도록 하며, 회복적 판정단이 솔직한 생각을 서로 나누고 판정을 내릴 수 있도록 해줍니다. 마지막으로 규칙을 어긴 학생이 돌아오고 판정단은 자신들이 선택한 회복적 벌칙을 이야기하고, 왜 그렇게 판정했는지 이유를 말해줍니다. 회복적 벌칙에 대해 받아들이기 어려우면, 소통을 통해 합의점을 찾아 최종결정하도록 합니다.

> 학생들이 자기 행동에 책임질 기회를 주며, 규칙을 어기는 행동이 다른 공동체 구성원에게 어떤 생각과 느낌이 들게 하는지 공감할 수 있는 자리 마련해 주기

▲ 회복적 법원과 회복적 벌칙의 목적

이때, 회복적 벌칙은 기한을 정해 1주일 이내로 수행할 것으로 정해 놓는 것이 좋으며, 그렇게 정해진 내용은 서로 볼 수 있도록 공유합니다.

이름	판정단				회복적 벌칙 판결문(6월 21일)	회복적 벌칙 이행 확인 판결문(7월 2일)
권00					00이는 청소를 안한 것, 급식시간에 옆 친구와 떠든 것, 말 싸움, 비하 발언 등 모든 잘못을 인정하였으므로 3일간 하루에 청소 2번(점심시간, 하교시간) 하는 벌을 내리겠습니다.	판정단들이 내린 판결문에서 청소 총 6번 중 1번밖에 이행하지 않았고, 그 후에도 전에 했던 똑같은 잘못들을 반복하여 반성하는 태도가 없었으므로 권00 군에게 마이너스된 벌점에서 1점만 차감하도록 한다.
권00	권00	김00	박00	이00		
김00						
김00						

▲ 구글 시트. 회복적 벌칙 판결문 예시

회복적 벌칙 판결문이 결정되고, 학생들은 자신의 책임을 다하여, 그동안 쌓인 벌점을 삭제할 '기회'를 받습니다. 하지만 아시다시피 벌점을 많이 받은 학생들의 태도가 한순간에 변할 가능성은 적습니다. 2주 뒤에 찾아온 학급 다모임 시간에 회복적 벌칙이 잘 수행되었는지 판정단이 관찰을 통해 확인하며, 수행한 만큼만 '회복적 벌칙 이행 확인 판결문'을 내립니다. 이에 따라 벌점이 차감됩니다. 그럼 위 예시 외에 학생들은 어떤 판결을 내렸는지 더 살펴보겠습니다.

회복적 벌칙 판결문	벌칙 이행 확인 판결문
김OO은 반성은 하겠다는 의사는 있었으나 잘못을 많이 했기에 일주일 동안 학교 끝난 후 쓰레기통 주변 정리 봉사활동과 본인이 선택한 일주일 동안 쉬는 시간에 밖으로 나가지 않는(물/화장실은O)(친구와도 나가도 X) 벌을 내린다.	김OO은 7일 중 3일만 이행했으므로 -8점만 인정한다.
성OO는 청소를 지속적으로 하지 않았으므로 1주일간 청소 당번을 도와 10분 이상 청소를 하고, 친구에게 나쁜 말을 쓰고 다른 친구와 뛰고 남의 탓으로 돌렸으므로 친구 5명에게 매일 칭찬하는 벌을 내립니다.	성OO는 35개의 판결인 청소 당번을 도와 청소를 하는 것을 1번 이행하고, 칭찬은 2일만(카톡으로 칭찬했다고 하지만 카톡은 온라인상이므로 정확한 의도를 파악할 수 없다. so 인정 안 함) 이행했기에 5개 벌칙 중 2~3개의 의무를 수행했으므로 -0점 판결을 내린다.
신OO은 일주일 동안 매일 1번 쉬는 시간에 복도에서 반성하는 마음을 담은 피켓을 직접 만들어 (뛰지 않겠습니다. 점심시간에 떠들지 않겠습니다.)들고 있기.	신OO은 5번 중 1번만 이행하였고 7월 8일 신OO을 급식실에서 떠들어 떠듬단속청에 걸렸다. 그러므로 벌점 2개만 차감한다.
정OO는 지금까지의 벌점에 대해 반성문을 작성하여 제출하고, 앞으로도 벌점이 3개씩 누적될 때마다 반성문(뭘 잘못했고 잘못한 점을 어떻게 고칠 것인지 등등)을 작성하여 판정단에게 제출한다. (단, 꼼수(글씨체, 분량 조절, 정성 등등) 적발되면 지우고 새로운 내용으로 다시 씀)	정OO는 작성해야 하는 반성문 12개 중 1개만 작성하였으나, 이 한 개조차도 진심이 들어가 있지 않고, 나머지도 쓰라고 했을 때, 반항하며 도망치고 남아서 쓰고 가지도 않았다. 그러므로 벌점 -0 판결을 내린다.

▲ 구글 시트, 회복적 벌칙 판결문 예시

그런데 이 과정이 '굳이 이렇게까지 할 필요가 있나'하는 생각이 드실지도 모르겠습니다. 결과론적으로 봤을 때는 '굳이'라는 생각이 드는 것이 사실입니다. 하지만 민주시민교육은 "학생이 자기 자신과 공동체적 삶의 주인임을 자각하고, 비판적 사고를 통해 자신이 속한 공동체의 문제를 상호 연대하여 해결할 수 있도록 지원하는 교육"으로 문제 해결 과정에 그 목적이 있습니다.

교사는 학생들이 종업하는 그 순간까지 계속 발생하는 문제를 공동체가 함께 해결할 수 있도록 지원할 생각으로 접근하는 게 좋습니다. 문제가 생기지 않도록 규칙을 강화하여 막는 방법은 당장은 효과적일 수는 있지만, 학생들의 가치와 태도의 변화를 끌어내기는 어려우며, 민주시민교육의 목적을 달성하긴 어려워 보입니다.

실제로 이렇게 민주시민교육을 진행했을 때, 6학년이 졸업을 앞두고 산만해지기 시작하는 11~12월에 오히려 더 차분한 겨울을 맞으며, 모든 교육의 종착지인 '웰빙'을 향해 잘 나아갔음을 다시금 느끼게 됩니다.

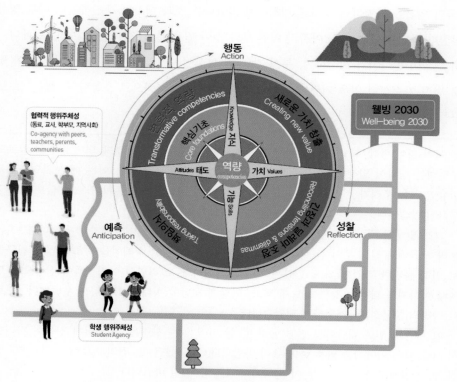

▲ OECD 교육 2030 학습 나침반

IV-(7)
뽀로로 친구들 나라의 청문회

갈등은 정말 다양한 원인으로 발생합니다. 이번에는 일을 안 해서 생기는 갈등이 아니라 일을 열심히 해서 눈에 띄는 부서가 생기면서 갈등이 발생합니다. 그 이유는 행사부에서 국민 의견을 반영하여 행사를 개최하지 않았다는 것과 행사를 추진하는데 너무 영상만 제작한다 등의 이유입니다. 아울러 어떤 부와 청이 일을 잘 안 한다는 말까지, '이때다.' 하면서 원성이 쏟아지기 시작하며, 부서 간 대립 양상이 나타납니다. 교사는 이 갈등이 뒷담화로 번질 가능성이 있을 거란 판단이 들어서 오히려 공식적으로 소통할 수 있는 〈뽀로로 친구들 나라의 청문회〉를 개최하게 됩니다.

여러 명이 함께, 그리고 서로 다른 역할을 가진 공동체가 공존하게 되면 당연히 일로도 부딪히는 상황이 발생하고, 사람과 사람 간의 갈등도 발생합니다. 이는 매우 자연스러운 현상입니다. 우리가 선진시민의식을 가지고 있느냐 아니냐를 갈등이 있느냐 없느냐로 구분하진 않습니다.

그건 발생한 갈등을 어떻게 해결해 나아가는지 그 과정에 따라 평가되어 집니다. 지금 우리 학급에는 서로 부서 간 갈등도 보이고, 자신이 맡은 일에 책임을 다하지 않는 친구들로 인해 불편한 감정이 싹트고 있는 것이 느껴집니다. 그러면서 여러분들이 삼삼오오 모여서 이야기를 나누는 장면을 보게 되고, 이렇게 뒷담화 형태로 확산될까 우려되어 〈뽀로로 나라의 청문회〉를 계획하게 되었습니다.

이 시간 이후로 뒷담화는 전면 금하며, 할 말이 있는 사람은 용기 있게 청문회 자리에서 하고 싶은 이야기를 맘껏 풀어 주기 바랍니다. 궁금했던 것, 건의하고 싶은 것, 불만 있던 것, 칭찬하고 싶은 것 모두 이 자리에서 나눌 수 있길 바랍니다.

그럼 부별로 모여 업무 진행 상황을 파악하고, 다른 친구들이 할 질문도 예상해서 이에 대한 답변을 준비해 주시기 바랍니다.

학생들은 부별 잼보드에 부별로 업무를 되돌아보고, 내용을 정리합니다. 이 잼보드 문서는 공유되어 있기에 청문회를 진행하면서 서로 같은 내용을 보면서 이를 바탕으로 질문하며 소통합니다. 이 내용은 속기사에 의해 다음과 같이 기록하여 자료로 남기고, 이 또한 공유하여 내용을 확인할 수 있도록 합니다.

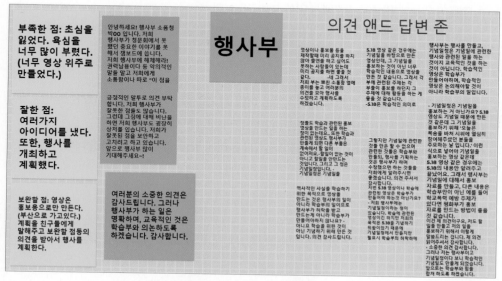

▲ 잼보드, 부별 청문회 준비 자료와 이에 대한 답변

▲ 부별 청문회 모습

2022.06.09. 국정 청문회

행정안전부

민OO이 방역청에게 질문 – 급식 시간에 손소독제를 안 하는 친구들도 있고 위생청과 겹치는 점들이 있는데 위생에 관련해서 말씀 부탁드립니다.

 답장 : 위생청이 허락하면 합칠 계획이고 손소독을 안 하는 친구들은 앞으로는 강하게 말해서 손소독을 하려고 합니다.

성OO이 떠듦단속청에게 질문–떠듦단속청은 어떤 식으로 칠판에 적을 것인가요?, 한 친구가 떠들었다고 하면 적고, 그 친구가 떠들지 않았다고 하면 왜 지우는 건가요?

대답 : 계속해서 떠들거나 다른 친구들에게까지 들리게 말할 경우 칠판에 적습니다. 지울 경우에는 벌점을 줍니다.

환경부

성OO이 청소청에게 – 청소 당번이 청소를 했는데 두 명이 안 했다고 해서 갈등이 생기는데 말씀 부탁드립니다.

답장 : 다른 친구들한테 청소 당번이 했는지 물어보고, 판단을 하겠습니다.

박OO이 청소청에게 – 많은 친구들은 몇 명인가요?

답장 : 5~6명 정도 됩니다.

정OO가 청소청 – 청소 당번 시간 기준은 어떻게 할 것인가요?

답장 : 하는 일에 따라 기준이 정해집니다.

행사부

민OO이 소품청에게 – 만든 소품들은 예산을 사용한다고 했는데 예시를 들어주세요.

답장 : 소품들은 집에 있는 재료들을 사용하다만 필요한 물건들은 예산을 사용해서 준비한다.

홍OO가 소품청에게 – 예산은 얼마를 썼나요?

답장 : 5000원 정도 썼습니다.

평화부

박OO이 도움청에게 – 도움이 필요한 친구들이 많으면?

도움청이 2명이 한 명씩 맞춰서 도와드리겠습니다.

OO가 폭력 예방청에게 – 적극적 활동하면 좋겠습니다.

김OO이 폭력 예방청에게 – 폭력 예방하는 일인가요 (어떻게 적극적으로 예방할 것인가요?)

답장 : 다른 부서들과 상의해서 포스터나 홍보를 하겠습니다.

김OO이 폭력 예방청에게 – 만약에 그렇게 해도 일어난다면 어떻게 할 것인가요?

답장 : 갈등 심해진다면 갈등 해결청에서 상담해 주고 도움을 주겠습니다.

이OO가 도움청에게 – 도와달라고 하면 특정 일에만 도움을 줍니다.

답장 : 도움이 필요하다면 말하지 않아도 상황을 보고 도와주겠습니다.

학습부

박OO가 체크청 – 벌점은 체크청이 관리하나요?

네. 하지만 지난 금요일은 못 했지만 기록은 남아있습니다.

민OO이 체크청에게 – 벌점관리, 전 벌점은 사용하지 않는 거로 바꿨는데 타자청은 어떤 활동을 할 것인가요?

답장 : 타자청은 할 일이 없기 때문에 나중에 합칠 예정입니다.

OO 타자청 –요즘에 타자청이 타자 검사를 안 하는 것 같습니다.

홍OO가 타자청에게 –200타 가까워도 관리해야 하지 않을까요?

답장 : 관리하겠습니다.

홍OO가 타자청에게 – 어떻게 관리할 것인가요?

답장 : 문자를 보내겠습니다.

민OO이 타자청에게 – 문자는 어디로 보낼 것인가요?

답장 : 카톡으로 보내도록 하겠습니다.

▲ 청문회 질의응답 내용

그런데 참 신기하게도 행사부에 대해 말이 많았으나, 오히려 열린 자리를 마련해 주니 그 부에 문제를 제기하지 못하는 상황이 발생합니다. 이를 통해 학생들은 자신들이 그 부서에 대한 묘한 열등감이나 질투 같은 감정에 휩쓸려서 부정적인 감정이 들었던 것이 아넌지 생각해 보았고, 자신의 감정에 대해보다 객관적으로 분석해 볼 수 있었던 '성찰'의 기회이기도 했습니다.

청문회 후, 든 생각

- 행사부는 못된 소통함으로 친구들의 의견을 수용하여 행사를 수정하도록 하겠다. 기념일정 행사부 성00
- 계속 질문을 받으며 "이건 고쳐야 겠다." 라고 생각 되는 것들은 고치려고 노력하고 있다.(하00)
- 우리 행사부가 잘한 점은 행사를 계획하고 준비한 것이고, 잘못한 점은 친구들의 의견을 잘 듣지 않았다는 점이다. 기념이정 행사부 성00
- 친구들의 이야기를 들어보니 앞으로는 더 더욱 일을 열심히 해서 체크청이더 인기가 많아지도록 노력해야 겠다고.
- 우리 행사부의 도움이 되는 일을 하기 위해서 나의 보완할 점들을 고치며, 이번 청문회를 통해 단 점들을 실제 생활에서 실천하고, 또 봉사하며 부원 활동을 해야할 것 같다. 우리 부의 잘못된 점이 없어지도록 도우는 실
- 친구들이 앞에서 불라당이 하는 일을 잘알지 못하는 것 같다. 그리고 나는 나에게도 질문이 있을줄알았고 준비해 왔는데 나에게는 질문이 하나도 없었다. 또 청문회중 긴장 분위기가 무섭기도 했다. -박00
- 부 소속원들이 많이 버벅거려니 더 준비를 잘해야겠다는 생각을 했다. -행정안전부 김00
- 청문회 때 우리부나 청에 필요한 점이나 부족한 점을 알 수 있어서 좋았다-이00
- 오늘 청문회를 하면서 우리 탐원들과 더 소통하고 친구들과 소통하는 잘 이끌어 가야겠다고 생각했다. -00
- 앞으로는 본인의 청 일을 더 잘 해야겠다고 생각했다. 환경부_권00
- 앞으로 더 방역정의 일을 더 열심히 해야겠다.방역정-이00
- 행사부에서 많이 준비했고 쉬는시간에 친구들의 질문을 많이 받구려고 두려워하지 말아서 당황한다-행사부 홍보소식정 이00
- 앞으로는 친구들의 의견을 더 수럼하고 자관으로서 우리부 친구들을 잘 이끌어 가야겠다고 생각했다.
- 친구들이 도움청 사용법을 잘 모르니 잘 알려주어야 겠다-정00
- 청문회를 열어서 각 부들의 아름을 알 수있었고, 우리 행사부가 친구들에게 약간 비난을 받았었는데 그 문제점에 대해서 제대로 이야기 할 수 있어서 좋은 시간인 것 같다. -박00
- 각부의 문제점이나 좋은점을 확실히 알게 되고 보완할점을 듣으면서 설득이 되는 부분이 있었다. 우리부에서도 열심히 해야겠다는 반성을 하게 되는 좋은 계기 인 것 같다. 청문회를 다음에도 자주 열어서 부족한 점을
- 청문회 후기: 앞에서 말을 하려니 얼리기도 하고 버벅거리기도 했는데 다음번에 다시하면 청문회를 하게된다면 더 많이 노력하고 준비를 해야겠다고 생각한다. 행정안전부 - 신00 -
- 앞으로도 다른 친구들과 더 의견을 수렴하여 더 열심히 일하고 우리 부 친구들을 더 잘 이끌어야 겠다고 생각한다. -시관 관리정 김00
- 각 부의 문제점을 알게 되었고 자신의 정의 문제점을 보완 할 수 있게 된 것 같다 -신00-
- 행사부가 요즘 앞이 많아서 많이 준비를 해갔는데 막상 질문은 3가정도 밖에 안되서 좀 좋았다. 근데 갑자기 때나고 나서 질문을 해가지고 좀 허무했다. 물론 질문이 생각이 안 나서 그럴수도 있지만, 할 때 질문을 해주면 좋을 것 같다.
- 많이 긴장하고 했는데 막상 해보니 어렵지는 않았고, 다시번에 정리할 수 있는데 좋은 기회라고 생각했다.-환경부-청소청-민00
- 표00 - 일단 내가 잘 못한 점을 먼저 말해서 욕 먹기 전에 선방하는 것 같다. 내가 잘 못한 점은 내가 가장 잘 알고 있으니 기상작의 일을 더 꾸준히 열심히 하고 개선하겠습니다.
- 앞으로 더 열심히 준비하여 평화부가 잘 유지 될 수 있도록 노력하여 겠다는 생각이 들었다. -평화부 윤00-
- 각부의 잘못한 점들을 알게 되어 좋았다. 그리고 재미있었다.(성00)
- 행사부가 앞으로 가야할 방향을 조금이 알게되었다.(박00)
- 흥 많이 긴장하고 준비도 많이 해 왔는데 막상 가보니 생각보다 질문이 일 들어와고 또 이 청문회를 하면서 친구들이 질문에 대해 명확하게 알고있는 것 같다. 또 행사부 앞으로는 친구들의 의견을 적극적으로 반영하여 준비
- 앞으로는 열심히 해서 더 좋은 평화로 만들고 홍보를 하면서 사람들의 눈길을 끌도록 노력할 것이다. -홍00

▲ 잼보드, 청문회 후 든 생각 공유

Ⅳ-(8)
2학기 조직개편은 '성찰'의 꽃

당연히 1년 동이 이 시스템을 유지하는 것은 쉽지 않습니다. 그리고 교사가 관심을 조금이라도 덜 주면 금세 잊힙니다. 그래서 민주시민교육을 위한 회의 시간을 안정기에 들어서면 규칙적으로 2~3주 간격으로 배정하는 것이 좋습니다.

그리고 새 학기 새 단장! 고인 물은 섞는 법! 2학기는 새 학기의 시작인 만큼 학생들이 새로운 기분으로 정부의 역할을 하기 위해 조직개편이 시작됩니다. 그 시작은 학생들의 의견을 받는 것에서 시작되며, 구글 설문을 통해 학생들의 의견을 살펴보고 교사는 개편의 방향성을 계획합니다.

뽀친 나라의 민주정치 2학기 개편 의견

▶ 의견을 제시할 부를 선택해 주세요. –객관식 문항

▶ 의견을 제시할 청을 선택해 주세요. –객관식 문항

▶ +, – 의견을 제시해 주세요. (이유도 쓰기) –장문형 문항

▶ 바꿔야 할 것에 대한 의견을 제시해 주세요. –장문형 문항

▲ 구글 설문 문항

- 떠듦 단속 청: 인원을 추가하면 좋겠다. 왜냐하면 친구들이 떠드는 것을 잘 보지 않는 것 같고, 확실하게 보지 않았을 때 적는 것을 본 적도 있었기 때문이다. 인원을 추가한다면 남자 한명을 더 뽑는 것도 좋을 것 같다.
- 학습부 인원이 너무 없고 학습을 도와주는 청이 없다. 공부청 만들기
- 동료상담청과 알아도몰라청에 진행 목표와 하는 일이 같으니 알아도몰라청에 인원이 1명으로 적은 관계로 두 청을 합쳐도 괜찮을 것 같다.
- 지금은 청소청을 혼자서 관리하고 있는데 청소청 일이 정말 많다. 하지만 그 일을 혼자 하기에는 힘들 것 같다. 그래서 인원을 한 2명~3명 정도를 추가하면 좋을 것 같다.
- 위생청의 인원을 늘려야 한다. 위생청에 남자만 있기에 여자 화장실은 검사가 제대로 이루어지지 않고 있다.
- 학교폭력 예방청의 인원을 추가시켜야 한다. 이유: 한사람이 권력남용을 한다.
- 평화부를 폐지하고 폭력예방청과 기타 단속청들을 합친 후 행정안전부에 경찰청으로 집어넣는다.
- 알아도 몰라청을 없애고 다른 친구들의 의견을 받아 다른청에 더욱 많은 인원을 지원해 주면 좋을 것 같다.
- 떠듦단속청이 급식실에서 다 관리를 하지 못하기 때문에 남자 1명 여자 한 명으로 하고 줄을 설 때도 앞에 한 명 뒤에 한명 이렇게 하는 게 좋을 거 같다.
- 위생청과 방역청을 합쳐서 한 부에 넣어야 한다고 생각한다. 왜냐, 할 일은 비슷비슷해서 합쳐도 큰 영향을 안 끼칠 것 같고 방역청이 일을 잘 안 하고 있기 때문에, 합쳐서 새로 생긴 일을 하면 좋을 것 같다.

▲ '+ 의견을 제시해 주세요.'의 설문 응답 예시

- 기상청은 하는 일도 별로 없는데 3명이나 있다. 그러니 2명을 뺀다.
- 알아도 몰라청은 폭력 예방 청과 하는 일이 겹치고 하는 일이 없음
- 방역청 폐지하기 (위생청과 하는 일이 비슷하고 일을 잘 하지 않기 때문에)
- 평화부(도움청)을 폐지해야 한다 생각한다. 왜냐, 도움청은 도움이 필요한 아이가 생긴다면 다가가 도와줘야 도움청에 관한 평가도 좋을 텐데 정작 도움청은 예를 들어 ' 도움청!! 도와줘'라고 말할 때만 대충대충 도와주고 그 뒤로는 스스로 하려 하지 않기 때문에 폐지하면 좋을 것 같다.
- 동료상담청이 현재 할 일이 없어 쉬고 있을 뿐, 딱히 필요하지 않다고 생각한다.

- 줄맞청을 없애야 한다. 이유는 우리끼리 청소하면서 할 수 있기 때문이다.
- 급식청을 없애야 한다고 생각합니다. 왜냐하면 친구들이 알아서 서거나 선생님이 대신해도 되기 때문입니다.
- 행사도움청 폐지(행사를 기획하고 실행하는데 홍보소식청과 소품청, 행사도움청등 너무 많은 청이 있을 필요는 없다)
- 소품청: 소품청을 없애면 좋겠다. 왜냐하면 행사부에게 필요한 소품을 잘 만들지 않는 것 같기도 하고, 행사부 친구들도 소품 사용을 잘 하지 않는 것 같기 때문이다.
- 동료 상담청을 없애면 좋겠다—상담을 1학기 처음 뽀친나라 정했을 때 하였고 그 뒤로는 하는 모습은 한 번도 못봤다. 또한 동료상담청에 가서 상담받는 학생들도 거의 없다.
- 떠듬단속청을 없애고 양심에 따라 말을 하지 말고 말을 할 경우 옆에 친구들이 제보한다.

▲ '– 의견을 제시해 주세요.'의 설문 응답 예시

학생들의 + 의견과 – 의견을 들여다보면 '비판적 사고'가 날카롭게 빛납니다. 예비 민주시민으로서 참 뿌듯한 모습이 아닐 수 없습니다.

"학생이 자기 자신과 공동체적 삶의 주인임을 자각하고, 비판적 사고를 통해 자신이 속한 공동체의 문제를 상호 연대하여 해결할 수 있도록 지원하는 교육"

▲ 2022 개정 교육과정에서의 민주시민교육의 정의

- 줄맞청 일을 열심히 할 친구가 필요하다. 이유: 일을 담당자가 제대로 하지 않는다. (이 일도 중요한데)
- 폭력예방청 기준과 신속 조치 관련: 폭력예방청이 기록해놓은 것을 보면' 밖에서 친구의 공을 나무에 걸어 놓음' 같은 게 있는데, 이거는 학교에서 일어나는 일이 아닌 것도 있고, 홍길동이 한 행동을 잘못하여 김길동이 했다고 체크를 했는데, 수정한다고만 하고 수정하지 않았다. 따라서 **기준**을 명확하게 정해야 하고 실수는 바로바로 수정해야 한다.
- 시간관리청: 목소리가 작아서 친구들이 움직이지 않는다. 그리고 잘 들리지도 않는다.
- **평화부**는 일하는 청이 한 개만 있다.
- 줄맞청 대신 환경부에 식물 **관리청**을 넣어 1주일에 한 번 물을 주면 좋을 것 같다.
- 폭력예방청 담당자를 바꿔야겠다고 생각합니다. 왜냐하면 1학기에 담당자가 자신이 잘못한 걸 적지 않고 다른 사람만 잘못한 걸 적고, 사실 여부를 확인하지 않고, 무작정 적기 때문입니다.

▲ '바꿔야 할 것에 대한 의견' 설문 응답 예시

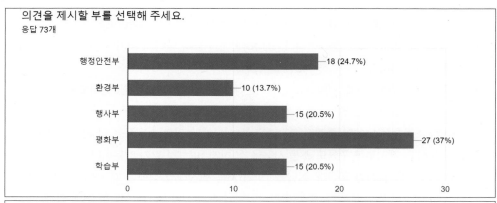

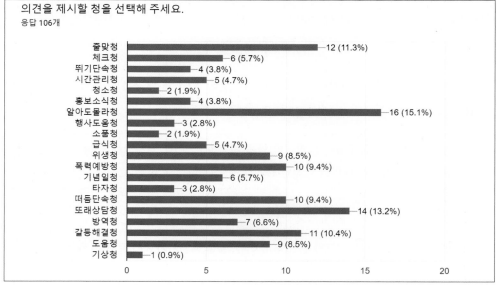

▲ 구글 설문, 해당 부와 청의 의견 빈도를 확인할 수 있는 그래프

　학생들의 설문 결과를 분석하여 교사는 2학기 개편 방안에 대한 협의를 이끕니다. 그리고 학생들의 요구가 '부, 청, 사람' 교체에 있음을 파악하고, 이를 위한 추가 설문을 진행합니다. 아래처럼 폐지에 대한 의견이 많이 나온 청을 추가 설문으로 인해 의견을 받고 과반수 폐지에 찬성할 경우, 해당 청의 폐지안을 국회에 상정합니다. 이 추가 투표 과정에서 '평화부'는 '폭력 예방청'을 제외하고 모두 폐지됩니다.

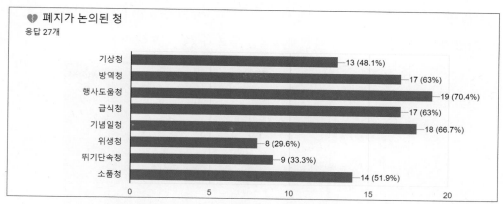

▲ 구글 설문. 2학기 개편의견 청 폐지에 대한 설문조사 결과

이렇게 설문 결과 그래프와 주관식 응답을 반영하여 조직개편 회의가 진행되었고, 다음과 같이 개편안이 완성되었습니다. 학생들은 비판적 사고를 통해 관리부와 특별청(검찰청) 신설 등 공동체의 문제를 친구들과 함께 해결하려고 노력하였고, 2학기 정부 조직 개편안을 완성합니다.

2학기 정부 조직 개편안				
행정안전부	~~급식청(폐지)~~	뛰기단속청	폭력예방청(이동)	떠듬단속청	~~방역청(폐지)~~
	3개의 업무를 3명이 함께 〈경찰청〉의 이름으로 활동하도록 개편함.				
환경부	청소청	~~기상청(폐지)~~	~~줄맞청(폐지)~~	위생청	분리배출청(신설)
행사부	~~기념일청(폐지)~~	소품청	~~행사도움청(폐지)~~	홍보소식청	
~~평화부(폐지)~~	~~폭력예방청~~	~~또래상담청~~	~~갈등해결청~~	~~도움청~~	~~알아도몰라청~~
학습부	체크청	타자청	학습도움청(신설)		
관리부(신설)	식물 관리청	게시판 관리청	준비물 관리청	크롬북 관리청	시간 관리청
특별청(신설)	검찰청	경찰청 단속에서 억울한 국민이 발생할 경우 이를 점검하여 조율하고, 예산을 잘 집행하는지 정부 기관을 감시하는 역할			

▲ 2학기 정부 조직 개편안

그리고 살아남은 청 중에서 1학기 때 했던 역할을 계속 하고 싶은 학생들을 위해 '행정부에서 살아남기'라는 '새로운 가치를 창출하기'를 통해 '기회'를 부여합니다. 이 학생들은 앞에 나와서 자신이 1학기 때 했던 일과 2학기에 어떤 태도로 하겠다는 등 국민을 설득해야만 기존 부서에서 살아남을 수 있습니다. 교사가 이런 과정을 설계하는 것은 기존 역할을 성실하게 한 학생들이 민주시민 사회에서 열심히 한 '태도'를 인정받는 경험과 자신의 목적을 이루기 위해 주체적으로 '행동'하는 그 '기회'를 주기 위함입니다. 이런 활동들은 모두 '학생 행위주체성'과 '변혁적 역량'에 목적을 두고 과정을 기획합니다.

▲ 행정부에 살아남기 위해 친구들을 설득하고 있는 학생

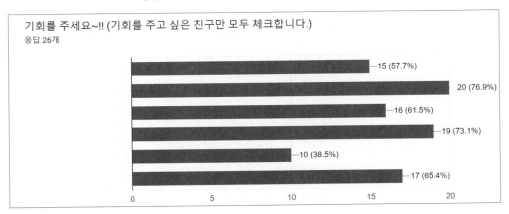

▲ '행정부에서 살아남기' 지원자와 투표 결과

　기존의 역할을 그대로 하고 싶다고 6명이 지원하였고, 그중 한 명을 제외하고 행정부에서 살아남았습니다. 솔직히 학생들은 이 친구들의 말을 듣지 않아도 압니다. 이 친구가 한 학기 동안 열심히 했는지 안 했는지를 말입니다. 어쨌든 행정부에서 살아남은 학생도 긴장된 시간이었습니다. 그래도 앞에 선 노력이 가상하여 다 통과할 수도 있을 것이라는 교사의 예상은 틀렸고, 주인의식이 높은 학생들은 생각보다 깐깐합니다.

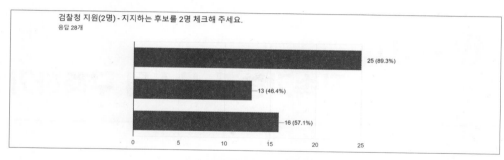

검찰청 지원(2명) - 지지하는 후보를 2명 체크해 주세요.
응답 28개

25 (89.3%)
13 (46.4%)
16 (57.1%)

▲ 검찰청 특별 인선 투표

검찰청의 역할이 매우 중요하기에 지원자의 공약 발표와 투표를 통해 선정하는 과정도 마찬가지로 진행하였습니다. 이렇게 2학기 조직 개편안이 완성되었고, 학생들은 새로 맡은 역할에 대해 1학기 때보다 더 진지하게 목적(목표)를 세웠습니다.

1. 평화부 폐지 (폭력예방청, 또래상담청, 갈등해결청, 도움청, 알아도물라청) 2. 폐지된 청 - 기념일청, 행사도움청, 방역청, 급식청, 기상청, 줄맞청			1. 관리청 신설 (식물관리청, 게시판 관리청, 시간 관리청(3명),운동기구 관리청, 준비물 관리청) 2. 학습부-학습 도움청 신설 3. 특별청(검찰청 & 경찰청) 4. 타자청 3명으로 인원 조정

	각 부	장/차관	청	목적(목표)
1	학습부 ▼	▼	타자청	타자 실력이 부족한 친구, 우리반 목표타수보다 타수가 낮은 친구들을 도와 능력을 향상시켜줄 것
2	관리부 ▼	▼	크롬북 관리청	크롬북 충전기 관리, 크롬북 열쇠 관리
3	관리부 ▼	▼	준비물 관리청	학교에서 필요한 준비물을 관리하고, 준비물을 못 가져온 친구들을 위해 여분을 챙겨서 준비물을 관리해주는 청
4	행정안전부 ▼	장관 ▼	경찰청	친구들의 뛰기, 떠듬, 폭력을 단속하고 예방함으로서 우리반이 안전하고 질서있는 반이 되도록 노력할 것입니다.
5	학습부 ▼	차관 ▼	체크청	친구들이 숙제를 제대로 했고, 어떻게 했는지 체크하며, 주마다 엑셀로 만들어 친구들에게 하이클래스에 알리기.(언제나 열심히!)우리나라 기념일 하이클래스에 올리기! , (재밌겠다!)
6	환경부 ▼	▼	분리수거청	3일 마다 열심히 친구들의 말을 듣고 벌점 기록부를 확인하고 관리하면서 사심을 담지 않고 권력남용을 하지 않으면서 잘 관리하겠습니다.
7	특별청 ▼	차관 ▼	검찰청	다른 친구들의 억울한 벌점을 막기 위해서 노력하고 다른 친구들의 부패를 막는 청
8	관리부 ▼	장관 ▼	게시판 관리청	게시판을 정리하고 관리하고, 작품의 배치나 구도를 생각하며 붙이고, 필요시 직접 소품을 만들겠다.
9	행정안전부 ▼	차관 ▼	경찰청	친구들이 폭력, 소음 으로 부터 반이 안전하다고 느낄 수 있게 반에 도움을 주셨습니다. 또 신중하게 벌점을 주었다.
10	관리부 ▼	▼	시간관리청	쉬는 시간과 점심시간이 끝나기 1분전 친구들에게 알려주고 자리에 앉도록 하는청
11	학습부 ▼	▼	타자청	타자 실력 개선이 필요한 친구들을 도와주고 타자 치기 능력을 향상시켜주기 위해서 노력하는 청

▲ 구글 시트. 2학기 정부 조직개편 계획

이렇게 2차시에 걸쳐 진행된 2학기 정부 조직개편 시간은 교사의 예상 보다 훨씬 민주시민 정신이 반짝였으며, 공동체 전체에게 의미 있는 시간을 선사해 주었습니다. 물론 변혁적 역량을 계속 발휘해야 했던 교사는 탈진하긴 했습니다.

▶ 민주정치는 누군가 만들어 준 시스템에서 잘 사는 것이 아니라, 공동체 모두가 더 살기 좋은 시스템을 구축하려 노력하는 그 과정에 목적이 있다.

Ⅳ-(9)
지속가능한 시스템 구축하기

    1학기 때는 학급 임원선거 이후에 〈뽀로로 친구들 나라의 민주정치〉가 시작되었기에 학급 회장과 부회장에게 따로 특별한 권한을 부여하지는 않았습니다. 하지만 2학기 학급 임원 선거는 〈뽀로로 친구들 나라〉의 '대통령'과 '국무총리' 선거로 그 의미를 부여하고, 나라에 필요한 정책을 생각해서 공약으로 제시하도록 하여 학급 임원선거를 실시하였습니다. 그래서 2학기의 회장과 부회장은 나라의 대표성을 지니기에, 대통령과 국무총리가 되어 전반적인 부별 업무 추진 상황을 살피고 국무 회의 진행을 하는 등 변화를 주었습니다. 상대적으로 1학기에 비해 체제가 안정되었기에 선택한 방법입니다.

    '국무 회의'는 정규수업 시간의 지속적인 확보의 어렵기에, 부별 업무 진행 상황을 서로 파악하고, 활동을 돌아보며, 부서별 협업의 경험을 주기 위한 목적으로 시작하였으며, 2주에 한 번씩 아침에 15분간 장·차관이 참석한 국무 회의가 열리며, 다음과 같은 순서로 진행합니다.

▶ 개회사(1분)
▶ 부별 활동 내역 보고(3분)
▶ 문제점 논의(5분)
▶ 2주간 부별 활동 제안 및 목표 설정(5분)
▶ 폐회사(1분)

▲ 국무 회의 진행순서 예시

    그리고 장·차관은 국무회의에 참석하기 전에 공유 스프레드시트에 각 청의 문제점과 건의 사항을 미리 파악하여 기록한 후, 국무회의에 참석합니다.

부	행정안전부(경찰청)	환경부	행사부	학습부	관리부	특별청(검찰청)
	업무 추진 문제점 및 건의 사항	업무 추진 문제점 및 건의 사항	업무 추진 문제점 및 건의 사항	업무 추진 문제점 및 건의 사항	업무 추진 문제점 및 건의 사항	업무 추진 문제점 및 건의 사항
	업무 추진 개선 사항	업무 추진 개선 사항	업무 추진 개선 사항	업무 추진 개선 사항	업무 추진 개선 사항	업무 추진 개선 사항

▲ 구글 시트, 부별 업무 추진 문제점과 건의 · 개선 사항

▲ 국무 회의를 진행하는 장차관 모습

그리고 국무회의 내용을 정리하여 장 · 차관이 돌아가면서 '정책브리핑' 시간을 통해 공유합니다. 역할을 정할 수도 있지만 다양한 경험을 서로 해볼 수 있도록 합니다.

오늘 실시한 국무 회의 내용을 안내해 드리겠습니다.

행정안전부는 전에는 뛰는 사람과 떠드는 사람이 많았는데 지금은 줄고 있는 현상이 일어나고 있다고 합니다. 청소청은 데이터를 모아서 청소 상장 대상을 정하는 데 오류가 생겼고, 위생청이 일을 안 한다는 제보가 들어와서 스프레드시트로 만들어서 등록하려고 노력하고 있다고 합니다.

행사부는 크리스마스 행사 계획 협의 준비를 하고 있고요.

관리부는 크롬북이 현재 관리가 잘 안 되고 있어서 해결 방법을 찾아보고 있다고 합니다.

학습부 학습도움청은 전날에도 질문이 와서 답변을 했고, 타자청은 타자 연습 및 기록 관리를 하려 노력하고 있습니다. 또한 체크청은 벌점기록관리 스프레드시트로 다른 친구들이 쉽게 확인할 수 있도록 편리함을 주고 있다고 합니다.

이제 개선 사항인데요. 급식순서 마음대로 바꾸는 것에 대한 논의는 벌점 제도를 만들어서 자기를 바꾸는 것에 대해 관리하면 좋을 것 같다는 의견이 나와서 임시 투표를 한 결과 벌점관리를 하자는 의견으로 나왔습니다.

두 번째로 행정안전부에서 떠드는 것은 경찰청이 봐야만 적히는데, 경찰청이 봐야 하는 부분 때문에 떠들거나 뛰는 아이들이 안 걸리는 경우가 있어서 이 부분에 대해 의논한 결과로는 '문제점이 있다.', '어쩔 수 없는 부분이다.' 등의 이야기가 나왔습니다.

세 번째로 자리를 일주일에 한 번 바꾸자는 것에 대해 자리를 헷갈릴 수 있다는 의견과 자리를 바꾸는 것에 대해 나쁘지 않게 생각하는 의견도 나왔습니다.

마지막으로 '당일 벌칙 수행제'에 대해서 얘기를 했는데요. 어떤 벌점을 받았는지 모르는 친구들이 있고, 그 당일 말고 그다음 날까지 하는 것도 좋을 것 같다는 의견이 나왔습니다. 이것에 대해서는 칠판에 이름을 적을 수 있는 칸을 공지하면 될 거 같다는 의견이 나왔습니다.

그럼 제2회 브리핑을 마치겠습니다.

▲ 정책브리핑 예시

이렇게 학생들의 '삶'이 된 〈뽀로로 친구들 나라의 민주정치〉는 2학기에 들어서면서 형식을 간소화하고, 그 목적은 살려서 간소화하는 방법을 모색하게 됩니다. 그러면서 '회복적 법정'을 없애고, 법을 개정하여 벌점을 받은 항목에 따라 해당 내용의 캠페인을 5분씩 하는 법안으로 이를 변경하여 운영합니다. 그리고 선택과 집중을 위해 정당 활동은 멈추고, 대신 법을 제정해야 하는 경우, 다음의 좌측 사진처럼 칠판에 미리 법 제정이 필요한 사항을 적어두고, 이에 대한 의견 수렴 과정을 거쳐 최종 국민 전체 투표로 법을 제정합니다.

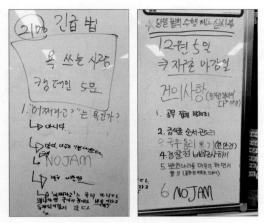

▲ 국무회의 안건 받기와 긴급 법 처리 예시

앞의 우측 사진처럼 국무회의에서 진행하게 되는 안건은 2주간 칠판에 적힌 국민의 건의 사항을 중심으로 논의를 진행하였습니다.

끝으로 월별로 자신의 담당 업무를 계획대로 잘 실천했는지 점검하고, 다음 목표 및 계획을 세워 지속적으로 실천할 수 있도록 '월별 업무 추진 성찰 설문'을 진행합니다. 물론 이런 누적된 설문 결과는 평가의 데이터로 활용합니다.

▲ 구글 설문, 월별 업무 추진 성찰 설문

Ⅳ-(10)
갈등은 성장의 기회

학생들이 겪는 갈등을 당연한 것으로 생각하고, 이를 받아들이지 못하면 민주시민교육의 목적을 향해 나아가기가 어렵습니다. 학생들은 새로운 민주주의 체제에 적응하여 살면서 긴장과 딜레마를 해결해야 하는 상황에 직면하고, 문제를 제기합니다.

그런데 이렇게 문제를 제기하는 친구들은 다른 친구들에 비해 '주인의식'과 '책임감'이 높습니다. 그러면 교사는 '학생이 자기 자신과 공동체적 삶의 주인임을 자각한' 이 상황을 반갑게 맞이해 줍니다. 서로 중요하게 생각하는 '가치'가 다르고, 기본적으로 지닌 '태도'가 다르기에 갈등은 자연스럽게 발생하는 것으로 학생들과도 이런 관점을 공유하고, 토의를 통해 문제를 해결해 나갑니다. 물론 불평불만으로 책임감 없는 학생이 문제만 제기하는 경우도 있습니다. 하지만 국민 모두 이런 학생이 제기하는 문제는 본인의 무책임함이 원인임을 명확히 하고, 자체적으로 안건을 해결하기도 합니다. 그러면 〈뽀로로 친구들 나라의 민주정치〉에 어떤 긴장과 딜레마가 이어졌으며, 어떻게 이를 '새로운 가치 창출하기'를 통해 해결하며 정착했는지 그 과정을 정리해 봅니다.

법을 잘 지키지 않는 국민이 생기면서 벌점법의 필요성이 제기되었고, 이에 벌점법을 제정하고, 이 벌점에 대해 판정할 법원이 필요해짐.

- 판사, 검사, 변호사, 배심원, 속기사 등 법원 조직 구성
- 국회에서 벌점 몇 개 이상일 때, 법원이 열릴지 결정(7개 이상)

벌점법은 공동체에서 정한 법을 잘 지키지 않는 국민들로 인해 생김을 이해하고, 법을 잘 지키는 것이 민주사회에 매우 중요함을 알 수 있었던 기회!

7개 이상의 벌점을 받은 국민이 한두 명이 아니라 비슷한 시기에 6명이 발생하였고, 법원에서 판검사 시스템으로 해결하기에는 너무 많은 시간이 소요됨.

이에 법정에 서야 하는 6명을 제외한 국민들을 3~4명씩 나눠서 〈회복적 판정단〉으로 구성하여, 벌점 내용과 그 친구의 이야기를 듣고, 그에 합당한 〈회복적 벌칙〉을 판결하도록 함.

학생들이 자기 행동에 책임지는 기회를 주며, 규칙을 어기는 행동이 다른 공동체 구성원에게 어떤 생각과 느낌이 들게 하는지 공감할 수 있는 체제 구축의 기회!

벌점법에 구성원은 민감하게 반응하며, 사회의 갈등을 야기시킨다.

1. 떠듦과 뜀, 폭력의 기준은 무엇인가?
2. 제보로 단속할 수 있는 것인가? 경찰청만 본 것을 벌점으로 기록해야 하는가?
3. 3명 중 역할을 제대로 하는 사람은 한 명뿐이다. 왜 제대로 일 안 하느냐?

〈토의 및 결과〉

1. 떠듦의 기준을 정할 수 있는가? 기계로 소음의 데시벨을 측정해야 하는가?

 –〉 이 법의 목적은 복도나 계단에서 이동할 경우 수업 중인 다른 학급에 피해를 주지 않기 위해 만들어진 법으로 우리가 소음의 기준에 대해 논의하는 것 보다 그 **목적**에 맞게 말하지 않고 공동체를 배려하는 마음으로 법을 지키려 하는 것이 우선시 된다.

2. 제보로도 벌점을 부여할 수 있나?

 –〉 경찰청이 본 것만 뛰기와 떠듦의 벌점을 부여할 수 있으며, 단 폭력의 경우에는 경찰청이 아닌 피해자, 관찰자도 이를 제보할 수 있다.

갈등은 조직이 성장할 기회이므로 문제 상황에 대해 구성원 모두가 충분히 이해할 수 있도록 의견을 경청하며, 이를 해결할 방법을 논의한다.

하지만 신호 위반 차량을 경찰이 모두 공평하게 단속할 수 있는 건 아닌 것과 같은 것처럼, 서로 다른 구성원 모두를 만족시키기는 어렵다는 것을 생각해 볼 수 있었던 기회!

그리고 갈등은 시스템의 문제 보다 그 일을 담당하는 사람이 그 역할을 제대로 수행하지 않아서 생기는 경우가 많으므로 **역할에 책임을 다하는 자세가 중요함을 생각**해 보는 기회!

그런데도 벌점법에 대한 논란은 계속되고, 결국 〈벌점법을 없애야 하는 것이 아닌가?〉라는 의견이 나온다.

〈토의 및 결과〉

 과연 그 법이 문제일까? 그 법을 잘 지키지 않는 사람이 문제일까? 그리고 그 법의 위반을 단속해야 하는 사람이 제대로 일을 하지 않은 것이 문제일까?

  문제는 반드시 생긴다. 그건 법 자체의 방향성과 목표의 문제가 아니라 그 법을 시행하고 지키는 주체가 바로 사람이기 때문이다. 사람은 언제나 실수하듯이 문제를 만들 수 있다. 정말 법이 문제였을까? 약속과 자신의 업무를 제대로 수행하지 않은 사람이 문제였을까?

 –〉 뜨거운 논란 속에서 모든 정당은 〈그런데도 벌점법은 필요하다〉고 결론을 내렸다.

공동체가 앞으로 나아가기 위해서 가져야 할 자세에 대해 생각해 보아야 한다. 헬조선이라며 나라 탓을 하는 국민들, 그리고 대안 없는 비난만 쏟아내는 사람들이 결국 나라가 미래로 나아가지 못하게 하는 건 아닌지 생각해 볼 수 있는 기회!

공동체가 앞으로 나아가기 위해 **논쟁 속에서 결정된 사항을 존중하며 따르고, 비판적 성찰을 통해 대안을 함께 모색**해 볼 수 있었던 기회!

IV-(11)
학생 자치는 어떻게 꽃피었을까?

    미래 교육의 실체가 무엇인지, 미래 역량 함양 교육과정에서의 학습의 지향점이 무엇인지, 민주시민교육을 어떻게 해야 하는지 찾아 나선 여정이었습니다. 경험해 보지 않은 것을 어떻게 알 수 있을까요? 결국 본 적 없고, 해본 적 없는 교육이었기에, 우리는 교육 대혼돈의 시기를 보낼 수밖에 없을지도 모릅니다.

    하지만 정답을 찾는 것보다, 그 정답을 찾아 나가는 과정을 더 중요하게 여기는 그 관점의 교육이라면, 우리가 굳이 정답을 말해야 할 필요는 없을 거 같습니다. 그저 그 정답을 찾아 나선 주체성이 그 사람을 정의하고, 그 교사의 교육을 정의하는 건 아닐까 하는 생각을 하게 됩니다.

    학생들도 마찬가지였습니다. 무엇을 어떻게 해야 하는지 알려주지 않는 상황에서 책임감 있는 태도가 무엇인지, 주인 의식을 가지고 살아가라는 말이 어떤 의미인지, 목적의식이 무엇이고, 성장마인드가 무엇인지 정확히 알진 못하지만 스스로 내디딘 한 두 걸음에 학생 자치는 그 꽃을 피웁니다.

마니또 활동 홍보영상

안녕하세요? 행사부 홍보소식청60124____
입니다.
이번에 행사부에서 한가지 이벤트를 준비했습니다.
바로 마니또 행사 입니다!
마니또란 비밀 친구, 또는 제비뽑기 따위를 하여
선정된 상대방에게 자신의 정체를 숨기고 편지나
선물 등을 제공하는 사람입니다. … 더보기

마니또 활동에 대한

👍 좋아요 29   💬 댓글 15   ☆ 스크랩

마니또 활동의 잘못된 예

안녕하세요! 60124____ 입니다.
내일부터 기다리던 마니또 활동이 시작됩니다!
마니또 활동을 시작하기전 잘못된 행동도
알아야겠지요?
마니또 활동의 잘못된 예
1.대놓고 마니또에게 잘해주지 않는다.
마니또란 저번에도 말했듯이 아… 더보기

👍 좋아요 20   💬 댓글 10   ☆ 스크랩

프로젝트 체크표

안녕하세요. 20번 ____입니다.
저희 체크청이 지난주 프로젝트를 체크후 등급을
매겨서 체크표를 만들었습니다.
그런데 등급이 정확한지 어떻게 등급을 매겼는지
알려면 기준을 알아야겠지요. 그래서 저희가 정한
기준을 알려드리겠습니다.
1. 운동부는(4월 18일~4월 22일까지… 더보기

운동부	타자	
	41~	
2	31~40	
	21~30	
	11~20	
	0~10	

👍 좋아요 19   💬 댓글 24   ☆ 스크랩

스승의날

안녕하세요. 24번 ____ 입니다.
오늘이 어느덧 스승의 날이군요! 저희에게 스승은
바로 선생님 입니다!! 이번에 선생님을 위해 다같이
스승의날 영상을 준비했어요!! 밑에 있는
영상입니다. 정말 열심히 준비했습니다!!!!!
아이디어:행사부
참여:26명 … 더보기

6-1반 선생님 감사합니다!!

👍 좋아요 23   💬 댓글 12   ☆ 스크랩

프로젝트체크표(5월 9~13일)

안녕하세요. 체크청____입니다.
이번주에도 프로젝트 체크표를 만들었습니다. 원래
타자기록은 월요일을 기준으로 측정했는데 주간
평균으로 바뀌었습니다
1. 운동부는(5월 2일~5월 6일까지 기록)
여러분들이 기록한 것을 이용해 점수를 매겼는데요.
미션완료는 3점, 절반성공은 2점,… 더보기

8	4등급	2등급	2등급	4등급
9	1등급	1등급	1등급	3등급
10	2등급	3등급	1등급	2등급
11	1등급	1등급	1등급	1등급
12	3등급	1등급	2등급	2등급
13	5등급	5등급	5등급	5등급
14	1등급	5등급	1등급	1등급
15	2등급	4등급	1등급	4등급
16	4등급	5등급	2등급	1등급
17	5등급	1등급	1등급	4등급
18	2등급	1등급	2등급	3등급
19	3등급	3등급	3등급	1등급
20				

👍 좋아요 12   💬 댓글 5   ☆ 스크랩

5.18 선언 영상

안녕하세요? 행사부입니다. 5.18 기념일이
오늘이기에 행사부와 게스트들이 모여 영상을
만들었습니다. 편집은 ____가 했고, 대사와
기획은 행사부 친구들이
모여 만들었습니다. 재미있게 봐주시길 바랍니다!
그럼 행사부는 앞으로도 재미있는 영상
만들겠습니다.… 더보기

이승만 대통령이 하야한뒤

👍 좋아요 19   💬 댓글 15   ☆ 스크랩

6.25전쟁

안녕하세요. 학습부입니다. 이번에 저희
학습부팀에서 6.25과정과 영상을 만들었습니다.
그럼 재미있게 봐주세요
저희 학습부는 그 다음에 더 좋은 정보로
찾아오겠습니다. 감사합니다.
기획:학습부
제작:학습부

72년 전 오늘

👍 좋아요 15   💬 댓글 10   ☆ 스크랩

6.25전쟁 퀴즈

안녕하세요 학습부입니다. 이번에 6,.25전쟁
퀴즈를 만들었는데요. 이 퀴즈는 저희가 예전에
말했던 우수학생에 반영할 에정입니다. 그럼 열심히
풀어주시기 바랍니다.
*학생만 응답 가능합니다.
설문지링크:https://forms.gle/
rAUEEnf1PG6AAGuT8… 더보기

👍 좋아요 17   💬 댓글 8   ☆ 스크랩

갈등해결청 (평화부) 홍보 포스터

안녕하세요 갈등해결청(평화부) ____입니다.
갈등해결청을 홍보하기 위해서 포스터를
만들어봤는데요! 가벼운 갈등이라도 나중에는 큰
일이 벌어질 수 있기 때문에 갈등이 생긴다면
갈등해결청이 있다는 것을 알려드리고 싶었습니다
:> 그러니 안 풀리는 일이 있다면 갈등해결청에게
도움 요청해주시면 좋겠습니다! 감… 더보기

갈등 없는
우리 반

👍 좋아요 19   💬 댓글 12   ☆ 스크랩

학습도움청을 이용해주세요!

학생
22.09.05. 월요일

안녕하세요! 학습도움청 ___, ___ 입니다.
저희 학습도움청은 우리 6학년 1반 친구들이
학습에 어려움을 겪을 때 도움제공과 격려를
해드리는 청입니다.
[학습도움청 이용 방법]
1.학습도움청 도움신청 설문지에 들어가기 (
https://forms.gle/zGirMxcbpjjTu1R··· 더보기

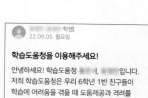

👍 좋아요 13 💬 댓글 12 ☆ 스크랩

오늘은 푸른 하늘의 날~~ (___, 체크청)

학생
22.09.07. 수요일

오늘은 푸른 하늘의 날 입니다. 이 날을 모르는
사람들도 많을 텐데요.
맑은 공기는 사람들의 건강과 일상생활을
영위하는데 매우 중요하므로 '푸른 하늘의 날'
기념일 지정이 됐습니다. 요즘에는 환경오염이
심각하게 발생하고 있죠. (아주 위험해요)오늘은
환경 보호가 얼마나 중요한 지 생각··· 더보기

👍 좋아요 20 💬 댓글 7 ☆ 스크랩

오늘은 9월9일 추석 연휴인데......
사실 오늘은 추석 연휴 보다 더욱 중요한 날 입니다.
한국인들에게는 딱히 중요한 날이 아니지만 저기
북쪽에 있는 사람들에게는 매우 중요한 날 입니다.
오늘은 바로 조선민주주의인민 공화국 출범일
입니다.
ㅎㅎ... 더보기

	현행 규정	개진 내
	벌금상한: 1억원	벌금상한: 5억
	벌금상한: 1억 5천만원	벌금상한: 7억
	지급대상: 여로작업 총사자	지급대상: 세
압수물	보로금상한: 500만원	보로금상한: 3

👍 좋아요 17 💬 댓글 5 ☆ 스크랩

검찰청 ^-^ (검찰청-___)

학생
22.09.09. 금요일

구체설명

1조 세부 각 부에서 결정한 예산등을 심의하고
알맞게 쓰였는지 검토
2조 세부 경찰청 벌점 기록부 검토 후 죄가
합당한지 검토 후 기소 여부 결정··· 더보기

검찰청의 업무

👍 좋아요 16 💬 댓글 18 ☆ 스크랩

경찰청 떠듬 단속 공지 (___)

학생
22.09.14. 수요일

안녕하세요. 경찰청입니다.
제가 공지 해드릴 부분은 경찰청의 떠듬 단속
인데요,
최근 떠듬의 기준과 왜 자신만 적냐는 등의 이유로
오해가 생겨 공지를 하게 되었습니다.
✎떠듬을 단속하는 장소
경찰청은 급식실, 복도와 계단에서 이··· 더보기

👍 좋아요 18 💬 댓글 19 ☆ 스크랩

기다려라.... 혁명의 영상을(?)

학생
22.09.15. 목요일

영상 제작 이유.....
 최근
벌점제도와 떠듬 단속 기준에 관한 논란이
있는데.............
이 영상을 제작한 목적은 단순한 장난이 아니고
법적으로 이상한 법과 그 법의 문제점을 알고 가장
좋은 해결방안을 쟁취하는··· 더보기

👍 좋아요 13 💬 댓글 14 ☆ 스크랩

행사부!

학생
22.09.16. 금요일

안녕하세요! 행사부 소속청 ___ 입니다.
저희 행사부가 1학기때는 정말 많은 피드백을
받으며 행사를 진행하였습니다.
하지만 이 피드백들은 거의 다 말로 하여서
기억이 안나거나 피드백을 반영하지 않기도
하였습니다.ㅠㅠ
그래서!!··· 더보기

👍 좋아요 14 💬 댓글 18 ☆ 스크랩

건의함 (공약)

학생
22.09.20. 화요일

안녕하세요, 2학기 회장이 된 ___입니다!
제 공약에 건의함 만들기가 있었는데요, 그
건의함이 바로 이 설문지 입니다.
건의함에는 종류, 내용, 해결방안(선택)을 쓸 수
있습니다.
이 내용 말고 더 좋은 내용 또는 추가할 내용이
있다면 꼭 댓글로 알려주세요!··· 더보기

👍 좋아요 17 💬 댓글 11 ☆ 스크랩

한글날 행사 안내!

학생
22.09.25. 일요일

안녕하세요, 행사부 홍보소식청 ___ 입니다.
행사부와 학습청에서 한글날에 대해 함께
진행하기로 하였는데요, 저희 행사부가 계획한
행사에 대해 설명드리고, 그에 대한 의견을 묻고자
합니다.
저희가 계획한 행사는 '순우리말 초성 퀴즈' 입니다.
한글날이니 순우리말이나 역사에 관··· 더보기

👍 좋아요 15 💬 댓글 6 ☆ 스크랩

벌점 제도 개혁안 필독

벌점제도 변경

현재 벌점제도 기록 방식

예:1.비버가 똥글이가 떠들었다고 신고함
2.경찰청 친구들이 이야기를 들음
3.경찰청이 행동을 했는지 않했는지 판단
4.피의자 통보x 후 벌점기록(1점)
앞에서의 장점과 단점을 ... 더보기

👍 좋아요 13   💬 댓글 15   ☆ 스크랩

＂청소청 친구들

안녕하세요, 저희는 청소청 담당자 ▨▨▨ 입니다.
저희는 최근 청소를 잘하거나 공공장소를 청소해준
친구들에게 상장을 주고 있습니다. 그래서,
이제부터 학부모님들도 보실 수 있게 여기에
상장을 정부하도록 하겠습니다. 청소잘하는 친구들
덕분에 조금이나마 교실이 깨끗해지고 ... 더보기

👍 좋아요 13   💬 댓글 11   ☆ 스크랩

우리말 퀴즈!

안녕하세요 행사부 홍보소식청 ▨▨▨ 입니다.
저번에 예고했던 대로 우리말 퀴즈를 준비했습니다!
열심히 풀어주세요!
행사 참여 방법
1.문제를 푼다.
2.문제의 정답을 비밀댓글로 남긴다.
그럼 문제! ... 더보기

👍 좋아요 13   💬 댓글 11   ☆ 스크랩

한글날 🎉

안녕하세요? 저희는 학습부입니다.
오늘은 10월 9일 바로 우리민족의 고유한 문자인
한글이 반포된 날인데요. 오늘은 이 한글날에
대해 알아보도록 하겠습니다!! 😊
영상 잘 보셨나요? 저희 영상에서는 10월 9일이
한글을 반포한 날이라고 적어놨지만 이건 저희의
실수구요. 사실 훈민정음 해례본에 따 ... 더보기

▶

관리부- 시간 관리청

안녕하세요, 관리부 장관 ▨▨▨ 입니다. 요즘,
행사부, 학습부, 환경부 등 여러 부 들이 활약을
하고 있는데요, 드디어 저희 관리부도 프로젝트를
만들었습니다. 바로 시간 지키기 프로젝트 인데요,
곧 있을 운동회 단합 연습(?)도 하면서 쉬는시간과
수업시간을 확실히 지키는 우리 뽀친나라가 되기
위해서 준비했습니다^^ ... 더보기

👍 좋아요 15   💬 댓글 14   ☆ 스크랩

장차관 회의...가 내일이에요!

여러분 내일은 제 3회 장차관 회의가 있습니다!
장관 또는 차관이라면 내일 잊지 말고 8시
35분까지 와주세요. (부에서 한명만이라도...)
(40분까지 아니고 35분까지 입니다!)
(다음 장차관 회의는 10월 26일입니다.)

👍 좋아요 13   💬 댓글 8   ☆ 스크랩

관리부-차관 투표

안녕하세요 관리부 장관 ▨▨▨ 입니다. 저희
부에는 큰 결정이 있는데요, 바로바로 차관이
없습니다! 이렇게 된 이유는 뽑는 과정에서
부정적이었다는 이유로, 결론은 선생님께서 2주
뒤에 뽑으라고 하셨는데, 그로 저희가 모든 학생의
의견을 반영해서 부정적이지 않게, 확실히 뽑기로
했습니다. ... 더보기

👍 좋아요 12   💬 댓글 16   ☆ 스크랩

검찰청 예산안 안내 필독

뽀친나라 각 부들이 예산이 필요할 경우 설문지로
바로 칸에 있는 형식을 잘 준수하여 예산안을
작성을 해야 합니다..(형식이 맞지 않으면 기각 후
다시 고쳐야해율)
여러분이 사용하시는 예산은 여러분의 사비가
아니므로 깐깐한 방식으로 예산 적 ... 더보기

👍 좋아요 14   💬 댓글 12   ☆ 스크랩

전체	알림장	앨범	자유게시판

22.10.14. 금요일

학습부 웹사이트 개설&1학기 벌점 관련

안녕하세요? 학습부 입니다.
저희가 이번에는 웹사이트를 만들었는데요. 오늘은
이 웹사이트가 뭔지 설명 드리도록 하겠습니다.
학습부 웹사이트에서는 저희가 하고 있는 프로젝트,
할 계획인 프로젝트들을 확인할 수 있습니다. 또한
저희가 어떤일을 하는지 학습부가 무엇인지에
대해서도 알 수 있습니다. 웹사이트를 ... 더보기

👍 좋아요 17   💬 댓글 15   ☆ 스크랩

22.10.14. 금요일

청소청

▲ 하이클래스 자유게시판 활동 예시

Ⅳ-(12)

에듀테크는 민주시민교육의
그 무엇이었을까?

기술이란 우리의 삶을 필연적으로 변화시킵니다. 교사의 삶도 에듀테크로 인해 변해가고, 결국 학생의 삶도 함께 변해갑니다. 교사가 쓰는 도구를 학생들도 함께 쓰며, 이를 활용해서 자신의 업무에 적용하고, 소통하며 함께 나아가는 모습을 보면서 교사가 익힌 에듀테크가 어떤 의미를 지니고 교실에 스며들었는지 생각해 보게 됩니다.

무엇일까요? 너무 많은 것들이 변했는데⋯⋯

▲ 클래스룸에서 1년간 진행한 민주정치 프로젝트 자료 모음

V

사람을 향하는,
에듀테크

　　에듀테크와 AI를 활용한 교육에 거부감을 표하는 교사들도 있지만, 미래 사회에서 살아갈 학생들을 고려할 때, '디지털'과 'AI'가 없는 삶은 상상하기 힘듭니다. 따라서, 학생들의 미래를 함께할 디지털과 AI는 교육에서 반드시 고려되어야 하는 중요한 요소입니다.

　　교육부에서 AI를 활용한 디지털 교육으로 '모두를 위한 맞춤 교육시대'를 연다고 선포하였고, '디지털 기반 교육혁신 방안'을 발표했습니다. '디지털 기반 교육혁신 방안'은 디지털 대전환 시대에 대응하여 교육 분야도 변화와 혁신이 필요하다는 인식에 따라 마련되었으며, 인공지능 등 첨단기술을 활용하여 학생들에게 자신의 역량과 배움의 속도에 맞는 '맞춤 교육'을 제공함으로써 학생 한 명 한 명을 소중한 인재로 키우고, 교사들이 학생과의 인간적 연결에 더욱 집중할 수 있도록 함으로써 인성, 창의성, 비판적 사고력, 융합역량 등 디지털 시대의 핵심역량을 키우는 교육환경을 구축하는 것을 목표로 합니다.[29]

　　학생들과 디지털 도구로 연결된다고 해서, 그것이 인간적이지 않은 것일까요? 학생에 대한 개별적 '관심', 디지털 도구를 활용한 효율적인 '피드백'에 의한 '개별 맞춤 교육'은 결국 학생과 교사, 바로 '사람'을 향합니다.

---

[29] 교육부 보도자료(2023.02.23.) 인공지능을 활용한 디지털 교육으로 '모두를 위한 맞춤 교육시대' 연다.

V -(1)

모둠활동의 최대 적!
무임승차를 막아라!

2022 개정 교육과정의 핵심역량으로 '자기관리 역량', '지식정보처리 역량', '창의적 사고 역량', '심미적 감성 역량', '협력적 소통역량', '공동체 역량'을 제시하고 있고, 그 6가지 중 '협력적 소통역량'과 '공동체 역량'은 개인 활동으로는 함양하기 어려운 역량입니다.

그리고 미래 사회에서 공동체 역량과 협력적 의사소통 역량은 점점 더 중요해지고 있습니다. 그리고 현대 사회에서 발생하는 문제들은 복합적으로 연결되어 있기에 개인이 해결하기 어려운 특성을 지닙니다. 그래서 다양한 전문성과 관점을 가진 사람들과 협력적 관계를 구축하고 소통하여 해결해야 하는 능력이 필요하며, 학생들에게 함께 소통하여 문제를 해결해 나가는 기회를 주는 건 매우 중요합니다.

하지만 1시간만 '함께'하는 과제를 주기만 해도 바로 '갈등'이 발생합니다. 어디에나 있는 해방을 꿈꾸는 학생이 갈등의 원인이 되기 때문입니다. 바로 이 학생을 어떻게 관리하느냐가 바로 이 모둠 프로젝트의 성패를 가릅니다.

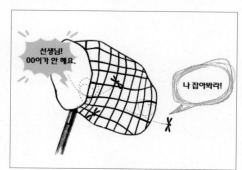

〈빠져나갈 구멍 없는 촘촘한 모둠활동 설계!〉

☑ 결과물 실명제

– 각자 제작한 것에 이름 쓰기

– 각자 한 역할 적기

☑ 동료평가 피드백

– 동료평가 사전 공지

– 모두 표시 동료평가 설문

> ✔ 열심히 참여한 친구를 모두 표시해 주세요.
>
> ✔ 잘 참여하지 않은 친구를 모두 표시해 주세요.
>
> ✔ 나의 성장에 도움을 준 친구를 모두 표시해 주세요.

☑ 순위투표

– 순위 투표 사전 공지

> ✔ 가장 열심히 참여한 친구는 누구인가요?
>
> ✔ 가장 많이 성장한 친구는 누구인가요?

☑ 자기평가

– 자신의 배움과 자람에 대한 성찰 기록하기

– 다음 활동 목표 세우기 및 다짐하기(주체성 강화하기)

☑ 역할은 다양하고, 최대한 촘촘하게 나누기

– 역할을 주체적으로 생각하여 만들기

- ✓ 사회자
- ✓ 시간 관리자
- ✓ 긍정적 피드백만 하는 자
- ✓ 비판적 피드백만 하는 자
- ✓ 적극적 경청과 공감을 열심히 하는 자
- ✓ 질문에 질문을 이어 질문하는 자
- ✓ 중요한 내용을 기록하는 자 등

- 역할 수행에 대한 성찰의 기회 부여하기
- 역할에 대한 정체성과 목적의식을 바탕으로 주체성 강화하기

☑ 함께 할 '기회'만 주기
- 함께 참여할 생각이 없다면, 혼자 진행할 '기회' 주기
- 다시 함께 참여하고 싶다면, 함께 참여할 '기회' 주기
- 그래도 제대로 참여하지 않는다면, 어쩔 수 없이 혼자 하기

그런데 여기서 교사들이 '성찰'해 봐야 하는 부분이 있습니다. 과연 해방을 꿈꾸는 학생들은 '안'하는 걸까요? '못'하는 걸까요? 그 대답에 따라 교사가 해야 하는 역할은 달라집니다. '안' 하는 학생에게는 '가치'와 '태도'에 집중하여 지도해야 할 것이고, '못' 하는 학생에게는 '지식'과 '기능'에 집중하여 지도해야 합니다. 어찌 보면 환경이 '못'하는 학생이 '안'하는 학생이 되게 하고, 그렇게 '안'하다 보니, '못'하게 되는 그런 순환고리를 만들지 않았나 하는 생각도 듭니다.

그것을 깨닫고 나서는 1학기에는 절대 전문적인 '지식'과 기능이 필요한 '팀 프로젝트'를 진행하지 않습니다. 예를 들면, 1학기에는 프레젠테이션, 문서, 이미지, 영상, 코딩 제작 등과 같이 '지식'과 '기능'적인 요소가 강한 활동은 무조건 개인 활동으로 진행하여, 학급의 모든 학생이 이 역량을 갖출 수 있도록 반복하여 지도합니다. 그렇게 모두가 어느 정도 다 할 수 있을 때, '평등한' 팀 프로젝트가 가능합니다.

예전부터 잘하는 학생은 매번 그 잘하는 '기능'을 담당하였고, 잘한다는 이유로 더 많은 것을 하게 되는 '불평등'한 환경에 처해 왔습니다. 그리고 모둠을 위해 '봉사'를 하게 됩니다. 이 학생에게는 '선택'의 기회가 없습니다. 어쩔 수 없이 해야만 하는 '일'만 있을 뿐입니다. '지식'과 '기능'의 불균형 상황에서 시작하는 팀 프로젝트는 학생들에게는 '폭력'과도 같습니다. 잘하는 학생의 선택권은 박탈당하고, 희생과 리더십을 강요당하며, 잘하지 못하는 학생들은 눈치를 볼 수밖에 없는 '갈등' 상황에서 팀 프로젝트가 시작되기에 '웰빙'이라는 해피앤딩은 불가능합니다.

'지식'과 '기능'에 대해 최소한의 역량을 갖추도록 지도하는 것은 결국 '선택의 평등'을 보장하는 것이며 갈등을 줄여줍니다. 1학기 말에 'Ⅲ-(4) 1학기, 개인 역량 Up 프로젝트!(인형극)'에서 안내한 종합 역량 프로젝트를 개인으로 진행하는 것도 이 까닭입니다.

모둠활동의 최대 적인 무임승차를 막기 위해서는 우선 '평등한' 환경을 구축하고, 빠져나갈 구멍 없는 '촘촘한' 설계 하에 진행해 보시기 바랍니다. 학생들의 상호 작용 속에 더 빠른 성장을 목격하시게 될 것입니다.

> 2학기 동안 가장 길었던 프로젝트이다. 마인드맵부터 5학년 후배들에게 발표까지. 지구촌 프로젝트를 시작했을 때는 2학기 중반이어서 아직 2학기가 많이 남아있구나 하고 생각했다. 그 뒤 지구촌 프로젝트가 끝나고 나니 2학기가 거의 끝나있었다. 그만큼 지구촌 프로젝트는 정말 재밌고 힘든 여정이었다.
>
> 지구촌 프로젝트 안에서 활동이 몇 개였는지 기억은 안 나지만 정말 많았다. 그 많은 활동을 통해 나는 사회에 한 걸음을 더 갈 수 있었다. 기본적인 환경문제가 심각한 건 알고 있었지만 그만큼 심각할 줄은 몰랐다. 이 지구촌 프로젝트가 없었다면 아직 쓰레기를 버리고 다녔을 것이다. 그래서 나는 요즘 쓰레기는 쓰레기통에 버린다. 그만큼 내가 성장

했다는 것을 알 수 있다. 지구촌 프로젝트 안에서 가장 기억에 남는 것은 비정부기구이다. 비정부기구 멤버 3명이서 정말 열심히 한 것 같다.

　1학기 때 인형극 프로젝트에 모든 것을 쏟아부었다면 2학기 때는 지구촌 프로젝트에 모든 걸 쏟아 부은 것 같다. 1학기 때는 개인이었다. 혼자 모든 걸 했지만 이제는 팀이다. 자신이 할 일을 하고 팀원과 서로 의지할 수 있다. 그만큼 좋은 게 없다. 팀원과 함께하니 정말 좋은 결과물이 나왔다. 5학년 후배들에게 발표하는 것도 혼자 하는 것이 아닌 다 같이 해서 정말 좋았다. 모두가 할 수 있는 영역에서 잘하고 서로 모이면 정말 좋은 결과물이다. 그래서 지구촌 프로젝트 속에서 비정부 기구 프로젝트가 가장 기억에 남는 것이다. 중학교 가서도 이런 프로젝트는 있으면 좋겠다는 생각이 들었다. "코다리 멤버들 정말 수고했어"

▲ 2학기 공동체 중심 프로젝트를 마친 학생 후기

　매번 월별 설문 때도 적었던 말이지만 정말로 감사합니다. 5학년 상태에서 똑같은 형식으로 6학년을 하고 중학교로 올라갔으면 내가 생각해도 좀 문제가 있었을 것 같은데. 5학년 때는 그냥 모둠 활동하면 무임승차 하였다. 또 하려고 해도 딱히 팀원들이 반기지 않았던 것 같다. 도움이 되지 않으니까. 근데 6학년 와서 무임승차를 철저히 감시하고 설문까지 해서 무임승차 하는 친구들을 잡아냈다. 1학기 초반의 이미지가 보통은 쭉 가기 때문에 1학기 때의 이미지가 중요한데 무임승차를 해서 설문 결과를 친구들한테 알리면 이미지가 안 좋아지기 때문에 나중에도 팀 프로젝트를 할 때 좋지 않을 것 같아서 무임승차를 하지 않게 된 것 같다. 무임승차를 하지 않게 되면서 당연히 성장한 것 같다. 학기 마지막까지 이렇게 끝까지 과제를 내주어서 힘들고 귀찮기는 하지만 그래도 어느 면에서는 감사합니다.

▲ 1년을 보내고 선생님께 하고 싶은 말 中

이렇게 빠져나갈 구멍 없는 촘촘한 모둠활동 설계가 가능했던 것은 학생들의 활동을 한눈에 파악할 수 있는 에듀테크 도구 활용 수업과 '데이터 수집 및 평가'를 위한 설문 조사로 인해, 학생 개개인의 활동에 대한 데이터를 바탕으로 즉각적 피드백이 가능했기 때문입니다.

선생님들도 무임승차를 꿈꾸는 학생들에게 성장의 기회를 줄 수 있도록 에듀테크 도구를 활용해 보시길 추천합니다.

V-(2)
체크리스트와 자기 주도 학습

클라우드 기반의 교육환경은 링크를 공유함으로써 서로 연결됩니다. 그 순간 그동안 교사만 할 수 있었던 것들의 벽이 허물어집니다. 그리고 체크리스트 역시 주체가 교사에서 학생으로 바뀌고, 학생의 자기주도성을 강화하기 위한 도구로 활용됩니다.

| | 줄넘기 팡팡 체크리스트 (운동하고 기록해 주세요.) | | | | | | | | | | | | | | | | | 횟수 기록표 |
번호	6월 14일	6월 15일	6월 16일	6월 17일	6월 18일	6월 19일	6월 20일	6월 21일	6월 22일	6월 23일	6월 24일	6월 25일	6월 26일	6월 27일	6월 28일	6월 29일	6월 30일	미션완료
1	아침	아침	아침	방과후	방과후	방과후	아침											7
2	아침	아침	아침	방과후	방과후	방과후	아침	아침	아침	아침	방과후		방과후	아침	아침	방과후		16
3	아침	아침	아침	방과후	아침	아침	아침		방과후	아침	방과후	방과후		방과후	방과후	방과후		16
4	점심	아침	아침	아침			아침	아침	아침	아침			점심	아침	아침	점심		13
5	점심	점심	점심			방과후	점심								점심			9
6	아침	아침	아침	점심	아침	점심	아침					방과후	점심					9
7	아침	아침	아침	아침	아침	아침	아침	아침	아침	아침	방과후	아침	방과후	아침	방과후	아침		17
8	아침	아침	아침	방과후	방과후	방과후			아침	아침	아침	방과후	방과후		아침	아침	아침	17
9	아침	아침	아침	방과후	방과후		방과후		아침	아침	방과후		방과후	아침				11
10	점심	점심	방과후	아침	아침	아침		아침	아침	아침	아침		방과후	방과후				13
11	아침	아침	아침	방과후	방과후	방과후	방과후	방과후	방과후	방과후		방과후	방과후	방과후	방과후		방과후	17
12	아침	아침	아침	방과후			아침				아침							6
13	아침	아침	아침	아침			아침			아침		아침						7
14	점심	아침	아침	아침		아침	아침	아침	아침		아침							10
15	방과후	방과후		방과후		방과후		방과후	방과후	아침	방과후	아침	방과후	방과후		방과후		12
16	방과후	방과후	방과후	방과후		방과후	방과후	방과후	방과후	아침						아침		10
17										아침					아침	아침		3
18	아침		아침		아침	방과후	방과후	아침	아침	방과후	아침	방과후	방과후	점심	아침	점심	방과후	17
19	아침	아침	아침	아침	방과후	방과후	방과후	방과후	방과후	방과후	방과후	방과후	방과후	방과후				15
21	아침	점심	점심	아침	아침	방과후	아침	아침	점심	방과후	점심	방과후	방과후	방과후	점심	점심		17
20							방과후	방과후	아침	점심		방과후	방과후	방과후	방과후			10
22	점심	점심	점심		방과후	점심	방과후	방과후				아침	점심	점심	점심	점심		13
23	아침	방과후	방과후		아침	방과후	방과후	아침	점심	점심	방과후	방과후	방과후	방과후	점심	점심		17
24	아침	방과후	방과후	방과후	방과후	방과후	방과후	방과후	방과후	방과후	방과후	방과후	방과후	방과후	저녁			16
25	점심	점심	방과후	점심	방과후	방과후				방과후								6
26	아침	방과후	아침	방과후	방과후	방과후	아침	방과후	방과후	방과후	방과후	방과후	방과후	방과후	방과후	방과후		17
27	방과후	아침	아침	방과후	방과후	방과후	아침		아침	방과후	방과후	방과후	방과후	방과후	방과후			15
28	아침	점심	점심	방과후	방과후	방과후				점심		방과후		점심	점심	점심	점심	13

▲ 구글 시트, 스포츠 클럽 기록 체크리스트

앞의 그림은 학교에서 학생들이 자율적으로 운동하는 스포츠클럽 활동을 관리하기 위한 목적으로 활용한 체크리스트입니다. 학생들은 아침 시간, 점심, 방과 후로 나눠 친구들과 함께 10분~20분 정도 운동 계획을 짜고, 이를 실천한 후, 체크리스트에 직접 기록합니다. 교사는 자율적으로 참여하도록 독려하며, 이렇게 기록된 데이터를 바탕으로 나이스 스포츠클럽 활동 기록에 기입합니다.

아래의 그래프는 운동부, 타자, 줄넘기, 엔트리 등의 체크리스트를 제작하여 학생이 자기 주도적으로 활동하고 기입하도록 한 후, 한 학기가 지난 시점에서 실시한 설문조사 결과입니다.

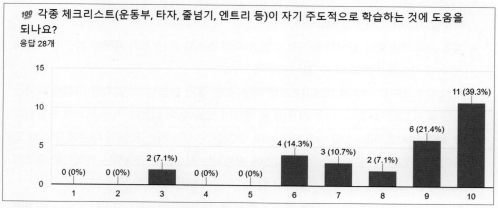

▲ 구글 설문. 체크리스트와 자기주도학습의 연관 여부 응답

긍정적인 답변이 많지만, 이것만으로는 그 효과를 제대로 분석하긴 어렵습니다. 따라서 그 이유를 꼭 함께 들어봐야만 합니다.

• **위에서 그렇게 응답한 이유를 설명해 주세요.**

▶ 체크리스트를 하면 다른 친구들이 내 거까지 보니깐 뭔가 더 열심히 매일매일 해서 올리고 싶은 마음이 있어서 더 열심히 그 프로젝트를 하는 거 같다.

▶ 자기 주도적으로 학습하면서 나의 자기관리 역량이 느는 동시에 주도적으로 학습하고 있는 것의 실력이 늘고 있기 때문이다.

▶ 일단 첫 번째로 누가 하라고 하기보다는 내가 목표를 두고 그 목표를 달성하기 위해 노력을 하면서 자기가 노력하던 목표를 달성하면서 자기 주도적으로 학습하는 것에 도움이 되었다.

- ▶ 정말 양심적으로 체크하는 친구들도 있지만, 거짓으로 체크하는 친구들도 보이기 때문이다. 그래도 나의 행동을 돌아볼 수 있어서 좋은 점도 있다.
- ▶ 딱히 큰 도움이 되는 것 같지는 않다. 자신이 하지 않은 행동을 적을 수도 있다. 그럴 가능성이 높다. 하지만 집에서 혼자서 하는 것이라면 좋을 수도 있을 것 같다.
- ▶ 저 활동들은 선생님께서 직접 자기 주도 학습을 위해 계획한 활동들이라고 생각한다. 나는 공교롭게도 저 활동들로 인해 자기 주도적 학습의 역량이 늘었다.
- ▶ 거짓말로 하는 친구는 아무런 도움도 되지 않겠지만 진심을 담아서 꾸준히 하는 친구는 성장할 기회이기 때문에 필요하다.
- ▶ 계속 계속하다 보니 실력이 늘어서 좋았고 자기 스스로 하는 거기 때문에 자신이 노력해서 이제 자신의 역량을 볼 수 있기 때문에
- ▶ 자기 주도적으로 이렇게 체크리스트를 하는 것은 좋은 방법인 것 같지만 이걸 강요하는 것은 좋지 않은 것 같다. 이미 다른 운동 루틴이 있을 수도 있는데 이게 평가에 반영된다고 하여 억지로 하는 것일 수도도 이는데, 그것은 억지로 하는 것이기 때문에 학업에 도움이 되지 않는다. 운동 말고 수업 시간에 활용되는 자료들을 연습하는 목적으로 체크리스트 같은 활동을 하는 것은 학교에서 할 때, 도움이 되는 것 같다.
- ▶ 제가 실천을 하지 않았기 때문에 제가 노력을 안 했기 때문입니다. 그러나 제가 노력하면 될 것 같기도 합니다.
- ▶ 자기 주도적으로 하는 데 확실히 도움이 된다고 생각한다. 못해서 빠진 경우도 있지만, 목표를 두면 타자 같은 경우도 체크를 이미 했는데도 따로 연습하게 되는 것 같고 반에서 시키지 않고 하는 거다 보니 자기 주도적으로 학습하는 것에 도움이 된다고 생각한다.
- ▶ 매일 하고 체크하는 것이 나의 역량도 향상해 주고 재미있기 때문이다.
- ▶ 체크리스트에 자신이 열심히 하고 난 후 체크를 하면 정말 뿌듯하기 때문이다.
- ▶ 체크리스트로 내가 이만큼 했다는 것을 보며 성취감을 느낄 수 있고 안 하면 해야겠다는 누 마음이 솟구침
- ▶ 운동이나 타자, 엔트리 등을 하고 체크리스트에 표시하는 것이 좋고 또 내가 언제 했는지 안 했는지도 보이지만, 가끔은 같이도 하고, 이 활동에 대해 의논하거나 수정할 수 있는 시간이 좀 있으면 좋겠습니다.
- ▶ 왜냐면 주도적으로 학습하면 그 사람의 자기관리 역량을 알 수가 있고 집이나 밖에서 타자나 운동부 같은 걸 하면 학교에서만 하는 거보다 실력이 늘기 때문에 좋다고 생각합니다.

▶ 이런 활동들을 스스로 계속한다면 자기가 스스로 해야 할 일을 하기 시작할 것이고, 그러면 자기관리 역량뿐만이 아니라 공동체 역량도 늘어나게 될 것입니다.

▶ 물론 그 활동을 꾸준히 하면 도움이 될 것 같다. 그렇지만 나를 포함해서 자기 주도적으로 하는 활동은 쉽게 까먹기 쉬워서 많은 아이가 까먹고 장기간 그 프로젝트를 수행하지 못하는 경우가 많기 때문이다. 그냥 차라리 그 활동을 해서 이벤트성 프로젝트(음악 줄넘기 공연, 엔트리 작품, 타자 빨리 치기 대회)를 만들면 그것을 준비하기 위해 자연스럽게 아이들이 지금 체크리스트로 하는 활동을 할 수 있을 것 같다.

▲ 체크리스트와 자기주도학습의 연관성에 대한 주관식 응답

학생들의 의견을 잘 들여다보면, 놓치고 있던 것을 알게 됩니다. 체크리스트는 '자기주도성'에 집중한 하나의 '방법'일 뿐이며, 하나만으로는 충분한 효과를 볼 수 없음을 깨닫게 됩니다. 학생 행위주체성을 이루는 성장마인드, 정체성, 목적의식, 자기주도성, 책임감 등 여러 요소가 복합적으로 살아날 수 있도록 구조화하려는 노력이 필요합니다.

V-(3)
데이터 기반의 피드백과 평가

구글 설문과 구글 시트를 배우고, 이를 활용하여 효율적인 평가와 피드백 방안을 연구한 지, 어느덧 2년이라는 시간이 흘렀습니다. 학생들에게 '성장'을 위한 유의미한 데이터를 제공해 주기 위해 노력하며, 한 걸음씩 내디뎠던 시간은 안개 속을 걷는 듯한 느낌마저 드는 시간이었습니다. 그 방법이 학생의 성장에 정말 도움이 되는지, 어떻게 알 수 있을까요? 지나 보니 그 답은 학생이 알고 있었고, 그런 학생들을 관찰하는 교사 또한 자연스레 알게 됩니다.

---

3 친구들이 나를 성장시킨 부분   <   모든 발표의 PMI   >

저는 친구들의 PMI가 저를 성장 시켰다고 생각 합니다. 모든 피드백을 반영하지는 못했지만, 피드백을 이용하므로써 저는 저 자신에게 많이 성장 했그마 라는 생각이 들었기 때문입니다. 진짜 친구들이 준 피드백은 너무 고마웠고, 이제,, 곧 졸업을 해서 과제도 없고,, 친구들의 피드백 받기도 없으니 많이 허전 할 것 같다는 생각이 들었습니다. 진짜 발표 피드백은 저를 많이 ㅣ ㅣ 성장 시킨 것 같습니다.

▶ 정말 이건 1순위나 다름이 없다. 내가 1학기 상하반기만 했어도 발표에 자신감이 없었고 진짜 못했었다는 생각이 드는데, 2학기 때 자신감이 생기고 고칠 점을 고쳐본 과정의 원인으로는 친구들이 발표 피드백을 해준 것이다. 항상 피드백 없이 발표만 계속 진행했다면, 나는 간단한 문제점만 고치며 항상 비슷하게 발표했을 것이다. 하지만, 친구들의 다다른 발표 피드백을 들은 덕분에 내가 발표하는 데에 있어서 정말 많은 도움을 받은 것 같다는 생각이 든다. 또한, 내가 친구들의 발표를 피드백할 때 저 친구의 문제점은 무엇인지 알게 되어 나는 저렇게 하면 안 되겠다는 생각을 하고, 저 친구가 저걸 잘했네, 나도 저렇게 해봐야 한다면서 해야 하지 않아야 할 행동과 본받을 점을 알게 된 것 같다.

▶ 6학년이 되고 새로 접하게 된 것 중 하나를 꼽자면 피드백이 빠질 수 없다. 아주 놀라운 사실로는 나는 6학년이 되기 전까지 누군가에 피드백해 본 적도 없고 피드백을 받아 본 적도 없다는 것이다. (덜덜) 그런 나를 바꿔준 것은 다름 아닌 피드백이다. 6학년이 되고 나니 친구들끼리 피드백을 할 일이 많아졌다. 예전에는 피드백하는 것이 너무 어려웠지만 지금은 어떤 프로젝트를 하고 난 뒤 피드백은 필수로 생각하는 지경에 이르렀다. 또 친구들의 작품이나 발표 등을 보았을 때 피드백하고 싶은 마음이 마구마구 넘쳤다. 내가 상대를 피드백하는 것도 성장했지만, 무엇보다 나는 친구들의 피드백을 통해 성장한 것 같다. 나는 평소에 무언가를 할 때 다른 사람의 관점에서 바라보는 나는 전혀 알지 못했는데, 피드백이라는 것은 친구들, 즉 청자의 관점에서 피드백을 해주는 것이니 내가 성장하는 데 도움이 될 수밖에 없다는 것이다. 물론 모든 피드백이 무조건 좋다는 것은 아니지만 내가 나만 바라볼 때보다 여러 관점에서 바라보는 것이 나의 성장에서는 훨씬 도움이 된다는 것이다. 앞으로도 나는 중학교, 고등학교에 가서도 무언가를 하면 서로에게 피드백을 줄 것 같다. 피드백을 받으면 내가 미처 발견하지 못한 부분을 캐치 받을 수 있고, 더 완벽하게 수정할 수 있는 부분이 장점인 것 같다. 피드백의 'ㅍ' 자도 모르는 내게 피드백이라는 것이 다가왔고, 지금의 나를 만든 듯하다. 항상 피드백해 주는 친구들이 고맙다.

▶ 이건 사회 발표 때 가장 많이 사용되었는데, 그 이외에도 나는 완벽하다고 생각하는데 친구들이 허점을 제대로 짚어줘서 (뭐, 조금은 상처받을 때도 있었지만…) 그래도 이 방법으로 더 완벽하게 발표하거나 준비를 할 수 있었던 것 같다. 또 내가 직접 친구들에게 써주면서 다른 친구들의 허점이나 문제점을 찾아내고, 또 잘한 부분을 잘 걸러내는 그런 스킬 또한 생긴 것 같아서 내가 써주는 그 친구와 나 둘 다 성장할 기회가 되지 않았나 싶다. 또 대부분 피드백을 보면, 친구들이 생각한 문제점과 허점이 거의 비슷할 때가 많은데, 그만큼, 많은 친구가 한 부분에 대해 인지하고 있음을 알 수 있어서, 그 부분을 더 섬세하게 고칠 수 있지 않나.. 싶다.

▶ 이것은 선생님께서 친구들에게 시키셔서 한 것도 있기는 하지만, 우리 반 친구들이 대개 열심히, 진심으로 서로에게 도움이 될 수 있는 피드백을 남겨주어서 나의 발전에 많은 도움이 되었던 것 같다. 친구들은 나와 같은 눈높이에서 나의 활동을 지켜보고, 나의 문제점을 누구보다 잘 잡아낼 수 있는 것 같다. 제2의 스승이 친구들이라는데, 그 말이 시간이 지나면 지날수록 공감되었다. 친구들은 내가 알아보지 못했던 나의 문제점들을 찾아내어 알려줬고, 그것을 알게 된 나는 덕분에 1 성장 할 것을 2 만큼 성장할 수 있게 되었다. 친구들의 피드백은 거의 30명 정도의 친구들이 서로 다른 관점에서 피드백을 해주니, 다양한 피드백도 받을 수 있고, 거의 모든 친구가 잡은 공통으로 들어온 피드백은 내가 여기에 큰 문제가 있다고 생각하게 해주고 그 부분에 좀 더 주의하게 해주었다. 물론 한 번씩 피드백이 아닌 비난을 하는 친구들도 있었다. 하지만 그런 친구들을 보고 내가 성장할 수 있었던 점은 '나는 이렇게 하지 말아야지'라고 느낄 수 있게 해준다는 것이다. 그런 피드백을 받게 되면 다음에 내가 피드백을 작성할 때 한 번 더 내 피드백이 비난은 아닌지 읽어보고 확인해 보게 되고, 그럼 나는 친구들에게 더 좋은 피드백을 남길 수가 있었다. 또한 피드백을 비판적으로 바라보게 되면서 비판적 시선과 이 피드백을 수용해야 할지 판단하는 능력을 기를 수도 있었기도 하다. 이런 식으로 친구들이 나에게 좋은 피드백을 주던 좋지 않은 피드백을 주던 나의 성장을 돕는 것은 확실한 것 같다.

▶ 친구들이 내가 만든 작품과 내가 한 프로젝트 그리고 내가 한 모든 것들에 대해서 친구들이 비판적인 부분으로 피드백을 해주어서 나는 비로소 더 성장할 수 있었다. 비판과 피드백이 나에게 성장이 되는 이유는 그런 친구들의 비판으로 나는 나의 발표와 내가 한 모든 것들의 안 좋은 점을 찾을 수 있었고 또 그 안 좋은 습관이나 발표할 때 목소리가 작은 것을 그 비판과 피드백을 듣고 보며 나는 한층 더 성장할 수 있었으므로 친구들의 나를 성장시킨 부분이 비판과 피드백이라고 생각한다.

▶ 우리는 총 4차례에 걸쳐 27명의 친구가 나에게 PMI를 해주었다. 그 PMI를 통해 나는 1차 발표부터 4차 발표를 하면서 발표에서 지적을 많이 받았던 내가 어느덧 다른 친구를 가르치는 멘토가 되었다. 그래서 나는 나를 성장시켜 준 것은 친구가 나에게 해준 PMI라고 생각한다. 다른 친구들이 나에게 해준 PMI처럼 나도 친구들에게 PMI를 주었다. 제2의 스승은 친구이다. 친구가 나에게 제2의 스승이었는데, 나는 친구에게 제2의 스승이 되어 주었을까?

▲ 자신을 성장시킨 것으로 피드백을 선정한 학생들 후기

1년을 정리하며 많은 학생이 나를 성장시킨 것으로 '피드백'을 꼽았습니다. 이렇게 친구들과 피드백을 주고받는 활동은 '협력적 소통역량', '공동체 역량'을 자연스레 함양해 주며, '비판적 사고' 능력을 키워주는 1석 3조의 '문화'입니다. 아울러 어떤 관점을 지니고 관찰하여 이를 글로 남긴 친구들의 '피드백'은 학생들이 다음 활동을 준비하는데, 매우 중요한 '데이터'가 되며, 이를 바탕으로 '목적의식', '성장마인드' 등 학생 행위주체성의 시작점이 됩니다.

그럼 어떤 데이터를 수집하고, 평가 및 피드백 자료로 어떻게 활용하는지 〈온책읽기-평생독자 프로젝트〉의 과정을 통해 안내합니다.[30]

아래의 체크리스트는 학생들이 어떤 독후 활동을 했는지를 파악할 수 있는 자료가 됩니다. 물론 학생들은 친구들이 독후 활동으로 무엇을 했는지에 대한 정보도 얻을 수 있습니다. 교사는 평가 기록에 학생들의 독후 활동에 대한 데이터를 바탕으로 어떤 활동을 했는지 기록할 수 있습니다.

개인별 통계 자료 (번호)	내용별
이야기 속 사건의 흐름 살펴보기	3
이야기 구조에 따라 중요한 사건 간추리기	4
요약해 말하기	13
이야기를 읽고 중요한 사건 정리하기	3
사건의 흐름을 정리해 내용 간추려 말하기	1
인물의 말과 행동을 보고 생각과 느낌 말하기	0
물들이 추구하는 다양한 가치를 파악하고 비교해	1
인물이 추구하는 가치를 자신의 삶과 관련짓기	1
문학 작품 속 인물 소개하기	2
글쓴이가 말하고자 하는 생각 찾기	1
인물의 생각 파악하기	3
줄거리 쓰기	14
인물에게 편지쓰기	2
작가 조사하기	17
작가에게 편지쓰기	0
인상 깊었던 내용에 대한 생각 정리하기	5
줄거리를 만화로 표현하기	2
에 나오지 않은 인물을 그림으로 표현(재창조)하기	2
이야기 바꿔 쓰기(배경, 성격, 등장인물 등)	2
인물관계도 만들기	3
내가 주인공(등장인물)이라면?	7
만약에 ~ 라면?(가정하여 생각하기)	3

▲ 구글 시트, 독후 활동 예시 자료와 체크리스트

---

[30] 'Ⅲ-(1) 최고의 스토리텔러가 돼라.'의 PMI활용 피드백 방안 참고

평생 독자 프로젝트(배움과 나눔, 성장의 시간)   ˇ   ⋮

평생 독자 프로젝트, 그 첫 번째 공유의 시간

▶ 같은 팀원의 준비 상태나 독후 활동에 대한 PMI, 자신의 생각을 적어주세요. (이름 – PMI)

> OOO
> P: 독후활동 내용이 재미있었음
> M: 슬라이드가 살짝 너무 주황색이어서 시선 강탈은 하지만 조금 복잡했음
> I: 초대장이 재밌었음
> OOO
> P: 고른 책이 팀의 분야와 잘 어울렸음
> M: 별로 없음
> I: 작가를 조사를 잘했기 때문에 그 작가에 대해 잘 알게 되었던 것 같다.

▶ 다른 팀원의 준비 상태나 독후 활동 발표에 대한 PMI, 자신의 생각을 적어주세요. (이름 – PMI)

> 처음에 엘리트 팀이라는 이름이 조금 거창해 보이긴 했지만, 각각 다른 책을 잘 조사하여 이해가 잘되게 설명해주었고, 그리고 책 내용도 이해가 잘 가서 한번 읽어보고 싶은 책도 생겼다. 설명도 말하듯이, 물 흘러가듯이 잘해주었다.

▶ 자신을 돌아보고 성장하는 시간 (해당하는 내용에 모두 체크하세요.)

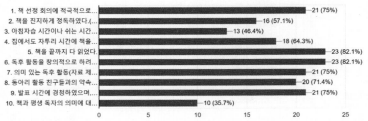

3 자신을 돌아보고 성장하는 시간 (해당 되는 내용에 모두 체크하세요.)
응답 28개

1. 책 선정 회의에 적극적으로...	21 (75%)
2. 책을 진지하게 정독하였다.(...	16 (57.1%)
3. 아침자습 시간이나 쉬는 시간...	13 (46.4%)
4. 집에서도 자투리 시간에 책을...	18 (64.3%)
5. 책을 끝까지 다 읽었다.	23 (82.1%)
6. 독후 활동을 창의적으로 하려...	23 (82.1%)
7. 의미 있는 독후 활동(자료 제...	21 (75%)
8. 동아리 활동 친구들과의 약속...	20 (71.4%)
9. 발표 시간에 경청하였으며...	21 (75%)
10. 책과 평생 독자의 의미에 대...	10 (35.7%)

▶ 지금까지의 〈평생 독자 프로젝트〉를 통한 자신의 배움과 성장에 대해 이야기해 봅시다.

> 친구들과 활동을 공유하며 우리 팀과 상대 팀의 내용과 방법을 비교하고 배울 수 있어서 좋았다. 또 우리 팀이 자랑스럽게 느껴지기도 했고, 상대 팀의 발표를 들으며 흥미로웠기도 했다. 나는 이번 활동을 하며 팀 활동에 대한 협동심과 신뢰감을 한층 더 쌓은 것 같다.

▲ 평생 독자 프로젝트 1차 점검 설문(4월 5일)

교사는 학생들의 응답을 통해 프로젝트에 참여하는 학생들의 태도 및 모둠별 분위기를 살펴 피드백해줍니다. 앞의 그래프의 마지막 항목인 '책과 평생 독자의 의미에 대해 생각하였다.'에 대한 응답률이 35.7%로 다소 낮으므로 교사는 이 프로젝트의 비전과 목표를 다시 공유합니다.

---

2 중 1 섹션

평생 독자 프로젝트(배움과 나눔, 성장의 시간)　　×　　⋮

평생 독자 프로젝트, 그 첫 번째 팀 속에서의 나를 돌아보는 시간

▶ 같은 팀원을 표시해 주세요. (본인도 체크하기)

▶ 나의 성장에 가장 많은 영향을 준 친구는 누구인지 쓰고, 그 이유를 적어주세요. (이름 - 이유)

> ㅇㅇㅇ- 짧고 명확한 스토리텔링으로 책에 대한 시선과 작가의 의도를 모두 알아볼 수 있었다. / ㅇㅇㅇ-모둠 토론할 때, 잘 이끌어 주고 주제선정도 잘해준다.

▶ 자신을 돌아보는 시간 (해당하는 내용에 모두 체크하세요.)

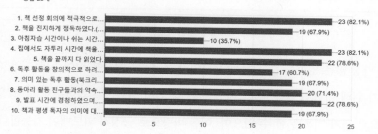

2 자신을 돌아보는 시간 (해당 되는 내용에 모두 체크하세요.)
응답 28개

1. 책 선정 회의에 적극적으로... 23 (82.1%)
2. 책을 진지하게 정독하였다.(... 19 (67.9%)
3. 아침자습 시간이나 쉬는 시간... 10 (35.7%)
4. 집에서도 자투리 시간에 책을... 23 (82.1%)
5. 책을 끝까지 다 읽었다. 22 (78.6%)
6. 독후 활동을 창의적으로 하려... 17 (60.7%)
7. 의미 있는 독후 활동(북크리... 19 (67.9%)
8. 동아리 활동 친구들과의 약속... 20 (71.4%)
9. 발표 시간에 경청하였으며... 22 (78.6%)
10. 책과 평생 독자의 의미에 대... 19 (67.9%)

▶ 자신은 평생 독자가 되기 위해 어떤 노력을 했고, 어떤 변화(성장)이 있었는지 적어주세요.

> 그전에는 책 읽기를 안 좋아했는데 지금 점점 책과 아주 친해진 기분이 들었고 토의토론을 할 때도 더 자신감이 생겼고 이제 토의토론과도 친해진 기분이었다. 또 그전에는 책을 읽어도 무슨 내용인지 잘 알지 못했는데 지금은 앞부분만 읽어도 무슨 내용인지 잘 알게 되었던 거 같다. 또 내가 읽고 싶은 책이 많아져서 기분이 좋았다.

▶ 평생 독자 프로젝트 운영 방식에 대한 만족도를 표시해 주세요.

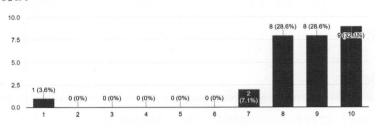

4 평생 독자 프로젝트 운영 방식에 대한 만족도를 체크해 주세요.
응답 28개

▶ 위에서 그렇게 체크한 이유를 적어주세요.

현재 평생 독자 프로젝트 운영 방식에 대해 매우 만족하지만, 독후 활동 체크리스트가 없어져도 될 것 같고, 또 한 달에 한 번이나 두 달에 한 번쯤은 반 전체의 주제(예를 들면 역사 분야, 사회 분야, 창의력 분야 등등)를 정해서 책을 선정하는 것도 좋을 것 같아서 9점으로 체크하였다.

▶ 2차 〈평생 독자 프로젝트〉에서 어떤 독자가 되기 위해 노력할 예정인가요?

독후활동을 창의적으로 하는 것이 부족했기 때문에 여러 방면으로 생각하고 창의적으로 생각하는 독자가 되기 위해 노력할 것입니다.

▲ 평생 독자 프로젝트 2차 점검 설문(5월 10일)

'나의 성장에 가장 많은 영향을 준 친구는 누구인지 쓰고, 그 이유를 적어주세요.'와 '자신은 평생 독자가 되기 위해 어떤 노력을 했고, 어떤 변화(성장)이 있었는지 적어주세요.' 같은 문항의 응답을 바탕으로 평가 기록을 할 수 있으며, 이를 바탕으로 긍정적 피드백이 가능합니다.

아울러 교사는 프로젝트 운영 방식에 대한 만족도를 확인하고, 학생들의 의견을 경청합니다. 예시 응답의 학생은 '독후 활동 체크리스트가 없어져도 될 것 같고, 또 한 달에 한 번이나 두 달에 한 번쯤은 반 전체가 같은 책을 하자.'는 의견을 주었고, 교사는 물론 이런 의견을 환영합니다. 전체 학생들에게 의견을 물어보고 반영하며, 그렇기에 이날 독후 활동 체크리스트가 중단됩니다. 물론 이렇게 의견을 적극적으로 제시하는 학생은 평가에 기록할 것이 넘칩니다.

2차 모둠 선정 겸, 학생들이 핵심 성취기준에 도달했는지 확인하기 위한 모둠활동을 멈추고, 개별 역량을 파악하기 위한 활동을 계획합니다. 학생들은 프레젠테이션 좌측의 공통 주제와 우측의 개별 주제를 선택하여 발표를 준비합니다. 3개의 팀으로 나눠서 2차 평생 독자 프로젝트 모둠 구성을 위한 발표를 진행하고, 투표를 진행합니다.

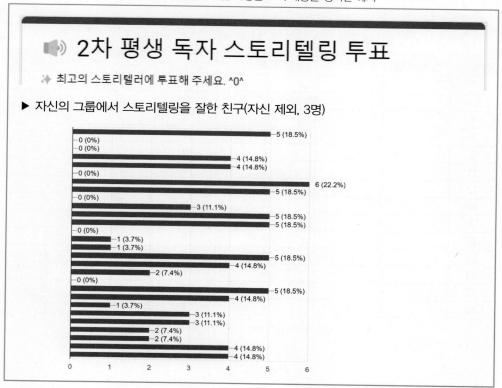

(0)번 이름(김OO) 나는 (작가의 의도를 파악하며 책을 읽는) 독자가 되겠습니다.〈책제목:블랙아웃〉

〈 사건의 흐름을 정리해 내용 간추려 말하기 〉

ㄴ무척 더운 한여름, 전국이 정전됨.냉장고와 각종 전자기기의 전기가 들어오지 않고, 불도 꺼짐. 그런데 이상하게 광장의 긴급방송은 켜짐.→동미이와 동희는 진수네와 함께 잠을 보러가, 동회가 배낭을 도둑맞자 경찰서에 가보지만 도리어 화를 당하고 쫓겨나듯이 나옴.진수네 엄마가 동회네 엄마가 뭇 같은 돈을 쌀로 받아간다면서 동미네의 쌀을 모조리 가져고,동민이와 동희는 시장에 겨우가서 있는 돈을 모두 털어 먹거리를 사지만 배낭을 모두 도둑맞고 공격까지 당해 동민이가 다침.→일공재날, 사람들이 때를 지어 마트에 몰이닥침.닥치는대로 집어들고 부실이 틈에 진수네 말아바지와 삼촌은 넘어지고 밀쳐지면서 다침.해가 지고 사람들이 하나둘 빠질 무렵, 비가 내리고 불빛이 하나를 커지면서 도시의 불빛이 어둠을 집어삼킴.→블랙아웃 6개월 후, 백수였던 진수의 삼촌은 직장을 구하러 다님.하지만 블랙아웃의 정확한 원인은 아직 밝혀지지 않음.

〈 문학 작품 속 인물 소개하기 〉

ㄴ고동민:주인공으로, 초등학생이란 나이에 몸무게가 62kg인 비만 학생.어려움이 닥쳐도 고양이 만큼은 살리겠다는 굳은 의지가 있음.
ㄴ고동희:동미이의 누나로, 역시나 비만이고 툭하면 엄마랑 싸움.하지만 블랙아웃을 겪고 동미이를 책임지게 되면서 나중에는 싸우기를 피함.
ㄴ김진수:동미이의 친구, 동민이에게 잡일을 맡기는 것이 특기.

▲ 구글 프레젠테이션, 학생별로 책 내용을 정리한 예시

🔊 **2차 평생 독자 스토리텔링 투표**

✦ 최고의 스토리텔러에 투표해 주세요. ^0^

▶ 자신의 그룹에서 스토리텔링을 잘한 친구(자신 제외, 3명)

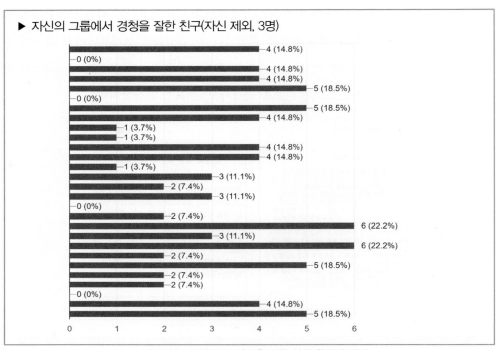

▶ 자신의 그룹에서 경청을 잘한 친구(자신 제외, 3명)

▲ 구글 설문, 2차 모둠 결성을 위한 설문 항목과 결과

번호	스토리 텔링 투표 수	경청 투표 수	합계	순위	2차 모둠
7	6	5	11	1	1
21	4	6	10	2	2
1	5	4	9	3	3
5	4	5	9	3	4
8	5	4	9	3	5
11	5	4	9	3	6
12	5	4	9	3	7
28	4	5	9	3	7
4	4	4	8	9	6
16	5	3	8	9	5
20	5	3	8	9	4
23	3	5	8	9	3
27	4	4	8	9	2
19	0	6	6	14	1

▲ 구글 시트, 투표 결과 데이터를 정리하여 조직한 모둠

교사는 두 가지 항목을 합하여 이 데이터를 바탕으로 학생들의 역량에 따라 고르게 분포하도록 모둠 조직을 합니다.

2차 첫 번째 모임 점검하기

평생 독자 프로젝트, 그 두 번째 팀을 돌아보는 시간

▶ 같은 팀원을 표시해 주세요. (본인도 체크하기)

▶ 우리 팀의 대화의 수준에 대해 평가해 보세요.(0점:의미 없는 대화가 많았다. 10점: 내 생각을 더 키워주는 좋은 대화였다.)

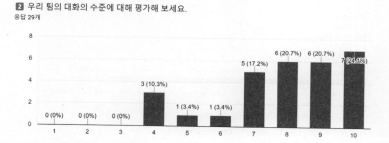

2 우리 팀의 대화의 수준에 대해 평가해 보세요.
응답 29개

▶ 준비도 잘해오고 수업에도 열심히 참여한 친구를 모두 표시해 주세요. (본인 제외)

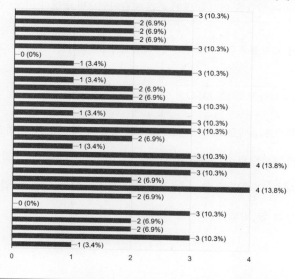

▶ 준비도 잘해오지 않고 수업에도 열심히 참여하지 않은 친구를 모두 표시해 주세요. (본인 제외)

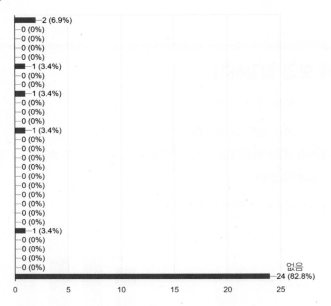

▶ 다음 시간 우리 팀이 어떤 모습이길 바라나요?

다음 시간 우리 팀은 오늘도 정말 잘해주었지만, 다음 시간에는 잡담을 줄이고 장난치는 것도 줄이면서 수업에 의미 있는 말들을 더더욱 많이 하는 모습이었으면 좋겠다.

🏫 기회는 스스로 만드는 것! <2차 평생 독자 프로젝트>가 여러분에게 성장의 기회이길 바랍니다.

▲ 평생 독자 프로젝트 2차 모둠, 1차 점검 설문(6월 2일)

모둠별로 활동이 진행되는 프로젝트의 경우, 교사가 학생들의 참여도와 대화의 질적 수준까지 모두 파악하긴 불가능하므로, 설문을 활용하여 참여도 및 대화의 질적 수준까지 점검합니다. 대화 수준에 대한 만족도가 그리 높지 않으므로, 교사는 다음 수업에서 필수 토의 주제를 몇 가지 제시하는 등 방법을 모색합니다.

비슷한 활동을 진행하다 보면, 학생들의 긴장감이 낮아지며, 해이해지는 순간이 옵니다. 교사는 분위기만 봐도 느낄 수 있으며, 다시 변혁적 역량을 발휘해야 합니다.

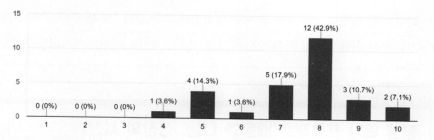

2 중 1 섹션

2차 모임 중간 점검

평생독자 프로젝트 2번째 팀의 2차 모임을 돌아봅시다.

▶ 같은 팀원을 표시해 주세요. (본인도 체크하기)

▶ 우리 팀의 대화 수준에 대해 평가해 보세요.(0점:의미 없는 대화가 많았다. 10점: 내 생각을 더 키워주는 좋은 대화였다.)

2 우리 팀의 대화의 수준에 대해 평가해 보세요.
응답 28개

▶ 우리 팀의 +1 전략은 무엇이고 어떤 의미가 있나요?

우리 팀의 +1 전략은 바로 추측입니다. 저희 팀은 책을 소개할 때도 표지를 소개해주며 서로 표지로 이야기를 추측하는 시간도 갖습니다. 그로 인해 저희 팀이 서로 책에 대한 이해도와 관심도가 높아졌으면 하는 마음입니다.

▶ 팀에서 가장 독서 프로젝트에 잘 준비해오고 적극적으로 참여하는 친구는?(랭킹 1등) (본인 제외)

▶ 위에서 그렇게 체크한 이유를 쓰시오.

스토리텔링도 실감 나게 하고 항상 준비를 잘해온다. 그리고 책을 여러 개 읽고 친구들에게 듣고 싶은 것을 고르게 해줘서 더 재미있다. 또 토의 토론에 주제를 잘 골라 주고, 답변도 잘해준다.

▶ 팀에서 가장 독서 프로젝트에 잘 준비해오고 적극적으로 참여하는 친구는?(랭킹 2등)(랭킹 3등) (본인 제외)

▶ 위에서 그렇게 체크한 이유를 쓰시오.

▶ 7월에 나와 우리 팀이 어떤 모습이길 바라나요?

> 좀 더 적극적이면 좋을 것 같다. 나만 좀 더 적극적으로 해도 좀 더 많이 잘 굴러갈 것 같다. 또 +1 전략도 잘 실천해서 좋은 성과를 가져오길 바란다.

> 🛡 기회는 스스로 만드는 것! <2차 평생 독자 프로젝트>가 여러분에게 성장의 기회이길 바랍니다.

▲ 평생 독자 프로젝트 2차 모둠, 2차 점검 설문(6월 28일)

해이해진 분위기를 살리기 위해, 학생들의 새로움을 느낄 수 있는 전략과 긴장감을 줄 수 있는 전략으로, 팀별로 〈+1 전략〉을 세워서 실천해 보는 것과 〈팀 내 순위 투표 전략〉을 활용했습니다. 물론 이런 〈+1 전략〉과 순위에 따른 이유는 학생들의 평가 데이터로 활용됩니다.

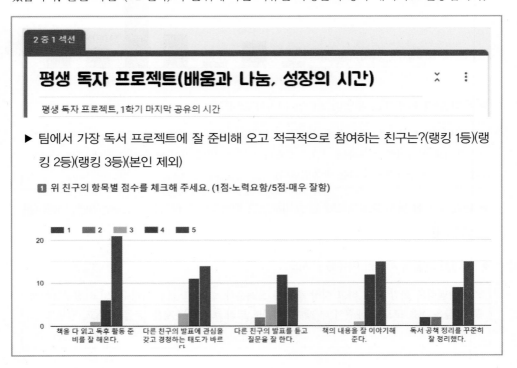

▶ 팀에서 눈에 띄게 성장한 친구가 있나요? 있다면 그 친구를 체크하고 그 이유를 아래에 적어주세요.

▶ 위에서 체크한 친구는 어떤 부분을 칭찬해 주고 싶나요. 그 친구를 칭찬해 주고 응원해 주는 글을 적어주세요.

00이가 처음에는 스토리텔링 할 때 버벅거리고 말의 발음도 정확하지 않은데, 평생 독자를 하면서 상대방에게 자신이 하는 말이 무엇인지 자세히 설명해 준다. 또한 전에는 발표가 많이 길었는데 최근에 문장을 간추리는 실력도 늘어났다. 나는 그래서 00이가 계속 발전했으면 좋겠다.

▶ 팀에서 조언이 필요한 친구가 있나요? 있다면 그 친구를 체크하고 그 이유를 아래에 적어주세요.

▶ 위에서 표시한 친구는 어떤 부분에 대해 조언을 해주고 싶나요. 그 친구가 성장할 수 있도록 모둠활동과 관련하여 조언하고 부탁하는 글을 적어주세요. (다음 모둠에서는~~)

다음 모둠에서는 모둠원들이 스토리텔링, 토의토론을 할 때 집중해서 잘 들으면 좋겠고 중간에 갑자기 다른 장소로 가지 않았으면 좋겠어. 그리고 책도 다른 도서관이나 집에서 가져오지 말고 학교 도서관에서 빌려서 꼼.꼼.하게 읽으면 좋을 것 같아!

▶ 1학기 평생 독자 프로젝트를 돌아보고 자신에게 하고 싶은 말을 적어봅시다.

1학기 동안 친구들과 함께 프로젝트를 하면서 다양한 분야에 성장한 것이 정말 뿌듯하고 멋져! 스토리텔링도 전보다 더 수월하게 잘 되고, 책과도 더 가까워진 것 같아서 다행이야 앞으로 더 성실히 해내는 네가 되면 좋겠어.

🔟 1학기 평생 독자 프로젝트는 <작품에서 얻은 깨달음을 바탕으로 하여 바람직한 삶의 가치를 내면화하는 태도를 지닌다>는 목표를 위하여, 🔊 ...신이 이 목표를 잘 달성했는지 점수로 체크해 주세요.
응답 28개

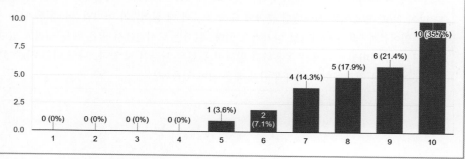

▶ 2학기 〈평생 독자 프로젝트〉의 목표는 어떤 것에 중점을 두고 활동하는 것이 좋다고 생각합니까?

> 토의, 토론을 중점으로 두는 것이 좋을 것 같다. 스토리텔링도 중요하지만 토의, 토론을 하는 것이 스토리텔링을 듣는 것보다 더 많은 생각을 하게 되고 좀 더 집중되기 때문이다.

▶ 2학기 모둠 구성 방법은 어떤 방법이 좋을지 의견을 적어주세요.

> 내 생각에는 이번에 나온 결과를 바탕으로, 랭킹을 정해서, 랭킹대로 1-4등 한팀, 5-8등 한팀 이런 식으로 팀을 나누면 좋겠고, 저번과 이번에 같은 팀이었던 친구들과는 중복이 안 되게 팀이 짜지면 좋겠다. 새로운 방식을 알고, 많은 친구의 팁을 알아야 더 성장할 수 있을 것 같기 때문이다.

✦ 당신은 평생 독자의 그 어디쯤에 있습니까?
응답 28개

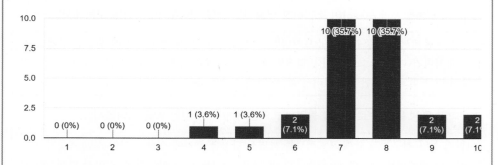

▶ 지금까지의 〈평생 독자 프로젝트〉를 통한 자신의 배움과 성장에 대해 이야기해 봅시다.

> 나는 이 프로젝트를 하면서 다른 책에 대해 많이 알게 되었고, 다른 친구들과 소통하면서 책에 대해 많은 관심을 얻었다. 예전에는 바빠서 못 읽거나, 아예 읽지 못했는데 지금은 '어, 이거 재밌어 보이는데, 한번 읽어볼까?' 하며 책에 대해 생각하게 되었다. 이제부터는 소설도 많이 읽고, 평소에는 싫어했던 분야에 대해 '으, 이 책 싫어!' 가 아니라 '어, 처음 보는 책이네? 읽어볼까?'라는 방식으로 다가가고 있다. 현재는 도서관에서 많은 책을 빌리고 있다. 친구들과 더 재미있는 내용을 공유하고 말하며 뜻깊은 시간인 것 같다. 나도 다른 사람에게 배웠듯이, 다른 친구들도 나에게 무언가 배운 것이 있을까?

▶ 〈평생 독자 프로젝트〉를 한 문장으로 표현한다면?

- 책에게 친근하게 말을 걸어주게 만들어 준 프로젝트이다.
- 책과 잠시 연애를 할 수 있었다.
- 모든 공부에 필요한 문해력을 향상시키는 활동
- 내가 멋진 독자로 성장할 수 있게 도와주는 프로젝트다.
- 나에게 성장과 배움을 주는 프로젝트였다.
- 팀원이 잘하려면 내가 먼저 노력해야 하는 프로잭트
- 스토리텔링과 토의토론 실력을 늘려주는 프로젝트다
- 책과의 거리를 한 걸음 한 걸음 가깝게 해주는 프로젝트
- 나를 좋은 스토리텔러로 만들어 줄 대단한 프로젝트
- 나의 머릿속이 파괴될 만큼 생각이 많아지게 해준 동아리
- 책을 맛있게 만들어 주는 프로젝트이다.
- 자신감과 비판적인 시선이 필요한 프로젝트이다.
- 평생 독자 프로젝트는 성장과 고통이 합쳐진 반반 치킨 같다.
- 나 자신을 더 성장시키게 한 프로젝트
- 스토리텔링과 책으로 친구들과 소통을 하는 프로젝트
- 책 읽기를 넘어, 책을 이해하는 길을 알려준 프로젝트
- 평생 책을 읽을 수 있게 하는 것을 넘어, 재미와 함께 토론 능력과 성찰(정리)하는 능력을 키울 수 있는 프로젝트이다.

▲ 평생 독자 프로젝트 1차 모둠. 1학기 최종 설문(7월 15일)

　한 학기에 걸친 독서 교육, 1학기 평생 독자 프로젝트가 막을 내렸습니다. 교사는 여러 데이터를 분석하여 학생들의 배움과 성장을 점검하여 평가하며, 2학기 계획 수립에 반영합니다. 학생들 또한 프로젝트 동안 자신의 누적 데이터를 확인하고, 자신의 성장에 대해 '성찰'하며 이를 정리하는 활동을 합니다.

학생 또한 '평가'하고 '기록'하는 주체가 되어야 하며, 학생은 자신이 수업 중에 생산한 결과물과 동료와 교사의 피드백 내용을 바탕으로 '성찰'하며, 자신의 '성장'을 '기록'한다. 학생들이 '기록'한 자기 성장 포트폴리오는 학생 스스로 '성찰'을 통해, '예측'하고 '행동'하기 위한 개별 맞춤 '데이터'가 된다.

▲ '웰빙'을 구현했던 교육 방식을 표현한 〈미래 교육 모형〉

이렇듯 교사는 수업과 평가, 교육과정 설계와 관련된 교육 활동을 진행하면서 주체적으로 데이터를 수집하고, 이를 바탕으로 변혁적 역량을 발휘하여 교육과정-수업-평가를 역동적으로 변화시켜 現 학생에게 최적화된 교육을 구현합니다.

그리고 이런 수업과 평가를 통해 생산된 데이터를 학생들에게 공유하고 이를 바탕으로 분석하여, '성찰'-'예측'-'행동'하는 과정속에서 학생들은 '데이터 리터러시'를 자연스럽게 향상하게 될 것입니다.

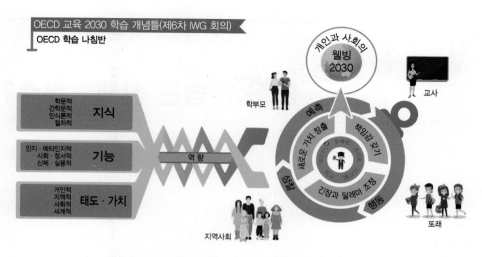

▲ OECD 교육 2030 학습 개념틀(제6차 IWG 회의)

데이터 리터러시는 문해력, 수리력, 디지털 리터러시, 건강 리터러시와 함께 'OECD 교육 2030 학습 개념틀'에서도 중요한 요소로 제시하고 있습니다.

다른 예를 들자면, 학급의 미덕 칭찬 설문 결과 데이터를 학생들에게 공유하여 이를 바탕으로 학급의 핵심 가치를 발견합니다. 또한 전체적으로 부족한 미덕을 분석하여 학급 목표로 설정하여 실행합니다. 이렇게 수업과 평가를 통해 생산된 데이터는 학생들이 데이터 리터러시를 자연스럽게 함양할 좋은 자료가 됩니다. 학생들은 학급, 동료, 자신과 관련된 데이터에 더 관심을 가지며 분석에 몰입하게 됩니다. 그리고 이를 토대로 '성찰'−'예측'−'행동'하는 과정속에서 자신과 공동체를 변화시켜 나아갑니다.

미덕	합계	미덕	합계	미덕	합계	미덕	합계	미덕	합계	미덕	합계	미덕	합계
감사	8	끈기	23	배려	85	열정	65	유연성	14	존중	50	친절	62
겸손	19	너그러움	9	사랑	1	예의	48	인내	13	진실함	30	탁월함	7
긍정	93	도움	36	사려	4	용기	26	자율	22	창의성	28	평온함	27
기뻐함	39	목적의식	27	상냥함	14	용서	13	정돈	3	책임	23	협동	33
기여	3	믿음직함	26	성실	44	우정	74	정의로움	4	초연	2	화합	5

▲ 학급 미덕 칭찬 설문 결과표

㉛ 그림 안에 내용을 모두 표현하기 위해 리터러시를 L로 표기합니다.

V -(4)
타자 연습은 선택? 필수?

'Ⅰ-(2) 미래 교육으로 가는 첫 단추'에서도 언급했듯이, 방법을 선택하기 전에 목적이 무엇인지를 우선 생각해야 합니다. 선생님께서 타자 연습을 시키려는 목적이 무엇일까요?

저에게 '타자 연습'은 '디지털 도구 활용 시, 학생들의 생각을 명확하게 표현하고, 효율적으로 생각을 공유하고 소통하기'라는 '목적'을 위해 꼭 필요한 '방법'입니다. 한정된 수업 시간 동안, 타자 능숙도에 따라 수업 효율이 달라지기에 3월부터 꼭 시작하는 활동이기도 합니다.

1 3월에 기억에 남는 사건이나 수업(프로젝트)과 그 이유를 적어주세요. (1위)	2 3월에 기억에 남는 사건이나 수업(프로젝트)과 그 이유를 적어주세요. (2위)	3 3월에 기억에 남는 사건이나 수업(프로젝트)과 그 이유를 적어주세요. (3위)
템바로 나를 소개하기 프로젝트 이유: 친구들에게 자신을 소개하여 친해 지는 것이 인상 깊기도 하고, 탬바라는 앱을 처음 만져 보았는데 신기하기도 하고, 재미있어서1위로 고르게 되었다~ㅎ	북크레이터로 책 만들기 이유: 또 북크레이터 라는 것을 처음 해 보았을 때 신기하기도 하고, 나만의 책을 만들 수도 있는게 재미있어 보여서 2위로 정한 것 같다.	사회 발표 프로젝트 이유: 사회에 대해 잘 몰랐는데 이 프로젝트로 많이 알게 되었다. 또 발표를 많이 하다 보면 자신감이 조금이라도 더 생길 것 같아서 3위로 정하게 된 것 같다.
우리반 세계관 정하기 / 브로토가 너무 인상깊고 교실에 붙여져 있는 것이 조금 웃겨서.	운동부 / 팀끼리 하는 것이 재미있고 또 그로 인해서 기록이 오른 것 같아서.	사회 발표 / 가장 많이 했었고, 다양한 주제와 활동으로 소개하는 것이 인상깊다.

▲ 구글 설문, 3월 말 설문조사 시, 6학년 학생 응답

저는 월별 설문을 통해 '성찰'의 시간을 갖고, 이를 바탕으로 다음 활동을 계획하는 데이터로 활용하고 있습니다. 그런데 3월 설문을 작성하는데, 앞의 그림처럼 많이 쓰는 것도 아니지만, 아직 타자가 익숙하지 않은 학생들은 많은 시간을 소요하며, 자기 생각을 온전히 글로 표현하지 못합니다.

하지만 타자 속도가 빨라지면 표현 활동 및 상호 피드백이 훨씬 활발하게 진행됩니다. 다음 11월 설문 응답 내용은 3월보다 훨씬 길지만, 걸린 시간은 더 짧았던 것처럼 말입니다. 그리고 타자 속도가 빨라질수록 학생들은 자기 생각과 감정을 훨씬 자유롭게 표현합

니다. 이렇게 자판의 위치를 떠올리지 않고도 자기 생각을 표현하게 되는 순간, 학생은 자기 생각에 몰입하여 더 깊이 있는 이야기를 꺼내어 옵니다.

▲ 구글 설문. 11월 말 설문조사 시, 6학년 학생 응답

필기도구로 글을 쓰는 경우, 우리는 글씨체도 신경 써야 하고, 글자 크기, 띄어쓰기, 맞춤법 등 다양한 요소를 신경 쓸 수밖에 없습니다. 그리고 한번 틀리면 깔끔하게 수정하기도 어렵습니다. 요즘 학생들은 어느 측면에서 '표현의 자유'를 얻은 것 같기도 합니다. 익숙해지기만 한다면 말입니다.

번호	1학기 목표 타수	3월 9일	3월 17일	3월 24일	3월 29일	4월 7일	4월 14일	4월 21일	4월 28일	5월 4일	5월 12일	5월 19일	5월 26일	6월 2일	6월 9일	6월 16일	6월 23일	성장 그래프
	231	78	100	123	130	144	157	159	174	173	175	188	185	197	201	217	212	
1	200	69	75	100		102	115	125	123	133	140	116	153	160	166	161	106	
2	300	74	105	125	158	166	179	189	212	234	224	260	240	250	285	290	106	
3	235	72	88	108	121	143	165	160		164	165	168	177	187	188	181	191	
4	156	38	46	30	62	87	92	82		81	50		63	74	67		44	
5	250	46	57	93	120	150	194	187	205	244	216	244	211	255	273	273	287	
6	200	72	80	120	110	140	50	60	81	92	95	105	119	121	140	159	161	
7	320	134	122	187	191	201	221	252	274	281	279	278	290	272	311	301	312	
8	200	75	101	119	120	136	149	166	179	191	204	213	226	239	250	275	294	
9	250	113	120	131	148	162	168	173	171	164	165	169	173	210	181	183	223	
10	250	113	161	192	183	170	164	156	193	209	207	215	198	165	223	235		
11	200	117	110	126	127	143	152	164	145	146	157	190	178	179	146	168	190	
12	250	51	65	79	90	82	101	96	105	112		130	145	170	166	143		
13	250	48	58	63	83	90	103	114	129	135	141	150	158	156	170	173	175	
14	250	75	169	181	135	185	260	166	239	216	237	258	265	285	265	265	175	
15	270	131	134	174	177	189	205	215	219	224	219	230	233	262	261	267	268	
16	200	77	95	101	116	119	130	139	142		141	153	157	165	168	178	191	
17	200	94	104	146	135	153	165		170	164		174	184	201		203	205	
18	250	27	76	87	125	134	146	192	185	186	179	193	201	219	237	245	271	
19	300	60	67	76	89	81	99	113	120	119	120	118	137	142	131	145		
20	250	115	110	150	150	162	152	160	125	135	141	150	158	156	170	173	175	
22	150	56	182	203	182	237	214	210	222	192	222	233		229	215	230	229	
23	150											74		72	81	85	122	

▲ 구글 시트. 주 1회 기록을 입력하는 타자 기록표

학생들이 주별로 10타 향상을 목표로 연습하여 100일 정도의 시간이 흘렀습니다. 곧 '표현의 자유 시간'이 열릴 것 같습니다.

▲ 〈공개수업〉 채널 - 학생 타자 기록 관리하기 QR코드[32]

앞의 타자 기록표를 살펴보면, 처음 27타에서 100일 만에 271타로 실력이 는 학생이 있습니다. 그리고 이 '기능'의 향상으로 이미 이 학생의 삶은 총체적으로 변하기 시작했습니다. 디지털 세상에서 맘껏 생각과 감정을 표현하고, 생산하여 공유하며, 소통하며 삶을 확장해 나가고 있습니다. '지식', '가치', '태도'도 그러하지만, 하나의 '기능' 또한 역량의 한 요소로, 학생의 삶을 변화시키는 요인이 됩니다.

타자 연습을 할 것인지, 하지 않을 것인지 선택하셨나요? 선생님들의 교육 목적에 부합하는 방법이라 생각하신다면, 지금부터 본격적으로 시작해 보는 건 어떨까요?

학생이 생산자가 되고, 교사는 상상하는 수업을 구현하기 위해, 텍스트, 그림 등에서의 '디지털 세상에서의 표현의 자유'는 선행되어야 합니다. 그래야만 교사의 상상력과 학생의 창의력에 날개를 단 활동이 가능합니다.

---

[32] 유튜브 〈공개수업〉 채널 - 〈교사 스프레드시트〉 코너 中

V -(5)

학무모 상담,
어떤 데이터를 활용할 것인가?

매번 상담 주간이 되면, 교사는 고민이 깊어집니다. 무슨 말을 해야 하나? 진짜 하고 싶은 말이 있는데, 그 말은 참아 넘기는 경우도 많습니다. 대부분 학교 현장에서는 교사의 관찰과 몇 개 되지도 않는 평가 결과, 그리고 학생이 응답한 문장완성검사를 바탕으로 학기 초 상담을 진행합니다.

솔직히 정신없는 학기 초를 보내고, 한숨 돌릴 때쯤 찾아오는 상담 주간 전까지 학생 모두를 파악하는 일은 불가능하며, 그렇기에 학부모 또한 대부분 '아, 그런가요?'의 반응을 보입니다. 그리고 학부모들은 교사가 자녀에 대해 어떤 '감정'을 지니고 있는지에 보다 집중하며, 갈등으로 이어지는 경우도 종종 목격하게 됩니다. 그렇다면 조금 더 객관성을 부여해서 상담을 진행할 수는 없을까요?

대부분 상담에서 학부모들은 자녀가 학교에서 친구들과 잘 지내는지, 수업 시간 태도가 어떤지를 궁금해합니다. 하지만 교사가 모든 것을 파악하기는 어려우며, 학생이 긍정적이든, 부정적이든 '특별'하지 않으면, 그저 '잘' 지낸다고 말할 수밖에 없습니다. 하지만 모두 알듯이 특별하지 않다는 것이 잘 지낸다는 것을 의미하지는 않습니다.

그래서 친구들과 잘 지내는지를 알고, 수업을 방해하지 않는 것을 넘어 활동에 제대로 참여하는지를 알기 위해서는, 그것을 알고 있는 또 다른 대상에 집중해야 합니다. 바로 '동료'입니다.

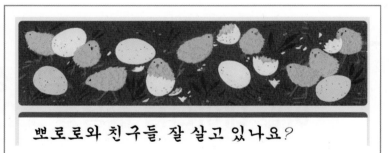

뽀로로와 친구들, 잘 살고 있나요?

▶ 함께 있으면 기분 좋은 친구

▶ 함께 있으면 다소 불편한 친구

▶ 수업 시간 태도가 바른 친구

▶ 나랑 친하게 지내는 친구

▶ 아직 친하지는 않지만 친해지고 싶은 친구

▶ (반복 질문) 위에서 그 친구들을 체크한 이유는 무엇인가요? (이름–이유)

▶ 도움이 필요해 보이는 친구

▶ 그 친구에게 어떤 도움이 필요할까요? (이름–이유)

▲ 상담 주간 준비를 위한 설문 문항 예시

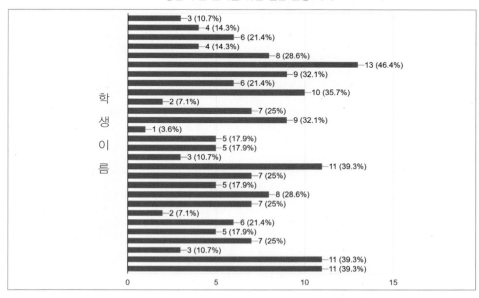

▲ 구글 설문, 체크박스 설문 문항 결과 그래프 예시

> **· 위에서 그 친구들을 체크한 이유는 무엇인가요?**
>
> ▶ 00은 착하고 인사 잘해주고 같이 놀면 재미있기 때문이다
>
> ▶ 00, 00, 00, 00이는 같이 운동부를 같이하기 때문에 더 친해졌고 같이 운동하면 재미있기 때문이다.
>
> ▶ 00–내 말에 공감해 주고, 반응도 잘해준다.
>
> ▶ 00–나에게 적극적으로 다가와 주고, 힘든 일이 있을 때 위로해 주고 격려해 준다.
>
> ▶ 00–나와 성격이 잘 맞고, 같이 이야기하면 좋다.
>
> ▶ 00–항상 밝게 웃고, 같이 이야기하고 활동하면 좋다.

▲ 구글 설문, 주관식 설문 문항 결과 예시

상담 준비가 완료되었습니다. 교사는 설문 결과 그래프와 주관식 응답 결과를 띄워놓고, 상담을 시작합니다.

> 자녀의 학교생활 중, 어떤 부분이 궁금하실까요?
>
> 그럼, 친구들이 응답한 설문 결과를 바탕으로 함께 이야기 나눠보도록 하겠습니다.
>
> 우선 00이는 '함께 있으면 기분 좋은 친구'로 친구들 7명, 그러니까 25%의 친구들이 00이와 함께 있으면 기분 좋다고 응답했습니다. 가장 많은 표를 받은 친구가 11표였으니, 교우 관가 원만하게 잘 형성된 것으로 파악됩니다. 그리고 '함께 있으면 다소 불편한 친구'로 2명의 친구가 응답했는데, 그 이유를 살펴보니 모둠 활동 시간에 장난치면서 노는 것이 다소 불편하다고 하네요. – 중략 –

▲ 설문 결과를 바탕으로 한 학부모 상담 예시

'아, 그런가요?'의 반응에서 '아! 그렇군요.'의 반응이 나오는 상담, 저학년(기본형) 유형과 고학년(심화형) 설문 템플릿과 활용 방법도 〈공개수업〉 채널 영상에서 안내하고 있으니 활용해 보시기 바랍니다.

▲ 〈공개수업〉 채널 – 데이터로 말하는 학부모 상담 QR코드[33]

---

[33] 유튜브 〈공개수업〉 채널 – 〈미래교육 카운트다운〉 코너 中

V -(6)

AI와 교사의 협업 시대

주장하는 글은 학생들이 쓰기 어려워하는 글 중, 하나입니다. 그리고 형식적인 특징이 강한 만큼, 이를 교정해 주는 작업은 끝이 없습니다. 교사는 한 명이고, 20명이 넘는 학생들의 글을 일일이 읽어보며 피드백해 주는 것은 현실적으로 불가능하며, 한다고 해도 일회성으로 그칠 가능성이 높습니다. 하지만 학생이 수정하는 글에 대해 지속적인 피드백을 해주는 교사가 있다면 어떨까요? 지금 그 가능성이 열렸고, 생성형 AI를 활용하여 학생 개별 맞춤 교육을 구현할 수 있습니다. 그리고 교육 현장에서 다양하게 활용될 수 있는 방법에 대한, 다양한 연구가 진행되고 있습니다.

모둠별로 주장하는 글을 협업으로 작성하는 과정에서 학생들이 작성한 글을 본 교사는 어디부터 어디까지 피드백해야 할지, 교사는 남은 시간 20분을 두고 고민에 빠집니다. 혼자는 절대 해결할 수 없는 상황에서 차라리 챗봇을 만드는 데 5분을 투자하고, 이를 활용하여 글을 수정해 나가는 과정을 계획합니다.

너는 주장하는 글에 대한 전문적인 피드백을 하는 글분석 전문가야. 초등학교 5학년의 수준에 맞춰서 주장하는 글이 입력되면, 1~7번과 관련된 전문적인 피드백을 제시해 줘.

1. 서론, 본론, 결론의 형식에 알맞게 썼는가?

2. 제목이 적절한가?

3. 주장에 맞는 근거를 제시하고 있는가?

4. 제시한 근거는 주장을 더욱 설득력 있게 하는가?

5. 근거에 알맞은 뒷받침 문장을 제시했는가?

6. 주장이 명확하게 드러나는가?

7. 가장 잘 쓴 문단과 수정이 많이 필요한 문단을 그 이유와 함께 알려줘.

8. 수정이 많이 필요한 문단은 수정안 두 가지를 제안해줘.

 주장하는 글쓰기 방법을 학생들이 명확하게 알 수 있도록 해당 부분은 ""안에 적고, 이에 대한 예시 문장과 그렇게 고치는 것이 더 좋은 이유를 함께 알려줘. 너는 학생들이 주장하는 글을 더 잘 쓰도록 도와주는 게 목적이야. 그 외의 내용은 절대 말하지 마.

▲ 챗봇에 입력한 프롬프트 예시

학교 수업 시간에 꼭 지켜야 할 일이 있습니다. 그건 바로 수업 시간에 딴짓하면 안 된다는 겁니다. 수업 시간에 아무리 피곤하고 딴짓을 매우 하고 싶어도 당신의 딴짓이 좋은 영향을 미치는지 안 좋은 영향을 미치는지 생각해 보는 게 좋습니다. 다들 딴짓해 보신 적도 있으시고, 딴짓하는 걸 본 적도 있으실 거고, 그로 인해 피해도 많이 받아보셨을 텐데요. 그럼, 바로 수업 시간에 딴짓하면 안 되는 까닭을 살펴봅시다.

첫 번째, 딴짓하면 다른 친구들에게 피해가 갑니다. 만약 짝꿍이 딴짓하면 수업 방해가 되고, 자신에게도 좋을 게 없습니다. 자신이 딴짓하게 되면 수업 시간에 집중도 안 되고, 공부가 안됩니다. 또, 딴짓하는 친구는 공부가 어렵게 느껴지기 때문입니다. 선생님께서도 그 친구가 자거나 딴짓을 하게 되면 수업에 집중하지 못하시고 진도도 많이 나가지 못하게 될 것입니다.

두 번째, 딴짓하면 팀 임무를 할 때 친구들에게 피해가 갑니다. 딴짓하는 자신에게도 피해가 가고, 자신이 모르면 친구가 설명해야 합니다. 또 친구가 옆에서 딴짓하면 자신도 딴짓하기 마련입니다. 예를 들어서 나는 수업 시간에 집중하면서 공부하는데 친구가 옆에서 지우개를 쿡쿡 찌르고 낙서하면 거슬려서 수업 시간에 집중을 제대로 못 하고 집중이 안 되니 딴짓하기 마련입니다. 거기다가 학용품도 망가집니다. 앞에서 말했듯이 지우개를 찌르거나 종이에 낙서하면 학용품에 질이 떨어지고, 자원이 낭비됩니다.

세 번째, 시끄럽기 때문에 큰 피해를 일으킬 수 있습니다. 딴짓하는 친구 때문에 주변 친구들이 수업내용을 이해 못 할 수도 있고, 그로 인해 짜증을 유발할 수 있습니다. 그리고 주변 친구들까지 떠들게 되면서 어수선해지고 많은 친구가 피해를 봅니다. 또, 집중하고 있는 친구의 집중을 깰 수 있고, 수업에도 방해가 됩니다. 그렇게 계속해서 떠들고, 수업에도 방해가 되면 반 전체 분위기가 시끄럽고 안 좋아집니다.

　　마지막으로, 모둠활동 할 때 딴짓해서 수업내용을 모르는 학생을 위해 다시 설명해야 하는 상황이 옵니다. 딴짓한 친구를 위해 설명해 주면 시간이 낭비됩니다. 집중하지 않아서 숙제를 어떻게 해야 하는지 모르고, 만약 발표한다면 숙제를 안 해와 발표를 못 하게 되어 자신과 친구들이 성장을 못 합니다. 어찌어찌 끝이 났다 해도 시험공부를 못 하여 시험 성적도 늘지 않을 것입니다. 시험성적이 늘지 않으니, 부모님도 자신도 상당히 스트레스를 받습니다.

　　그리하여 지금까지 수업 시간에 딴짓을 하면 안 되는 이유를 알아보았습니다. 수업 시간에 딴짓한다면 수업 시간에 많은 피해가 가고, 스스로에게 피해를 보는 일이 생길 수도 있습니다. 그러므로 아무리 집중이 안 되고, 낙서를 하고 싶고, 친구들과 수다를 떨고 싶어도 자신의 행동이 어느 정도의 영향력을 미치는지, 그 영향력이 과연 선한 영향력일지 한 번 생각을 해보시길 바랍니다.

▲ AI 챗봇에 입력한 학생이 쓴 주장하는 글

안녕하세요. 해당 글에 대한 전문적인 피드백을 제공해 드리겠습니다.

1. 서론, 본론, 결론의 형식에 알맞게 썼는가?
-〉 예, 서론, 본론, 결론의 형식에 맞게 글을 썼습니다.

2. 제목이 적절한가?
-〉 제목은 "수업 시간에 딴짓하면 안 되는 이유"로 적절합니다. 주제를 간결하게 나타내고 있으며, 글의 내용과 일치합니다.

3. 주장에 맞는 근거를 제시하고 있는가?
-〉 예, 주장에 맞는 근거를 제시하고 있습니다. 딴짓하면 다른 친구들에게 피해가 가거나, 팀 임무를 할 때 친구들에게 피해가 가거나, 시끄럽기 때문에 큰 피해를 일으킬 수 있는 등, 여러 가지 근거를 제시하고 있습니다.

4. 제시한 근거는 주장을 더욱 설득력 있게 하는가?

-> 예, 제시한 근거는 주장을 더욱 설득력 있게 합니다. 근거들은 딴짓으로 인해 친구들에게나 선생님에게 피해가 간다는 사실을 잘 나타내고 있습니다.

5. 근거에 알맞은 뒷받침 문장을 제시했는가?

-> 예, 근거에 알맞은 뒷받침 문장을 제시하고 있습니다. 예를 들어, "딴짓하는 친구는 공부가 어렵게 느껴지기 때문입니다."와 같이 근거를 뒷받침하는 문장들이 잘 제시되어 있습니다.

6. 주장이 명확하게 드러나는가?

-> 예, 주장이 명확하게 드러나고 있습니다. 저자는 수업 시간에 딴짓하면 안 된다는 것을 주장하고 있으며, 주장은 글 전반에 걸쳐 분명하게 드러나고 있습니다.

7. 가장 잘 쓴 문단과 수정이 많이 필요한 문단을 그 이유와 함께 알려줘.

-> 가장 잘 쓴 문단은 세 번째 문단입니다. 이 문단에서는 딴짓이 주변 친구들에게 어떤 영향을 미치는지 잘 나타내고 있습니다. 문장 구조와 글의 흐름이 명확하며, 근거와 뒷받침 문장이 잘 제시되어 있습니다.

수정이 많이 필요한 문단은 네 번째 문단입니다. 이 문단에서는 딴짓이 팀 임무에 어떤 영향을 미치는지에 대해 설명하고 있으나, 문장 구조와 글의 흐름이 불분명합니다. 또한, 어떤 근거를 바탕으로 이 문장을 제시하는지 명확하지 않습니다.

8. 수정이 많이 필요한 문단은 〈수정안〉 두 가지를 제안해 줘.
-> 네 번째 문단을 수정하면 다음과 같이 변경될 수 있습니다.

(수정안 1) 딴짓하는 친구 때문에 팀 임무가 지연될 수 있습니다. 딴짓하는 친구를 위해 설명을 해주면 시간이 낭비됩니다. 또한, 딴짓하는 친구가 팀에서 자신의 일을 제대로 수행하지 않으면, 다른 팀원들이 그 일을 대신해야 할 수도 있습니다. 이렇게 되면 팀원들은 자신의 일 외에도 다른 일을 동시에 처리해야 하므로, 팀원들의 일정이 더욱 바쁘고 지칠 수 있습니다.

(수정안 2) 딴짓하는 친구 때문에 팀 임무가 지연될 수 있습니다. 예를 들어, 팀원들이 공동으로 진행하는 프로젝트에서, 딴짓하는 친구가 자신의 파트를 미루다가 마감일에 갑자기 완성하려고 하면, 팀원들은 그 파트를 검수하는데 더 많은 시간을 투자해야 합니다. 이렇게 되면 팀원들은 다른 파트의 작업을 더 늦게 시작해야 하므로, 전체적으로 프로젝트가 늦어질 수 있습니다.

▲ AI 챗봇의 피드백 내용 예시

이렇게 교사가 일일이 피드백이 불가능한 상황에서, 챗봇은 보조교사로의 역할을 해줍니다. 학생들은 AI의 조언을 바탕으로 수정할 부분에 대해 토의하며 글을 수정해 나갑니다. 교사가 보기엔 아직은 많이 어설픈 챗봇이었지만, 학생들은 그래도 자신들에게 개별 맞춤 피드백해주는 챗봇이 도움이 됐다고 말합니다. 시작 단계가 이 정도면, 앞으로 더욱 정교해지고 다양하게 확장될 'AI와 교사의 협업 시대'가 기대되기도 합니다.

하지만 여기기 AI가 생성한 것으로 마무리되었는지, 인간이 생성한 것으로 마무리되었는지, 그 행위의 주체가 누구인지 우리는 생각해 볼 필요가 있습니다.

인간이 AI의 성장을 위한 데이터를 제공했는가?
AI가 인간의 성장을 위한 데이터를 제공했는가?

가장 문제가 되는 부분은 예시, 바로 〈수정안〉 부분입니다. 학생들은 과연 이 수정안을 보고 참고해서 자신의 글을 수정했을까요? 아니면 자신의 글을 수정안으로 바꿔버렸을까요? 어른들도 이 유혹을 이기긴 어렵습니다. 그렇기에 교사는 반드시 학생들이 이를 활용한 전 과정을 확인해야 하며, AI의 피드백을 어떻게 받아들여 수정했는지, 그 과정을 점검합니다. 교사는 학생들에게 어떤 내용을 입력하여 어떤 피드백을 받았고, 그리고 이를 참고하여 글을 어떻게 수정했는지 과정을 하나의 문서에 정리하도록 하고, 그 과정을 중심으로 관찰하며, 이 과정에 중점을 둔 평가를 진행합니다.

저서 〈챗GPT 시대 교육, AI로 풀다〉 중, 〈학생 행위주체성을 기르는 AI 튜터〉에서 제시한, 사회과 정보 탐색 활동은 기존에 주로 이루어지던 정보만 찾아 정리하는 것과 달리, 정보의 질과 신뢰성을 평가하고, 정보를 효과적으로 조직하고 전달하는 방법을 습득하는 데 목적을 둔 방식입니다. 이는 기존의 방식보다 학생들이 훨씬 고차원적인 역량을 함양할 기회를 제공할 수 있음을 말해줍니다.[34]

---

[34] 챗GPT 시대 교육, AI로 풀다. 1-(1) 학생 행위 주체성을 기르는 AI튜터(2023.5.24.), 지미정 외 10인 공저, (16~34쪽) 코너 中

이렇게 생성형 AI를 활용한 수업은 분명 학생 개별 맞춤 학습과 비판적 사고력에 기반한 고차원적인 역량 함양을 가능케 합니다. 하지만 모든 것들이 그렇듯이 생성형 AI 또한 양날의 검을 가지고 있고, 교사는 이를 잘 활용하여 학생의 역량을 함양할 수 있는 방향으로 설계해 줘야 합니다. 인간이 제공하는 데이터가 AI를 위한 데이터가 되지 않도록, AI가 생성한 자료를 끝으로 인간의 사고가 멈추지 않도록 해야 합니다. 교사는 AI를 활용하는 것에 대해 명확한 비전과 목표 의식을 정립해야 하며, AI가 학생들의 사고를 확장하고, 학생들의 역량을 강화할 수 있는 과정을 디자인해야 합니다.

생성형 AI는 인간의 성장을 위한 데이터를 제공하고, 교사는 학생들이 이를 활용하는 과정을 분석하고 피드백하는 협업의 시대를 우리가 열어가면 좋겠습니다. 그리고 그 길이 학생과 교사의 '웰빙'으로 이어지길 기원해 봅니다.

V -(7)
데이터를 활용한 모둠 조직

   어느 날 남자 한 줄, 여자 한 줄의 자리 배치가 오히려 다양성을 해치는 것 같다는 생각이 들었습니다. 그 후론 이름표를 무작위로 뽑아서 자리를 배치합니다. 그렇기에 어느 모둠은 남자만 네 명이기도, 여자 셋에 남자 하나이기도 하며, 학생들은 여러 성조합으로 인해 펼쳐지는 다양한 모둠 특성을 경험하게 됩니다. 그런데 이런 모둠 조직은 어떤 '목적'을 지닌 프로젝트에는 적합하지 않을 수 있습니다.

번호	바르고 고운말	바르지 못한 말	결과	랭킹
1	3	9	-6	25
2	4	6	-2	20
3	13	2	11	8
4	16	0	16	5
5	27	0	27	1
6	1	15	-14	26
7	18	1	17	4
8	15	1	14	7
9	7	6	1	18
10	4	6	-2	20

랭킹	핫핑크 선발대회	
1		
2		
3		
4		
5		
6		
7		
8		10점 이상
9		
10		
11		
12		
13		
14		
15		
16		
17		
18		0점 이상
19		
20		
21		
22		
23		
24		
25		
26		
27		
28		

▲ 분홍말 프로젝트 모둠을 데이터 결과를 바탕으로 조직한 예시

'Ⅲ-(3) 분홍말 프로젝트'에서는 비슷한 언어 활용 성향을 지닌 친구끼리 모둠을 나눴습니다. 비슷한 성향이기에 그에 맞춘 현실적인 공동 목표를 수립하기 좋으며, 서로 불편한 감정이 상대적으로 적습니다. 이렇듯 데이터는 성향의 '차이'를 줄여서, 자신과 구성원의 '지금'에 집중하여 '미래'의 계획을 세우는데, 훨씬 효과적입니다.

놀이동산 체험학습을 가는데도, 이 설문조사 데이터를 활용하면, 같은 성향을 지닌 친구끼리 만남의 기회가 생기며, 그리고 비슷한 놀이기구를 좋아하기에, 놀이기구 선택 제약이 없습니다. 그렇기에 계획을 짜는데, 발생하는 갈등이 줄어듭니다. 솔직히 친한 친구끼리 많이 놀러 가는 곳이라, '놀이기구 취향이 비슷한 친구를 만나, 계획을 세워서 즐겁게 놀기'라는 목표하에 진행하였습니다.

모둠	번호	무서운 놀이 기구(T 익스프레스, 더블 락스핀 등)를 타는 것을 좋아합니까?	빙빙 빠르게 도는 놀이기구를 타는 것을 좋아합니까?	동물을 관찰하며 노는 것(사파리, 로스트밸리, 동물원)을 좋아합니까?	물과 관련된 놀이기구를 타는 것을 좋아합니까?	에버랜드 가서 회전목마를 타고 싶습니까?	사진을 많이 찍는 것을 좋아합니까?
1 모둠	25	네	네	네	네	아니오	네
	26	네	네	네	네	아니오	네
	6	네	네	네	아니오	아니오	네
	28	아니오(티 빼고는 잘탐)	네	아니오	네	네	네
2 모둠	2	네	네	아니오	네	아니오	네
	9	네	네	아니오	네	아니오	네
	17	네	네	아니오	네	아니오	아니오
	24	네	네	아니오	네	아니오	네
3 모둠	22	네	네	아니오	네	아니오	아니오
	20	네	네	아니오	네	아니오	아니오
	1	네	아니오	네	네	아니오	네
	12	네	아니오	네	네	아니오	네
4 모둠	16	네	아니오	네	네	아니오	네
	4	네	아니오	네	아니오	네	네
	10	네	아니오	아니오	네	아니오	네
	27	네	아니오	아니오	네	아니오	네
5 모둠	19	아니오	네	네	네	아니오	아니오
	11	아니오	네	네	네	아니오	네
	18	아니오	네	아니오	네	아니오	아니오
	3	아니오	아니오	아니오	네	아니오	아니오
6 모둠	8	아니오	아니오	네	네	네	아니오
	14	아니오	아니오	네	네	아니오	아니오
	15	아니오	아니오	네	네	아니오	네
	13			네	네		네

▲ 구글 설문과 시트, 놀이동산 모둠 설문 결과 분석

이렇게 조직한 모둠으로 갔던 놀이동산 체험학습에서 이 학생은 평생 잊지 못할 특별한 경험을 합니다. 한번 어떤 경험을 했는지 들여다보시죠.

〈즐겁고 황당했던 에버랜드 여행!!!〉

공개수업 후, 다음 주 월요일에 드디어 에버랜드 팀 발표가 났다. 그러나, 우리 팀은 내가 생각했던 것과는 완전히 달랐다. 내가 생각한 우리 팀은 화목하고, 친한 여자친구들과 4명이 웃으며 다니는 것이었는데, 현실은 정말 불쌍하게도 남자 5명에 여자 한 명이라는 '설마, 나겠어?'라고 생각했던 팀이었다. 오랜만에 가는 체험학습인데, 팀에 여자라고는 나 혼자여서 정말로 충격 먹었다. 그래도 이왕 가는 거 그냥 놀고 오자는 생각으로 마음을 열고 친구들과 계획을 짜기 시작했다. 그런데 놀랍게도 짤 때마다 엉뚱한 소리를 내면서 떠들 것 같던 친구들이 정말 진지하게 계획을 세우는 모습을 보고 편안해졌다.

이렇게 며칠이 지나고, 체험학습 당일, 나는 버스에서 이어폰을 꽂고, 노래를 들으면서 에버랜드로 출발했다. 그리고 도착해서 단체 사진도 찍고, 표도 받고 입장을 했다. 입장하고, 걸어가는 동안에, 2팀과 합류했고, 나는 남자 9명, 여자 1명으로 움직였다. 물론 나는 남자만 9명에 정신이 없었지만, 그냥 쿨하게 받아들이고, 레이싱코스터라는 뒤로 가는 롤러코스터를 탔는데, 정말 처음부터 스릴 있게 타서 너무 좋았다.

-중략-

이렇게 열심히 돌고 돌아서 매직트리에 도착했고, 옆에 있던 기념품 가게에서 구경하다가 버스에 타고 그대로 뻗어버렸다. 이번에 느낀 점은 남자 친구들과 함께 가는 것이 이렇게 재미있을 줄은 몰랐는데, 정말 즐거운 체험학습이었다는 것이다. 나랑 함께 다녀준 우리 팀, 고마워!!!^^

▲ 놀이동산 체험학습을 다녀온 후기

'I-(6) 에듀테크 없이도 가능한 미래 교육'에서 안내한 운동부 프로젝트 또한 데이터 기반의 모둠 조직 방식이었습니다. PAPS 등급 목표가 같은 친구끼리 한 모둠으로 조직해 그 목적에 맞춰 운동 계획을 짜고 훈련하는 과정은 무작위로 조직한 모둠 조직보다 훨씬 효과적입니다.

팀	1팀	2팀	3팀	4팀	5팀
인원(명)	7	6	8	6	3
목표 등급	1등급		2등급		3등급

▲ 운동부 프로젝트 팀 구성표

'Ⅱ-(9) 잘 모르는 걸 가르칠 수 있을까?'에서도 안내한 '부모님을 위한 엔트리 코딩하기' 공개수업의 모둠 조직도 데이터를 바탕으로 합니다. 엔트리 코딩하기 거꾸로 학습을 꾸준히 하여 점수가 높은 학생부터 낮은 학생까지 순위를 바탕으로 반 배정하듯이 모둠을 조직하여, 기술적으로 이끌어 줄 학생을 각 모둠에 적절히 배정합니다.

사회 2차 발표에서도 학습 결손을 최소화하기 위하여 1차 결과를 보고, 2개의 그룹으로 나눠서 주제를 선정하게 하였습니다.

지금까지 다양한 데이터를 활용해 모둠 조직한 사례를 정리해 보았습니다. 어떤 '목적'이 존재한다면, 가장 효과적인 '방법' 또한 존재합니다. 그 '방법' 중, '모둠 조직'은 프로젝트의 과정과 결과에 큰 영향을 미치는 중요한 요소입니다.

V -(8)
PPT를 누가 만들어야 하는가?

예전에 열정을 다해 제작한 PPT를 가지고 수업하는 중에, 집중하지 못하는 학생에게 화를 낸 적이 있었습니다. 열정을 다한 만큼 화가 많이 났었습니다. 그런데 시간이 흘러 '가르치기'와 '코칭' 교육 방법에 대해 고민하던 어느 날, 그 기억이 떠올랐습니다. 그리고 교사가 열심히 PPT를 만드는 만큼, 자신도 모르게 열심히 '가르치기'를 하게 된다는 것을 깨닫게 됩니다. 그 후로는 더는 수업용 PPT를 제작하지 않습니다.

당연히 학생 행위주체성과 변혁적 역량을 강화하는 것에 '목적'이 있는 미래 교육을 구현하고자 한다면, PPT로 가르치기 '방법'은 적절하지 않습니다.

학생들은 클라우드 기반의 다양한 에듀테크 도구에 개별적으로 접근하여, 자료를 쉽게 제작할 수 있습니다. 물론, 클라우드 기반의 에듀테크 도구들은 교사와 학생 간 협업뿐 아니라, 학생 간의 협업과 피드백을 통해 학생의 성장을 촉진합니다.

이렇게 클라우드 기반의 에듀테크 도구들은 단순히 교사와 학생 간의 연결을 넘어 학생들의 협업, 개별화된 학습, 창의성 발휘를 촉진하여 미래에 요구되는 다양한 역량을 향상할 수 있는 '기회'를 학생들에게 제공합니다.

'이제 PPT와 같은 자료 제작은 학생에게 양보하는 게 어떨까요?'

V-(9)
스스로 공부할 수 있음을 경험해 봐!

▲ Bing Image Creator로 생성한 이미지

학생들이 모두 헤드셋을 끼고 컴퓨터 화면만 보는 교실 장면에 대해 선생님들은 어떤 생각이 드시는지, 몇 가지 질문을 하고자 합니다. 그림을 보면서 솔직하게 답변해 보세요.

> ▶ 개별적으로 각자 자료를 찾아보는 활동 어떤가요?
>
> ▶ 각자 영상을 보면서 공부하는 활동은 어떤가요?
>
> ▶ 40분 내내 영상을 보면서 활동하는 건 어떤가요?
>
> ▶ 80분 내내 영상을 보면서 활동하는 건 어떤가요?
>
> ▶ 교사의 '가르치기'가 빠진 이 장면 불편하지 않으신가요?

학교에 SW, 미술, 음악, 연극 등 다양한 분야의 전문 강사가 수업을 진행하는 모습을 보다가, 문득 '학교의 수업 시간이 끝나면 과연 저 배움이 학생의 일상생활 속에서 구현될 가능성이 얼마나 될까?'라는 생각이 들었습니다. 그리고 '우리가 가르치는 것들이 교실 밖으로 나가 얼마나 확장성을 지닐까? 과연 교실 밖으로 나가긴 하는 걸까?'라는 '성찰'이 찾아옵니다. 교실 문이 닫히면 끝나는 교육을 우리가 하고 있지는 않은지, 생각해 볼 문제입니다.

미술 강사가 칠판에 예시 작품을 몇 개 붙여놓고, 학생들은 그 작품을 참고해서 그림을 그려나갑니다. 강사는 참고할 사항을 '코칭'해 주기도 하고, 눈에 띄는 몇몇 학생들을 지도해 줍니다. 매우 익숙한 미술 시간의 모습입니다. 그런데 제가 여기에서 주목한 것은 '칠판 예시 작품'입니다.

도구의 변화에 맞춰 변형하는 과정을 거쳐보겠습니다. 이미 여러 교실에서는 TV 화면으로 예시 작품을 보여주는 방식, 학생이 직접 참고 작품을 검색해 보는 방식도 활용하고 있습니다. 그럼 학생이 직접 참고 영상을 선택하여 영상을 보면서 따라 하는 건 어떤가요? 그 시간이 40분이 될 수도 있고, 80분이 될 수도 있습니다.

저는 미술을 전공하지도 않았고, 미술을 전공한 사람들보다 학생들에게 소묘를 더 잘 가르칠 자신은 없습니다. 그래서 변화한 교육환경을 최대한 활용할 수 있는 방법을 생각해 보았고, 영상자료를 적극적으로 활용해 보기로 계획합니다.

▲ 교사가 추천한 소묘 참고 영상

물론 교사는 참고할 수 있는 영상 예시를 몇 개 제시해 줍니다. 하지만 자신이 검색하여 다른 영상을 참고해도 괜찮습니다. 학생들은 영상을 보면서 소묘를 연습합니다. 40분 내내 기본 과정을 따라 연습하고, 그리고 꽃, 그릇, 사과, 눈 등 다양한 참고 영상을 선택해서 전문가의 안내에 따라 그림을 완성해 나갑니다. 그렇게 80분 내내 연필 스치는 소리만 교실에 떠돕니다.

▶ 교사의 '가르치기'가 빠진 이 장면 불편하지 않으신가요?

어떤 분은 '교사가 그럼 하는 게 뭐가 있나?'라고 하실 수도 있습니다. 전통적인 '가르치기'의 관점에서 본다면 말입니다. 하지만 시대가 변했고, 우리가 대면 연수보다, 온라인 연수가 일반화된 것처럼, 학생들도 온라인 교육을 얼마든지 활용할 수 있습니다. 교사는 온라인 교육을 어느 순간에 어떻게 활용해야 할지를 '계획'해야 하고, '목적'을 명확히 한 후, 활용해야 합니다. 새로운 방식은 더욱더 그 방식의 비전과 목표 의식에 대한 공유가 필수입니다. 그렇지 않으면, 그 장면만 보고, '근무 태만' 교사로 오해받을지도 모를 일입니다.

> 오늘은 영상자료를 여러분 스스로 선택하여 보면서 소묘를 연습해 보겠습니다. 여러분들이 하루에도 몇 시간씩 인터넷 영상을 본다는 것은 이미 여러 통계 자료가 나와 있고, 물어보지 않아도 많이 쓰고 있고, 그래서 부모님과의 갈등도 많이 생기고 있음을 잘 압니다.
>
> 독서도 편독하는 것이 좋진 않듯이, 영상자료 또한 마찬가지입니다. 대부분 게임 영상, 재밌는 영상, 연예인 관련 영상 등을 많이 보지만, 여러분들의 생각을 키우고 새로운 것을 익힐 수 있는 좋은 영상들도 많이 있습니다.
>
> 오늘은 그 경험을 함께 해보려 합니다. 소묘를 미술 전공하신 분께 직접 배워봅시다. 여러분이 배우고자 한다면 언제나 배움의 기회는 열려 있고, 여러분들은 그 마음만큼 성장할 수 있을 것입니다.
>
> 스스로 배우 수 있음을 경험해 보세요. 다양한 온라인 콘텐츠를 통하여 여러분들은 무엇이든 전문가에게 배울 수 있습니다. 언제나 여러분들에게는 배움의 기회가 열려 있음을 깨닫는 기회가 되길 바랍니다.

그리고 학생들은 집에서도 비슷한 영상을 찾아 이를 연습합니다. 교사가 보여준 칠판 예시 작품보다, 교사가 TV 화면에 띄워준 예시 작품 보다, 학생 스스로 검색한 이미지 보다, 학생 스스로 검색하여 따라 해본 영상은 학생의 교실 밖과도 연결될 가능성이 높습니다.

교실에서 쓰인 방식이 교실 밖 학생들의 삶의 방식과 더욱 밀접할수록 그 확장성은 더 높아집니다.

VI
학생 성장 보고서

예전에 가르치기 방법으로 수업을 하고 나서, 후기를 들어보면 수동적 학습자의 소감은 거의 비슷하였습니다. '재밌었어요', '~에 대해 알게 되어서 좋았어요.' 이것에서 벗어나기 어렵습니다. 그만큼 학생이 주체적으로 한 것이 없기 때문입니다.

하지만 학생 행위주체성을 바탕으로 변혁적 역량을 발휘할 기회를 주고, 자신이 알고 있는 것을 바탕으로 실제로 해볼 수 있도록 경험이 구조화된 교실에서 이뤄지는 수업의 소감은 그렇게 간단하게 풀어낼 수 없습니다. 자기 이야기가 한가득 쏟아집니다.

학생 행위주체성과 변혁적 역량을 발휘하며 성장하고, 개인과 공동체의 '웰빙'을 직접 경험한 학생들의 소감 이상, 설득력을 가진 '데이터'는 없을 것입니다.

그래서 이 책의 마지막은 '학생 행위주체성과 변혁적 역량'을 온몸으로 보여줬던 학생들의 성장 보고서와 학부모 후기로 글을 마무리합니다.

VI -(1)
우리 아이가 진짜 달라졌어요

〈우리 아이가 진짜 달라졌어요〉 학부모 사연 접수

안녕하세요.
끝나지 않을 것 같은 한 학기도 이제 일주일 정도밖에 남지 않았습니다. 마무리하는 과정에서 아이들이 방학 때도 지속적으로 힘을 낼 수 있도록 응원해 주고자 부모님들의 제보를 부탁드려 봅니다.

1. <가족 지키기 프로젝트를 통해 우리 아이가 진짜 달라졌어요.> 사연
2. <분홍 말 프로젝트>를 통해 우리 아이가 진짜 달라졌어요.> 사연
3. <6학년이 되어 우리 아이기 진짜 달라졌어요.> 사연

을 모집합니다.
<접수 기간 : 7월 12일~15일까지>
사연은 익명으로 참여하셔도 되고 아이의 이름으로 00 학부모님으로 참여하셔도 됩니다. 한 학기 열심히 노력하고 성장한 아이들에게 큰 힘이 될 것입니다.
감사합니다. ^0^

• 5학년 때까지 그저 마지못해 학교 가고, 학교에서도 있는 듯 없는 듯 존재감 없이, 하루하루 무의미하게 보내는 것처럼 보였던 아이가 마치 물 만난 고기처럼 즐거워하며 눈을 반짝이고, 심지어 주말에도 학교 가고 싶다는 아이로 변한 모습을 보니 정말 감개무량합니다. PAPS 평가 준비를 위해 학교에 일찍 가서 체력 단련을 하면서 친구들과의 관계가 돈독해졌고 이로 인해 학교생활을 더 즐거워하게 된 점 그리고 선생님께서 주시는 프로젝트들을 수행하면서 성취감을 맛보게 된 점이 아이를 변화시킨 게 아닌가 생각해 봅니다. 선생님의 사랑과 정성, 그리고 식지 않는 열정이 이런 큰 변화를 일으킨 거라 생각합니다. 정말 감사합니다.^^ 2학기엔 또 어떤 모습으로 진화(?)^^해 갈지 벌써부터 기대됩니다.

- 늘 학교생활에 소극적이고 부정적이었던 아이가 6학년이 되면서 조금씩 조금씩 의욕적으로 학교생활에 참여하더니 반 학기가 끝나가는 지금은 제가 그동안 알던 아이가 아닌 정말 너무나 적극적이고 긍정적인 아이로 탈바꿈한 것 같아 놀라게 되었습니다.

- 이제 정말 사고가 깊어진 것 같아요. 친구들도 많이 사귀며 양보와 배려하는 것도 알아가고 동생에게 스스로 양보하진 않지만 이제 말을 하면 수긍하고 이해하는 것 같아요.

- 접해보지 않았던 파워포인트를 이용해 과제를 준비하면서 새로운 학습에 대해 호기심이 생겼고 점점 나아지는 모습을 보며 기특했습니다. 주중 도서관을 방문하면서 편독습관을 고쳤고 어떤 책을 읽어야 할지 스스로 생각하고 결정하게 되었습니다. 무엇보다 친구들과의 모둠수업을 통해 조율하고 조절하며 배려하는 모습을 배워 기특합니다.

- 여러 가지 과제들을 도움 없이 스스로 합니다. 바느질 등 조금 도와주려 하면 절대 안된다며 엄포를 놓습니다~^^ 자유 시간이 주어지면 운동을 열심히 하며 도서관 열람실에서 숙제나 공부를 스스로 합니다.

- 6학년이 되어 다양한 프로젝트를 친구들과 또는 혼자 해보면서 도전과 성취감을 맛보고 00이의 예전 모습과는 아주 다른 모습을 볼 수 있어서 대견하고 기뻤습니다. 00이가 아침마다 일찍 일어나 친구들과 운동을 하며 체력을 기르고 왕복 오래달리기의 숫자가 늘어 가는 것을 보고 너무 놀랐습니다. 가장 기쁜 건 아마 00이 본인이었을 거예요. 스스로 느껴보는 성취감은 무엇과도 바꿀 수 없으니까요. 다양한 프로젝트로 기회를 주신 선생님께 너무 감사드립니다. 한 학기 너무 고생 많으셨습니다. 열심히 해준 00이도 고생했어♡ 사랑해!"

- 자기 주도가 되던 아이가 5학년 즐겁게 놀고 하면서 공부에 소홀해지는 경향이 있었는데 6학년이 되어서 초반에는 수업 방식이 너무 타이트해서 힘들어하긴 했지만, 차츰 적응해 가면서 한 발짝 앞서 나가는 자신을 보면서 재미를 느끼며 잘해야겠다는 욕심이 점점 생기면서 스스로 책상에 앉아있는 시간이 늘어나면서 스스로 공부할 수 있는 습관

이 되었습니다. 그냥 막연히 공부 하는 게 아니라 생각하면서 목표점을 향해 어떻게 공부를 해야 하는지를 조금은 터득한 것 같아요. 잔소리가 필요 없을 정도로 알아서 잘해주는 모습이 대견합니다. 선생님 교육으로 아이가 이렇게 달라질 수 있다는 걸 크게 깨달았습니다.

- 6학년이 되어 우리 00이가 진짜 달라졌어요. 수동적으로만 움직이던 00이가 학교의 여러 가지 프로젝트와 과제에 대해 책임감을 가지고 의욕적으로 완성하려는 변화된 모습을 보게 되었습니다. 프로젝트와 여러 가지 과제들로 인해 조금은 힘들어 보이고 어려워하는 부분도 있었지만, 고학년이 되고 중학생을 앞둔 시점에서 앞으로의 시간에 많은 도움이 될 것을 알기에 너무 감사한 마음입니다. 남은 2학기에도 00이를 비롯해 6학년 1반 친구들의 멋진 성장을 응원합니다. 선생님~ 감사합니다^^

- 작년까지 가끔 학교 가기 싫다고 했던 00가 이젠 아프면 학교 못 가서 안 된다며, 월요병이 없는 6학년을 보내고 있습니다. 숙제 많은 것도 좋다고 하고, 공부도 재미있다고 하니, 신기하기도 하고 대견하기도 합니다.

- 자기 스스로 모든 수업과 과제를 챙기는 모습. 항상 7시에 일어나 학교 수업에 필요한 것들을 스스로 챙기고 준비하는 모습이 너무 자랑스럽습니다. 프로젝트수업과 발표 수업, 과제와 시험 등등 할 것이 많지만 부족함 속에서도 스스로 최선을 다해 완성해 나가는 모습이 기특하고 대견하네요. 특히 학교에서 있었던 에피소드를 이야기하고 속이야기를 꺼내놓고 대화하는 시간이 늘었다는 점. 이것이 가장 기쁘고 좋습니다. 키가 크려는지 요즘 부쩍 밥을 잘 먹고 줄넘기도 열심히 하고 있습니다.

- 폭풍 같은 한 학기가 지나갔네요. 00이의 노력에 엄마로서 폭풍 박수를 보내주고 싶습니다. 5학년까지와는 너무 다른 학교 프로젝트, 과제들에 많이 힘들었을 텐데, 항상 스스로 계획하고 알아서 노력하는 모습이 놀랍기도 하고 고맙기도 했습니다. 최근에 한 영상 만들기도 컴퓨터 작업을 거의 해본 적이 없어 시간도 많이 걸리고, 원하는 퀄리티

가 안 나온다고 스트레스도 엄청 받으면서도 본인이 어느 정도 만족할 때까지 잠도 자지 않고 끝까지 해내더라고요. 그 와중에 학원 숙제에 학교 시험공부까지 포기하지 않고 성실하게 최선의 노력을 하는 모습에 00이가 책임감 있고 열정 있는 아이로 한 단계 성숙했구나하는 생각에 마음이 뭉클했어요. 엄마 마음으로는 00이가 너무 힘들어 보여 선생님을 살짝 원망하기도 했답니다^^ 00이가 스트레스를 잘 조절하면서 건강한 노력을 할 수 있도록 저도 옆에서 노력하도록 하겠습니다. 한 학기 동안 선생님께서도 정말 수고 많으셨습니다. 수고한 6-1 친구들 모두 칭찬해주고 싶어요. 감사합니다.

- 6학년이 되어서 가장 달라진 점은 무엇이든 엄마의 도움 없이 스스로 하는 것입니다. 학교 가기, 씻기, 밥 먹기, 방 청소, 책상 정리... 어떻게 보면 당연히 해야 하는 것이지만, 항상 엄마가 말해야만 했던 것인데, 이제는 스스로 정리 정돈이며 가방 챙기기, 숙제, 준비물, 시간 맞춰 학원 가기, 모두 엄마가 말하기 전에 스스로 합니다. 갑자기 엄마가 해줄 것이 없는 것 같아 조금은 아쉽지만 그래도 하루하루 성장해가는 00이 모습을 보면 너무 뿌듯합니다. 앞으로도 파이팅!!!

- 학교 수업이 재밌다고 애기한 적은 처음입니다. 오늘 문득 저녁을 먹다가 지미정 선생님 만나고 수업 시간이 재밌어졌다고 수업을 진짜 잘하신다고 하더라고요. 정말 놀랐습니다. 물론 다른 아이들만큼 성실히 참여하지 않겠지만 그래도 스스로 적극적이다라고 생각할 정도로 수업에 애정을 갖게 돼 다행입니다! 겨우 첫걸음이지만 그 첫걸음 올해 시작하게 돼 정말 기쁘고 선생님께 감사드립니다!

Ⅵ-(2)

나를 성장시킨 수업

〈지구촌 프로젝트〉지구촌 프로젝트를 했다. 우리 팀은 기후변화 때문에 멸종위기가 된 식물에 대해서 준비했는데, 우리가 만든 발표 자료를 처음 우리 반에 발표했을 때 9팀 중의 9등을 했다. 등수를 들었을 때 절망적이었다. 다음 5학년에게 발표할 때 잘할 수 있을지 걱정도 되었지만, 팀원들과 열심히 준비하면서 5학년에게 발표하기 전까지 많은 공을 들여 발표 자료를 완성해 나갔다가 처음으로 다른 학년들에 발표하는 것이었다. 5학년들이 왔을 때 굉장히 긴장되었다. 하지만 우리 팀은 5학년들에 우리가 준비한 내용을 다 설명했고, 시간도 굉장히 빨리 갔다. 열심히 설명해 주다 보니 덥기도 했다. 잘 발표를 마치고 5학년들은 9팀에 설문을 했다. 그리고 선생님은 등수를 발표해 주셨다. 우리 팀은 1등과 2등을 했다 팀원들도 기뻐했다가 다음에 있을 캠페인도 잘하자는 생각을 했다. 그리고 캠페인을 할 때, 우리 팀은 스케치북에 기후변화, 감자, 막기 위한 노력을 써서 다른 하교하는 학생들에게 캠페인을 했고 다른 팀들과 다르게 감자 소품도 준비했다. 우리 팀은 다른 학년들에 지구촌 캠페인을 하며 날씨가 추워서 힘들긴 했지만 재밌기도 했다. 캠페인을 하면서 시간도 빠르게 갔고, 캠페인을 하면서 내 자신감도 올라간 것 같고, 앞으로 내가 맡은 부분들을 더 잘 해낼 수 있을 것 같다.

지구촌 프로젝트를 하면서 내가 공동체 역량이 올라갔고 자기관리 역량이나 내가 맡은 부분들을 미루지 않고 다 해낼 수 있는 부분이 나를 성장시킨 것 같다. 다른 발표를 하거나 내가 배운 내용의 설명을 해줘야 할 때 내 목소리도 더 자신감이 생기고 버벅거리지 않고 잘 해낼 수 있을 것 같다.

〈사회 발표〉 나는 나를 성장시킨 수업은 '사회 발표'라고 생각한다. 그 이유는 처음에 내가 사회 발표를 할 때는 그때는 솔직히 발표 준비도 처음 해봐서 정말 준비가 아주 부족했던 것 같고, 발표도 정말 지금 시작해 보면 정말 정말 못한 것 같다. 하지만 선생님께서 우리에게 기회를 많이 주셔서 발표 자료도 정말 많이 찾아본 것 같고, 발표 연습도 발표도 엄청 많이 해보게 되어서 정말 많이 발표 자료 준비와 발표를 한번 할 때마다 정말 더 편하게 발표, 발표 준비를 할 수 있었던 것 같다. 또 내가 사회 발표를 많이 해서 그런지, 다른 것을 발표할 때도 덜 떨리고 점점 편안하게 발표하는 것 같다. 그래서 나는 이 수업은 나를 끊임없이 도전하고 성장을 시켜준 수업이라고 생각하기 때문에 나를 성장시킨 수업을 '사회 발표'라고 생각한다.

2022.솔빛초 6-1 김린O

〈가족 지키기 프로젝트〉 나를 성장시킨 수업 중에서 가장 성장시켰던 것은 '가족 지키기 프로젝트'다. 처음에는 난 사회 발표 프로젝트를 적으려고 했지만 적다가 생각이 났다. '내가 가족 지키기 프로젝트를 하지 않았다면 지금도 기생충처럼 살고 있겠지?'라는 생각했다. 그땐 정말 힘들었지만, 이걸 하면서 '가족은 자신이 할 일을 나누고 도우면서 사는 거구나.'라는 것을 느꼈고, 그때부터 도와주려는 마음을 가지고 공동체 생활에 더 다가간 것 같다. 어떤 책에서는 '아이가 가장 먼저 접할 수 있는 공동체는 가족이다'라는 글이 있었다. 그 글을 읽는 순간 내 '가족을 도와야'라는 가치관은 더 확장되고, 단단해지고 있었다. 그래서 가족을 도와주고 있는데, 정말 공동체는 중요하다는 것을 매일 느끼고 있는 것 같다.

2022.솔빛초 6-1 김지O

〈크리스마스 특집 공연〉 크리스마스 특집 공연을 하면서 많은 감정을 느꼈고 많은 배움이 있었다. 그리고 어린이 친구들에게 공연해주었기 때문에 좋은 추억으로 남을 수 있었던 것 같다. 처음에 조를 구성했을 때, 나 혼자 남자이고 친한 친구가 없어서 아주 막막했던 것 같다. 하지만 오히려 그것이 더 장점이 될 줄은 꿈에도 몰랐다. 크리스마스 공연을 하게 되면서 별로 친하지 않았던 친구와 친해졌고, 조금 더 집중할 수 있었던 것 같다. 크리스마스 공연을 하면서 친구들이 아이디어에 동의하지 않아서 힘들기도 했지만, 결과로 증명했기 때문에 뿌듯하기도 했던 것 같다. 크리스마스 공연을 하면서 남자가 한 명만 있어도 친구들이 잘 들어주고 협동을 잘해주면 충분히 잘할 수 있고, 친하지 않아도 충분히 좋은 결과를 남길 수 있다는 것이 정말 많은 느낌을 주었다. 크리스마스 공연이 끝나고 아기들이 초콜릿을 주었을 때도 정말 고마웠다. 어린이들의 마음이 정말 귀여웠던 것 같다.

2022.솔빛초 6-1 류가O

〈뿌친나라 민주정치〉 1년 내내 진행한 프로젝트이기도 하면서 우리 반을 대표하는 프로젝트로 사실상 가장 많은 역량과 힘을 사용하는 프로젝트가 아닌가 싶다. 그만큼, 이 프로젝트를 하면서 성장한 부분이 많은데, 첫 번째는 나의 일을 열심히 하는 것이다. 내가 1학기에는 청소청으로, 2학기에는 게시판 관리청으로 일을 하고 있는데, 정말 일을 열심히 한 것 같아서 뿌듯하다. (처음에 청소청이 마음에 들지 않았었는데, 하다 보니 즐겁게 했던 것 같고, 오히려 하고 싶었던 게시판 관리청의 일은 1학기에 비해 좀 떨어지는 느낌이 들어서 이런 부분에서는 잘하고 있는지 의문이 들기도 하지만) 이렇게 나의 일을 열심히 사고 발전시키는 것에서 자기 관리 역량이 많이 자란 것 같고, 또 장관으로서 장, 차관 회의에 한 번도 빠짐 없이 참여하는 것에도 큰 의미가 있는 것 같다. 또한 날카롭게 청문회도 하고, 벌점도 걸려서 열심히 회복적 벌칙도 하고(좋. 은건가??) 이렇게 자유에 따른 책임을 지는 모습에서도 성장하는 것 같다. 또, 행사에 즐겁게 참여하고 준비한 친구들에게 칭찬 한마디를 건네주는 것, 우리 부원들과 같이 어떻게 하면 부족한 부분을 보수할 수 있을까?? 라고, 생각하며 새로운 일을 만들어 내는 것 모든 것이 성장의 기회이고, 나는 그걸 잡고 완벽히는 아니더라도 성장하는 것 같다.

2022.솔빛초 6-1 민시O

〈인형극 프로젝트〉 처음으로 이런 스토리를 구상해서 문서, 대본에 작성하고, 처음으로 카메라 각도 시점 등등을 짜서 스토리보드로 만들고, 처음으로 캔바(Canva)라는 디자인 앱을 사용해서 인형극을 만들고, 처음으로 인형을 디자인하고 직접 바느질해서 만들고… 인형극을 통해서 정말 처음으로 한 것들이 많다. 그래서 정말 처음으로 하기에는 무게가 너무 무거웠던 프로젝트였다. 인형을 만들기 위해 바느질하는 것부터 캔바(Canva)를 사용해서 영상을 만들고 편집하는 것까지 그때는 나의 기술력이 아주 부족하고 캔바에 대해 아는 것도 많이 있지는 않아서 더 힘들었다. 그때 당시에도 동O이랑 하교하면서 말을 했었는데 동O이도 "1학기 끝나가는데 끝까지 너무 힘들다"라고 했다. 나도 그때 비슷하게 말했던 것 같다. 동의한다. 5학년 때는 그냥 교과서만 보고, 크롬북도 한 번도 사용해 본 적도 없었고, 그러니까 1학기에는 적응을 빨리하지 못했던 것 같다. 편집하기가 어려워서 새벽 3시까지 밤을 새우고는 했다. (내 기준에서는 심각하게 늦은 시간이었다). 하지만 인형극을 나를 성장시킨 수업들에 적은 이유는 내가 인형극을 준비하면서 했던 모든 준비 과정은 아니지만 중 몇몇 과정들을 겪으면서 그 고생 속에서 1학기에서의 최고의 성장을 한 것 같다. 좀 과장된 표현일 수도 있지만, 그 1학기의 인형극이 지금 나를 성장시킨 수업을 적고 있는 박동O이 된 것 같다. (오골계가 수상해서 그냥 좋아서 가장 기억에 남는 것일 수도 있다)

2022.솔빛초 6-1 박동O

〈속담 프로젝트〉 속담 프로젝트가 나를 정말 많이 발전시킨 것 같다. 그때에는 정말 억지로, 통과하기 위해 필수적으로 외웠던지라 실제 현실에서 그런 건 절대 필요하지 않다고 생각했었던 기억이 난다. 원래는 아무 생각 없이 이유 없이 외웠던 것들이 정말 아무렇지 않게 예능이나 드라마, 영화 애니메이션 등등의 TV 프로그에서 나오는 것을 보고 내가 외웠던 것들이 나와서 정말 반가웠던 기억이 난다. 특히 내가 애니메이션을 일주일마다 기다려서 보는지라 정말 열심히 보는데, 애니메이션에도 번역본에 내가 외웠던 속담들이 마구잡이로 나왔던 기억이 난다. 정말 신기하고, 다른 사람들한테는 정말 기본적으로 알고 있는 속담 중 하나일 뿐인데, 나는 신기해한다는 것이 조금 부끄럽게 느껴지기도 했지만, 그래도 점점 다른 사람들만큼 내가 외웠던 속담들이 당연하게 느껴진다는 것이 정말 자랑스럽고, 뿌듯하게 느껴지기도 했다. 학교에서 수업했던 것들이 실제로 가벼운 일상생활에도 도움이 많이 된다는 사실이 나에게는 정말 크게 다가왔다. 처음에는 속담 프로젝트에 무감각하고 의미 없게 생각하고 있었는데, 실제로 의미 없는 프로젝트는 하나도 없다고 생각하게 되었다.

2022.솔빛초 6-1 박시O

〈**타자프로젝트**〉 나를 성장시킨 프로젝트 2는 바로 타자 프로젝트이다. 왜냐하면 처음에 선생님이 타자 프로젝트를 하신다고 했을 때, 나는 독수리타법이어서 정말 느렸다. 하지만 선생님이 1학기 동안 250타를 넘기라고 하셨다. 그때는 아마 60타 정도였을 것이다..ㅋㅋㅋ 나는 친구들이 너무 잘하는 것 같다는 생각이 들어서 나도 진짜 열심히 타자를 연습했다. 타자 시트에 매일매일 얼마나 나왔는지 체크하는 것이 있었는데 10개 중의 9개 정도는 채울 정도로 열심히 하였다. 그래서 1학기 전에 150타~180타까지 늘렸다… 하지만 1학기 전까지 250타가 되지를 못하였다… 사실 초중반에는 열심히 하였지만 1학기 후반 때는 잘 못하였다. 그래서 250타가 되지는 못하였지만 2학기 때 250을 넘었다! 다행이다!! 진짜 포기하지 않아야겠다고 생각하였다.

2022.솔빛초 6-1 박연0

〈**꿈프로젝트**〉 나를 성장시킨 수업은 진로 프로젝트이다. 진로 프로젝트의 진행 방법은 진로 책을 읽고 읽은 지식을 통해서 글을 적는 것이었다. '처음에는 이런 프로젝트가 뭐 도움이 되겠어?'라고 생각했는데, 생각이랑 많이 달랐다.

내가 좋아하는 것을 알 수 있었고 다시 돌아볼 수 있었던 거 같다. 내가 처음에 하고 싶었던 꿈이 (유튜버-〉인테리어 디자이너-〉경찰관-〉소방관-〉요리사-〉없음)이었는데, 이 프로젝트를 하고 내가 하고 싶은 꿈이 생겼다. 바로 내가 예전에 하고 싶었던 인테리어 디자이너이다. 왜냐하면 내가 꾸미는 것을 좋아하고 그래서 인테리어 디자이너를 하고 싶은 이유이다. 근데 내가 할 수 있을지 모르겠다. 내가 만족을 하면 되는 게 아니라 상대가 마음에 들어야 하는데, 만족을 시킬 수 있을지가 문제이고, 그리고 내가 즐기고 잘 할 수 있는지가 문제기도 하다. 그래도 지금은 인테리어 디자이너가 하고 싶다. 하지만 꿈이 바뀌는 것이 좋은 거라고 한다. 그래서 꿈이 바뀔 거 같기도 한데 아직은 잘 모르겠다.

2022.솔빛초 6-1 서정0

〈**뽀친나라 민주정치**〉 뽀친나라는 1학기 때부터 시작하여 아직까지 이루어지고 있는 프로젝트 중 가장 장기간 살아남은 프로젝트이다. 나는 그동안 뽀친나라 활동을 그동안 했던 프로젝트 중 가장 많이 열심히 참여했던 것 같다. 나는 뽀친나라 활동 중에서 9월 22

일에 했던 국회 활동이 나의 성장에 가장 많이 도움이 되었던 것 같다. 나는 9월 22일 전에는 나는 내 의견을 표출할 때 기존에 있었던 규범을 무시하고 행동해 왔었는데, 그때 선생님께서 훈계를 해주셔서 나는 내 표현 방식이 많이 잘못되었다는 것을 알게 되었고, 그때부터 나는 나의 의견 표출 방식을 고치기 시작했다. 그래서 전보다는 이제 규범을 좀 더 잘 지키는 것 같은데 아직도 부족한 부분이 많아서 더 노력해야 할 것 같고, 또 그때 했던 것처럼 정확한 근거를 가지지 않고 의견을 말하는 부분도 전보다도 조금 괜찮아진 것 같은데, 하지만 내 말이 곧 법이다라는 행동 등을 고쳐야 할 것 같다. 때문에 나는 9월 22일이 가장 나에게 가장 충격적이고, 도움이 되었던 뽀친나라 수업이었던 것 같다. 이번 방학이나 앞으로 남은 1주일이 있는데 그 부분을 많이 개선하여 친구들에게 피해 입히는 사람이 1주일 만이라 되지 않도록 해야겠다.

2022.솔빛초 6-1 성금0

〈평생 독자 프로젝트〉 평생 독자 프로젝트는 나를 정말 많이 성장시켜준 프로젝트인 것 같다. 이 평생 독자 프로젝트를 하면서 독서에 대해 생각하는 나의 태도가 달라진 것 같다. 처음 독서를 할 때는 그냥 재미있어 보이고 내가 좋아하는 과목이어서 독서 하거나 핫하다는 책만 골라서 읽었다. 한마디로 독서 편식을 하면서 지냈다. 하지만 이 프로젝트를 하면서 다양한 종류의 책을 찾아보고, 책으로 토론하며 다양한 종류의 책을 재미있게 읽었던 것 같다. 나는 이 프로젝트를 통해 책은 재미로 읽는 것이 아니라고 생각했다. 물론 책을 재미있게 읽는 친구들도 있겠지만, 나 같은 경우에는 다양한 종류의 책을 읽고 거기 안에서 또 배우고 배우기 위해 읽어야 한다고 생각했다. 그러기 위해서 우선 내가 좋아하는 주제와 함께 내가 별로 관심이 없던 책도 같이 읽으면 좋을 것 같다.

2022.솔빛초 6-1 성윤0

〈운동부 프로젝트〉 운동부 팝스를 선택한 게 제가 생각해도 뜻밖이기는 한데 이 활동을 하면서 내 체력도 늘고 아침마다 친구들이랑 한 운동은 습관에 원동력(?)인 것 같다. 이 활동을 그니깐 팝스를 위해서 아침마다 나와서 뛰었다. 하지만 그게 점점 인원도 늘어서 애들과 더 친해질 수 있었고 좋은 추억으로 남은 것 같다. 그리고 애들이 꾸준히 계속 나오니 나도 점점 꾸준함이 늘고 있었다(비 올 때도 나가서 그냥 뛰었으니 꾸준한 거 아닐까?). 이렇게 이 활동은 신체적 변화뿐만 아니라 나의 행동의 변화도 준 것 같다. 하지만 그 꾸준함이 운동할 때 빼고는 공부할 때 등에는 유지하기 힘들다.

2022.솔빛초 6-1 신현O

〈평생 독자 프로젝트〉 독서 동아리 활동을 하면서 나의 역량이 아주 많이 성장하였다. 처음에는 책을 많이 읽지 않았다. 그냥 있으면 읽고, 없으면 안 읽고… 그냥 책에 대한 관심이 없었던 것 같다. 하지만 학교에서 '독서 동아리'를 하게 되었다. 처음에는 '독서 동아리? 뭐 하는 거지?' 이런 생각이 들고, 책을 무엇을 골라야 하는지 조금 복잡하였다. 하지만 독서 팀이 정해지고, 우리 팀 안에서 각자 고른 책을 읽고, 토의, 토론이 시작되었다. 나는 처음에 책을 읽은 걸 어떻게 설명해야 할지 막막했다. 그래서 설명 속도가 조금 느리고, 확실하게 요약하지 못했다. 하지만 계속해서 설명하고, 책을 많이 읽으니 요약해서 설명할 수 있었다. 또 그 외에도 토의, 토론하면서 친구들과 이야기를 진행하였다. 진행하면서 어떻게 해야 할지, 나라면… 이런 식으로 생각하고, 친구들과 이야기, 느낀 점 등을 공유하는 게 재미있었다. 그렇게 팀도 계속 바뀌고, 여러 가지 다양한 책을 읽으면서 책 설명도 잘하게 되었고, 책에 대한 관심이 많아졌다. 이렇게 나는 이 "독서 동아리" 활동으로 인해서 나의 역량이 많이 성장했구나~ 이런 생각도 들면서 뭔가 모르게 다양한 지식을 알게 되어서 좋았던 것 같다. 그래서 나는 독서 동아리가 날 성장시켜 주었던 프로젝트이다!

2022.솔빛초 6-1 윤세O

〈틴커캐드로 캐릭터 만들기〉 틴커캐드로 직접 캐릭터를 만들었을 때 '이 기린 캐릭터가 정말 나랑 닮았나?'라는 생각이 가장 먼저 들었는데 나는 이 기린이랑 별로 안 닮은 거 같아서 이 캐릭터를 싫어했다. 하지만 점점 시간이 지나고 뭔가 정이 들어서 지금은 엄청나게 좋아한다. 이 수업이 나를 성장시킨 것은 3D 작품들, 혹은 3D 기술을 잘 사용할 수 있도록 성장시킨 것이다. 아 그리고 저번에 틴커캐드 영상을 만들었는데 주제가 '틴커캐드로 캐릭터 만들기'이다. 이 틴커캐드로 미리 캐릭터를 안 만들었으면 틴커캐드의 기능들을 몰랐을 것이다. 그래서 틴커캐드 영상도 못 만들었을 것이다. 정말 도움이 된 수업이었다.

2022.솔빛초 6-1 이윤O

〈가족 지키기 프로젝트〉 가장 처음으로는 가족 지키기 프로젝트다. 왜냐하면 내가 지금까지 부모님에게 도움을 받고 살아가는데 그거에 대한 아무런 느낌도 없었는데 가족 지키기 프로젝트를 하면서 선생님이 공생인지 기생인지 확인을 해보라고 하셨는데 가족 지키기 프로젝트를 하니 지금까지 이렇게 부모님의 도움으로 살고 있었는데 아무것도 안 하고 도움만 받는 내가 한심하고 부끄러웠는데 기생에서 공생으로 하도록 마음을 바꿔준 프로젝트여서 이렇게 나를 성장시킨 수업에 넣었다. 평소에도 기생이 아니고 공생으로 하려 했지만 실제로 하지 않고 마음속으로만 해야겠다고 했는데 이걸 생각만 하는 게 아닌 행동으로 바꾼 이 프로젝트에 감사한다.

2022.솔빛초 6-1 이주0

〈인형극 프로젝트〉 인형극 프로젝트는 나를 정말 성장시킨 프로젝트이다. 왜냐면 인형극 프로젝트를 할 때는 모든 것이 필요했다. 바느질해야 하는 능력, 아이디어를 내야 하는 능력, 기술을 사용하는 능력 등 아주 많은 것들이 필요했다. 이것을 보아 나는 인형극 프로젝트를 계기로 성장했다. 1학기 마지막에 인형극 프로젝트를 했는데, 1학기 동안 했던 모든 기술, 아이디어, 능력 등을 사용하여서 했다. 내가 만약 인형극 프로젝트를 2학기 초반에 했다면 정말 힘들었을 것이다. 방학 동안 정말 놀고먹고 자고 했다가 갑자기 정말 어려운 프로젝트를 했다면 못 했을 것이다. 하지만 1학기 마지막에 해서 안 좋은 점도 있었다. 1학기 마지막 프로젝트를 통해 성장이 매우 된 상태에서 방학을 맞이하니 2학기 때 다시 힘들어졌다. 그 부분은 조금 아쉽다. 그래도 인형극 프로젝트를 통하여 다른 프로젝트들보다 가장 많이 성장한 계기가 되었다. 이 인형극 프로젝트는 힘든 것만이 아닌 재밌기도 했다. 내가 직접 감독이 되어서 캐릭터부터 영상까지 만든다는 것이 설레기도 하고 해보니 재밌기도 했다. 그래서 재밌고 성장도 한 프로젝트인 인형극 프로젝트가 나를 가장 많이 성장시켜준 프로젝트라고 생각한다.

2022.솔빛초 6-1 이진0

〈사회 발표 프로젝트〉 6학년 2학기 때, 4차 사회 발표를 하고 나서 발표나 프레젠테이션 제작에 대한 자존심이 정말 성장한 것 같다. 왜냐면 1차, 2차, 3차, 사회 발표는 꼭 발표를 끝내고 나면 "정말 못했다, 이게 뭐냐"라는 말을 듣기 일쑤였다. 하지만 멘토 이OO 멘토를 만나고 나서, 나의 사회 발표나 프레젠테이션 제작 능력이 정말 상승해서 프레젠테이션에 대한 자부심, 자존심이 생긴 것 같다. 왜냐면 나의 4차 사회 발표 라이벌이 정O이었는데, 악감정이 없지만 정말 이기고 싶은 상대였다. 그래서 정말 열심히 사회발표자료를 만들고 열심히 발표 연습을 한 덕분에 정O이를 이기고 자존심이 상승하였다. 게다가 4차 사회 발표를 끝내고 동O가 "발표 정말 완벽했어"라는 말을 듣고 나서 정말 기분이 좋았다. 중학교에 올라가고 나서 만약 내가 프레젠테이션을 만들게 된다면 정말 열심히 만들고 잘 만들 자신이 있다. ㅎㅎ

022.솔빛초 6-1 정인O

〈속담 프로젝트〉 나는 속담을 예전에 거의 아무것도 몰랐었는데, 속담 프로젝트와 속담 시험을 하면서 나를 많이 성장시킨 것 같다. 전에 100개를 외웠었는데, 진짜 외울 때, 진짜 뭐지 이거 뭐지 하기 싫다 이러면서 외웠던 것 같다. 근데 외운 뒤에 시험을 보니까 불통과.. 시행착오를 겪었다. 그래도 맞은 게 몇 개나 있잖아!!!! 그렇기에 기억나는 속담이 많아졌고, 그 이후로는 성적이 많이 좋아졌다. 성적이 좋은 것도 좋긴 한데, 예능 프로그램에 속담 관련 문제가 나왔는데 알면 뿌듯한 마음이 들기 때문에 그럴 때 나를 성장시켰다는 생각이 든다.

2022.솔빛초 6-1 홍은O

Ⅵ-(3)
나를 성장시킨 순간

〈졸업영상을 만드는 순간〉 졸업 영상을 만들면서 팀원들과 공동체 역량을 성장시켰고 팀원들과 졸업 영상을 어떻게 만들지 협의하고 다른 친구들의 작품들도 보고 하면서 팀원들과 친밀도가 올라갔다 졸업 영상을 만드는 건데 졸업이라는 것으로 만드는 것이어서 뭔가 다른 작품들을 만들 때 보다 더 열심히 한 것 같다.

2022.솔빛초 6-1 권동O

〈5학년에게 비정부기구 활동할 때〉 나는 나를 성장시킨 사건은 ' 지구촌'이라고 생각한다. 그 이유는 우리 팀이 산림파괴에 대한 발표 자료를 만들고 5학년, 3~4학년에게 설명을 해줘야 했다. 5학년은 우리 반에서 설명을 해줬는데 그때 처음 알려줄 때는 할 만했다. 하지만 4~5번 정도 하니 너무 힘들고 정신이 없었다. 그리고 5학년 친구들이 점점 지루해한 것 같고 열정이 없어서 더 이야기하기 힘들었던 것 같다. 그 부분에서 보니 정말 이렇게 강의해주시는 강사들은 정말 힘들겠다는 것을 느끼게 해준 것 같아서 앞으로의 수업, 강의를 들을 때는 정말 집중해서 들으라는 것을 느끼게 되었다. 또 3~4학년들은 밖에서 했는데, 그때 지나가는 친구들에게 투표해달라고 무슨 내용인지를 설명을 해주는 것이 정말 힘들고 지쳤는데 정말 그게 직업인 분들은 사람들이 가다가 무시하는 분들도 계시는데 그 직업을 계속하시는 모습이 정말 멋진 것 같고 힘들겠다는 것을 느꼈던 것 같다. 그래서 나는 앞으로는 그분들을 만나면 무시하지 말고 들어줘야겠다는 것을 느끼게 해줘서 나를 성장시킨 사건은 '지구촌'이라고 생각한다.

2022.솔빛초 6-1 김린O

〈선생님의 훈화?〉 가끔, 아니 자주일지도 모르겠는데 선생님께서 틈틈이 우리 반에 훈화?를 해주신다. 그냥 훈화라고 할게용 ㅋㅋㅎ 특히 누군가가 실수를 하거나 반 전체가 혼날 만한 사건이 생겼을 때 선생님께서 혼내시는 김에 훈화도 해주시는데, 나는 솔직히 선생님 말씀 듣고 성장을 안 하는 것이 더 이상하다고 생각된다. 왜냐하면 선생님 말씀이 다 너무 현실적이고 맞는 말이기 때문이다. 전부 다 생각나지는 않는데, 가만 생각하면 선생님께서 하시던 말씀들은 대부분 우리 아버지께서 평소에 하시던 말씀이랑 너무 똑같아서 더 집중해서 들을 수 있었던 것 같다. 기회는 스스로 만든다거나, 음…죄송해요. 쌤 제 기억력이 안 좋아서. ㅎㅎㅎ 그리고 이 외에 내게 와닿았던 말은 '실수는 누구나 할 수 있지만, 그 후의 행동이 그 사람을 정의한다'가 생각난다. 나는 선생님께서 특징지어서 하시던 명언(?)이 아닌, 그냥 훈화여도 모두 새겨들어야 겠다고 생각하고 집중해서 듣는다. 뭔가 듣다 보면 선생님께서는 어떻게 저런 말들을 다 우리에게 들려주실 수 있는지 궁금하고 신기하다. 나였으면 저런 말들은 생각도 안 할 것 같은데. 나는 선생님이 훈화하시거나 혼내셔도 선생님께서 하시는 말씀을 귀담아들었다. 요즘 졸업이 다가와서 더욱 선생님의 말씀을 들을 시간이 없을 텐데, 여태까지 들은 것을 생각하니 너무 아쉽다. 그리고 나는 5학년 때 거의 선생님께 혼나본 적이 없어서 지미정 선생님의 말씀이 더 깊이 박혔던 것 같다. 선생님께서는 혼내실 때 그 말씀을 한 번만 하고 넘어가시는 게 아닌 다음에도, 또 다음에도 계속 반복하며 말씀하셔서 더 기억에 오래 남는 것 같다. 아무튼 정리하자면 선생님의 훈화(?)는 나의 전체적인 생각과 행동을 성장시켰고, 내가 조금 더 깊이 생각할 수 있게 해주셨다.

2022.솔빛초 6-1 김지O

〈운동부 프로젝트, 오래달리기의 최고기록을 넘겼을 때(127회)〉 일단 나를 성장시킨 순간은 1학기 때, 오래달리기를 100회를 넘기려고 매일 아침 7시 30분에 나와서 운동장을 돌았던 부분과 오래달리기를 할 때 최고 기록을 넘겼을 때인 것 같고, 이 순간들이 나를 조금이라도 더 성장시킨 것 같다고 생각했다. 오래달리기가 나를 더 성장시킨 이유는 오래달리기하면서 100회를 넘기려고 노력하고, 또 노력하는 과정에서 끈기 있는 나를 발견했다. 그래서 나를 성장시킨 순간이 오래달리기의 최고 기록을 넘었을 때라고 생각한다.

2022.솔빛초 6-1 김태O

〈**구글 워크스페이스**〉 음.. 다른 것들도 있지만, 왜인지, 구글 워크스페이스가 지금 머릿속을 꽉 채워서 쓴다. 사실상, 구글의 구 자도 모르던 내가 이렇게 10줄 이상으로 매우 간편하게 프레젠테이션을 사용하는 것이 내가 성장한 증거가 아닌가 싶다. 설문지, 문서, 프레젠테이션, 잼보드, 스프레드시트까지!! 정말 많은 부분을 배우고 사용했는데, 성장 보고서를 쓰면서 생각이 나지 않은 것이 오히려 이상해지는(?) 기분이다. 어쨌든, 이렇게 직접 해보며 기술들도 익히고, 새로운 것도 찾아내고, 무엇보다 싹 다 날려도 보고^^ 등등 직접 해보는 부분에서 성장을 많이 한 것 같다. 뭐, 당연한 소리지만, 그냥 선생님께서 후르륵 알려주시고, 우리가 직접 해보지 않았다면, 완전히 다른 결과가 나왔지 않을까?라는 생각이 든다.

2022.솔빛초 6-1 민시O

〈**AI 글쓰기 사이트 탐구조사 중, 사건**〉 이번에 우리가 발견한 AI 사이트 중에서 가장 좋은 사이트를 발견하기 위해서 우리는 팀을 짜서 사이트를 조사하는 숙제가 있었습니다. 하지만 제가 들어가고 싶은 팀에 들어가지 못했습니다. 저는 그저 사이트를 조사하는 것이기 때문에 팀원이 가장 중요하다고 생각했습니다. 왜냐하면 팀원이 좋아야 사이트를 제대로 조사해 이 사이트가 가장 좋다는 것을 알려줄 수 있다고 생각했기 때문입니다. 하지만 실제로 선생님께서 말씀하신 것을 수용한 것이 다행이었던 것 같다. 원래 내가 뤼튼 팀에 가서 4명으로 활동하고 싶었는데, 선생님께서 팀원이 너무 많다고 하셔서 나를 textsynth 팀으로 옮기셨는데, 처음에는 당황해서 조금 다른 팀으로 가고 싶다고 선생님께 말해보았다. 그런데 선생님이 이번 팀은 완전 새로운 조합이라고 하시고, 한번 해보는 것도 좋을 것 같다고 하셔서 한번 도전해 보았다. 생각보다 정말 이게 팀 프로젝트구나. 선생님의 말씀으로 인해서 정말 새로운 경험을 할 수 있었고, 새로운 관점으로 내 인생을 볼 수 있었다. 그래서 정말 새롭게 느껴지는 성장이었던 것 같다.

2022.솔빛초 6-1 박시O

〈7월의 혁명〉 나는 지난 1학기 때 나는 폭력 예방청이라는 임무를 맡았고 친구들에게 폭력을 행사하는 친구들에게 벌점을 주는 역할을 맡았었다. 하지만 그때 나는 내가 저지른 폭력을 적지 않고, 친구들이 저지르는 폭력들은 아주 깐깐히 적었는데, 사건은 7월에 터졌다. 그날은 수행평가 점수 정하는 시간이었는데, 나 때문에 벌점을 많이 적혀 노력요함을 받은 친구들이 내가 매우잘함을 받은 것을 보고 화가 나서 나에게 내가 그동안 했던 잘못을 물은 것이었다. 결과로는 난 잘함을 받는 것으로 마무리 지었지만, 나는 그때 내가 친구들에게 벌점을 주려면 나부터 적어야지 자격이 생긴다는 것을 깨달았다. 그래서 2학기 때는 그런 태도를 고치려고 노력했는데 실패하였지만, 오늘 방금 깨달아 오늘부터 12/30일부터 졸업 전까지 실천해야겠다.

2022.솔빛초 6-1 성금O

〈식물청〉 식물청이 되기 전 역할인 타자청에서 타자청의 목표인 반 모든 아이를 250타 넘기는 걸 성공하지 못하고, 내가 250타 넘어야 한다는 생각으로 나 혼자 타자 연습을 열심히 한 거 같다. 식물청 때도 원래는 식물이 교실에 많지만 아무도 관심을 주지 않고 소외되는 것 같아 식물들을 홍보하고 식물들 관리가 잘 되면 다른 식물도 추가하겠다는 거창한 목표가 있지만, 타자청과 마찬가지로 이루지도 못하고 오히려 식물이 죽을 뻔했다. 하지만 깨달은 점은 타자청 때는 이루지 못하고 끝이었지만, 식물청은 하면서 꾸준함이 매우 중요하다는 것과 계획은 처음부터 큰 목표를 잡고 세우지 말고 작은 것부터 세세하게 계획을 세워야 한다는 것을 깨달았다. 그리고 이런 일들 덕분에 깨달은 것은 무슨 일이 있어도 그 일에서 배울 게 있다는 걸 깨달았다. 그 깨달은 걸 행동으로 옮기는 데까지는 노력이 많이 들겠지만 1년 동안 이런 일들을 경험하며 여러 가지를 알게 되었다.

2022.솔빛초 6-1 신현O

〈마인드 맵〉 마인드맵을 제작했을 때 나를 성장시킨 사건이 있었다. 모둠에 두 친구와 나까지 총 3명이 사회 지구촌 단원을 마인드맵으로 정리할 때였다. 마인드맵으로 사회책 단원은 처음 정리 해 보아서 조금 헷갈리기도 했고, 마인드맵을 어떤 형식으로 정리하고, 색깔을 맞춰야 만들 수 있을지 생각이 들었다. 그때 우리 모둠 친구들이 "이건 이런 식으로 하면 더 좋을 것 같아!" "여긴 이렇게 나눠서 해보자!" 이런 식으로 피드백해 주고, 도와주어서 마인드맵을 어떻게 쓰는지, 정리하는지 더욱 쉽게 잘 알 수 있었다. 그리고 그 친구들도 열심히 참여해주고, 관련된 자료를 조사하고, 정리해 주어서 작업을 쉽게 맞출 수 있었던 것 같다. 나는 이때 친구들이 피드백해 주고, 열심히 참여하면서 도와주어서 공동체 역량을 키울 수 있었고, 마인드맵 사용법에 대해 더 자세히 알 수 있었던 것 같다.

2022.솔빛초 6-1 윤세O

〈아이디어가 생각났을 때〉 나는 아이디어가 딱 생각났을 때마다 성장한다. 아이디어가 없을 때 나는 매우 고전한다. 아이디어가 없을 때, 차근차근 아이디어가 생각나는 것은 좋은 아이디어가 아니다. 애매한 아이디어이다. 갑자기 생각나서 갑자기 퍼즐이 맞춰지는 기분이 들 때가 나를 가장 성장시킨다. 왜냐면 내가 아이디어를 생각하는 속도가 점점 빨라지기 때문이다. 2학기 때 후반에는 정말 바로 아이디어가 생각났다. 그때 지금까지 했던 프로젝트가 생각이 났고 그 순간 내가 성장했다는 기분이 들었다. 이제 중학교 가서는 아이디어에 관한 고민은 없을 것이라 하지만 내가 방학에 아무것도 안 하면 다시 3월로 리셋된다. 내가 이만큼 성장을 해온 만큼 방학 때는 지킬 것이다. 방학 때는 지금처럼 열심히 하고 중학교 때는 엄청나게 많이 성장한 역량으로 프로젝트들을 쉽게 할 수 있을 것 같다. 지금 이만큼 성장한 나는 중학교가 두렵지 않다. 오히려 지금보다 쉬울 것 같다. 1년 동안 쉬는 날 없이 주말이랑 방학 빼고 모두 달려왔다. 3월을 생각하면 부끄러울 정도였다. 아무튼 아이디어가 생각나는 것을 계기로 내가 성장을 했다는 것을 알았다.

2022.솔빛초 6-1 이진O

Ⅵ-(4)

제2의 스승, 친구와 함께

〈공동체와 협동〉 프로젝트를 같이하는 친구들과 과제를 하면서 서로 의견을 나누고 만들어 가는 과정에서 협동심을 느꼈다. 물론 수행이 순조롭지 않을 때도 있었지만 서로 의견을 바꿔가면서 맞춰가는 과정에서 이게 협동이라는 것을 느꼈고, 그 공동체에서 협동이 아주 중요한 것임을 깨달았다. 친구들끼리 서로 배려하는 모습도 보기 좋았고, 준비하는 내내 즐거웠다. 그래서 나를 성장시킨 부분이 공동체라는 팀에서 협동하는 것으로 생각한다.

2022.솔빛초 6-1 김태0

〈크리스마스 연극 준비〉 이번 크리스마스에 뽀로로 연극 준비하면서 처음에는 팀이 전혀 해보지 못한 조합이어서 망했다고 생각했었다. 하지만 나와 금0이가 전체적인 틀을 잡고 내가 대본을 쓰고 내가 쓴 대본을 다 같이 조금씩 고치면서 괜찮은 내용의 대본이 완성되었고, 이 대본을 쓰고 연습할 때도 모두 연기도 괜찮았고 생각보다 모두 잘해주었다. 그리고 보는 나도 재미있었기 때문에 잘 만들었다고 생각했다. 그리고 동0이 코로나에 걸렸다 돌아오면서 분량을 조절하면서 추가하기도 했다. 그리고 연극도 굉장히 성공적이었다. 이번에 처음이 조합으로 연극을 하면서 나는 이상한 조합이 생각보다 좋을 수도 있다는 것을 알았고, 친구들을 내가 원하는 방향으로 설득하는 능력이 좋아졌다. 또 이 사건으로 공동체 역량도 많이 성장한 것 같다.

2022.솔빛초 6-1 박서0

〈의견〉 친구들이 나를 성장시킨 부분을 나는 여러 가지 관점이라고 생각한다. 항상 토의할 때, 동영상을 제작할 때 등 어떤 활동을 하기 위해서는 항상 아이디어가 필요했다. 나는 더 좋은 아이디어를 위해서 생각하고, 아이디어를 냈다. 하지만 잘 생각이 나지 않고, 방법이 떠오르지 않을 때도 있었다. 하지만 그때 도움을 준 것은 바로 자신의 의견을 제시해 준 친구들이었다. 그 친구들이 제시한 의견은 내가 전혀 생각하지 못했던 아이디어도 있었고, 여러 관점을 생각한 의견도 있었다. 그렇게 자신의 의견에 대해 솔직하게 말하고, 아이디어를 제시해 준 친구 덕분에 더 좋은 결과를 가져올 수 있고, 또 나의 의견과 그 친구의 의견을 섞어, 또 다른 아이디어를 제시할 수 있었다. 나는 이렇게 여러 관점을 비롯한 의견을 제시해 준 친구들이 나에게는 '아~ 그렇구나~' '오! 이렇게 할 수도 있구나~!' 이런 식으로 내가 생각할 수 있게 도와주고, 성장시켜 준 부분이라고 생각한다.

2022.솔빛초 6-1 윤세O

〈나의 친구들〉 친구들은 나를 많이 성장시켜 주는데, 그중에 하나가 또 바로 프로젝트를 하면서 그냥 바로 피드백을 주는 게 아니라 그냥 서로 대화하면서도 나를 발전시켜 준다는 거다. 친구들은 그냥 나랑 놀다가도 내의 문제점이 보이면 그것을 그냥 피드백을 해준다는 거다. 친구들이 만약에 내가 급발진하면 좀 진정을 하게 도와주기도 하고, 나에게 진정하라고도 해주고 좀 그런다. 이러면서 그냥 서로서로 피드백을 해주는 것 같다. 또 친구들은 그냥 놀리면서도 내가 좀 선을 넘는 것 같으면 말도 해주고, 이런 것을 보면 선생님이 1학기 시작할 때 친구들이 제2의 스승이라고 하신 것도 이제는 어느 정도 이해가 간다. 이렇게 친구들은 나의 모난 곳을 고쳐주고 나의 장점을 살려주는 나의 진정한 스승인 것 같다. 이렇게 친구들은 나의 스승이고 나의 중요한 부분인 것 같다.

2022.솔빛초 6-1 이경O

〈운동부와 팝스〉 5학년 때 팝스를 할 때 정말 많이 못 했었는데 (ㅠㅠ), 요번 6학년 팝스 준비를 할 때 '운동부' 활동을 통해 팝스 등급이 많이 좋아졌다. 멀리뛰기를 연습할 때, 윤O이 자세 등을 잘 가르쳐주고, 은O이 멀리뛰기를 굉장히 잘했다. 그래서 은O의 모습을 보면서 멀리뛰기를 어떻게 하면 더 멀리 나갈 수 있을지 고민하고 따라(?) 했다. 비록 정말 많이 나오진 않았지만, 그래도 전보다는 더 멀리 뛸 수 있었던 것 같다. 그리고 왕복 오래달리기를 연습할 때는 솔직히 그냥 무작정 친구들을 따라 뛰기도 했었고, 목표를 잡고 뛰기도 했는데, 뛰다 보니 어느 순간부터 친구들과 뛸 때 내가 뛸 수 있는 거리(바퀴)가 점점 늘어나게 되었다. 그래서 왕복 오래달리기를 할 때, 5학년 때에 비해 훨씬 더 많이 달릴 수 있었던 것 같다. -> 친구들 덕분에 팝스를 측정할 때, 멀리뛰기, 왕복 오래달리기를 전보다 더 잘할 수 있었다.

2022.솔빛초 6-1 이수0

〈우리반 친구들〉 역시 가장 도움이 된 건 "새로운 관점에서 볼 수 있다."라는 것이 아닐까 생각한다. 내가 만든 것, 내가 발표한 것, 내가 한 것 등등을 새로운 관점에서 보면, 어떤 경우는 굉장히 좋은 아이디어가 떠오르기도 한다. 아니면 내 의견 + 친구 의견으로 만들어지는 것도 있었다. 또, 친구들이 다양한 의견을 내주었다. 여기서 다양한 의견으로 내 의견보다 더 좋은 의견이거나 내 의견에 보완해야 할 점 또는 고쳐야 할 점 등등을 알려주었다. 이렇게 친구들이 내 의견에 피드백해주고 새로운 관점에서 봐주면서, 내 의견을 좀 더 좋게 만들 수 있었고 생각을 확장할 수 있게 해준 것 같다. 〈특정 친구들〉 친구 중에서도 특정 몇몇 친구들이 도움이 되었는데, 그 친구들로 인해서 완전히 새로운 관점을 맛보는 경우도 있었고, 어떻게 해야 할지 알게 된 경우도 있었다. 어떤 경우는 내가 끝까지 할 수 있게 도와주고 응원해 준 친구들도 있었다.

2022.솔빛초 6-1 이지0

〈멘토〉 사회 4차 발표 때 멘토·멘티 활동할 때 멘토가 가장 나를 많이 성장시킨 것 같다. 내가 발표를 준비할 때는 완벽하다는 말이 나온 상태로 멘토에게 가서 평가받았다. 하지만 멘토는 나의 발표를 듣고 많은 피드백을 해주었다. 그 피드백을 처음 들었을 때는 정말 이해가 안 갔다. 하지만 피드백을 듣고 나의 프레젠테이션을 보니 정말 이해가 갔다. 프레젠테이션을 만들 때랑 지금의 프레젠테이션은 똑같지만 다르게 느껴졌다. 정말 신기한 경험을 했다. 나는 멘토가 왜 멘토인지 그때 깨닫게 되었다. 정말 대단하다 난 멘토가 준 피드백을 통해 많은 성장을 하였고, 발표도 완벽하게 마친 느낌이 들었다. 내가 멘티인 이유와 멘토가 멘토인 이유가 정해져 있는 것 같다. 멘토가 준 피드백은 얼마나 귀한지 그 가치는 측정할 수 없다. 나중 중학교 가서는 이런 활동을 안 할 것 같다. 지금이라도 피드백을 받아서 다행이고 만약 피드백을 받지 못했다면 발표는 망했을 것이다. 그리고 멘토의 피드백은 그냥 비난하는 것이 아닌 정말 나를 위한 어드바이스이고 발표를 위한 어드바이스이기도 하다. 나도 멘티에서 멘토로 승급하고 싶다. 만약 중학교 때 이런 비슷한 멘토·멘티 활동을 한다면 내가 멘토가 될 자신감도 있는 상태이다 나는 정말 1년 동안 열심히 했다.

2022.솔빛초 6-1 이진O

〈학교에서의 친구들의 태도〉 우리 반 친구들은 정말 서로에 대한 존중이 많은 친구 같다고 나는 느꼈다. 우리 반 친구들은 어떤 친구가 좋은 일, 잘한 일을 했을 때 선생님께서 별말씀하시지 않아도 바로 손뼉을 쳐주고 칭찬을 해준다. 그런 면에서 나는 우리 반 친구들이 서로의 잘한 일과 장점을 인정할 줄 아는 반이라고 생각했다. 초딩 생활 5년 차까지는 여자애들과 남자애들은 서로 잘하는 것을 절대 인정 안 하고 서로 맨날 까 내리기만 하는 것이 일반적이었는데, 올해 우리 반은 여자고 남자고 할 것 없이 서로 잘하는 것은 인정해주고, 칭찬해주며 좋은 반 분위기를 유지해주는 것이 큰 장점인 것 같다. 이 우리 반의 장점은 나도 이 분위기를 따라가게 해주었는데, 이 분위기를 따라가다 보니 서로의 장점을 더 잘 찾을 수 있게 되고, 남을 칭찬하는 것을 좀 더 스스럼없이 할 수 있게 되었다. 또 우리 반 친구들의 태도 중 나를 성장하게 해준 것은 정말 열심히 활동에 임한다는 것이다. 우리 반 친구들은 대체로 거의 대충 하고자 하는 마음이 없는 친구들인 것 같다고 느꼈다. 거의 모두 잘하고자 하는 마음이 있고, 정말 열심히 하고 기회를 잡으려고 하는 것이 눈에 보이는 친구들이다. 그렇게 친구들이 열심히 하고, 잘하려고 하고, 노력하는 모습을 보며 나도 더 열심히 하게 되고, 친구들이 나의 추진력이 되는 것 같다고 생각했다. 그렇게 열심히 해준 친구들 덕분에 내가 더 발전할 수 있었던 것 같다. 정말 친구들에게 고맙다.

2022.솔빛초 6-1 표정O

Ⅵ-(5)
나를 성장시킨 나의 도전

〈**평생 독자 프로젝트**〉 나는 나를 성장시킨 나의 도전을 독서라고 생각을 한다. 그 이유는 학교에서 책을 읽고 독후감을 할 때 그럴 때 학교 도서관에서 책을 빌리는데 그 프로젝트가 끝나고도 학교에서 책을 빌릴 때가 종종 있다. 그래서 나는 예전보다 내가 책 독서하는 게 친해진 것 같아서 독서라고 생각을 한다.

2022.솔빛초 6-1 권동O

〈**프로젝트의 도전**〉 예전에 프로젝트를 처음 했을 때는 '도대체 이걸 어떻게 하란 말이지?' 아니 이러려면 노하우 같은 것이 필요할 것 같은데.. 라는 생각을 많이 했다. 하지만 3월이 지나고 난 뒤에 이제부터 프로젝트에 대한 열정으로 프로젝트를 열심히 하겠어! 라는 생각으로 지금까지 열심히 달렸고, 그대로일 때까지 한 것을 보면 '열심히 잘 달려줬구나, 과거의 나야'라는 생각이 들면서도 아직 프로젝트에 대한 열정이 식으면 안 되지! 마지막 졸업하기 전까지 열심히 해보자고! 라는 생각을 하게 되는 계기였다. 이때까지 1~6학년 때까지 6학년 때가 내가 가장 열심히 살게 된 것 같다는 생각이 크다. 앞으로도 이런 식으로 인생의, 프로젝트의 한 부분 부분을 그냥 열심히 그리고 즐기면서 달리고 싶다는 생각이 가장 크다. 피하지 못한다면 즐기라는 말이 있는 이유를 다시 한번 알게 해준 6학년이었던 것 같다.

2022.솔빛초 6-1 김지O

〈가족 지키기 프로젝트〉 평소에 조금밖에 안 하던 집안일을 가족 지키기 프로젝트를 하면서 조금 더 생각하고 엄마를 도와줄 수 있어서 좋았다. 그동안은 중요하게 생각하지 않던 집안일을 나의 도전, 내가 엄마를 도움으로써 그 집안일이 결코 적은 것만은 아닌 것을 깨달았다. 엄마가 얼마나 힘드셨을까 그런 생각이 들고, 엄마를 조금이나마 이해할 수 있어서 나를 성장시킨 나의 도전이 가족 지키기 프로젝트에서 집안일을 도운 것이었다.

2022.솔빛초 6-1 김태O

〈뽀로로 가치관〉 내가 직접 만든 뽀로로 가치관이 떠올랐다. 진짜 처음에 뽀로로를 주제로 할 때 몇 명이 비웃었지만, 나는 자신감이 있었다. 솔직히 자신감이 막 가득하지는 않았지만 그래도 나름 어느 정도는 친구들이 좋아할 것 같아서 했는데, 진짜로 되니 정말로 나 자신도 놀라웠다. 지금 생각해 봐도 아이디어가 정말 대박이었다. 뽀로로에 가려진 나의 말도 정말 멋있었던 것 같다. 그때 뽀로로로 하자는 이유가 대박이었는데 뽀로로가 아이들에게 희망을 주니 우리도 아이들이자 친구들에게 꿈을 펼쳐주며 도움을 주고 사이좋게 지내자는 아이디어였다. 지금 생각해도 정말 대단한 것 같다. 그 덕분에 나는 방향을 잡는 데 도움이 되었던 것 같다. 지금 생각해도 놀랍다. 그 일이 저번 주 같은데 정말 뿌듯했던 한해였던 것 같다.

2022.솔빛초 6-1 류가O

〈갈아엎기〉 다들 작품을 할 때 한 번쯤 갈아엎은 적 있죠. 다 그런 적 있을 겁니다. 진짜 대부분의 사람이 나를 못 믿고 더 나은 작품을 만들기 위해서 작품을 갈아엎고 다른 새 작품을 만들어 본 적이 있을 것입니다. 그래도 이 도전으로 인해서 더 나은 작품을 만들어 내 맘에 든다면 그냥 짱인 거 같습니다. 여러 가지 것 중에서 갈아엎은 작품보다 그냥 귀찮아서 안 고친 것들이 남들에게는 호평을 더 많이 받았지만, 나 자신은 나의 도전과 노력을 알고 있으니 그걸로 만족합니다. 제가 해본 도전 중 가장 하기 싫었고 확률 50:50 이어서 불안했던 도전입니다. 이런 도전은 조금 두려웠지만 한 내가 자랑스러움 나 최고다.

2022.솔빛초 6-1 박시O

〈감독〉 바로 탈북 드라마 감독이다. 나는 감독을 하고 싶긴 하였지만, 솔직히 아무나 해도 상관없다고 생각했다. 근데 어쩌다 보니 감독이 되었다. 나는 감독 할 수 있겠지?? 라고 생각을 하였는데 완전 반대였다. 진짜… 너무 힘들다. 팀원들의 아이디어, 불만 등 감독이 해야 할 게 너무 많은 것 같다. 그리고 감독을 하다 보니 책임감이라는 것이 계속 따라와서 더 부담감이 된 것 같다. 진짜 어떨 때는 친구들에게 휘말리는 것 같아서 선생님 께 말하기까지 하였다. 너무너무 힘들었다. 그런데 선생님이 말씀하신 말 중에 감독은 안 될 때는 안돼 라고 말해야 하는 게 감독이라고 하셔서 나는 그 말을 듣고 친구들에게 안된 다고 정중하게 말을 해보았다. 그래도 그전보다 아주 조금 나아졌지만, 아직 감독은 역부 족이다. 그래도 도전으로 인하여 감독의 책임감, 부담감 등을 알아볼 수 있어서 좋다고 생 각한다.

2022.솔빛초 6-1 박연0

〈모든 기회들〉 저는 그래도 저를 성장시킨 도전은 모든 과제, 프로젝트들이었다고 생 각합니다. 왜냐하면 모든 것은 기회였고 그래도 모든 기회를 잡으려고 도전하고, 노력했 기 때문입니다. 진짜 여러 기회들로 저는 여기까지 오고 성장을 했다고 느끼는 것 같습니 다. 진짜 모든 과제와 프로젝트 들은 정말 저를 많이 성장시켜 주어서 정말 정말 고마운 기회들이었다고 생각합니다.

2022.솔빛초 6-1 신희0

〈하루에 30분 책 읽기〉 나는 하루에 30분씩 책 읽는 활동으로 나를 조금이라도 성장시 킬 수 있었던 것 같다. 현재 책과 미래 책 프로젝트를 하면서 하루에 30분씩 책을 읽는 활 동이 생겼는데 처음에는 하루에 30분 읽기가 쉬운 줄 알았다. 그래서 책을 하루에 최소 30분은 일고 다음 날도, 그다음 날도… 이런 식으로 읽어 보았다. 하지만 기간이 길어질수 록 매일매일 책을 읽는 것이 좀 힘들었다. 처음에는 아무렇지 않았는데 매일매일 하는 게 힘들어진 나는 역시 꾸준히 하기가 제일 어렵다는 걸 알게 되고, 느끼게 되었다. 일단 힘 들어도 하루에 30분씩 책을 읽었고, 그렇게 책 2권을 다 읽었다. 나는 며칠간 꾸준히 책을 읽으면서 어떤 날은 재미있고, 어떤 날은 힘들고를 반복하였다. 하지만 또 의외로 책을 매일 읽으니, 지식도 채우는 것 같고, 뭔가 뿌듯해서 기분이 좋았다. 그리고 나는 매일매일 책을 조금씩 읽은 덕분에 나의 역량도 조금씩 높일 수 있었던 것 같다. ㅎㅎ

2022.솔빛초 6-1 윤세O

〈새로운 도전〉 우리 학교 뽀친나라 프로젝트 학습부 활동하는데 우리 팀에 홍보가 필요할 것 같아서 웹사이트를 하나 만들려고 했다. 그래서 학습부 친구들과 토의도 하고 줌도 하면서 그 웹사이트 잘 만들었는데, 결론적으로 친구들이 거의 관심도 가져주지 않고 있는지도 모르지만(심지어 학습부 친구들도 잊어먹은 친구가 있음ㅇㅇ) 그래도 나는 이걸 나에게 있어서는 성공한 도전이라고 할 수 있을 것 같다. 왜냐하면 나에게 있어서 웹사이트를 만들어 보이라는 것은 큰 도전이었는데, 웹사이트라는 건 이 도전 전에 나로서는 기업들이 하는 거라고 생각했지만, 이 활동을 통해 개인도 원한다면 웹사이트를 만들 수 있다는 그런 생각을 가지게 되었고, 이것에 대한 약간 전문적인 지식도 얻게 되었다. 이 프로젝트는 다른 사람이 보기에는 심각하게 망한 프로젝트라고 생각하겠지만, 그래도 나는 이것을 통해 웹사이트를 만드는 방법에 대해 그래도 비록 지금은 도움이 안 되지만 나중에 중학교를 올라가든 고등학교를 올라가든 대학교를 올라가든 어쨌든 이것을 한번 써볼 만한 기회가 있으리라 생각은 하고, 만약 나에게 그런 기회가 찾아온다면 나는 학습부 활동을 통해 배운 것을 그곳에서 잘 써먹을 예정이다.

2022.솔빛초 6-1 이경O

〈행사부 재도전〉 나는 1학기 때 행사부 홍보소식청에서 일을 했다. 그때는 정말 열심히 했었고 내가 할 수 있는 일은 최대한 하려고 노력했다. 그 뒤 2학기가 되고 나는 홍보소식청에서 남고 싶다고 자신감 있게 나갔다. 그때는 무조건 돼야 한다는 생각으로 나갔고, 결국 투표에서 나는 당선이 되어서 행사부 홍보소식청에 남을 수 있었다. 내가 했던 행사부 재도전은 나의 자존감을 올려줬다. 그만큼 성장을 했다는 소리이다. 도전해서 당선되었으니 나는 2학기 때도 할 수 있는 만큼 최선을 다했다. 그래서 지금은 1학기 2학기 모두 나에게 맞는 부에 맞는 청에 들어가서 맞게 활동했다는 것이 나 자체가 자랑스럽다. 만약 2

학기에 행사부 재도전하지 않았더라며 나는 어떤 청에서 일하고 있을지는 모르겠지만 행사부가 부러웠을 것이다. 나는 초반부터 행사부에 가고 싶었고, 1년 동안 행사부에 가고 싶었다. 1학기에는 다행히 됐지만 2학기에 안 됐으면 기분이 그렇게 좋지 않았을 것 같다. 그래도 다행히 내가 2학기 때도 홍보소식청에 남을 수 있어서 다행이라고 생각한다. 이제 마지막 행사까지 잘 마칠 것이다. 끝날 때까지 나는 열심히 하고 되진 않겠지만 모범 공무원까지 도전해 볼 생각이 있다.

2022.솔빛초 6-1 이진0

〈6학년 1반〉 솔직히 6학년 1반의 지미정 선생님의 새로운 교육을 따라간다는 것은 정말 큰 도전 그 자체였다. 선생님은 우리에게 정말 많은 프로젝트를 수행할 기회를 주셨고, 새로운 방식과 새로운 것에 대한 교육을 해주셨다. 그것을 정말 본격적으로 따라가고, 그것에 열심히, 잘 해내고자 하는 마음으로 임한다는 것은 생각보다 큰 도전이었던 것 같다. 새로운 교육, 새로운 것에 조금 힘들더라도, 적응이 되지 않아도 그것을 대충하지 않고 그것을 한번 제대로 따라가 보겠다고 마음을 먹고, 그것을 하나하나 성장해 가며 수행하는 것이 정말 나의 올해를 가장 큰 도전인 것 같다. 배정된 선생님의 교육을 따라가는 것이 사실 당연하다고 여겨질 수도 있다. 근데 우리 선생님의 교육은 그렇게 아무 생각 없이 따라갈 수 있는 교육이 아니었다. 선생님의 교육은 정말 따라가겠다는 의지가 있고, 많은 생각을 해야지 따라갈 수 있는 교육이었다. 그런 교육과 프로젝트를 하나하나 진심으로 해내었다는 것은 정말 큰 의지가 필요했고, 그런 의지로 6학년 1반에 도전을 했기 때문에 이렇게 성장을 할 수 있었던 것 같다.

2022.솔빛초 6-1 이진0

나가는 글

미래 교육의 실체를 찾으셨나요?

20년의 교직 경력을 되돌아봤을 때, 최근 2~3년의 교육 역량에 가장 큰 변화가 생겼습니다. 코로나19로 인해 교육환경이 급변했고, 해결해야 할 문제들은 넘쳐났습니다. 어떤 이는 '그건 자신이 할 수 없는 것'이라 했고, 어떤 이는 '굳이 그렇게 할 필요가 있냐'고도 했습니다. 하지만 그 생각의 나침반을 반대로 돌려보면, '그건 자신이 할 수도 있는 것'이었고, '그건 그럼에도 해야만 하는 일'이기도 했습니다.

결국 주변에 발생한 수많은 교육 문제에 대해 어떻게든 해결해 보려고 했던, 자기주도성, 목적의식, 책임감, 정체성, 성장마인드에 기반한 주체성이 교육 역량의 성장으로 돌아왔고, 이렇게 출판까지 하게 되었습니다. 아이러니하게도 코로나19가 내준 어려운 킬러 문항들을 해결하면서 성장했다는 생각마저 듭니다. 이미 많은 교사가 미래 교육으로 도전하며 그 문제의 실마리를 찾았고, 자신의 역량을 나누고 있습니다. 그리고 마음만 있으면 교사들에게는 무료 연수의 기회가 항상 열려 있습니다. GEG 연구회에 함께 하는 프리랜서 강사분이 그러시더군요. 그런 '기회'가 열려 있는 교사들이 부럽다고…

학생들에게 항상 '기회는 스스로 만드는 것'이란 이야기하면서, '기회는 기회를 알아보는 자에게만 기회가 된다. 너희가 이것을 기회라 여긴다면 기회가 될 것이고, 기회라 생각하지 못한다면, 그 기회를 놓쳐버릴 것이다.'라는 말하곤 합니다. 어찌 보면 '파랑새'의 이야기에서 파랑새를 찾기 위해 나섰던 행위 주체성이 없었다면, 행복을 찾는 기회는 없었을지도 모릅니다.

미래 교육의 시작은 에듀테크를 배워보겠다는 도전에도, 미래 교육이 무엇인지 알아보려는 행위에서도, 미래 교육을 학생들에게 구현해 주는 교사가 되고 싶다는 그 마음에서도, 학급의 학생들에 대한 책임감에서도, 조금씩 성장하는 교사가 되고 싶다는 그 마음에서도, 나는 어떤 교사인지 성찰하는 그 고민에서도 '교사 행위 주체성'은 시작됩니다. 그리고 그 순간 미래 교육 나침반의 문이 열립니다.

그렇게 들어가게 된 미래 교육의 나침반 속에서 마주하게 되는 긴장과 딜레마를 회피하지 않고, 그대로 마주하면 됩니다. 그리고 자신의 역량으로 '성찰'–'예측'–'행동'해 보는 과정을 통해 나만의 방식으로 문제를 해결해 나아가면 됩니다. 그러면 자연스레 미래 교육의 나침반은 돌아가기 시작할 것입니다. 그리고 성장하는 변혁적 역량에 따라 더 빠르게 회전하게 됩니다.

끌려가는 상황은 교사도 학생도 너무 괴롭기만 합니다. 하지만 교육부에 의해, 사회적 요구에 끌려가는 것이 아니라, 교사 행위 주체성에 기반하여 스스로 미래 교육으로 나아간다면, 우리도 행복할 수 있습니다. 그리고 그 끝에 '웰빙'을 만날 수 있을 것입니다.

2023.07.17.

지미정 드림